Renata Schumann

Ein starkes Weib

Das Leben der Hedwig von Schlesien

Ein Roman aus dem
13. Jahrhundert

SANKT
ULRICH
VERLAG
GmbH

Die Deutsche Bibliothek-CIP-Einheitsaufnahme

Schumann, Renata:
Ein starkes Weib: das Leben der Hedwig von Schlesien;
ein Roman aus dem 13. Jahrhundert /
Renata Schumann.
Augsburg: Sankt Ulrich Verl., 1996

ISBN 3-929246-13-9

© 1996 by Sankt Ulrich Verlag GmbH,
Augsburg
Alle Rechte vorbehalten
Umschlaggestaltung / Layout: Cornelia Harreiß-Kraft
Titelbild aus dem Schlackenwerther Codex,
heute in der Pierpont Morgan Library
Herstellung: Holzer KG, Weiler im Allgäu
Printed in Germany
ISBN 3-929246-13-9

Inhalt:

Die Burg	Seite 5
Im Kloster	Seite 20
Hochzeit in Andechs	Seite 38
Der Brautzug	Seite 59
In Schlesien angekommen	Seite 83
Das Familiennest im Walde	Seite 121
Kein leichtes Leben, Fürstin zu sein	Seite 154
Das Kloster zu Trebnitz	Seite 182
Glanz und Schatten	Seite 198
Neues Leben im Oderland	Seite 216
Die Engel	Seite 254
Die Entsagende	Seite 282
Die Erwählte	Seite 301
Von Jerusalem an die Weichsel	Seite 329
Die Mongolenschlacht bei Liegnitz	Seite 355
Die letzten Gespräche	Seite 381

für Miriam

Die Burg

"St. Hedwig, nun selig im Himmel, entstammte hier auf Erden einer edlen Sippe..."
(Legenda maior de beata Hedwigi)

m Anfang steht der Vater. Er war der Herr der Burg, und die Burg galt für die Welt. Darüber Gott Vater mit seinen Engeln und die Gottesmutter mit dem Jesuskind.
In der Burg herrschte reges Leben.
Das Kind Hedwig, auch Haduiga oder Hadi genannt, hatte aschblondes seidiges Haar und aufmerksame braune Augen. Das Mädchen lächelte gern. Und auf Fragen des Vaters antwortete es bald resolut und gescheit. Der Vater legte oft seine Hand auf den Kopf seiner Tochter und seine Stimme wurde weich und zärtlich, wenn er mit ihr sprach.
Hedwig war das vierte Kind des Fürsten Bertold von Andechs und Meranien, doch seine erste Tochter. Er hatte sie besonders lieb.
Bertold war ein großer Herr, hochgeschätzt vom allweil geliebten Kaiser Friedrich Barbarossa, an dessen Feldzügen er ruhmreich und nicht beutelos teilnahm. Er hatte im weiten Südosten des Reiches Besitz erworben. Nun war er Herr nicht nur der in Bayern gelegenen alten Besitztümer der Grafen von Andechs, sondern auch Lehnsherr von Istrien, dazu von Meranien, einem im dalmatinischen Küstengebiet liegenden Land, sowie einiger Ländereien in Kroatien. Daraufhin wurde der Graf von Andechs vom gnadenreichen Kaiser Barbarossa in den illustren Kreis der Reichsfürsten aufgenommen und durfte sich fortab Herzog von Andechs und Meranien nennen. Das war um das Jahr des Herrn 1180.
Hedwigs Mutter saß meistens in ihrer Kemenate. Hedwig erinnerte sich später an sie, wie sie im durchs Fenster einfallenden Sonnenlicht dasaß, wie in einer hellen Wolke,

und auf einem in einen Rahmen gespannten Seidentuch bunte Blumen stickte. Sie rieb sich oft Rosenöl in die Hände und roch daran. Sie lächelte selten und wenn, dann mit zusammengepreßten Lippen. Auch wenn sie sprach, öffnete sie den Mund nur wenig, denn sie hatte ihre Zähne nach den aufeinander folgenden Geburten verloren. Schön waren in ihrem hellhäutigen Gesicht große graue Augen mit langen seidigen Wimpern. Der Mutter sprechende Augen, hörte Hedwig irgendwann ihren Vater sagen, der sich um die Gesundheit seiner um viele Jahre jüngeren Frau sorgte.

Bertold von Andechs war in zweiter Ehe mit Agnes von Groitsch, einer Wettinerin, verheiratet, der Tochter des tapferen Dedos, der im Meißener Land seine Burgen hatte und später auch in der Lausitz, wo er unter den Slawen deutsche Bauern ansiedelte. Ein im Reich hochgeschätzter Mann.

Der Mutter weißer weicher Leib rundete sich unter ihren dunklen Gewändern. Er nahm zu und ab wie der Mond. Die Mutter war entweder schwanger und dann unwohl, oder sie saß mit einem neugeborenen Kind im Arm, das sie zärtlich betrachtete. Wie die Gottesmutter mit dem Kind. Für das Mädchen Hedwig hatte sie kaum Zeit. Die Kleine verblieb unter der Obhut ihrer Amme.

Für ihre erste Tochter hatte die Herzogin von Andechs eine Amme aus der Meißener Gegend kommen lassen, woher sie selbst stammte, ein blondzöpfiges junges Ding, eine Slawin, die sich Dobra nannte. Dobra bedeutet die Gute, sagte der Vater.

Guta, sagte Hedwig.

Dobra sprach dann und wann zu dem Kind in ihrer nuscheligen weichen Sprache, die wie das leise Trommeln sommerlicher Regentropfen auf den Blättern war, so daß später in Schlesien die Sprache der Einheimischen für Hedwig gar nicht so fremd klang. Dobra nahm das Kind oft zärtlich in ihre Arme. Sie sang und summte es in den Schlaf.

Mit drei Jahren kam das Mädchen Hedwig unter die Obhut eines Fräuleins, einer weiten Verwandten, das ihre Eltern verloren hatte. Diese, Jutta genannt, selbst noch ein Kind mit ihren dreizehn Jahren, nahm ihre erzieherischen Pflichten sehr ernst. Dobra aber durfte als Dienerin weiter bei ihrem herzoglichen Kind bleiben.

Hedwig hatte ein lebendiges, ja, ein neugieriges Wesen. Sie hielt sich gern in der Halle auf, wo sich das Leben der Burg abspielte. Dazu hatte sie aber die besondere Erlaubnis ihres Vaters erbitten müssen, und diese galt nur für die Zeit, während er sich selbst in der Halle aufhielt.

In der Halle war es kühl. Es zieht von unten, sagte Dobra, obwohl sie lederne Schuhe und gestrickte Strümpfe trug, wie das Kind. Denn den Bediensteten in Andechs ging es außergewöhnlich gut im Vergleich zu anderen einfachen Leuten.

Der Boden der Halle war mit bunten glatten Steinen ausgelegt, die ein farbiges Muster bildeten: Ein Mosaik. Die Tür und die seitlichen Fenster standen in den wärmeren Jahreszeiten weit offen. An der vorderen Wand waren hoch oben kleine bunte Glasfenster angebracht.

In der Mitte das Wappen der Andechser, prächtig auf Seide gestickt, ein Löwe und ein Adler in dem einen Feld, im anderen schräge weiß-rote Streifen. Darunter standen die Sessel der Eltern während eines feierlichen Empfanges auf einem Podest, zwei bequeme Holzsitze, mit Rücken- und Armlehnen, die mit rotem Samt und bunt gestickten weichen Kissen ausgelegt waren. Unsere Thronsitze, sagte der Vater. Ansonsten standen die Sessel neben dem Kamin. Außerdem gab es nur glatte hölzerne Bänke an den Wänden und einen festen Tisch, um den Bänke und Schemel standen. An diesem Tisch speiste die Familie, wenn sie unter sich war. Zu festlichen Mahlen wurden Tischplatten auf Böcke gelegt, mit weißem Leinen bedeckt, die die ganze Länge der Halle einnahmen.

An den weiß getünchten Wänden hingen bunte Teppiche, die der Vater und der Großvater aus dem Heiligen Land mitgebracht hatten. Das Heilige Land heißt Palästina, erzählte der Vater, dort war das Grab des Herrn Jesu Christ, der für uns gestorben ist, er bekreuzigte sich, und das Kind tat das gleiche. Die Heiden haben das Heilige Grab im Heiligen Land in Besitz genommen und die christlichen Ritter müssen es nun zurückkämpfen, sagte der Vater. Sie nehmen das Kreuz auf sich und ziehen ins Heilige Land. Was sind das - die Heiden, wollte das Kind wissen.

Die Heiden, das sind böse Menschen, antwortete der Vater. Aber warum können böse Menschen so schöne Teppiche fertigen, wunderte sich das Kind.
Die Teppiche waren wirklich prächtig und das Kind betrachtete stundenlang die bunten Bilder, die auf ihnen zu sehen waren: Menschen, Tiere und Bäume. An den Rändern Blumen und Pflanzen künstlich geordnet, ganz anders als sie im Garten wuchsen. Auf einem der Teppiche ein großes graues Tier mit einem furchtbar langen Rüssel und zwei riesigen Zähnen. Es war prächtig wie ein Turnierpferd aufgezäumt. Der Mensch, der darauf saß, war winzig klein, dunkelhäutig und ungewöhnlich gekleidet. Aber auch außerordentlich prachtvoll. Er hatte ein weißes Tuch um den Kopf gewunden. Das ist ein Elefant, erklärte der Vater, ein starkes aber sanftes Tier. Es lebt in Afrika.
Wo ist Afrika?
Hoho, weit weg, lachte der Vater.
Ganz anders sah die Halle im Winter aus, wenn die Seitenfenster mit Holzläden geschlossen blieben, und die kleinen bunten Glasfenster nur spärliches Licht spendeten. Da ward das Feuer im Kamin der Mittelpunkt des Lebens in der dämmerigen Halle, die zum Empfang von Gästen hell mit Kerzen und Fackeln erleuchtet wurde.
Manche, die zu ihrem Vater kamen, kannte das Kind, das still in einer Ecke saß. Neben ihr Dobra oder Jutta, das Fräulein. Der wichtigste unter ihnen war Willibald, der Burgvogt, Verwalter und Truchseß in einem, ein dicker freundlicher Mann, der aus und ein ging und auch sonst überall in der Burg zu finden war. Fast schien er wichtiger zu sein als der Vater, der ihn anhörte, befragte, über das Gehörte nachdachte, aber dann doch befahl, jedoch nie streng sprach zu dem Mann, dem er respektvoll auf die Schultern klopfte. Willibald begrüßte das Kind immer vor dem Herrn, er wußte, daß der das gern duldete: Na, Fräuleinchen, sagte er mit tiefer Stimme, ausgeschlafen? Oder: Guten Morgen, schönes Wetter heute, Fräuleinchen. Hopp, hopp in die Sonne, in den Garten. Hadi strahlte, sie fühlte sich ernst genommen.
Anders die Ritter. Die beachteten das Kind kaum. Sie kamen laut und sporenklirrend in die Halle gestapft. Manch-

mal von Kopf bis Fuß in ihr eisernes Zeug gehüllt, das sie Rüstung nannten, über die sie bunte Röcke trugen, manchmal nur in Lederhosen und Lederwämsen. Aber nie ohne Schwert an der Seite. Sie steckten ihre Schilder und Schwerter rasselnd in die dafür neben der Tür angebrachten Halter. Sie gingen auf den Vater zu, grüßten ihn laut, reichten ihm die Hände, ihre Stimmen klangen rauh, und auch der Vater grüßte sie mit lauter Stimme zurück. Die Ritter lachten dröhnend und ihr Lachen hörte sich manchmal an wie das Bellen eines Kettenhundes.
Der Vater überragte sie alle ein wenig. Nicht nur mit seinem Wuchs. Ob er seinen Kopf mit den dunkelblonden Haaren, die er kinnlang trug, schüttelte, ob er seine dunklen Augen aufmerksam mal hier mal da hinwandte, ob er zuhörte oder sprach, er war der Fürst, der Herr über die anderen. Der Vater war schön, fand das Kind Hedwig. Sie war stolz, wenn jemand zu ihr sagte: dem Vater wie aus dem Gesicht geschnitten. Und auch ihr Vater hörte dies sichtbar gern.
Ob diese Ritter wohl Heiden sind? Denn sie sehen wie böse Menschen aus, fragte Hedwig.
Nein, der Vater lachte, meine Ritter sind Christen. Und zudem liebe Freunde.
Das Kind mochte die Ritter nicht, besonders wenn sie nach einer Jagd tote blutende Tiere auf den steinernen Boden der Halle warfen und damit prahlten, sie getötet zu haben.
Zweimal im Jahr, zur Weihnachtszeit und zu Ostern, kamen die Ritter scharenweise mit ihren herausgeputzten Frauen in die Burg. Vater und Mutter saßen auf ihren Thronsitzen. Und Willibald überreichte den Getreuen reiche Gaben. Der Fürst beschenkte seine Vasallen mit Kleidern und Pelzen, manchmal mit einer neuen Rüstung, und für besondere Verdienste erhielt dieser oder jener ein Pferd, das dann alle im Burghof bewunderten.
Warum tragen die Ritter eiserne Hemden und Helme, fragte das Kind. Weil sie kämpfen müssen, antwortete der Vater. Sie müssen geschützt sein und stärker als alle anderen. Geharnischt und hoch zu Roß. Damit man sie fürchtet.
Warum?

Die Ritter schützen unsere Burg vor dem Feind und sie kämpfen fürs ganze Land. Und wenn es sein muß, auch für den Kaiser. Fürs ganze Reich.
Wer ist der Feind? Vor wem muß die Burg geschützt werden?
Das verstehst du noch nicht, mein Kind, sagte der Vater. Warum tragen die Ritter Schwerter? fragte Hedwig weiter. Weil sie die Feinde töten müssen.
Töten ist böse, sagte das Kind. Warum...
Und der Vater sagte: Du fragst zuviel, Fräulein Neugierig, geh mal zu deiner Mutter.
Das Kind erwiderte brav: Ja, Vater. Und verließ gehorsam die Halle. Die Mutter gab dem Mädchen einen kleinen Rahmen und ein Stück Seide und zeigte ihm, wie man Blumen stickt. Doch bald zog es Hedwig wieder in die Halle, in den Hof, in den Burggarten, überall hin, wo es etwas zu sehen gab. Oder zu ihrem Ausguckloch in der Mauer, durch das sie das weite Tal betrachten konnte.
In die Halle kamen auch andere Männer als die Ritter: die Mönche. Vor allem aus dem Dießener Kloster, das an dem anderen Ufer des Ammersees lag. Aus unserem Familienkloster, sagte der Vater und begrüßte die Mönche ganz anders als seine ritterlichen Freunde. Ehrerbietig grüßte er sie, mit leiserer Stimme, in Gottes Namen hieß er sie willkommen. Hedwig mochte die Mönche, die bescheiden eintraten, in Gottes Namen grüßten, die sanft lächelten. Sie trugen schafsfarbene Kutten und Sandalen an den bloßen Füßen. Sie hatten saubere Hände und dufteten nach Heublumen.
Besonders Probst Degenhard hatte es dem Kind angetan. Vor diesem ehrwürdigen geistlichen Herrn verneigte sich auch Bertold von Andechs tief. Der Probst kam, um klugen Rat gebeten, um wichtige Schreiben aufzusetzen, die er auf eine Wachstafel schrieb und die nachher ein Schreiber langsam und sorgfältig mit einer Gänsefeder auf dünne Ziegenhaut, die die Mönche Pergament nannten, abschreiben mußte.
Denn schreiben konnte auch der klügste Ritter nicht. Sogar der Vater konnte weder lesen noch schreiben, auch war ihm die lateinische Sprache unbekannt, in der alles Geschriebene gehalten war. Und auch Willibald der

Burgvogt soll nur zwei Jahre in einer Klosterschule lesen und schreiben gelernt haben. Daher verehrte man die klugen Mönche.

Probst Degenhard hatte silberne Haare, einen langen silbernen Bart und rote Backen wie Winteräpfel. Er kam auf einem Schimmel geritten, den er unten im Hof versorgen ließ. Oft lief ihm das Kind entgegen. Der Probst strich ihm über die Haare und sagte: Grüß Gott, kleines Fräulein. Er nahm es an die Hand und das kleine Mädchen führte hüpfend den alten Mann über die Holzstiege in die Halle.

Und wenn Probst Degenhard seine Obliegenheiten erledigt hatte, nahm er Hedwig wieder an die Hand und begab sich mit ihr in den Burggarten, wo er mit ihr Blumen und Pflanzen betrachtete und ihr deren Namen nannte. Oder sie gingen in die Kapelle. Dort sangen sie zusammen fromme Lieder. Das Kind hatte ein ungewöhnlich gutes Gedächtnis und eine helle sichere Stimme. Das freute den Probst, und er strich sich zufrieden über den Bart und meinte, sie werde wohl eine besonders fromme Nonne werden.

Manchmal durfte das Mädchen Hedwig neben dem Probst bei Tisch sitzen, und bekam eine der Wachstafeln zugeschoben, auf denen man die gemalten Zeichen wieder löschen konnte. Der Probst malte ihr ein Zeichen vor, und sie bekam einen Griffel, wie auch er einen hatte und durfte das Zeichen nachmalen. So viele Male, bis sie sich gemerkt hatte, wie der Buchstabe hieß.

Wenn des Schreibers Tinte Flecken auf dem Eichentisch hinterließ, schrubbten die Mägde sie nicht weg wie andere Flecken. Tintenflecke ehrten den Tisch.

Außerdem gab es noch andere Menschen auf der Burg, die in der Küche oder im Stall arbeiteten, Knechte und Mägde, die ähnlich wie die Bauern aussahen, die Eier und Milch brachten. Merkwürdige Menschen, die vor Scheu gar nicht mit dem kleinen Burgfräulein reden wollten. Und die oft gar nicht gut rochen.

Erst später wußte Hedwig, die Ordnung der Burg, das war die Ordnung der Welt, in die sie hineingeboren war.

Später brachte man es ihr bei: In dieser Welt mußte es die Krieger geben, die man lateinisch bellatores nannte, den Kriegerstand, der der wichtigste war, zu dem nicht nur Ritter, sondern auch deren Herren gehörten: Fürsten und Könige und ganz an der Spitze der Kaiser. Zu dieser Ordnung gehörten aber auch die Beter, die oratores, die, wie man ihr sagte, das Gleichgewicht hielten zu dem ersten Stand. Denn während dem ersten das Kämpfen oblag, und das Töten, waren die Beter für das Gottzugewandte zuständig und für das ewige Leben. Auch diese, die meistens in Klöstern lebten, hatten ihre eigene Ordnung. Zu der gehörten Mönche und geistliche Herren: Äbte und Bischöfe, an deren Spitze der Papst, der Heilige Vater stand.

Die Arbeitenden dagegen, die Verängstigten, die ungut rochen, die die Mönche laboratores nannten, waren für alle da. Ritter und Mönche lebten von der Arbeit des gemeinen Volkes.

So war die Ordnung der Welt, von Gott gegeben, sagte man dem Kind.

Bis die Fürstentochter die Ungerechtigkeit dieser Ordnung zu durchschauen lernte und sich dagegen auflehnte, verging viel Zeit.

Auch im Burghof gab es viel zu sehen. Hedwig stand auf der hölzernen Galerie und sah herab. Menschen kamen und gingen. Vom Hof aus waren der Zugang zur Küche, zur Backstube, den Wirtschaftsräumen und dem Gästehaus.

Doch nicht jeder wurde in den Burghof eingelassen. Die Burg lag auf einem hohen Berg und war umgeben von einer starken Mauer, die aussah, als wäre sie von Riesen nicht von Menschen errichtet worden. Darüber, wer hinein- und herausdurfte, entschieden Wächter in Türmen zu beiden Seiten des Tores. Im Zweifel der Burgvogt oder der Burgherr selbst.

Das Kind Hedwig durfte die Burg ohne Begleitung nicht verlassen. Auf keinen Fall. Doch einige Male, beim Ausfahren der Familie in der großen Kutsche, war es schaudernd durch das Torgewölbe gekommen.

Ekbert, Hedwigs älterer Bruder, erzählte ihr, wie die Wachleute auf ungebetene Eindringlinge lauerten. Wie sie unerwünschte Fremde zwischen zwei Gittern im Torgewölbe festhielten wie wilde Tiere, und sie befragten nach dem Woher und Wohin. Und wie, wer sich nicht erklären konnte, festgenommen und in das Verließ unter dem

Turm geworfen wurde, wo, wer sich als Bösewicht erwies, leicht sein Leben verlieren konnte.
Dagegen war die Siedlung vor der Burg, die sie neugierig aus der Kutsche betrachtete, viel lustiger. Hedwig sah im Vorbeifahren viele fröhliche Menschen, die beim Anblick der Kutsche stehenblieben und ehrfürchtig grüßten.
In der Vorburg lebten vor allem Handwerker, sagte Ekbert, die für die Burg arbeiteten: Gold- und Waffenschmiede, Schreiner und Schuhmacher, Schneider und Gerber, Schmiede und Töpfer. Aber auch Kaufleute wohnten da und Bauern brachten ihre Produkte, um sie zu verkaufen. Das Kind fühlte sich geborgen und geschützt in der Burg, unter den Menschen, die sich ihr alle freundlich zuneigten.
Des Tages war das Leben laut in der Burg, doch abends wurde es still. Da hörte das Kind, das in seinem weißen Bett lag, durch das offene Fenster das Wasser des Burggrabens plätschern, die Frösche quaken.
An sonnigen Tagen entwandt es sich der Obhut ihrer Behüterinnen und lief zu einer Scharte in der Mauer durch die man das Tal unter der Burg sah. Es ging steil abwärts. Rechts dunkelte der Wald, links sah man Hügel und aufsteigende Berge. In der Mitte des Tales ein Dorf. Auf den Weiden braune Kühe im grünen Gras. Des Weges zogen langsam knarrende Ochsenkarren. Bauern arbeiteten auf den Feldern. Kinder und Hunde liefen hin und her. Die Hütten waren weißgekalkt, mit Stroh gedeckt, und aus den Kaminen zog heller Rauch. Hier und da saßen die Alten auf einer Bank vor der Tür. Es war still im Tal. Manchmal konnte das Kind den Flügelschlag der Tauben hören. Oder der vorbeiziehenden Dohlen. Von Zeit zu Zeit tönte die Glocke des kleinen weißen Kirchleins. Und immer klapperte die Wassermühle gleichmäßig am Rande des Dorfes, als betete sie unaufhörlich für die friedliche Stille des Tales. Es war, als wenn es immer und ewig so gewesen wäre und immer so sein sollte.
Dieses Bild betrachtete das Kind unendlich gern.
Manchmal fand Ekbert sie hier. Er zupfte seine kleine Schwester, die auf der steinernen Bank stand und durch ihr Guckloch die weite Welt betrachtete, von hinten am Rock. Wie eine Eule hockst du in diesem Gemäuer, Hadi, sagte er. Uhu, Schuhu... Und herunterfallen könntest du

auch. Wenn du dich zu sehr hinauslehnst... Dann bist du tot. Denn fliegen kannst du wohl nicht.
Herunterfallen? Durch dieses kleine Loch..., lachte Hedwig. Und sang ihm von oben herab: Wenn ich ein Vöglein wär, und auch zwei Flügel hätt', flög ich... Wohin... Wohin... Nein, nein, lieber Ekbert, sagte sie ernsthaft, ich bleibe schon hier. Ich will gar nicht wegfliegen. Herunterfallen... Wo denkst du hin. Ich gebe acht. Und... fügte sie etwas zögernd hinzu, mich hüten die Engel, ich weiß es, ich bitte sie darum. Jeden Abend bete ich zu meinen Engeln.
Die Engel... spottete Ekbert, jeder Mensch hat einen Schutzengel, einen, nicht zwei.
Ich aber habe zwei, antwortete Hedwig fest. Ich spüre sie, hier neben mir, zu jeder Seite einen. Ekbert schüttelte den Kopf, sagte aber nichts mehr, seine kleine Schwester war für ihren Dickkopf bekannt.
Hedwig setzte sich auf die Bank. Komm, sagte sie, ich zeige dir meine Steinchen. Und sie schüttete aus einem Holzkästchen viele bunte Steinchen auf die Bank, die sie im Hof gesammelt hatte. Hübsche bunte Kieselsteine. Doch Ekbert sah gleichgültig auf die Schätze seiner Schwester herab.
Kieselsteine, sagte er verächtlich. Eine Andechserin braucht keine Steine zu sammeln. Sie bekommt sie geschenkt! Edelsteine! Verstehst du?
Wenn ich groß bin, sagte er, werde ich eine große Truhe voller glitzernder Edelsteine haben und eine Krone aus Gold. Dann schenke ich dir wunderschöne funkelnde Edelsteine. Für einen solchen Stein kann man Dörfer kaufen.
Aber meine Steine sind doch auch schön, erwiderte Hedwig. Sieh mal, der, oder der...
Ekbert aber fuhr unbeirrt fort: Denn ich werde ein großer Herr sein, ein Bischof oder ein König, und ich werde eine goldene Krone tragen.
Ein Bischof trägt eine Mitra, keine Krone, warf das Kind ein.
Viele Pferde werde ich haben, fuhr Ekbert fort, prächtige bunt gezäumte Pferde, Reitpferde, Streitrosse und Saumtiere. Und viele Leute werden mir gehorsam sein. Du aber, liebe Hadi, sagte er streng, du wirst die Frau eines Fürsten, vielleicht sogar eines Königs sein, oder die Äbtissin eines großen Klosters. Eine Andechserin...

Ich wäre gerne eine Nonne, warf das Kind schnell ein. Buchstaben malen, finde ich schön. Bücher abschreiben... – Das darfst du nicht, sagte Ekbert streng. Eine Andechserin darf nur Äbtissin oder Fürstin sein. Und eine Äbtissin hat keine Zeit Bücher zu kopieren, denn sie muß im Kloster regieren, verstehst du, sie muß Befehle erteilen, das Leben des Klosters überwachen, wie ein Fürst für seine Burg Verantwortung tragen. Merke dir, sagte Ekbert streng, eine Andechserin ist eine Herrin. Dazu ist sie geboren. Ach ja. Hedwig lud Ekbert zum Kästchenhüpfen ein. So oder ähnlich waren ihre Gespräche. Doch bei Tisch standen die Kinder ganz unten. Kinder hatten beim Essen zu stehen und zu schweigen. Auch die Kleinen durften nicht plappern. Neben Hedwig stand Gertrud auf einem Schemel, neben ihr die Kinderfrau, weiter Agnes auf dem Schoß ihrer Amme. Nur die älteren Brüder Otto, Bertold und Heinrich durften neben den Eltern sitzen. Ordnung galt beim herzoglichen Familientisch. Der Vater sprach stehend das Gebet vor der Mahlzeit, die Mutter wünschte allen Gottes Segen. Dann erst setzen sich die, die sich setzen durften. Eine Unterhaltung anzufangen, stand nur dem Vater zu.

Als Hedwig sechs Jahre geworden war, beschloß ihr Vater - er hatte sich zuvor mit seinem Bruder Otto, Bischof von Bamberg und Degenhard von Dießen beraten - das Mädchen ins Kloster zu geben. Dort werde sie, wie es sich für eine Fürstentocher schicke, behütet aufwachsen, viel Nützliches lernen und sich in Demut dem Willen Gottes beugen lernen. Das werde das Beste sein für sie. Der Meinung waren alle drei ehrwürdigen Männer.
Die Wahl war auf das Benediktinerinnenkloster in Kitzingen am Main gefallen, das zur Diözese Ottos von Andechs gehörte. Ob Hedwig später im Kloster bleiben oder eine standesgemäße Ehe eingehen werde, blieb dem Willen des Herrn vorbehalten. Amen.
Die Mutter hatte eine ihrer kühlen nach Rosenöl duftenden Hände einen Augenblick lang auf die warme Hand des Mädchens gelegt und dann beide Hände über den sich wieder rundenden Bauch gefaltet. Die Mutter, ihre wei-

nerliche Stimme. Sie pries Hedwig eifrig das Klosterleben. Glücklich wirst du sein, Haduiga, Hadi, sagte sie. Unter den frommen Frauen wirst auch du eine fromme Frau werden. Klug und weise wirst du sein. Lesen und schreiben können, und so manches andere lernen. Man wird dich schätzen und achten. Hoffentlich bleibst du im Kloster, meine Tochter, das wünsche ich dir. Äbtissin eines großen Klosters zu sein... Das ist ein schönes Leben. Nur der Herrgott über dir, nur Er dein Herr. Nur seinem Willen untertan... Sie lächelte verzückt, seufzte, küßte ihre Tochter auf die Stirn und sagte: Es wird gut sein für dich. Gottes Wille geschehe, Amen.

Sie ließ sich das Rosenöl reichen, denn sie bekam wieder ihre Kopfschmerzen.

Hedwig freute sich, lesen und schreiben zu lernen. Viele dicke Bücher zu lesen mit vielen bunten Bildern und Geschichten dazu, das schien ihr wunderbar.

Probst Degenhard hatte von Zeit zu Zeit ein Buch zum Ansehen mitgebracht. Für eines dieser Bücher könne man ein Dorf kaufen, hörte sie, wie er zum Vater sagte. Ehrfurchtsvoll trugen die Mönche die Bücher in die Halle hinein, legten sie achtsam auf den Tisch, der Abt strich behutsam mit seiner weißen faltigen Hand über das dicke braune Leder, ehe er die silbernen Schnallen löste, die das Buch zusammenhielten. Ja, Bücher, das waren Kostbarkeiten... Und im Kloster gab es viele dieser Bücher.

Eine Schneiderin wurde in die Burg geholt. Ein dürres Weibchen aus der Vorburg, Kordula genannt, die eine Nonne gewesen war, aber aus dem Kloster verstoßen wurde, weil sie ein Kind geboren hatte. Das sagte Jutta, die immer alles wußte, leise zu Dobra, aber Hedwig hörte es. Sie wußte, sie konnte vieles erfahren, wenn sie den Älteren aufmerksam zuhörte. Diese Kordula kann hervorragend nähen und sticken, fügte Jutta hinzu.

Die Schneiderin, die ein bekümmertes Gesicht hatte, begann ihre Arbeit in der Kammer neben der Kemenate der Mutter, in der Hedwig mit ihren beiden Begleiterinnen schlief. Die Mutter war beim Abmessen und Zuschneiden dabei. Hedwigs Kleider sollten denen der Klosterfrauen sehr ähnlich sein, wünschte sie. Weiße leinerne Hemden.

Zwei graue Leinenkleider. Zwei Kleider aus grauer Wolle. Dazu ein silberner Gürtel und zwei weiße Spitzenkragen für den Sonntag. Ein warmer Mantel mit Kapuze für die kalte Zeit. Und Schuhe. Auch der Schuster kam um Maß für das Schuhwerk zu nehmen: Sandalen für den Sommer, Stiefel für den Winter. Eine Truhe mit Bettzeug wurde gepackt. Feinste Daunen. Feinstes Leinen, aber ohne Spitzen, es sollte nicht protzig sein.
Es war noch grau am Morgen, als die Kutsche vorgefahren war. Und noch zwei Wagen. Zahlreiche Ritter in grauen Mänteln mit dem bunten Andechser Wappen. Der Hof war voller Reiter, Wagen und Pferde. Ein stattlicher Troß sollte die Herzogstochter ins Kloster begleiten. Der Herzog von Andechs und Meranien wollte seine Tochter selbst nach Kitzingen bringen und dann weiterreisen. Er hatte wichtiges zu besprechen mit seinem Bruder, dem Bischof von Bamberg. Ekbert durfte mitreiten.
Dobra kämmte dem Kind die Haare und weinte dabei. Wer wird dir dort helfen, mein Armes, seufzte sie.
Das Frühstück - Haferbrei mit Milch - konnte Hedwig kaum schlucken. Dobra legte Äpfel und süße Brote in einen Korb. Für später.
Der Morgen war kühl und Dobra legte dem Mädchen den warmen Mantel über die Schultern. Sie durfte mitfahren. Jutta dagegen blieb bei der Mutter, die bettlägerig war, schwach, wieder einer Geburt entgegensah, und daher auch nicht von der hölzernen Galerie winken konnte, wie es sich das Kind wohl gewünscht hätte. Aber zum Nachdenken war nicht viel Zeit. Der Vater rief ungeduldig vom Hof herauf.
Die alte Familienkutsche war ein viereckiger Holzkasten auf eisernen Rädern, schön blaubemalt, die Türen geschmückt mit dem vertrauten Andechser Wappen: Löwen und Adler. Vier Pferde vorgespannt. Doch sie rumpelte zum Erbarmen.
Drinnen eine Holzbank mit weichen Decken, aber auch ein Lager aus Stroh mit bunten Wolldecken und Kissen. Dobra setzte sich neben das Mädchen auf die Bank. Der Vater sah von seinem Pferd herab in das kleine offene Fenster, ob alles in Ordnung sei.

Er sagte etwas. Hedwig verstand ihn nicht, aber es klang wie: fürchte dich nicht, ich bin bei dir. Dann hörte sie das Hehe, Heta des Kutschers, andere Rufe, die Kutsche zog an, Pferdetrappeln und Rumpeln der Kutsche über das Pflaster des Burghofes. Hinaus durchs finstere Tor, über die Brücke... die Vorburg hindurch... ins weite Land hinaus... Abschied von der Burg, in die sie später nur noch einmal für kurze Zeit zurückkehren sollte. Dann aber doch immer wieder in Gedanken und Träumen. Auch als sich die Burg längst in Feuer und Rauch aufgelöst hatte, blieb das Bild in ihr.

Also das Ende der Kindheit. Was blieb davon. Einige Bilder, Gerüche und Geräusche, an die sich Hedwig noch im Alter erinnerte. Eine Atmosphäre - die erste Prägung für immer. Hedwig lehnte sich zum Fenster hinaus, so daß sie Dobra ermahnen mußte und sie ängstlich am Rock festhielt.

Ekbert durfte reiten. Hedwig beneidete ihn. Doch bald erwies er sich doch nicht stark genug, um mit den Rittern mitzuhalten. Irgendwann schickte ihn der Vater in die Kutsche. Um der Schwester Gesellschaft zu leisten, wie er sagte.

Dann wieder nahm der Vater Hedwig vor sich aufs Pferd. Das machte ihr Spaß. Sie sah die ganze Welt an sich vorbeiziehen: Felder und Wälder, Dörfer und Städte. Überall blieben die Leute an den Wegesrändern stehen und betrachteten den prächtigen Zug. Wer einen Hut aufhatte, nahm ihn ab, um so den hohen Herrschaften Ehrerbietung zu zeigen. Die Menschen hoben die Hände und winkten. Hedwig winkte zurück. Manchmal lief ein bellender Hund dem Zug nach.

Die Reise dauerte viele Tage. Sie fuhren zu einem Tor der Stadt hinein und zum anderen hinaus. Sie hielten in Städten, Klöstern und Burgen. Überall wurde der fürstliche Zug erwartet. Bewirtung und prachtvolle Ruhestätten waren sorgfältig vorbereitet worden. Herzog Bertold von Andechs durfte zufrieden sein mit seinen Leuten, die er voraus geschickt hatte.

Noch nie in ihrem Leben hatte Hedwig so viele Menschen auf einmal gesehen wie in Nürnberg. Das war eine große prächtige Stadt, mit vielen glänzenden Kirchtürmen und der kaiserlichen Burg auf der Höhe. Wie gern hätte sie sich hier unter die Leute gemischt, aber das durfte sie nicht. Weder hier noch irgendwo. Sie wurde bewacht und vorgezeigt. Überall neigten sich freundliche Gesichter über das kleine vornehme Fräulein, das in ein Kloster gebracht wurde.

Abends fielen dem Kind in weißen weichen Federbetten die guckmüden Augen zu.

Im Kloster

„Lernte sie doch in ihrer Jugend im Kloster Kitzingen die Heilige Schrift kennen; mit dem Studium dieser brachte sie ihre Jugend nutzbringend zu."
(Legenda maior de beata Hedwigi)

er Vater ließ halten. Die Reisenden befanden sich auf einer Anhöhe. Vor ihnen lag ein liebliches Tal in der Mittagssonne. Der Vater stieg ab, nahm Hedwig vom Pferd und sagte laut, daß ihn auch die Leute hörten: Das Kloster Kitzingen.
Hedwig blinzelte in die Sonne. Das Kloster schien zu schweben in der flimmernden Luft. Wie das heilige Jerusalem, dachte Hedwig, von dem ihr Degenhard erzählt hatte.
Da fingen die Glocken mächtig zu dröhnen an. Die Reisenden bekreuzigten sich. Als das Geläut verstummte, sagte der Vater: Das war ein gutes Zeichen! Ein Engelsgruß! Auf! Auf! Alle auf!
Sie schwangen sich auf die Pferde und trabten los. Bald gelangten sie vor das Tor des Klosters, das weit offen stand. Im Torbogen war es schattig und kühl. Niemand hielt sie auf. Ein weiter, mit Steinen gepflasterter Vorhof öffnete sich vor ihnen. Ringsumher gemauerte Gebäude. Knechte traten heran, und grüßten im Namen Christi. Sie nahmen sich der Pferde an.
Hedwig sah, wie durch ein nächstes durchbrochenes Tor, das wie aus schwarzer Seidenspitze war, zwei graugekleidete Frauen in weißen Kopftüchern angetrippelt kamen. Sie verneigten sich mit gefalteten Händen, und die Ältere lud mit leise singender Stimme die hohen Gäste ins Innere des Klosters ein. Der Herzog von Andechs nahm seine Tochter an die Hand und folgte den grauen Klosterfrauen. Hinter dem Tor bot sich dem Mädchen ein merkwürdiger Anblick. Unzählige graugekleidete Frauen standen in zwei

langen Reihen zu beiden Seiten des Weges. Sie hatten alle die gleichen weißen Kopftücher umgebunden, und lächelten freundlich. Auch die wichtigste Nonne, die ihnen entgegentrat, sah ähnlich aus, sie trug auf der Brust ein goldenes Kreuz. Der Vater begrüßte sie höfisch als Ehrwürdige Mutter. Es war die Äbtissin des Klosters, eine ältere rundliche Frau. In ihrem gelblichen Gesicht hingen viele Falten weich wie Teigrollen herab. Doch über der knolligen Nase sprühten zwei lebendige, graue Augen. Sie sagte etwas zu dem Kind, strich ihm über das weiche Haar. Und schon fingen die Nonnen wie Engel zu singen an. Hedwig gefiel der Gesang. Sie fand ihn wunderbar. Schöner als den Gesang der Mönche zu Dießen. Ähnlich wie Vogelgezwitscher und das Gefiedel der Spielmänner, die manchmal in den Andechser Hof kamen.
Die Nonne, die mit Zeichen der Hand das Singen anführte, übertönte alle anderen. Die singt wie der Erzengel Gabriel, dachte das Kind, und bemerkte, daß die Frau einen sehr dicken Hals hatte, der wie ein Berg aussah, auf den viele Wege führten. Und auf dem Berg eine kleine Burg: der Kopf mit dem großoffenen Tor, aus dem die himmlischen Töne kamen.
Hedwig verstand die Worte nicht. Die Frauen sangen in der Sprache der heiligen Bücher. Lateinisch. Das Kind hörte nur immer wieder: Laudamus! Laudamus!
Der Vater folgte der Äbtissin durch das Spalier der Frauen. Er neigte viele Male den Kopf, als wollte er jede erkennen und jede einzeln begrüßen.
Am Ende standen kleine Mädchen, nicht größer als die Andechserin. Welch ein Trost!
Die Äbtissin begab sich mit ihrem hohen Gast zuerst zur Kirche. Die Klosterfrauen folgten. Das Gotteshaus füllte sich bald mit den grauen Gestalten und ihrem frommen Gesang. Ein Priester trat den Gästen entgegen, der sich nach der Begrüßung zum Altar begab.
Kerzenlicht und Weihrauch. Gottesdienst wie in Dießen. Doch es war kalt in der Kirche, und das Kind nieste ein ums andere Mal.
Danach begab man sich in einen großen weißgetünchten Raum mit hohen Fenstern, in dem zwei Reihen weißge-

deckter Tische standen. An der vorderen Wand ein mächtiges Kreuz aus dunklem Holz, kunstvoll mit Silber verziert.
Die Äbtissin begrüßte ihren hohen Gast, den Fürsten von Andechs und Meranien noch einmal. Alle standen auf und der Fürst überreichte der Ehrwürdigen Mutter eine Pergamentrolle, zu deren Inhalt er einiges sagte, was das Kind nicht verstand.
Die Äbtissin begann laut zu lesen. Der Vater beschenkte das Kloster mit zinspflichtigen Dörfern. Die Äbtissin bedankte sich im Namen ihrer Klostertöchter und versicherte dem großzügigen Gönner ihrer aller größten Dankbarkeit. Die Nonnen werden, versprach sie, solang das Kloster steht, für die Familie ihres Wohltäters, des Herzogs von Andechs und Meranien, beten. Gott vergelte ihm die reichen Gaben.
Nachdem sich beide noch einmal höfisch lächelnd gegenseitig verneigt und dann hingesetzt hatten, wurde das Essen hereingetragen. Hedwig durfte zwischen ihrem Vater und der Ehrwürdigen Mutter sitzen. Sitzen! Nicht stehen. Das tat ihr wohl.
Sonst sprach niemand ein Wort bei Tisch. Das Schweigen beim Essen war im Kloster noch strenger als in der Burg. Kirschen mit weißem Brot wurden gereicht. Danach junge Bohnen in Milch gekocht. Dann kamen Fische und Krebse auf den Tisch und Aalpasteten. Dann Hirsebrei mit Mandelmilch und Zimt, und zum Schluß Käsetorte und Obst. Das Kind bekam Obstsaft zu trinken, dem Vater wurde roter Wein in einem herrlich geschliffenen Kelch gereicht.
Als das Klappern der Schüsseln und Löffel sich um einiges beruhigt hatte, begann die Kantorin mit lauter Stimme zu lesen. Fast hätte das Mädchen das Essen vergessen, so sehr gefiel ihm die Geschichte vom weisen König Salomon und der Königin Betsabe.
Danach, im Arbeitsraum der Äbtissin, der schlicht mit wenigen Gegenständen eingerichtet war, dem Kind fiel ein Gebetpult mit einem offenen Buch auf, unterhielten sich der Herzog und die Äbtissin über Pächter und Zinsen, Weinberge und Rinder und fleißige oder säumige Bauern. Erst nach einer Weile bemerkte die Äbtissin, wie müde das

Kind dabeistand und klingelte mit einem silbernen Glöckchen. Die Tür tat sich sofort auf und eine junge hübsche Nonne trat herein.
Als Petrissa, die Tochter des Grafen von Schweinfurt am Main, stellte sie die Ehrwürdige Mutter vor. Also eine Verwandte der Andechser. Die Äbtissin begann ausführlich die verwandtschaftlichen Verbindungen zu erklären, bis sie der Herzog freundlich lächelnd unterbrach, und sagte, er sei erfreut, eine weite Verwandte kennenzulernen, aber es gehe ja nicht um eine Vermählung.
Petrissa hatte soeben den Profeß abgelegt und sollte fortab das Klostermütterchen der kleinen Andechserin sein.
Dem Kind wurde bedeutet, Abschied vom Vater zu nehmen. Bertold von Andechs segnete seine Tochter mit dem Zeichen des Kreuzes und küßte sie auf die Stirn. Das Kind verließ mit Petrissa den Raum. Auf Wunsch der Äbtissin sollte ihr die neue Betreuerin das Kloster zeigen.
Petrissa nahm Hedwig an die Hand und lächelte ihr zu. Sie war sichtbar froh über die ihr anvertraute Aufgabe.
Hedwig lächelte zurück. Etwas in ihr machte einen kleinen Hüpfer vor Freude. Sie gingen zusammen in den Garten. Hier war es warm und roch nach Frühling. Sie setzten sich auf eine Bank am Rande des kurzgeschorenen Rasens, hinter dem eine hohe Wand aus rötlichen Steinen stand. Das sind Backsteine, erklärte Petrissa, Steine, die Menschen selbst brennen. Eine junge Birke stand vor der Wand und auf dem Rasen hüpften Amseln.
Petrissa hatte eine helle schimmernde Haut und dunkles Haar, das sich unter dem weißen Tuch kräuselte. Unter der leicht gewölbten Stirn ruhige graue Augen, dazu ein leicht gebogenes Näschen, das sich am Ende etwas rundete. Ihr hübscher Mund lächelte gern.
Auch sie, sagte Petrissa, sei mit sechs Jahren ins Kloster gekommen, und anfangs auch etwas traurig gewesen, jetzt aber möchte sie nicht mehr anders leben.
Petrissa erzählte vom Leben auf ihrer elterlichen Burg und von ihren Geschwistern. Das kam Hedwig bekannt vor und so kamen sie allmählich ins Gespräch.
Dann zeigte Petrissa ihrer Klostertochter den Kreuzgang, einen runden Säulengang mit Bildern des Leidenden Christi, in dem die Nonnen herumgingen und beteten. In der

Mitte des Hofes ein stiller Brunnen und viele Blumen auf dem Rasen.
Doch am schönsten fand es Hedwig in der Bibliothek.
Im lichten Raum, hier waren die Fenster bleigefaßt und größer als anderswo, standen viele hohe Regale mit unzähligen Büchern. So viele Bücher... Kann ein Mensch alle diese Bücher lesen, fragte sie leise voller Bewunderung...
An zwei Pulten saßen Nonnen und schrieben. Petrissa flüsterte der einen etwas zu, die nickte, und Hedwig durfte der Skribentin bei der Arbeit zusehen.
Petrissa begab sich zum Fenster, und begann den Rosenkranz zwischen den Fingern zu bewegen.
Die Schreiberin hatte einige Hörnchen mit verschiedenen farbigen Tinten vor sich auf dem Pult und einen Kelch mit Gänsekielen zum Schreiben. Vor ihr lag ein Blatt dünner Ziegenhaut, fein zugeschnitten, säuberlich geglättet, aber noch nach Gerbmitteln riechend. Das Blatt schien noch leer, und die Nonne war mit dem Ausmalen des ersten Buchstabens beschäftigt. Hedwig erkannte das Zeichen und sagte: das ist ein O.
Woher weißt du das, flüsterte die Nonne.
Unser Probst Degenhard hat mir einige Zeichen gezeigt, flüsterte das Mädchen zurück.
Bei näherem Betrachten war zu bemerken, daß das Blatt gar nicht leer, sondern mit vielen dünnen Linien und dünn vorgezeichneten Buchstaben bedeckt war. Der erste Buchstabe muß besonders schön sein, erklärte die Schreiberin. Er heißt Initiale.
Warum muß eine Initiale besonders schön sein, fragte Hedwig. Die Nonne lächelte und antwortete: damit der Leser gern weiterliest.
Neben dem Skriptorium lag der Schulraum. Ein enger trüb aussehender Raum mit kleinen Tischen und Bänken. Das Kind sah seine Begleiterin ängstlich an. Morgens sieht es hier ganz anders aus, tröstete Petrissa.
Im Kloster vergeht ein Tag wie der andere. Wie Holzperlen des Rosenkranzes, den die Nonnen stets beisichtragen, reihen sich die Klostertage aneinander.
In der ersten Nacht weinte das Kind. Es versteckte sich unter der Federdecke und zitterte, es fürchtete sich, und fühlte sich allein gelassen. Im großen Dormitorium schlie-

fen die Klosterfrauen, unzählige Frauen, Pritsche an Pritsche. Fremde Frauen. Schnarchen und Stöhnen im weiten Raum. Hier und da knarrende Bauchtöne. Von Zeit zu Zeit tapste eine im Dunkeln hinaus und kehrte bald wieder. Eine Maus huschte über Hedwigs Bett. Flohstiche ließen das Kind nicht einschlafen. Es war kalt in der Nacht, die Fenster des Dormitoriums waren offen. Die Frauen standen auf, als das Kind gerade Schlaf gefunden hatte. Sie huschten fast lautlos hin und her. Doch das Kind erhob sich und setzte die Füße auf den Boden. Petrissa, die ihr Bett neben Hedwig hatte, drückte sie sanft aufs Kopfkissen zurück. Es ist noch Zeit für dich, sagte sie leise. Ich komme dich später holen. Schlafe. Es war noch dunkel. Das Kind schlief wieder ein. Als die Sonne ihre ersten Strahlen in den Raum warf, wurden die Mädchen geweckt. Das Kind Hedwig zog mit vor Kälte zitternden Händen das Kleid über das Hemd, in dem es geschlafen hatte. Die Vögel begannen im Garten zu zwitschern. Petrissa legte dem Kind den Mantel um. In der Kirche ist es kalt, sagte sie.
Der erste Klostertag begann für das Kind in der Kirche. Wie es sich gehörte. Jeder Klostertag beginnt in der Kirche. Kerzenschimmer beleuchtete das große schwarze Kreuz, das über dem weißbetuchten Altar hing, Weihrauch verbreitete wohligen Duft, die Nonnen sangen engelsgleich. Der Priester ging hin und her und betete und sang. Das Morgenlicht sickerte durch die bunten Scheiben. Das Kind gähnte, es hielt sich mit Mühe aufrecht auf der harten Bank, doch es war ein schönes Erwachen im Gotteshaus. Das Gefühl einer anderen Geborgenheit.
Ein neuer Tag hatte begonnen. Ein neues Leben.
Die Klostertöchter bekamen im Refektorium einen Becher Milch mit Haferflocken. Dann begaben sie sich im Gänsemarsch mit ihren Klostermüttern in den kleinen Schulraum. Eine alte Nonne leitete den Unterricht. Petrissa war ihre Helferin. Das heißt, Petrissa unterrichtete unter der Obhut der alten Frau, die immer wieder einschlief.
Wunderschön waren die Bibelgeschichten, die Petrissa erzählte.
Am Anfang schuf Gott den Himmel und die Erde, las Pe-

trissa aus dem großen Heiligen Buch, der Bibel. Er trennte die Dunkelheit und das Licht. So wurde es Tag und Nacht. Da freute sich Gott.
Das Kind bemerkte, Gott hatte am Anfang viel zu tun. Gott mußte die Erde aus dem Wasser heben und sie mit verschiedenen Wesen beleben, am Himmel die Lichter befestigen, die Sonne, den Mond und die Sterne. Er schuf alles aus dem Nichts. Ein bewundernswürdiger Gott.
Zum Schluß formte er Menschen aus Lehm, erzählte Petrissa. Zuerst Adam, dann Eva. Eva aus Adams Rippe.
Warum, fragte das Kind laut und unbefangen. Petrissa sah Hedwig streng an und sagte: wir dürfen nicht fragen warum - alles, was in der Bibel steht, ist uns zum Glauben aufgetragen.
Also zwei Menschen sollten es sein, damit sie nicht einsam wären, erzählte Petrissa am anderen Tag weiter.
Gott ist einsam, dachte das Kind. Darum wünschte Er sich die Menschen, die ihn erkennen und lieben sollten.
Petrissa erzählte weiter: Gott schenkte den Menschen einen herrlichen Garten mit lieblichen Bäumen und Pflanzen, und mit sanften Tieren. Er wollte, daß es ihnen wohlgehe. Das war das Paradies.
Doch als Petrissa davon erzählte, daß Gott die Menschen, weil sie vom verbotenen Baum, den er als Baum der Erkenntnis bezeichnet hatte, einen Apfel aßen, aus dem Paradies verjagte, in eine dunkle karge Welt, entfuhr es Hedwig wieder: warum?
Denn hätte Gott nicht voraussehen müssen, welch Unheil die Schlange anstiften konnte? Er, der Allwissende! Warum hatte er nicht die Schlange verjagt, ehe sie Eva in Versuchung bringen konnte? Und warum war Eva schuldiger als Adam? Und war es so schlimm, in einen leckeren Apfel zu beißen?
Für ein so kleines Vergehen eine so große Strafe?
Doch weil sie wußte, daß sie nicht fragen durfte, stand sie auf und sagte reumütig: Verzeihung!
Petrissa wies sie zurecht mit zusammengezogenen Brauen: Merke dir, Hedwig von Andechs: Gott bestraft allzu Neugierige! Und fügte hinzu: Gott vergebe dir deine Sünde, mein Kind. Denn obwohl sie eigentlich hätte das Kind bestrafen müssen, wie üblich, es in die Ecke stellen oder

mit der Rute über die Finger schlagen sollen, rührte sie doch sein bekümmertes Gesicht.
Merke dir: Gott will, daß ihm die Menschen gehorsam sind!
Nach dem Unterricht nahm die junge Lehrerin Hedwig zur Seite und sagte streng: Du darfst nicht so viel fragen, die Bibel ist zum Glauben da. Viele, die fragten, sind auf dem Scheiterhaufen verbrannt worden. Als Ketzer. Glauben, nicht fragen! Merke dir das.
Verbrannt? Auf dem Scheiterhaufen? Das Kind war tief erschrocken und fragte nie mehr - warum - auch wenn es quälende Fragen hatte.
So stand es in der Bibel, daran darf nicht gezweifelt werden, das hatte sich Hedwig gemerkt. Tief eingeprägt.
Und so fragte sie auch nicht mehr laut, als Petrissa von Kain erzählte, der seinen Bruder Abel ermordet hatte. Seinen Bruder, den er doch nach Gottes Geboten lieben sollte wie sich selbst. Gott hatte sich in einem Busch verborgen und sah zu, wie Kain seinen Bruder mordete. Dann schimpfte er etwas mit ihm, doch ging der Bösewicht ohne Strafe aus. Er lebte weiter, er hatte eine Frau und mit ihr viele Kinder. Warum?
Das Kind quälte sich im Stillen weiter. Warum hat Gott seine Geschöpfe als halb böse, halb gute Wesen geschaffen, wenn sie ihm doch ähnlich sein sollten. Warum? Warum ließ Gott das Böse zu, wenn er allmächtig war und gut.
So böse wurden die Menschen, daß Gott sie sogar ertränken mußte. Nur Noah, der Fromme, fand Gnade bei Gott und wurde mit den Seinen gerettet. Und mit ihm Tiere und Pflanzen, die er in den großen Kasten genommen hatte. In ein Schiff groß wie eine Burg.
Alles, alles ließ Gott unter den Fluten versinken, die in der Bibel Sintflut genannt wurde.
Später vernichtete Gott noch einmal die Unfolgsamen. Er verbrannte die Sünder von Sodom und Gomorrha. Und wieder rettete er nur einen Gerechten - Loth und seine Familie.
Das Kind war traurig, aber es schwieg. Dieser Gott war nicht zu begreifen. Er war zum Bewundern und zum Fürchten da und man mußte ihm gehorsam sein. Das mußte sie sich merken: Gott war der Herr, der alles in seiner Hand hielt, dem sich die Menschen beugen mußten.

Umso lieber waren dem Kind Hedwig die Geschichten über Jesus Christus, den Sohn Gottes, den Gottvater zu den Menschen geschickt hatte, um sie zu belehren.
Hedwig war froh darüber, sie meinte, Gott habe endlich begriffen, daß er den Menschen helfen müsse, anstatt sie zu strafen. Gott schickte seinen Sohn in die Welt, zu den sündigen Menschen, um sie von ihren Sünden zu erlösen und die Widersprüche zu heilen.
Die Geschichten vom Lehrer und Wunderheiler Jesus Christus wurden dem Kind zum größten Trost, und dann zum größten Kummer, und doch wieder zum Trost.
Das Schönste von allem war die Geschichte vom Jesuskind, die immer aufs Neue, besonders um die Weihnachtszeit, erzählt wurde. Ein Kind wurde geboren und die ganze Welt erstrahlte vor Freude. Das konnte Hedwig begreifen.
Doch Jesus Christus, der Erlöser der Welt, ward in einem Stall geboren, seine Mutter legte ihn aufs Heu in eine Krippe. Seine Mutter und sein Vater waren arme Leute. Zuerst kamen die Hirten, um ihm zu huldigen und erst später die drei Könige aus dem Morgenland. Jesus war kein Fürst, kein Mächtiger auf dieser Welt.
Im Gegenteil, sie hörte bald, Jesus schimpfte auf die Reichen und Mächtigen und gab ihnen kaum Hoffnung aufs Himmelreich. Seine ganze Liebe galt den Armen und Benachteiligten. Das erschreckte die Fürstentochter.
Warum, fragte sie sich, warum wurde Jesus nicht in einer Burg geboren? Warum durfte er nicht reich und stark sein? Wäre er doch ein Herr gewesen wie ihr Vater, und hätten ihm tapfere Ritter zu Gebote gestanden, hätte er nicht so schrecklich sterben müssen.
Das Kind freute sich über den Jesus, der die Kaufleute aus dem Tempel verjagte. Gotteshäuser waren zum Beten da, nicht um Handel in ihnen zu treiben. Das war klar.
Es bewunderte den Wunderheiler, der durch Auflegen seiner Hände Menschen Gesundheit und Leben zurückgab, auch Kindern. Und sie sah sich unter der Menschenmenge am sonnigen Abhang am Ufer des Sees Genezareth sitzen und hörte aufmerksam den Lehren Jesu zu, der Frohen Botschaft vom Reich Gottes, das kommen wird.

Ihr sollt Gott lieben und euren Nächsten, wie euch selbst, sagte Jesus. So einfach waren seine Worte. Jedes Kind konnte sie verstehen. Daran wollte sie festhalten.
Wie eine liebevolle Mutter verteilte Jesus Brot und Fisch an die Menschen, die ihm zuhörten. Er stillte ihren Hunger. Und die Nahrung nahm nicht ab.
Jesus liebte besonders die Kinder, erzählte Petrissa. Er sagte zu seinen Begleitern: Lasset die Kinder zu mir kommen. Wißt ihr nicht, daß solchen, die im Herzen kindlich geblieben sind, das Reich Gottes offensteht? Denn wer sich Gottes Willen nicht so selbstverständlich und freundlich fügt wie ein Kind, dem bleiben Liebe und Barmherzigkeit Gottes verschlossen und der findet keinen Zugang zu seiner Herrlichkeit.
Das hörte das Kind Hedwig gern und es beschloß, immer so zu sein, daß es diesem Jesus gefiele, daß es seine Hand über sich spüre.
Sie sah ihn vor sich im weiß glänzenden Kleid mit einem Gesicht, das sie mal an das Gesicht ihrer Mutter, mal an das ihres Vaters erinnerte.
Doch dann kam der große Kummer. Böse Menschen töteten Jesus. Warum? Sie nagelten ihn, den Guten, den Liebevollen, an das Kreuz und verhöhnten ihn.
Petrissa erzählte: Jesus hat sich zu Tode quälen lassen, um sich gleichzusetzen mit den armen geschundenen Menschen, von denen so viele ähnlich gequält sterben müssen. Und zum Trost für alle Menschen war Jesus Christus von den Toten auferstanden.
Die Engel, die bei ihm saßen, hatten ihn gerettet, davon war das Kind überzeugt, die zwei Engel die in der Grabeshöhle saßen, als die Frauen kamen, um Jesu Leichnam zu balsamieren.
Über die Auferstehung Christi freuten sich alle Gläubigen zu Ostern. Aber warum verehrten sie in ihren Kirchen den Gekreuzigten und hängten überall sein Abbild hin? Das verstand das Kind nicht. Hedwig liebte den glänzenden Christus, nicht den geschundenen, dessen Bild ihr zutiefst weh tat. Ihr Leben lang.
Da war nun die Lehre Jesu Christi. Aber dazu kamen noch die Belehrungen der Kirchenväter.
Die verlangten streng Gehorsam für sich wie Gott Vater.

Der heilige Petrus, der heilige Augustinus, und viele andere, aus deren Schriften die Klostermädchen sich so manches merken mußten.

Von diesen strengen Männern war ihr der heilige Benediktus am liebsten, der Gründer des Ordens, dem ihr Kloster angehörte.

Der heilige Benedikt, erzählte Petrissa, hat in einer einsamen Höhle lange nachgedacht und gebetet, wie man den Menschen helfen könnte, zu Gott zu finden. Denn die Menschen sind unbelehrbar geblieben trotz Jesu Christi Lehre, trotz Tod und Auferstehung des Sohnes Gottes. Sie lebten gedankenlos und nur auf ihren Vorteil bedacht. Sie dachten nicht an Gott.

Benediktus lehrte: Beten und arbeiten. Ora et labora. Das führe zum Heil, meinte er. Und viele ließen sich überzeugen. Bald wollten viele leben, wie es der heilige Benedikt verlangte. Viele, sehr viele. Sie bauten sich Häuser weit weg von den Menschen, um ungestört in Gott zu leben. Hunderte Klöster sind seitdem entstanden, in denen Mönche und Nonnen Gott dienten.

Die Menschen, die dem heiligen Benediktus folgten, Mönche und Nonnen, stellten sich in eine gottgefällige Ordnung, sie traten dem Orden bei. Sie gelobten, sich den von Benediktus aufgestellten Regeln gehorsam zu fügen. Sie verzichteten auf Familie, auf Reichtum und Macht. Sie weihten ihr Leben Gott. Das war von doppeltem Gewinn - sie retteten ihre eigenen Seelen und durch ihr Gebet die Seelen anderer Menschen. Das fand das Kind ergreifend schön. Es wollte auch so leben.

Doch das alltägliche Leben im Kloster war hart. Es verging viel Zeit, ehe sich das Kind Hedwig an das Klosterleben gewöhnt hatte.

Beten und arbeiten. Müßiggang galt als Gift für die Seele. Unnötiges Geschwätz war verpöhnt, ja verboten.

Das hieß anfangs Tränen schlucken. Hedwig lernte, Schwieriges zu ertragen, über Schmerzen nicht zu klagen, sich zu fügen der strengen Ordnung des Tages: Beten und arbeiten. Folgsam sein, demütig, fromm, wie es verlangt wurde.

Petrissa sagte zu ihr: Wenn dir die Ordnung des Klosters weh tut, bedenke: außer der Ordnung gibt es nur das Chaos der Welt. Und das ist tausendfach schmerzhafter.

Achtmal am Tage versammelten sich die Nonnen in der Kirche, um zu beten und zu singen. Der Tag begann um zwei Uhr morgens mit der Matutin, anders Vigilien genannt. Da wurde gebetet, Psalmen gesungen, Lesungen angehört. Die eigentliche Morgenandacht war die Prim um sechs, zu der die Klostertöchter anwesend sein mußten. Abends um acht wurde die Komplet abgehalten, das letzte Abendgebet.
Acht Mal am Tage trippelten die Klosterfrauen in die Kirche. Sie ließen jegliche Arbeit in der Bibliothek oder im Garten, am Spinnrad oder am Stickrahmen stehen und liegen, um gemeinsam zu beten, ihre Gedanken zu Gott zu erheben.
Außerdem hatte jede der Frauen ihre nützliche Aufgabe, jede war verpflichtet dem allgemeinen Wohl zu dienen. Das Leben im Kloster verlief geordnet wie in einem Bienenschwarm.
Für die Klostertöchter galten die gleichen Regeln, wenn gleich mildere. So aßen die Kinder dreimal des Tages, während die Nonnen ein- oder zweimal aßen und sehr oft fasteten. Doch so manche Tochter wurde mit Ruten bestraft, oder sie mußte, auch für geringfügiges Vergehen, die Ehrwürdige Mutter und alle Nonnen an der Kirchentür vor dem Gottesdienst um Verzeihung bitten. Alle an sich vorbeigehen lassen und Reue zeigen. Auch sonst hatten die Töchter demütig einherzugehen, mit gesenkten Augen und schweigend.
Bete und arbeite, sagte Petrissa streng aber freundlich. Hedwig betete und lernte gern. Schreiben und Lesen machten ihr Spaß. Sie lernte begierig und merkte sich alles viel leichter als andere.
Auch in praktischen Dingen wurden die Mädchen unterwiesen. Sie lernten vor allem das kunstvolle Sticken, aber auch Spinnen und Weben und Nähen. Sie lernten die Kräuter im Garten beim Namen nennen und ihre Heileigenschaften erkennen. Sie lernten Kranken ihre Leiden zu lindern.
Die, denen das Lesen und Schreiben schwerfiel, blieben beim Wirtschaften, Kochen und Nähen. Das galt als nicht weniger wichtig für jede Frau.
Das Kloster ist das wahre Haus und die rechte Brücke, sagte Petrissa. Hier bist du geborgen und auf dem Weg zu

Gott. Das Leben in der Welt... fuhr sie verächtlich fort, was ist das schon. Der Mensch lebt kurz und meistens qualvoll. Besonders das Leben einer Frau ist voller Leid. Wenn sie von ihrem Gatten geliebt wird, muß sie unzählige Kinder gebären. Und die Geburten quälen ihren Leib. Viele sterben im Kindesbett. Zieht sich die Frau aber den Unwillen ihres Mannes zu, wird sie verstoßen. Ja, sie hat um ihr Leben zu fürchten, so manche wurde von ihrem Mann in einen Turm gesteckt, wo sie von Ratten gefressen wurde oder vor Hunger starb.
Der Mann ist ein Tier und die Frau ihm untertan. Nur das Kloster ist eine Zufluchtburg für sie. Bete.
Das Kloster ist das wahre Haus und die rechte Brücke, wiederholte Petrissa dem Kind. Denn wer sich im Leben um seine Seele gesorgt hat, den erwartet nach dem Tode das Himmelreich. Die aber, die nur an ihr Wohlergehen, an Reichtum und Macht dachten, die werden zu Staub, die verderben in alle Ewigkeit. Denen ist die Hölle.
Das Kloster ist das wahre Haus und die rechte Brücke. Bete und mühe dich.
Das Gebet ist die alles zusammenhaltende Kraft.
Hedwig betete gern. Sie empfand die Stille wohltuend, die sich dabei in ihr auftat. Beruhigende Helligkeit. Sie hatte gelernt, das Wort Gottes aufmerksam anzunehmen und das Reich Gottes in sich zu erahnen.
Das Gebet, die Stille, die Helligkeit das, war die wahrste Wahrheit des Klosters.

Jahre vergingen. Das Mädchen Hedwig hatte sich in die klösterliche Ordnung gefügt und wollte in ihr leben. Sie fühlte sich im Kloster geborgen und wäre da gern für immer geblieben. Doch es fügte sich anders.
Komm, sagte Petrissa eines Tages, die Ehrwürdige Mutter ruft dich, sie hat eine Nachricht für dich. Von deinem Vater. Das Mädchen Hedwig, das über einer Stickerei saß, sah erfreut auf, doch Petrissas Blick belehrte es, daß es nichts besonders Erfreuliches erwartete, aber auch nichts allzu Schlimmes. Hedwig hatte gelernt, nicht zu fragen, im Gesicht ihrer Lehrerin zu lesen. Die Ehrwürdige Mutter wird ihr die Neuigkeit sagen. Sie wußte sich zu gedulden.

Eine Nachricht aus Andechs, dachte sie. Sie war lange nicht mehr zu Hause gewesen. Auch zu Weihnachten nicht. Wieviele Jahre sind vergangen, seitdem sie die elterliche Burg verlassen hatte? Wohl sieben. Sieben Jahre Klosterleben. Der Vater hatte sich einige Male nach ihr erkundigt, aber sie haben sich nicht gesehen. Man wollte ihre Klosterruhe nicht stören. Sie sollte sich gewöhnen...
Die Äbtissin bedeutete Hedwig, sich zu setzen. Das verwunderte sie sehr. Petrissa blieb neben ihr stehen.
Sie habe einen Brief von ihrem Vater, dem Fürsten von Andechs und Meranien erhalten, sagte die Äbtissin ernst, fast feierlich.
Dein Vater, Hedwig, meine Tocher, will dich verheiraten.
Verheiraten? fragte Hedwig erstaunt. Mich? Warum? Darf ich nicht im Kloster bleiben?
Dein Vater ist dein Herr auf Erden, wie Gott im Himmel unser Vater und Herr ist. Er hat seinen Willen geändert, das ist sein gutes Recht. Du wärst uns im Kloster willkommen gewesen, meine Tochter, sagte die Äbtissin warm, doch deinem Vater steht es zu, über dich zu verfügen, wie er will. Er wird wissen, wozu diese Heirat gut ist. Du wirst dem Willen deines Vaters folgen.
Ja, Ehrwürdige Mutter, antwortete Hedwig.
Du sollst den Fürsten von Schlesien heiraten, einen ritterlichen jungen Herrn, fuhr die Äbtissin fort. Dein Vater ist mit seinem Vater gut befreundet, sie haben unter Kaiser Barbarossa zusammen in Italien gekämpft und jetzt wollen sie mit dem Kaiser ins Heilige Land ziehen. An dem von Papst und Kaiser aufgerufenen Kreuzzug teilnehmen. Doch zuvor will dein Vater dich verheiraten.
Die Äbtissin sah weiter in das Schreiben und sagte: Ein vornehmes Geschlecht sind die schlesischen Piasten, dem Geschlecht der Andechser ebenbürtig. Mit den Staufern verwandt... Dein zukünftiger Mann, der den Titel des Herzogs von Schlesien und Krakau trägt, hat den Anspruch auf die Krone Polens. Das ist ein Nachbarland Schlesiens. Du könntest also sogar Königin von Polen werden, sagte die Ehrwürdige Mutter und schüttelte voller Bewunderung den Kopf. Sie fuhr fort: Der junge Fürst braucht eine kluge und fromme Frau, die ihm in allem beisteht, die gesund ist und ihm viele Kinder schenkt. Wichtige christ-

liche Aufgaben warten auf dich, Hedwig. Schlesien ist ein noch halb heidnisches Land, läßt uns dein Vater wissen. Es soll deines Mannes und deine Aufgabe sein, den christlichen Glauben in diesem Land zu festigen. Herzogin von Schlesien... Königin von Polen... Wo liegt Schlesien, wo liegt Polen, fragte das Mädchen. Oh, sagte die Äbtissin verlegen, das weiß ich nicht so genau. Weit weg von hier. Irgendwo am östlichen Rande des Reiches. Damit mußte sich das Mädchen begnügen. Eins wußte es mit Sicherheit: Ihr stilles Leben war zu Ende. Als sich die Tür hinter ihnen schloß, sah Hedwig Petrissa an: der liefen kleine Tränen die Nase entlang. Hedwig nahm ihr Klostermütterchen bei der Hand. Fortab beteten beide noch öfter zusammen als bisher. Doch Hedwigs Ruhe war dahin, auch beim Gebet flatterten ihre Gedanken wie Vögel im Käfig. Wenn ich Fürstin von Schlesien sein werde, flüsterte sie Petrissa zu, die neben ihr kniete, lasse ich ein Kloster für dich errichten. Du sollst in dem Kloster Äbtissin sein. Und wir werden wieder zusammen sein. Jeden Tag. Das verspreche ich dir. Einerseits war sie traurig, es tat ihr aufrichtig leid, das stille Kloster zu verlassen, das Leben, das sie als ihr Leben für immer betrachtet hatte, der Abschied von Petrissa war unvorstellbar. Andererseits aber hatte sie den Ruf eines anderen Lebens vernommen. Wie wird es sein, dieses neue Leben. Sie war neugierig. Sie fand es aufregend Herzogin, vielleicht Königin zu sein. Wilde Heiden dem christlichen Glauben zuzuführen. Ihr Vater wußte mit Sicherheit besser, was für sie das Richtige war, dachte sie. Sie wollte ihrem Vater gehorsam sein.
Wenige Tage später kam Ekbert seine Schwester heimholen. Es war früh am Morgen, als er mit seinem Troß im Vorhof des Klosters eintraf und als Studiosus mit den niederen priesterlichen Weihen ins Innere des Klosters eingeladen wurde.
Hier fand die feierliche Verabschiedung der langjährigen Schülerin statt, der Hedwig von Andechs und Meranien, der Tochter des Förderers und großzügigen Gönners des Klosters, dem so vieles zu verdanken war, wie es in der Abschiedsrede der Ehrwürdigen Mutter hieß. Zuvor hatte ein

gemeinsamer Gottesdienst in dem vertrauten Gotteshaus stattgefunden und danach ein letztes gemeinsames Essen im Refektorium. Ein fröhliches lateinisches Gedichtchen der Schülerinnen gehörte zur Abrundung der Feier. Zum Schluß sangen die Frauen Marienlieder für das fromme Mädchen, das sie gern für immer unter sich gesehen hätten. Hedwig bedankte sich bei der Ehrwürdigen Mutter für ihre liebevolle Obhut, so wie es ihr Petrissa beigebracht hatte. Dann durfte sie noch eine Weile mit Petrissa verbringen. Sie saßen im Kreuzgang des Klosters auf derselben Bank, auf der sie ihr erstes Gespräch gehabt hatten, und weinten. Petrissa schenkte Hedwig ein wunderschönes elfenbeinernes Figürchen der Gottesmutter, das sie selbst von ihrer Mutter bekommen hatte, ihr einziger Besitz. Sie umarmten sich und weinten und weinten...
Ekbert zeigte sich von weitem. Es war an der Zeit.
Geh, sagte Petrissa, geh. Du mußt gehen. Wir sehen uns wieder. Denk an mich. Die Gottesmutter wird dich beschützen. Hedwig sagte nur: Und dich auch. Behüt dich Gott! Und sie wandte sich schnell ab. Sie schluckte die Tränen, um ihrem Bruder ein Lächeln zu zeigen. Sie sah sich nicht mehr um.
Ekbert trug sich halb wie ein junger Kleriker, halb wie ein Ritter, dünne goldene Härchen wuchsen ihm auf der Oberlippe und dem Kinn, für einen Bart reichten sie noch nicht. Er lächelte seiner Schwester leicht spöttisch zu. Wie früher.
Das Gefolge wartete im Vorhof des Klosters. Bruder Ekbert hatte einen stattlichen Troß Ritter bei sich, Jutta war mit ihm gekommen und zwei Dienerinnen.
Und das, fragte Hedwig, auf die alte Andechser Kutsche weisend, dieser Rumpelkasten, soll der etwa für mich sein? Sie schüttelte den Kopf: Ich werde reiten.
Hast du im Kloster reiten gelernt, fragte Ekbert verblüfft.
Nein. Aber ich will reiten! Bin ich nicht zur erwachsenen Frau erklärt worden?
Ekbert machte ein bedenkliches Gesicht. Er versuchte zu warnen, zu mahnen, ließ aber dann eine sanfte Stute vorführen, auf der zuvor Jutta geritten war, ein schönes hellbraunes Tier. Er gab dem Mädchen Anweisungen. Sie konnte es nicht erwarten, auf dem Pferd zu sitzen. Und fühlte sich sicher im Sattel. Wunderbar! Doch kaum

spürte das Pferd die unbeholfene Reiterin, die nicht einmal die Zügel richtig halten konnte, begann es zu tänzeln, trabte munter vorweg, und galoppierte zum Hofe hinaus, über die Zugbrücke hinaus ins Freie. Dort schien der Reiterin der endlose Galopp bald doch unheimlich und sie zog es vor, sich vom Pferde fallen zu lassen. Der Aufprall war hart.
Ekbert, der sich schnellstens auf sein Pferd geschwungen hatte, kam nach, und half der glücklosen Reiterin auf die Beine. Nichts passiert? fragte er besorgt. Und seufzte erleichtert: Glück gehabt! Gott sei Dank! Eine Braut mit gebrochenem Arm oder Bein! Das hätte mir Vater nie verziehen! Doch gleich danach fauchte er wütend: nicht klüger geworden, meine Kleine, weiter ein trotziges Kind. Ach du, wehrte sich Hedwig. Für jeden ist einmal das erste Mal. Das nächste Mal wird's besser. Das nächste Mal, empörte sich Ekbert. Jetzt kommst du in die Kutsche. Hedwig lachte: Nie im Leben! So fanden die Geschwister ihren alten Ton wieder.
Ekbert blieb nichts anderes übrig, als neben seiner Schwester zu reiten, ihr Pferd zu führen, sie zu belehren. Und bald ging es ganz gut, das Reiten.
Noch tagelang danach tat Hedwig der linke Arm weh, sie konnte ihn kaum heben. Aber sie beklagte sich nicht.
Wie sie so nebeneinander ritten, kam das Geschwisterpaar bald in ein angeregtes Gespräch. Über Jahre wäre zu berichten gewesen. Aber die Zukunft interessierte sie weitaus mehr. Ekbert war eben aus Rom zurückgekehrt, wo er zwei Jahre studiert hatte. Jetzt sollte er noch für weitere zwei Jahre nach Paris gehen, wo die Rechtswissenschaften besonders gut stehen. Und dann wieder nach Rom.
Wirst du aber klug sein, sagte Hedwig, ich hätte auch sehr gern im Kloster noch vieles dazugelernt. Und jetzt soll ich plötzlich heiraten. Und das in ein fremdes Land. So will es der Vater, und ich werde nicht gefragt, ob es mir paßt oder nicht.
Auch Ekbert war von dem Entschluß des Vaters überrascht gewesen, Hedwig aus dem Kloster zu holen und zu verheiraten. Nach Schlesien... Er in Bamberg als Bischof, sie in Kitzingen Äbtissin. Wäre das nicht schön gewesen. Er hätte gern seine Schwester in der Nähe gehabt, die ein-

zige Frau, mit der er sich vernünftig unterhalten könne. Nun, der Vater will es so. Er weiß besser, was richtig ist.
Also, fragte Hedwig: Was sind das für Herren, diese Piasten, wo liegt ihr Fürstentum: Schlesien... Schlesien grenzt an Sachsen. Der alte Piast Boleslaw war zudem jahrelang Großvater Dedos nächster Nachbar gewesen, sie lebten Burg an Burg, die Piasten auf der Altenburg, die neben Groitsch und Rochlitz liegt.
Also auch Großvater Dedo ist mit den Piasten bekannt, wunderte sich Hedwig.
Ach, sagte Ekbert, wie ich unseren Großvater kenne, hatte er auch seine Hände im matrimoniellen Spiel.
Also ist Schlesien nicht so weit weg, wie die gute Äbtissin meinte, sagte Hedwig nachdenklich. Aber warum lebten die Piasten in Sachsen und nicht in ihrem Land, fragte sie. Und wie das sei mit dem Anspruch auf die Krone Polens. Das wüßte sie ganz gern. Und noch viel mehr.
Langsam, langsam, bremste Ekbert, allmählich wirst du alles erfahren. Er selber wüßte nicht allzu viel.
Wolltest du nicht zuerst nach Heinrich fragen... Also, nein... Auch gut. Denn er habe ihn auch noch nicht kennengelernt. Nur der Vater schwärmt von dem alten und dem jungen Herrn.
Wie die Piasten nach Altenburg gekommen waren... Nun ja, er habe gehört, sie seien von ihren Verwandten des Landes verjagt worden. Barbarossa aber habe sie wieder in Schlesien eingesetzt.
Auch Ekbert bestätigte, daß Schlesien ein spärlich bewohntes Land sei und halb heidnisch. Wälder und Sümpfe, hölzerne Burgen. Slawen lebten da, die ähnlich wie die Sorben sprechen. Ein großer Fluß, Oder genannt, zieht durch das Land, der bis nach Pommeranien, bis zum Meer fließt.
Er habe gehört, fuhr Ekbert fort, die schlesischen Piasten wollen jetzt auch deutsche Siedler in ihr Land holen, um es dem Reich anzugleichen.
Schlesien und Polen... Heiden in den Wäldern... Wälder und Sümpfe... Siedler aus Deutschland... Und dazu ein ritterlicher Prinz... Wie sollte sie mit so vielen Neuigkeiten fertig werden...

Hochzeit in Andechs

„Man sagte, daß sie bei der Eingehung der Ehe mehr den Willen ihrer Eltern als ihren eigenen erfüllt habe."

(Legenda maior de beata Hedwigi)

ie Heimkehr der Fürstentochter und die bevorstehende Hochzeit versetzten die ganze Burg in freudige Erregung. Die Vorburg dazu und das gesamte Andechser Land. Eine Prinzessin heiratete einen Prinzen! Das brachte alle auf die Beine.
Alle wollten das seltene Schauspiel sehen. Wie sah sie wohl aus, sie, die als kleines Mädchen weggegangen war. Die eine Nonne werden sollte. Und jetzt heiraten soll...
Ist sie schön? fragten sie sich. Klar, eine Prinzessin ist immer schön! Und dieser junge Herr aus einem fernen Land. Aus Schlesien... Das war doch am Ende der christlichen Welt, oder?
So kamen alle, wer nur konnte, angelaufen, als das Horn vom Turm den einreitenden Troß meldete, um mit lauten Rufen zu begrüßen und zu begaffen. Ritter und Knappen, das Gesinde, alle fanden sich im Hofe ein.
Die Herzogstochter sprang vom Pferd, ehe ihr jemand dabei helfen konnte. Sollte sie nicht aus der Kutsche steigen? Das hätte man eher von einem Nönnchen erwartet.
Von der Galerie winkte der Vater und kam eilig die hölzerne Treppe herab. Ihm folgte wie immer Willibald. Der Vater war jung geblieben wie ein junger Held, das sah Hedwig gern und strahlte ihm entgegen.
Die Mutter war auf der Galerie geblieben und hob die schmale Hand zur Begrüßung ihrer Tochter. Um sie die Schar der jungen Andechser.
So begab sich Hedwig am Arm des Vaters zu ihrer Mutter, um ihr ehrerbietig die Hand zu küssen, wie es sich gebührte. Doch sie erschrak, als sie sie aus der Nähe erblickte.

Ihr Körper war unförmig geworden und ihr Gesicht müde. Hedwig dachte: Auch sie war irgendwann eine lebensneugierige Braut gewesen. Neben der Mutter Hedwigs Geschwister: Heinrich, der älteste, großgewachsen, sie alle überragend, die Mädchen Agnes und Gertrud, eine hübscher als die andere, und Menchthild noch auf dem Arm ihrer Amme. Otto und Bertold wurden noch erwartet. Alle sollten bei dem großen Familienfest dabeisein.

Für den Vormittag des nächsten Tages hatte Bertold von Andechs eine kleine Runde zusammengerufen, einen Familienrat sozusagen. Der Vater geleitete seine nunmehr erwachsene Tochter, wie er stolz sagte, zum altvertrauten eichernen Tisch, an dem bereits die Mutter saß, und Ekbert und Heinrich. Und auch Probst Degenhard war dazugekommen. Den begrüßte das Mädchen besonders gerührt.

Bertold, Fürst von Andechs und Meranien, wollte bekanntgeben, was alle wußten: seine älteste Tochter sollte verheiratet werden. Der Erwählte sei Heinrich von Schlesien, aus der mit dem deutschen Kaiser verwandten Familie der polnischen Piasten.

Er habe, sagte Bertold in feierlichem Ton, die Fürsten von Schlesien zu Pfingsten eingeladen. Pfingsten sei bekanntlich die beste Zeit für höfische Feste. Für Hochzeiten insbesondere. Mildes Wetter zum Reiten und Zelten...

Bertold pries das Glück Hedwigs und die Ehre seines Hauses, die ihnen mit dieser Verbindung erwuchsen. Hübsche und kluge Töchter seien ein wahrer Schatz der Familie, sagte er zufrieden lächelnd. Durch Ehen könne man nämlich nicht nur Glück, sondern auch Macht vermehren. Die Ehe seiner Tochter, die nach Schlesien heirate, in ein überaus zukunftsreiches Land, werde die Bedeutung seiner Familie im Reich, sozusagen in der gesamten Christenheit heben.

Denn es ist mein Ziel, erklärte Bertold von Andechs ernst, mit allen Mitteln die Größe und den Ruhm meines Geschlechts für mich und meine Kinder und deren Nachkommen für alle Zeiten zu festigen.

Sogar der Kaiser, fuhr der Andechser fort, sei über die Verbindung seiner Familie mit den Piasten zufrieden, denn es entspricht seiner Politik, seine Herrschaft im Osten des Reiches zu stärken.

Bertold von Andechs lobte die Vorzüge Heinrichs, des Bräutigams. Daß er, der Vater, eine sorgfältige Wahl getroffen habe, werde wohl niemand in der Runde anzweifeln. Heinrich sei einer der edelsten Ritter der Christenheit, ansehnlich von Gestalt und Gesicht, tapfer und fromm, sagte Bertold. Die jungen Damen verrenkten ihre schlanken Hälse nach ihm. Er selbst habe dies beobachten können. Und wie vornehm der junge Piast zu Roß sitzt und was es für eine Freude ist, ihm bei den kriegerischen Spielen zuzusehen... Mühelos setzt er jeden Gegner hinters Pferd. Das hat er von seinem Vater Boleslaw, dem kaum jemand standhält am kaiserlichen Hofe. Zudem versteht Heinrich, wie selten wer, höfische Gespräche zu führen, auch im Schachspiel tut er sich hervor, ja, sogar die Laute schlagen kann er wie ein Minnesänger.
Besonders zu unterstreichen sei jedoch sein Charakter, denn Heinrich gilt, wie sein Vater Boleslaw, als aufrichtig, vertrauenswürdig und großzügig. Mit einem Wort: beide Piasten sind vorbildliche Herren, hochgeschätzt am kaiserlichen Hofe.
So einem Manne könne er seine geliebte Tocher mit gutem Gewissen anvertrauen, sagte Bertold von Andechs bewegt. Wir sollten Gott danken für diese gütige Fügung. Amen.
Da Bertold keineswegs irgendwelche Gegenrede erwartete, langte er nach einer der Pergamentrollen, die auf dem Tisch lagen.
Meine Tochter, sagte er feierlich zu Hedwig gewandt, ich weiß, daß dich der Abschied vom Kloster schmerzt, darum will ich deine Tränen trocknen. Hier in dieser Urkunde, die unser ehrwürdiger Probst Degenhard gleich vorlesen wird, ist eine Verfügung über deine Brautgabe enthalten. Du sollst von deinem Vater dreißigtausend Mark erhalten. Für diese recht beachtliche Summe, so habe ich es mit Boleslaw und Bischof Otto von Bamberg besprochen und mit Handschlag abgemacht, sollet ihr beide, Heinrich und du - wenn es dein Wille ist - ein Frauenkloster in Schlesien errichten, an dem es dort sehr fehlt.
Mein Vater! rief Hedwig beglückt, sie hatte Mühe sich zu beherrschen, wie gern wäre sie ihrem Vater in die Arme gefalllen vor lauter Freude, doch hielt sie sich zurück, wie

es sich schickte. Sie stand auf, verbeugte sich höfisch und sagte: Gott vergelts, denn sie hatte mit Tränen der Rührung zu kämpfen. Ein Wunsch war ihr so rasch in Erfüllung gegangen. Sie wird das Petrissa gegebene Versprechen erfüllen können! Der Probst breitete das Dokument aus, glättete es und begann zu lesen. Hedwig, die neben ihm saß, sah ihm über den Arm und murmelte leise mit.
Na so was, brummte der Probst schmunzelnd, da hat ja die Jungfrau fleißig lesen gelernt im Kloster. Sie liest wie ein alter Mönch, sagte er den Kopf hebend zu den Anwesenden.
Doch bedenke, meine Tochter, wandte er sich an Hedwig halb erfreut halb ernst, zu klug darf eine Frau auch nicht sein. Eine kluge Frau soll ihre Klugheit klug verbergen, damit sie nicht zum Ärgernis wird. Denn ein Mann nimmt gern guten Rat von seiner Frau an, solang er denkt, er käme aus seinem Kopf. Denn andersrum sagt man ja auch: eine kluge Frau ist wie eine Rose, die nach Essig riecht.
Dann las er weiter. Als er mit dem einen Dokument zu Ende kam, überreichte ihm Bertold von Andechs ein zweites. Der Probst erläuterte den Heiratskontrakt, der am Tag der feierlichen Brautübergabe von beiden Seiten unterzeichnet werden soll.
Dann langte Bertold von Andechs nach einer Schatulle aus Ebenholz, die reich verziert in der Mitte des Tisches stand, und schob sie seiner Tochter zu.
Als diese das Kästchen mit einem kleinen silbernen Schlüssel öffnete, sah ihr herrlicher Schmuck entgegen. Auf schwarzem Samt blinkten goldgelbe Steine, kunstvoll in Silber gefaßt. Das ist das Brautgeschenk, das dir die Piasten senden, sagte der Vater. Bernsteine, die findet man in Pommeranien am dortigen Meeresstrand. Ein Land, zu dem die Piasten enge Beziehungen haben, wenngleich nicht unbedingt friedliche.
Vorsichtig nahm Hedwig ein Stück nach dem anderen heraus: eine Kette mit einem großen Anhänger, rund wie die Sonne und mit silbernen Blättern und Blumen wie mit Strahlen umgeben, ein Armband ähnlich gearbeitet, hier wirkten die Sonnen in ihrer Vielfalt wie Sterne. Und dazu ein Stirnreif ähnlicher Art. Noch nie hatte Hedwig so schönen Schmuck gesehen. Und der sollte ihr zu eigen sein!

Sie hob die Kleinodien, um sie auch von den anderen bewundern zu lassen, dann schob sie die Schatulle ihrer Mutter zu, damit auch sie den kostbaren Schmuck aus der Nähe betrachte.

Venezianische Arbeit, sagte Mutter Agnes bewundernd. Ja, bekräftigte Bertold, der Schmuck ist in Venedig gefertigt worden.

Bertold bedeutete seinen Söhnen, die Runde zu verlassen und eröffnete in Anwesenheit der Mutter und des Probstes von Dießen den belehrenden Teil der Sitzung, wie er feierlich ankündigte.

Meine Tochter, hob er an, du bist fern von der Welt und ihren Anforderungen aufgewachsen, und das Klosterleben ist dir vertrauter als das Leben einer Frau in der Welt. Darum müssen wir dich in einigem belehren, was deine Pflichten als Ehefrau, Mutter und Landesmutter betrifft.

Denn bei der verheirateten Frau sind einige Eigenschaften wichtig, fuhr Bertold von Andechs fort, wovon du vielleicht wenig weißt. Du wirst das Eigentum deines Mannes sein, dem du zu dienen hast, in allem, was er von dir verlangt, ohne Widerspruch. Denn wie Gott im Himmel, so regiere der Mann in der Ehe.

Denn schwach ist das Weib und dem Mann untertan, fügte der Probst hinzu.

So ist nach der allgemeinen Meinung edler Menschen vor allem der gute Lebenswandel der Frau zu beachten, sagte der Vater. Da du bisher im Kloster warst, meine Tochter, ist deine Tugendhaftigkeit außer jedem Zweifel, fuhr er fort. Sie möge es auch in Zukunft bleiben. Dein guter Ruf soll dir kostbarer sein als dein Leben. Du sollst dich aber auch dein Leben lang vor falschen Verdächtigungen hüten. Gib deinem Mann nie den geringsten Anlaß, an deiner Keuschheit zu zweifeln. Kein Mann darf sich dir mit unzüchtigen Blicken oder gar Worten nähern. Am besten, du vermeidest jedes Gespräch mit einem Mann, das ohne Zeugen wäre. Es sei denn, er wäre ein geistlicher Herr.

Der heilige Hieronymus, nahm Probst Degenhard mit großem Eifer den Faden auf, lehrte, daß bei der Erziehung junger Mädchen sehr streng vorgegangen werden soll. Daran hat man es ja bei der edlen Jungfrau Hedwig nicht fehlen lassen. Doch die im Kloster empfangenen Lehren sollen auch im weiteren Leben als Ehefrau beachtet werden. Im Kloster galt die Regel des heiligen Benediktus: Bete und arbeite. Das halte so weiter, meine Tochter. Müßiggang ist aller Laster Anfang. Ein ehrbares Weib und umso mehr eine Fürstin, die ja den anderen mit gutem Beispiel vorangehen muß, soll viel beten, ansonsten ihre Zeit mit Spinnen, Weben und Nähen verbringen. Zudem - so der heilige Hieronymus - sollen junge Frauen nur so viel essen und trinken, um Hunger und Durst zu stillen. Sie sollen auch nicht zu viel schlafen. Verzeih, Hedwig von Andechs, sagte Probst Degenhard, wenn ich so mit dir rede, meine Tochter, denn ich bin sicher, du benötigst die Belehrungen nicht. Doch höre, denn es ist gut an das Richtige zu erinnern: Beim heiligen Hieronymus finden wir die Grundregeln für eine junge Frau. Die soll vor allem in guten Sitten und Bräuchen unterwiesen werden, in moribus et consuetudinibus bonis. Vier Dinge sind es, über die sie Bescheid wissen muß, nämlich über die Schamhaftigkeit und Keuschheit, die Demut, die Schweigsamkeit und die Würde der Sitten und Gebärden. Hieronymus warnt junge Frauen insbesondere vor weltlicher Putzsucht und schlechter Gesellschaft. Denke daran, Hedwig von Andechs, das Kleid ist der Spiegel der Seele, es soll deinen Körper bedecken, nicht aber entblößen, um Wollust zu entzünden. Vermeide alles, was auch in deiner Kleidung deinem guten Ruf schaden könnte. Trage keine engangliegenden Kleider, keine Schlitze und Schleppen an Röcken. Vor allem aber schminke dich nicht und färbe nie deine Haare, denn das wäre die Fälschung der göttlichen Schöpfung. Doch vor allem, edle Jungfrau Hedwig, meine Tochter, sagte Probst Degenhard mit bewegter Stimme: bete zu Gott und der Mutter Gottes, damit sie dich schützen und in deinen guten Absichten stärken. Amen. Er bekreuzigte sich. Eine kurze Stille trat ein, dann fuhr Bertold von Andechs fort. Und das muß dir noch dein Vater sagen, ehe er dich der Obhut des auserwählten Mannes übergibt. Merke, meine Tochter, was eine junge Frau wissen muß, die in den Stand der Ehe eintreten soll: Den ehelichen Verkehr sollst du nicht aus Wollust suchen, sondern aus Gehorsam und um Kinder zu gebären. Die Liebe zu deinem Mann soll sich darin beweisen, daß du ihm gehorsam bist, ihn ehrst, ihn fürchtest, ihm zu gefallen suchst, sowohl um sich seiner Liebe zu erfreuen, als auch um ihn davon abzuhalten, anderen Frauen zu verfallen. Seine Fehler und Schwächen sollst du geduldig ertragen. Du sollst deine Schwiegereltern ehren, das Gesinde befehligen, das Haus verwalten und dich selbst tadellos halten.

Hedwig hörte mit gesenktem Blick den Sermonen beider alten Herren zu. Petrissa hatte ihr erklärt, was auf sie zukommen wird. Doch jetzt, so offen belehrt, fühlte sie sich bloßgestellt, sie spürte Schamröte im Gesicht.

Doch blieb ihr keine Zeit, über ihre Empfindsamkeit nachzudenken. Willibald trat an den Tisch und meldete, die Wagen der Kaufleute seien eingefahren. Und da das Gespräch ohnehin zu Ende war, begab sich Hedwig mit Jutta, die seit langem für die Mutter die Schlüssel am Gürtel trug, in den Hof, wo zwei mächtige Wagen aus Holz standen, feste mit Eisen beschlagene Kasten auf Rädern.

Die strammen Zugpferde wurden gerade ausgespannt, um sie in den Gestallungen zu versorgen. Der Hof war voll von herzoglichen Rittern, die den Kaufleuten Geleit gegeben hatten.

Einer der Wagen stand vor den Vorratsräumen neben der Küche, aus dem wurde abgeladen, was der fürstliche Bote zuvor bestellt hatte: Tafelleinen und Kerzen, Handtücher, Geschirr und Tafelgerät, und so manches andere mehr, auch Gewürze und exotische Früchte.

Am anderen Wagen war eine Wand aufgeklappt worden, so daß er wie ein Kramladen am Markt aussah. Davor hatten zwei Diener blitzschnell einen Tisch errichtet und ihn mit einem dunklen Tuch bedeckt. Neben dem Wagen standen zwei langbärtige Männer in bis zum Boden reichenden schwarzen Gewändern und runden schwarzen Käppchen auf den Köpfen. Sie verneigten sich tief vor der herzoglichen Tochter. Hier sollte Hedwig Stoffe auswählen für ihr Festgewand und vieles andere, was sie nun brauchte.

Während die Diener die Ballen auf den Tisch legten, begann der ältere Kaufmann in einem fremd klingenden Tonfall zu reden. Sie seien, sagte er, weitgereiste Leute, ihre Wagen seien voller Kostbarkeiten aus aller Welt. Sie wären dem Ruf des edlen Fürsten von Andechs gefolgt, um den edelsten Frauen an seinem Hofe zu dienen, was sie für eine große Ehre hielten.

Sie seien keine Kaufleute, fuhr der Mann fort, die von einem Marktplatz zum anderen zögen, sondern ehrbare Bürger der Stadt Nürnberg, wenngleich Fremde, Juden, die jedoch ihre festen Stände auch in den Tuchhallen der größten Städte im Reich hätten und nur auf Ruf der reichsten Herrschaften deren Burgen aufsuchten. Sogar die vielgerühmte, schöne und kluge Kaiserin Beatrix habe sie gnädigst zu ihren Diensten herbeigerufen, was ihnen zum ehrenden Titel Kaiserlicher Hoflieferanten gereichte.
Dann pries der Kaufmann seine Ware an. Orientalisch hauchdünne Seidenstoffe habe er dabei, saeta oder paile genannt. Er habe sie im fernen Persien, in Syrien, in Marokko und Libyen gekauft. Anderes sei aus den schönen Städten Alexandria, Bagdad, Ninive... Seidenstoffe, wie sie Könige zur Krönung benutzen: Zendal und Baldekin, Samit und Siglat. Dazu feste Seidenbrokate aus Griechenland, die für das ganze Leben reichten. Wollstoffe vom Rhein, aus England und Flandern und auch aus den Städten Gent, Ypern, Arras... Dazu die weichen Pelze aus Rußland... Schuhe und Strümpfe, und sogar Schmuck.
Die exotischen Namen umschwirrten Hedwigs Ohren wie Bienen. In allen Farben schimmerte und glänzte es auf dem Tisch vor dem Wagen, auf dem die Diener die Stoffe ausbreiteten.
Der Überfluß verwirrte sie. Sie langte mal nach dem mal nach dem anderen, sie hätte gern dieses und jenes gehabt und noch einiges dazu, alles schien ihr wunderschön und begehrenswert, und sie spürte ein merkwürdiges Gefühl in sich, einen leichten Schwindel, der sie aufmerken ließ. Davor war sie gewarnt worden. Das war die Sünde. Sogar ihrer zwei - die Habgier und die Eitelkeit. Die hießen lateinisch avaritia und superbia. Das hatte sie sich gemerkt. Und ihre teuflischen Fratzen im Buch.
So faßte sich die Klostertochter, und wies, als hätte sie das ganze Leben nichts anderes getan, mit fürstlicher Geste auf dies und jenes hin. Seide und Samt, und die delikateste Leinwand... Denn sie hatte sich ja zuvor Gedanken gemacht über dieses eine allerwichtigste festliche Kleid, ihr Hochzeitskleid, und nicht nur darüber.
Die Diener trugen die Ballen beflissen in die Halle hinauf.
Hedwig beriet sich mit Jutta.

Ausbreiten und betasten, Seide gegen Seide halten, um Farben zu prüfen, den Glanz, die Dichte des Materials zu vergleichen. Samt, Wolle zwischen den Fingern spüren. Nachdenken und bemessen.
Und bald hantierten die Diener mit Ellenmaß und Schere. Und die üppige Pracht quoll über auf Bänken und Tisch. Die beiden Kaufleute standen still dabei und hielten ihre Kostbarkeiten wachsam im Auge, um sie vor Schaden zu bewahren. Für guten Rat bereit, aber sonst stumm.
Bänder und Fäden, sagte Jutta fragend, und Ziersteinchen. Da stellte der jüngere Kaufmann eine hölzerne Schatulle auf den Tisch, in der das Gewünschte im Übermaß zu finden war. Kunstvoll gearbeitete Borten und herrliche Spitzen, Edelsteine und Perlen zum Besetzen von Seide und Samt, goldene und silberne und bunte Fäden.
Auch Agnes von Andechs hatte sich in der Halle eingefunden. Die Mutter riet ihrer Tochter, keineswegs Bescheidenheit zu üben, man wüßte ja nicht, ob es in Schlesien dergleichen zu kaufen gäbe. Der jüngere Kaufmann warf beflissen ein: In Breslau und Krakau handelt unser Bruder Ibrahim de Vratislavia, der seine Dienste ergebenst empfiehlt.
Der Vater kam, überblickte lächelnd das buntblühende Chaos und entlohnte die Händler mit freigiebiger Hand.
Die Kaufleute bedankten sich mit tiefen Verbeugungen. Sie ließen sich im Gesinderaum beköstigen. Dann zogen sie in die Vorburg, wo sie bis zum Abend Geschäfte mit billigem Kram machten.
Hedwig saß bis spätabends mit Jutta und Mutter in deren Kemenate und zeichnete ihr Hochzeitskleid auf einer Wachstafel, einmal ums andere. Jutta pochte auf Regeln der Mode. Was die Frauen in Frankreich und Burgund tragen, darüber wußte Jutta bestens Bescheid, obwohl sie dort nie gewesen war. Ein Gewand müsse kleidsam aber auch modisch chic sein, darüber waren sich die jungen Frauen bald einig.
Am nächsten Tag in der Frühe kam die alte Kordula, diesmal in Begleitung ihrer hübschen Tochter, ihrer fleißigsten Helferin, wie sie sie den Herrschaften nicht ohne Stolz vorstellte.
Kordula war eine reiche Frau geworden, seitdem sie in der

Burg hatte nähen dürfen. Weitumher begehrte man ihre Dienste.

Bald war das festliche Kleid zur Anprobe bereit. Es lag über Mutters Bett gelegt, ein wahrhaft prächtiges Gewand. Wie ein edles Kunstwerk sah es aus. Ja, es war wunderschön, der Meinung waren alle.

Himmlisch - rief Jutta und klatschte in die Hände.

Hedwig ließ es sich anlegen. Sie drehte sich vor dem großen Spiegel, sie gefiel sich, doch gleich überkamen sie Zweifel, ob sie auch schön genug wäre für ihn, den jungen Herrn, wie ihn der Vater dargestellt hatte, den schönsten Ritter der Christenheit!

Das Kleid war prächtig. Aber sie selbst. Wie war sie?

Das Gesicht war schmal und eher blaß, stellte sie fest. Die Augen braun, aufmerksame Augen, hatte man ihr immer gesagt. Der Mund... ja, wie eben ein Mund... Wie konnte sie wissen, was einem nie gesehenen jungen Mann, nach dem sich die jungen Frauen die Hälse verrenkten, gefallen würde.

Doch die Gestalt war kindlich. Das war nicht zu verbergen. Und das mußte wohl als wahrer Fehler angesehen werden, denn wie ein Weib zum Kindergebären sah sie nicht aus. Sie zupfte die Seide über der Brust zurecht.

Sie nahm sich fest vor, wenn dieser Heinrich von Schlesien sie gleichgültig ansehen sollte, wenn sie merkte, sie gefalle ihm nicht, dann heirate sie ihn eben nicht. Dann würde sie sich viel lieber ihrem Vater zu Füßen werfen und ihn anflehen, ins Kloster zurückkehren zu dürfen.

Denn wenn sie schon heiraten sollte, wollte sie auch geliebt sein.

Also das Kleid. Pflaumenblau. Mit einem kleinen runden Ausschnitt um den Hals und einem Sattel, von dem aus die hautweiche Seide über der Brust mit Perlen genoppt über den kindlichen Mangel an Formen recht üppig fiel. Ein Gürtel aus silbergestickter Borte mit silberner Spange hielt die Fülle in der Taille zusammen. Üppig auch der Rock, durch eingesetzte Teile aus grüner Seide erweitert. Und unten am Saum glitzerte es wieder silbern gestickt, um die schönen Bögen der Falten zu unterstreichen. Die Ärmel des Kleides fielen bis auf die Hände herab und von da an lang herunter, wie es die Mode verlangte. Unter dem

Kleid ein schwarzes seidenes Hemd, das in den weiten Ärmeln und unter dem Rocksaum mit Borte sichtbar wurde. Dazu schwarze spitze Schuhe aus weichem Leder. Der scharlachrote Mantel aus Samt, innen mit hellgrau silbern schimmernder Seide gefüttert, hatte einen Kragen aus Hermelin. Eine silberne Tassel hielt ihn zusammen. Wahrhaftig, du siehst wie eine Königin aus, meine Tochter, sagte der herbeigerufene Vater mit aufrichtiger Bewunderung. Eben noch ein Kind und plötzlich die schönste Frau im ganzen Kaiserreich... Wie schnell doch aus einem klösterlichen Räupchen ein Schmetterling wird... Er küßte sie auf die Stirn. Der Gute, er sieht mich so, weil er mich liebt, dachte das Mädchen.
Höfisches Benehmen wollte gelernt sein. Das mußte Hedwig mit Jutta fleißig üben. Verbeugungen und Kopfnicken, huldvolles Lächeln, vornehmes Schreiten mit der linken Hand in der Tassel des Mantels. Der höfische Tanz. Kunstvoll waren die Regeln und sie ergaben ein erfreuliches Bild. Das war im Spiegel nachzuprüfen. Hedwig machte es Spaß. Und Jutta war mit ganzer Seele dabei, aus dem Nönnchen eine höfische Frau zu machen.
Auf das eine konnte sich Hedwig verlassen, das war ihre Stärke: frei Rede und Antwort zu stehen, da war sie nicht bange, je ein geziemendes Wort schuldig zu bleiben.
In der Burg ging es lebhaft zu wie selten. Ja, Mühe und Feiern gehörten zusammen. Den Gastgebern die Mühe, den Gästen der Spaß. Aber der Glanz des Festes war die Saat, die dem feiernden fürstlichen Haus zum Ruhm aufgehen sollte.
Stundenlang saßen der Vater und die beiden Söhne mit Willibald zusammen. Jutta wurde herbeigerufen, denn die Mutter mußte ihrer delikaten Gesundheit wegen geschont werden.
Nichts durfte dem Zufall überlassen werden. Ein höfisches Fest zu gestalten, kostete Zeit und Geld. Alles sollte, wie es sich schickte, sein, wie bei den Vornehmsten im Reiche, ja, vielleicht nicht weniger prächtig als am Kaiserhofe. Der sollte zumindest als Muster gelten. Aber keine zu laute Musik in Andechs, keine fahrenden Leute und Gaukler, die sollten in der unteren Burg gehalten werden, und dort ihre Geschenke erhalten.

Hierbei hatte sich Probst Degenhard nützlich erwiesen. Er hatte durch den Bischof von Passau, seinen Freund, dessen Hofmusikus Walter für das Hoffest in Andechs gedungen. Dieser, obwohl sehr jung, galt als gottbegnadeter Minnesänger und leitete eine kleine gediegene Musikantengruppe. Fiedeln und Flöten... Ganz zarte Musik. Alles vom Feinsten...
Der junge Kantor hielt, was man sich von ihm versprach. Bald lobten ihn die Andechser Brüder für seine Sprüche und Lieder, die unaufhörlich aus ihm heraussprudelten.
Walter versprach ein Lied über die Andechser Hochzeit zu dichten, das man noch lange singen würde.
Irgendwann streifte sein grüner Katzenblick die schmale Gestalt der kindlichen Braut, der Hedwig erblassen und erröten ließ. Besonders diesem Gefühl, das sie plötzlich wie ein Blitz durchdrang, hatte sie mit aller Kraft zu widerstehen. Das wußte sie. Das war die berüchtigste aller Sünden, die Wollust, luxuria genannt. Gefährlicher als der Biß einer Schlange. Sie mied fortab die Nähe des schönen und unverschämten Sängers.
In der Burg war es ansonsten ungemütlich geworden und laut. Überall wurde geputzt und geweißt, das zwischen den Fenstern hängende Wappen der Andechser heruntergeholt, gereinigt und wieder befestigt. Daneben das Wappen der Schlesier aufgehängt. Die Kissen der Thronsessel wurden im Hofe geklopft, und die Messingbeschläge der eichernen Eingangstür auf Goldglanz gebracht.
Immerfort fuhren schwere Wagen ein und aus, einer um den anderen. Säcke und Fässer wurden in Keller und Kammern geschleppt. Wein aus Burgund und Cypern, Bier aus Passau. Die Bauern brachten auf Ochsenkarren das Nötigste herbei: unzählige Schweinehälften und Ochsenschultern, Schinken und Würste, Hühner und Körbe mit Eiern, Fäßchen mit Butter. Erlegtes Wild, Rehe, Perlhühner, Hasen und Fasane brachten die Jäger. Als es dann nach frischgebackenem Brot und Kuchen zu duften begann, wußten alle: das große Fest stand vor dem Tor.

Endlich kündigte das Horn die Ankunft der Piasten an. Man hatte sich zu ihrer Begrüßung im Hofe versammelt. Die Andechser und ihre Familie, die hohen Gäste auf der

Galerie. Gefolgsleute des Fürsten und ihre Frauen im Hof darunter. Ritter und Knappen und in den hinteren Reihen und in den Ecken sogar das Gesinde. Hedwig zwischen Bertold von Andechs und ihrer Mutter, die im rotglänzenden Gewand umgeben von ihren Kindern strahlte, besonders beglückt durch die Anwesenheit ihrer Söhne: Otto war aus Burgund, Bertold aus Köln angereist, wo sie sich auf künftige Aufgaben vorbereiteten.
An viele waren Einladungen ergangen. Und sie sind gekommen. Vor allem die Verwandten, Bischof Otto von Bamberg war da, die Grafen von Dießen und die Sulzbacher. Die Wettiner aus dem Meißener Land. Herren aus Bayern und anderen Ländern des Reiches, mit ihren Frauen. Und auch der Kaiser hatte seine Delegaten gesandt.
So viele waren mit ihrem Gefolge angereist, daß auf dem Anger neben der Vorburg eine ansehnliche Zeltstadt entstanden war.
Hedwig legte die Hände auf die Balustrade der mit seidenen Tüchern geschmückten Galerie. Der leichte Wind spielte in ihrem offenen Haar. Sie spürte Seide auf der Haut, schmeichelnde Seide. Zärtlich umfing sie ihr seidiges Kleid. Ein schlicht wirkendes hellgraues Kleid, in etwas dunklerem Grau der Mantel mit weißer Unterseite, der weiße Kragen um den Hals. Das Kleid sollte - so hatte sie es sich gewünscht - in der Farbe auf ihre bisherige klösterliche Kleidung hinweisen, die jedoch leinern grob gewesen war, an die Härte des Lebens erinnernd und ihrer Haut nicht schmeichelnd. Jetzt Seide auf der Haut, Seide unter den Fingerspitzen... Seidig weich die Luft.
Hedwig atmete tief. Atmete durch. Befreiend durchzog sie das Atmen. Sie spürte dem Atem nach wie ein von drückender Last befreiter Mensch. Es war, als wüchsen ihr Flügel. Einen Augenschlag lang glaubte sie zu schweben in der seidig weichen Luft. Sie fühlte sich glücklich, wie ein Vogel, der in die wunderbare blaue Luft hinausfliegen soll. In herrlich bunte Tage. Hinaus in das Leben, das sie erwartete. Auch wenn es das Chaos sein sollte, vor dem sie Petrissa gewarnt hatte, sie wollte es annehmen, das Leben, das sich ihr darbot, seidig, farbig, leicht wie die Luft.

Da ritten die ersten schlesischen Ritter in den Hof hinein und füllten ihn mit ihren blauen Fahnen mit schwarzen Adlern, die sie kunstvoll schwenkten.
Laute Musik begleitete sie, Trompeten, Trommeln und dazu ein hierzulande unbekanntes Glockenspiel. Während die lauten Instrumente bald verstummten und die buhurdierenden Reiter den ihnen zugewiesenen Platz einnahmen, musizierten die zarten Instrumente weiter. Buntgekleidete Knappen fiedelten und flöteten artig, zupften die Rotten. Die Mitte des Hofes blieb frei, dafür sorgte der Hofmarschall Willibald mit vor lauter Eifer rotem Gesicht unter den grauen Haaren.
Danach ritten einige Würdenträger ein, denen die beiden schlesischen Herzöge folgten, auch sie trugen an Mänteln und Pferdedecken das schwarzblaue Wappen der Piasten. Bertold von Andechs war rechtzeitig die hölzerne Treppe heruntergekommen. Er trat auf Boleslaw zu. Die beiden alten Fürsten begrüßten sich laut in Gottes Namen. Dann schüttelten sie sich unzeremoniell die Hände, umarmten und küßten sich herzlicher als üblich, voller aufrichtiger Freude, die alten Kampfgenossen.
Heinrich von Schlesien hatte sich leicht vom Pferd geschwungen, ebenso Ekbert und Heinrich von Andechs, die den Piasten entgegengeritten waren. Heinrich sprach mit ihnen, sah aber aufmerksam zur Galerie hinauf.
Gleichzeitig grüßten beide Piastenfürsten die Damen und Herren auf der Galerie und verneigten sich. Hedwig sah nur den einen! Da war er - Heinrich, der schlesische Piast! Der also sollte ihr zukünftiger Mann sein! Seine dunkelblonden Haare waren leicht gelockt und fielen bis auf die Schulter. Das Gesicht glatt und ohne Bart. Er bewegte sich ungezwungen aber maßvoll. Gekleidet war er, wie jeder junge Mann aus gutem Hause gekleidet sein könnte: Ein kurzer grauer Mantel aus feiner Wolle, darunter eine dunkelrote Tunika mit silbernen Schnüren. Blaugraue Beinkleider. Schwarze Schuhe mit silberglänzenden Spangen. Kein Mann aus fremdem Lande... Hedwig spürte Erleichterung: Ein junger Mann wie ihre Brüder. Kein Halbgott, wie ihn der Vater geschildert hatte.
Agnes von Andechs trat ihren Gästen in der Halle entgegen,

stellte ihnen ihre Familie vor. Vor allem ihre Söhne. Dann Hedwig, die älteste Tochter, heute noch nicht besonders herausgenommen. Danach bat sie zu Tisch.

Hedwig sah sich Heinrich gegenüber, ihre Blicke begegneten sich kurz, ehe er sich über ihre Hand neigte, um sie zu küssen. Dieser Blick beruhigte sie, war er doch voller Bereitschaft, sie zu bewundern, sie anzunehmen. Gleichzeitig aber überschlich sie eine kleine Enttäuschung. Also kein Märchenprinz. Eher ein neuer Bruder.

In der Nacht fand Hedwig wenig Schlaf. Merkwürdige Träume beunruhigten sie. Große Vögel trugen sie über hohe Berge und weite Wälder. Dann wieder stürzte sie aus der Luft in hellen weichen Sand am Ufer eines silbern glitzernden breiten Flusses. Und lag im weichen warmen Sand, bis sie einen Schatten über sich sah - Heinrich.

Sie sah sich als Braut gekleidet mit bunten Flügeln über einem langen Brautzug schweben, der sich über Berg und Tal schlängelte. Doch sie war hochoben allein. Sie erblickte Heinrich unter den vielen Leuten.

Und in einem anderen Bild kam sie, als Falkin, auf die Hand eines Ritters geflogen, der einsam auf einem Baumstumpf in einer Lichtung im Walde saß und über sie ein goldenes Tuch warf. Heinrich? Sie flatterte ängstlich wie in einem zugebundenen Sack.

Der kommende Tag... der wichtigste Tag im Leben eines jeden Weibes, wie alle sagten... Dieser Tag, hinter dem Unbekanntes wartete. Ein ganzes Leben.

Wie wird es werden? fragte sie sich.

Ihr Vater wird sie der Obhut der fremden Männer übergeben, wie eine wohlgehütete Kostbarkeit, aber wie einen Gegenstand, wie ein Ding, das man nicht nach seinem Willen fragte. Und - sie wird in ein fremdes Land ziehen, nie mehr ihre Eltern sehen, die ihr bisher vertrauten Menschen verlassen. Doch sie wollte es. Sie war bereit.

Neues erwartete sie, dem sie bange und freudig zugleich entgegensah. Ihr Leben in Schlesien... Schlesien, Silesia, Slesie ducissa... Sie schlief ein mit der kleinen Gottesmutterfigur in den Händen.

Sie wachte früh auf. Doch Jutta war schon zugegen. Sie hatte das Kleid zurechtgelegt. Alles, was nötig war, überprüft. Der Spiegel war in Hedwigs Kammer gebracht wor-

den. Und auch die Brennschere für die Locken lag bereit, obwohl Hedwig vom Kräuseln der Haare nichts hören wollte.
Juttas Hände zitterten vor Aufregung, als sie ihre Herrin und Freundin ankleidete. Bald kam die Mutter herbei und mit ihr zwei hilfsbegierige Kammerfräulein. Die Mutter setzte sich und sah aufmerksam zu. Es war ihre Pflicht, die Braut, ihre Tochter zu überwachen.
Jutta kämmte Hedwigs Haar. Die Braut sah recht blaß aus. Jutta bot an, dem mit Rosensalbe abzuhelfen. Doch das wollte Hedwig nicht.
Sie ließ sich den Bernsteinschmuck anlegen und sah im Spiegel, daß die Steine die Farbe ihrer Haare und ihrer Augen hatten. Irgendwie fühlte sie sich der Wirklichkeit enthoben.
Der Vater trat ein, betrachtete seine Tochter mit sichtbarem Wohlgefallen und ermunterte sie zu lächeln.
An Vaters Hand betrat Hedwig die Halle, die bereits von hohen Gästen gefüllt war. Sanfte Musik füllte den Raum.
Der Vater bestieg mit seiner Tochter das Podium.
Wie eine Himmelspuppe war die Braut anzuschauen.
Ein bewunderndes: Ah, ging durch die Reihen der Anwesenden. Von der anderen Seite trat Heinrich, der Piast, dazu, neben ihm sein Vater.
Bertold von Andechs legte die Hand seiner Tochter in die des jungen Piasten und während sie so Hand in Hand standen, und von den Versammelten bewundert wurden: Welch ein schönes Paar! - hielt der Vater eine kurze, aber beeindruckende Ansprache, in der er, an Heinrich gewandt, innigst um liebevolle Obhut für seine Tochter bat.
Er vertraue, sagte er, dem edlen Herrn aus einem fernen, wenngleich christlichen Land, seine größte Kostbarkeit an, seine Tochter Hedwig, die er über alles liebe, die bisher wohl geborgen in den Mauern eines Klosters gelebt hatte und dort verblieben wäre, wenn sie der Ruf anderer christlicher Pflichten nicht erreicht hätte.
Er wisse, fuhr der Vater fort, daß ihm und seiner Familie mit dieser Verbindung eine Ehre widerfahre. Sind doch die schlesischen Piasten, wie alle wüßten, ein ruhmreiches Geschlecht, eng verwandt mit der kaiserlichen Familie der Staufer und hoch angesehen im Dienst des Kaisers.

Heinrich antwortete höfisch und zugleich irgendwie herzlich frisch. Er bedankte sich für die ihm widerfahrene Ehre, eine so hochgeborene Tochter ehelichen zu dürfen, deren Vorfahren mit dem Kaiser verwandt seien und aus deren Reihen hohe Würdenträger des Reiches und der Kirche stammten. Er gelobe dem Vater mit Gottes Hilfe diese seine Tochter hoch zu halten und zu achten, für sie zu sorgen sein Leben lang. Bis daß der Tod uns scheide, sagte er und lächelte seiner Braut zu.

Dann steckte Heinrich von Schlesien Hedwig von Andechs einen kostbaren Ring mit einem Rubin, umgeben von funkelnden Diamanten, an den Finger. Bertold gab Hedwig einen ähnlichen Ring in die Hand, den sie Heinrich überreichte. Beide hoben die beringten Hände, damit die Versammelten das Funkeln der Ringe bewundern konnten.

Daraufhin dankte Boleslaw dem edlen Fürsten von Andechs und Meranien, einem der mächtigsten Fürsten des Reiches, für die Ehre und das Vertrauen, mit dem er dem Piastengeschlecht diese kostbare Jungfrau Hadewigis übergebe. Er, der noch regierende Fürst von Schlesien und Krakau, gelobe wie sein Sohn, diesen kostbaren Schatz zu behüten wie das Licht der Augen und ihn im Schatten seiner Macht in Ehren zu bewahren. Das Bündnis beider Familien solle mit Gottes Segen zur Vermehrung des Ansehens beider Geschlechter gedeihen sowie dem Kaiserreich zur Festigung gereichen.

Danach las Probst Degenhard von Dießen die Urkunden vor, die in Anwesenheit aller unterzeichnet wurden.

Damit war das wichtigste Zeremoniell beendet. Das Brautpaar stieg vom Podium und sah sich von Glückwünschenden umringt. Man trat auf die geschmückte Galerie, um sich den im Hofe Versammelten zu zeigen. Die grüßten mit lauten Rufen und bald fiel die Kapelle mit einem schicklichen Lied ein, das alle mitsangen.

Heinrich stand neben seiner Braut und hielt ihre Hand, er stand so, als hätte er nie anderes getan. Und Hedwig lächelte zufrieden.

Alsbald begab man sich in festlichem Zug zum Kloster Dießen, um dort einem feierlichen Pfingsthochamt beizuwohnen, dem sich ein kirchlicher Segen des Brautpaares anschließen sollte.

Den Weg säumten unzählige Menschen, die mit Palmenzweigen winkten. Ein Brautpaar zu sehen, brachte immer Glück. Und ein fürstliches Brautpaar war etwas ganz besonderes. Da wollte jeder dabeisein.
Die Glocken von Dießen klangen übers sonnige Land. Vor der Klosterkirche standen die Mönche Spalier mit Palmen und Kerzen in den Händen und sangen Te deum laudam.
Zurück in der Burg begab man sich zu Tisch, von dem man sich nicht so bald erheben sollte.
Festlich war alles vorbereitet, lange, mit feinsten weißen Leinen gedeckte Tafeln waren in der Halle aufgestellt worden. Die Bänke für die Gäste mit vielen schönen und weichen Kissen und Tüchern bedeckt. Die standen nur an den äußeren Seiten der Tafeln, denn die Sitte verlangte, daß sich alle sehen konnten und keiner dem anderen den Rücken zukehrte.
Auf den Tischen Obst und Blumen, silberne Schüsseln und Kelche.
Unter den seidenen Wappen der Andechser und der Schlesier stand auf dem Podium der Tisch für die fürstliche Familie bereit.
Das höfische Schauspiel konnte seinen Anfang nehmen.
Die wichtigsten Akteure traten ein, als alle anderen ihre Plätze zugewiesen bekommen hatten. Die Gäste standen auf und setzten sich erst wieder, als sich die Gastgeber niedergelassen hatten. Hedwig saß zwischen Heinrich und ihrem Vater. Sie spürte, daß alle Blicke auf sie gerichtet waren. Sie aber sah befangen in die Menge der vielen Gesichter herab. Sie wußte, fortab werde es so sein.
Willibald als Truchseß dirigierte das Ganze. Rot vor Aufregung unter den grauen Haaren. Die Brüder Ekbert und Heinrich gingen ihm hilfreich zu Hand.
Eine Schar gleichgekleideter Pagen stand zu Dienen bereit. Zuerst traten sie mit silbernen Waschschüsseln, silbernen Wasserkannen und weißen Handtüchern an die Gäste heran, damit sie ihre Hände wuschen, mit denen sie in die Schüsseln greifen sollten. Danach begannen andere roten Burgunder in Gläser und Kelche einzuschenken.
Bertold von Andechs stand auf und hob seinen wunderbar geschliffenen Kelch Boleslaw entgegen, der auch aufstand und sein ebenso prächtiges Trinkgefäß hob. Auf die ewige

Freundschaft beider Häuser, sagte Bertold so laut, damit es alle hören konnten. Es leben die Piasten! Boleslaw antwortete höfisch mit einem ähnlichen Spruch zum Wohl der Andechser. Alle hatten sich mit ihren Kelchen in der Hand erhoben.

Beide Fürsten hielten einen Augenblick die herrlich geschliffenen Gläser hoch, betrachteten sie und ließen sie bewundern. Denn es waren in der Tat wunderschöne ägyptische Gläser, die Bertold aus dem Heiligen Land mitgebracht hatte. Auf dem einen sah man zwei grünlich grau schimmernde Löwen, die auf einen Pokal zugingen, darüber einen Halbmond mit Sternen. Das andere, milchfarbige Glas zeigte einen zwischen zwei Löwen aufgerichteten Adler. Alles wunderbar ins Glas geschnitten.

Beide Fürsten tranken zugleich. Nach ihnen tranken und setzten sich die anderen.

Bertold von Andechs forderte auf höfische Art Boleslaw den Piasten zu einer Rede auf.

Boleslaw sprach langsamer und lauter als üblich, aber verständlich für alle. Bedächtig wählte er seine Worte. Er und sein Sohn, sagte er, wollten hierzulande nicht als Fremde gelten. Denn die schlesischen Piasten fühlten sich im Kaiserreich wie im gemeinsamen Hause und seien stolz darauf, dem Kaiser dienen zu dürfen. Obwohl ein slawischer Fürst, könne er Deutsch von seiner Mutter, Agnes von Österreich, aus dem bekannten Geschlecht der Babenberger. Zudem sei seine Frau Adelheid von Sulzbach des berühmten Grafen Berengars Tochter, diese geschätzte Familie wäre wohl den meisten Anwesenden bestens bekannt. Doch auch sein Gefolge spreche Deutsch, fuhr der Piastenfürst fort, weil man in den letzten Jahren mehr Zeit in Deutschland als in Schlesien verbracht hatte.

Doch jetzt, sagte Boleslaw, wollen die Piasten, die Dank des gnädigsten Kaiser Friedrich Barbarossa, der drei Feldzüge gegen die polnischen Piasten unternommen hatte, in ihr Land heimkehren konnten, zu Hause seßhaft werden, und sich um das Wohl ihres Landes kümmern.

Die höfisch gesetzte Unterhaltung der fürstlichen Familienväter war wohldurchdacht und diente zu Ehren der feiernden Fürsten. Es war ein Schaugespräch.

Gleich danach gab der Herr des Hauses das Zeichen zum Essen. Man langte nach dem Obst, das in silbernen Schalen lag, auch exotische Früchte aus fernen Ländern: Granatäpfel und Pomeranzen, Datteln und Feigen neben gelben Birnen und rotbackigen Äpfeln. Und in kleineren Schälchen Mandeln und Nüsse, Pistazienkerne und kleines Gebäck.
Willibald dirigierte die Pagen herbei. Die trugen den duftenden Braten auf. Zuerst die kunstvoll zubereiteten Spanferkel, die wie lebendig aussahen. Nachdem sie genügend bewundert worden waren, zerteilten sie Willibald der Truchseß und seine Gehilfen, so daß es für alle reichte. Wildbraten und kunstvoll gefüllte Fasane, Perlhühner und Hasen folgten. Andere Knappen trugen die Schüsseln mit Hirse und Reis herein, und wunderbar gewürztes Gemüse.
Danach wurde Fisch verschiedener Art gereicht, Käse und wieder Obst. Auch der beliebte Mandelpudding fehlte nicht. Und zum Schluß gab es Kuchen und kleines Gebäck.
Die Gäste aßen mit höfischem Anstand und wischten die Finger in Leinentücher ab. Schmatzen und Rülpsen hörte man nicht, obwohl grobes Benehmen sonst nicht selten war, auch an fürstlichen Tafeln.
Während die Gäste die Speisen genossen, nicht im Übermaß, denn das schickte sich nicht, und der Wein die Gesichter rötete, durfte es bei Tische allmählich weniger streng zugehen. Ja, es galt sogar als höfische Pflicht, sich zu unterhalten. Denn auch das schickte sich nicht, nur auf das Essen zu starren.
Und die Musikanten begannen wieder zu fiedeln und zu flöten.
Kurz bevor unzählige Fackeln und Kerzen angezündet wurden, hob man die Tafel auf. Das Tanzen sollte im Hofe beginnen. Bedienstete räumten die Tische ab, warfen die schmutzigen Tücher in Körbe, trugen die langen Bretter und Schrägen hinaus und brachten kleine Tischchen herein.
Zuvor hatten sie das übriggebliebene Essen in irdene Schüsseln gesammelt, um es an die Armen vor der Burg zu verteilen.

An der Hand ihres Bräutigams eröffnete die Braut den Tanz, so war es üblich. Am ersten festlichen Umschreiten des Hofes nahmen auch die älteren Herrschaften teil. Boleslaw führte Agnes von Andechs zum Tanz, Bertold für die abwesende Adelheid eine Sulzbacher Verwandte. Danach folgten die anderen im kunstvollen Reigen.
Als die Kapelle lustigere Melodien zu spielen begann, und Sprünge das kunstvolle Schreiten verdrängten, begaben sich die außer Atem geratenen älteren Herrschaften auf die Galerie, um von da aus dem fröhlichen Treiben zuzusehen. Bald danach, als die Tanzenden noch übermütiger wurden, ging auch Hedwig die Treppe hinauf. Ekbert begleitete sie. Er machte sich über die Verrenkungen der Tanzenden lustig. Manche drängen sich wie die Bauern auf dem Anger aneinander, sagte er verächtlich. Heinrich der Piast und die beiden Andechser Brüder tanzten eifrig weiter. Auch Jutta erwies sich als unermüdliche und geschickte Tänzerin.
In der Halle, wo das Feuer im Kamin brannte, saßen die Tanzmüden, die Tanzunlustigen, und die, die sich am Tanz der anderen sattgesehen hatten. Sie tranken Wein und vergnügten sich mit Gesprächen oder Schachspielen. Hier, im stillen Raum begann Walter zu singen. Der blondgelockte Grünäugige sang mit schmeichelnder Stimme von edlen Damen und liebeswürdigen Frauen, von liebtreuen Rittern, aber auch von der Schönheit des Waldes und der Wehmut des Wanderns ohne Ziel. Fast glaubte Hedwig, er singe nur für sie.
Bis zum frühen Morgengrauen brannten die Fackeln, klang die Musik, dauerte das allmählich ermattende Treiben.
Doch am nächsten Tag gegen Mittag fing das Feiern aufs neue an. Und auch am nächsten und am übernächsten Tag wieder. Erst zum Ende der Woche brachen die festmüden Gäste auf. Jede und jeder reichlich beschenkt. Zufrieden und heiter zogen sie von dannen.
So endete ein prächtiges Hoffest, eine wahrhaft fürstliche Hochzeit, über die noch lange gesprochen wurde.

Der Brautzug

„Von ihrer Jugend an besaß sie einen gereiften Sinn, vermied alle Leichtfertigkeiten und war bestrebt, sittsam zu leben und jugendliche Torheiten zu fliehen."
(Legenda maior de beata Hedwigi)

Aufatmen. Endlich etwas Ruhe... Aber nein! Wieder fuhren schwere Wagen in den Burghof ein. Hedwig seufzte, als sie das sah.
Feste Wagen von starken Pferden gezogen. Der Brautzug nach Schlesien wurde vorbereitet. Bald waren die Plandecken festgezurrt. Hochbepackt die Wagen. In den einen war alles, was für eine Zeltstadt nötig war, in anderen Geschenke für die Gastgeber unterwegs und in noch anderen Hedwigs Aussteuer für ihr Leben in einem fremden Land, alles was Mutter Agnes und Jutta für notwendig erachtet hatten. Fünfzehn Truhen mit wertvollen Stoffen, mit Tafelgeschirr und Gefäßen, Gobelins aus fernen Ländern, Pelzen, zahlreichen Taschen mit nützlichen Kleinigkeiten. Denn, wie Mutter Agnes sagte: Wer weiß, was es dort gab und was es nicht geben wird.
Dazu purpurverbrämte bequeme Sättel mit Elfenbein verziert und vergoldete Zügel.
Vater Bertold hatte sich von dreien seiner ägyptischen Gläser getrennt. Das war ein wahrhaftiges Opfer für ihn gewesen. Doch dachte er wieder seine Sammlung zu ergänzen, wollte er doch bald mit dem Kaiser ins Heilige Land ziehen.
Es dauerte nicht lange, da brach der große Troß auf. Man solle das gute Wetter nutzen, sagte Bertold von Andechs, der den Zug bis nach Bamberg begleiten wollte. Und schönes Wetter dauere auch im Frühjahr nicht ewig.
Zunächst ging es nach Bamberg. Bischof Otto wollte in seinem Dom das Brautpaar noch einmal segnen und es

sollte gefeiert werden. Und bei den Wettinern in Rochlitz und Groitsch noch einmal. Danach kamen erst die großen Wälder, hinter denen Schlesien lag. Und hinter Schlesien Polen.
Jutta, die Unentbehrliche, durfte mit ihrer jungen Herrin für immer nach Schlesien ziehen. Ihr war es recht. Dazu eine Schar von Dienerinnen. Und auch Ritter kamen für immer mit: Peregrin von Wiesenburg und Niko von Würben mit einer vorzeigbaren Schar Andechser Ritter.
Ekbert und Heinrich von Andechs begleiteten den Zug. Ekbert war vom Vater beauftragt worden, Hedwig bis nach Liegnitz zu folgen und dort einige Zeit mit ihr zu verbleiben. Elisabeth und Konrad von Rochlitz und Groitsch waren im Zug dabei, war es doch ihr Heimweg. Die jungen Leute hatten sich zu einer Gruppe zusammengetan und wollten unterwegs zusammenhalten und sich des Lebens erfreuen. Walter und seine Musikanten waren mit von der Partie.
So zog der Troß in heiterer Stimmung geruhsam übers frühlingssonnige Land. Man ließ sich Zeit und kehrte unterwegs mal hier mal da ein. Ein Brautzug war überall eine willkommene Gelegenheit zum Feiern.
Bamberg war eine prächtige Stadt. Irgendwie anders als alle anderen, die Hedwig bisher gesehen hatte. Allein der Dom, wie er dastand, halb verbrannt und halb im Bau. Ein Bild der Zerstörung und der Hoffnung zugleich. Die dicken Mauern hatten dem Feuer standgehalten, das hier vor einigen Jahren gewütet hatte, die hölzernen Teile dagegen waren in Flammen aufgegangen. Jetzt sollte das Gotteshaus, schöner denn je, aufs neue entstehen.
Von allen Seiten des Doms und der Gebäude des bischöflichen Palas, die wie eine Burg zusammenstanden, bot sich ein wunderschöner Ausblick ins Tal. Das erinnerte Hedwig an Andechs. Und auch der Hof - hier wuchsen an den Galerien rote Geranien - war ähnlich wie dort. Doch waren die Gästehäuser in Bamberg so geräumig, daß für das große Gefolge keine Zelte gerüstet werden mußten.
Bischof Otto war stolz auf seine Baupläne, die er vor seinen Gästen gern ausbreitete. Er zeigte die Zeichnungen, nach denen der Dom errichtet werden sollte. Ekbert mußte ihm ständig zur Seite sein, denn er sollte, wie Bischof

Otto unterstrich, dieses Werk weiterführen. Mit Gottes Gnade und zu Ehren Gottes. Amen.

Bischof Otto zelebrierte ein feierliches Hochamt für das junge Paar und hielt eine Predigt, der alle mit angehaltenem Atem zuhörten. Ja, gebannt zuhören mußten, so begeistert sprach Otto. Sein Thema war die kluge und fromme Frau an der Seite ihres Verantwortung tragenden Ehemannes.

Die Kaiserin Kunegunde, von Gott einem Manne zur Seite gestellt, dem die Aufgabe zugefallen war, das Reich zu erneuern, war eine solche Frau gewesen, sagte Otto. Er, als Bischof von Bamberg, bemühe sich beim Papst um die Heiligsprechung dieser Frau, an deren Grabe wahre Wunder blühten.

Diese fromme und kluge Kaiserin konnte lesen und schreiben wie ein Mönch und regieren wie ein König, fuhr der Bischof fort. Sie begleitete ihren Mann bei seinen Umritten durch die ihm huldigenden Ländern, und der Liebreiz ihrer Erscheinung erhöhte den Glanz seiner Macht. Mit großem Geschick verrichtete sie während seiner Abwesenheit die Regierungsgeschäfte für ihn. Wenn der Kaiser in den Krieg ziehen mußte, regierte sie allein. Sie hielt für ihn die üblichen Hoftage ab. Liebevoll und gerecht sprach sie mit den Untertanen, und hörte auch die Geringsten aufmerksam an, immer zur Hilfe für Arme und Kranke bereit. Viele Geschichten gingen darüber um.

Hedwig hörte beeindruckt zu, war doch die Predigt an sie gerichtet. Sie gelobte sich, Frau Kunegunde als Vorbild zu nehmen.

Nach dem Hochamt, in Anwesenheit aller Gäste, überreichte der bischöfliche Onkel seiner liebsten Nichte, wie er sie nicht ohne Rührung nannte, ein Brautgeschenk: Ein kostbares in dunkelrotes Leder gebundenes Buch mit goldenen Buchstaben und einem goldenen Schlößchen. Ein Stundenbuch, wie es die Nonnen benutzten, in Kitzingen geschrieben.

Er überreiche dieses Buch der Klostertochter von Kitzingen, sagte der Bischof dazu, die eine Nonne werden wollte, nun aber eine Fürstin sein wird, damit sie ihre weltlichen Pflichten mit geistigen Dingen in gleichem Maße durchwebe, zu einem gottgefälligen Muster.

Hedwig bedankte sich und schlug auf dem nächststehenden Gebetpult neugierig das Buch auf. Es war eine kunstvolle Handschrift auf feinstem Pergament mit herrlichen Initialen und vielen Bildern aus Christi Leben und Leiden, mit Geschichten und Psalmen aus dem Alten und dem Neuen Testament. Wie freute sie sich, als Bischof Otto sie auf eine Miniatur des Kaiserpaares Heinrich und Kunegunde aufmerksam machte, die auch Fundatoren des Bistums Bamberg gewesen waren. Für Hedwig war dieses Bild wie ein Wunder, wie ein Lächeln der Heiligen, die sie soeben zu ihrer Beschützerin erklärt hatte.
Dieses Stundenbuch begleitete Hedwig ihr Leben lang.
Sie wünschte sich, sofort an das Grab der heiligen Frau geführt zu werden und betete dort. Auch am nächsten Tag kam sie mit Ekbert und Heinrich wieder.
Wie Du, sagte sie zu der großen Frau, wie Du will ich meinem Mann zur Seite stehen und ihm helfen, seiner Pflichten christlich zu walten.
Doch als sie zu dritt wieder vor dem Dom standen in der Frühlingssonne, und der Duft des blühenden Holunders ihnen in die Nasen stach, flimmerte der Schalk in Ekberts Augen auf. Nicht in allem solltest du, liebes Schwesterlein, Kaiserin Kunegunde als Vorbild gelten lassen, sagte er. In manchen Dingen war sie zu fromm. Man sagt, sie habe nie mit ihrem Mann geschlafen und sei als Jungfrau gestorben. Heinrich legte seinen Arm um die Schulter seiner Braut und seine Stirn an ihre. Doch sagte er nichts, zu sehr machte ihm die Zurückhaltung seiner Braut Sorgen. Es war zwar üblich, daß ein Brautpaar Enthaltsamkeit übte, in der Zeit zwischen den Feiern, der einen, in der der Vater dem Ehemann die Braut anvertraute, bis zu der anderen, der Segnung des ehelichen Lagers, die in diesem Fall erst in Liegnitz stattfinden sollte, doch war man in der Hinsicht nicht allzu streng. Unschuldige Zärtlichkeiten waren erlaubt, ja, man erwartete, daß sie gezeigt wurden. Ein Brautpaar sollte sich mögen. Hedwig überließ Heinrich gern ihre Hand, sie duldete ein Küßchen, aber das war auch alles.
Allerdings, fügte Ekbert hinzu, der Heinrichs unwillig zusammengezogene Brauen wahrgenommen hatte, war Kaiser Heinrich ein alter Mann.

Solange die Gesellschaft in Bamberg weilte, war die junge Braut oft an der Grabstätte der Kaiserin Kunegunde zu finden.

Eines Tages bei Tisch eröffnete Bischof Otto der versammelten Runde, er werde seinen Gästen seinen Steinmetz vorstellen, einen ungewöhnlichen Künstler, mit dem es eine besondere Bewandtnis habe. Dieser Mann, leicht bucklig übrigens, bemerkte er, um einem beleidigenden Erstaunen vorzubeugen, wurde als Kind von seinem Vater zu ihm gebracht. Dieser, ein Bauer aus der Umgebung, kam eines Tages mit einem Ochsenkarren an, den er, gegen die Proteste der Wache haltenden Mannen, in den Hof führte und da stehen ließ. Davon ließ er sich nicht abbringen und rief laut die Obhut des geistlichen Herrn an, seines Bischofs. Der damals etwa zwölf- oder vierzehnjährige Bube stand verlegen neben ihm.

Die Mannen spotteten über den laut schreienden Bauern und sein buckliges Kind, wie unter rohen Menschen üblich, dieser aber blieb beharrlich und verlangte nach seinem Recht. Und wer weiß, wie die Sache ausgegangen wäre, wenn er, Otto, vom Lärm herbeigelockt, nicht auf den Gang getreten wäre, um nach der Ursache der Turbulenzen zu sehen. Vor allem der Ochsenkarren fiel ihm auf. Er gebot den Leuten innezuhalten, begab sich in den Hof hinunter und ließ den Mann sein Anliegen vorbringen. Der Knabe, der ihn mit dunklen aufmerksamen Augen anblickte, gefiel ihm vom ersten Augenblick an. Er legte unwillkürlich die Hand auf seinen Kopf und fuhr über seine dunklen weichen Locken, woraufhin der Junge seine Hand küßte. Etwas vertrauensvoll Inbrünstiges lag in dieser unerwarteten Geste. Der Vater erzählte, der Junge sei, wie man sehe, zur Arbeit im Felde nicht zu gebrauchen, er habe aber ein besonderes Talent, das, wie er hoffe, eine Gabe Gottes sei, obwohl es ihnen manchmal wie Hexenwerk erschiene. Der Junge könne aus jedem Stückchen Holz eine Figur wie lebendig schnitzen. Und auch aus jeder Handvoll Lehm Menschen und Tiere gestalten. Wie unser Herrgott. Der Mann bekreuzigte sich. Der Pfarrer unseres Dorfes, fuhr der Bauer fort, der eine neue vom Jungen geschnitzte Weihnachtskrippe in der Kirche aufgestellt hatte, zur Andacht und zur großen Bewunderung der Gläubigen, habe ihm geraten, sich mit dem Jungen und seinen Figuren zum ehrwürdigen Bischof zu begeben. Und so sei er da. Er habe die Figuren, ob groß oder klein, sorgfältig in Heu verpackt auf den Karren geladen. Mit tiefen Verbeugungen lud er seinen ehrwürdigen Bischof zum Betrachten ein. So folgte „der ehrwürdige Bischof", scherzte Otto, mit geweckter Neugier seinen ungebetenen Gästen zum Bauernkarren.

Der Bauer reichte ihm eine Figur nach der anderen aus dem Heu, wie Äpfel oder Krautköpfe auf dem Markt. Ein oder zwei größere stellte er im Wagen auf. Die Figuren waren schön, wie sie schöner nicht sein konnten. Nachdem er einige schweigend bewundert hatte, befahl der Bischof den Leuten, die herumstanden, alle Figuren achtsam in den Eßsaal zu tragen und auf einem Tisch aufzustellen. Da bestaunten sie alle die Werke des kleinen Künstlers. Bischof Otto ging um den Tisch herum, nahm die eine oder die andere Figur in die Hand, betrachtete sie mal von weitem, mal aus der Nähe. Und ließ sich seine Bewunderung nicht anmerken. Es waren Menschen, Tiere, auch Häuser und Stallungen, Bäume - wie lebendig. Sogar ein Kapellchen war dabei. Bald eilten auch die anderen Bediensteten herbei, die Mär von den sonderbaren Figuren und dem kleinen buckligen Künstler hatte sich wie ein Lauffeuer verbreitet, sogar der Koch in seiner weißen Mütze war unter den Gaffern. Otto erlaubte dem Bauern, die Krippe, die seiner Pfarrkirche gehörte, wieder einzupacken, drückte ihm ein Goldstück in die Hand und behielt den Jungen mit den restlichen Figuren im bischöflichen Palas.

Zuerst kam der Junge in die Klosterschule, wo er bald alle anderen Schüler im Lesen und Schreiben und im Rezitieren lateinischer Texte überholte. Ein ungewöhnlich begabter Kerl war das. Aber oft störrisch ohne eigentlich böswillig zu sein. Ein Jahr später nahm Otto ihn mit nach Rom und veranlaßte seine Aufnahme in der Steinmetzerwerkstatt des Vatikans. Auch dort war er im Nu besser als alle anderen. Doch fiel er nicht nur durch seine ungewöhnliche Begabung und seinen Fleiß, sondern auch durch mangelnde Demut auf, auch hier beklagte man sich bald über sein eigenwilliges Wesen.

Nach Lehre und Wanderschaft kehrte Rudolf, oder Rudolfino, wie er sich nun nannte, nach Bamberg zurück, um an dem nach einer Feuersbrunst aufs neue entstehenden Dom zu arbeiten. Rudolfino war zu einem großen Meister gereift. Begeistert vor allem von der Kunst der alten Griechen und Römer, von den Marmorstatuen, die sich überall in Rom aus alter Zeit erhalten haben, viele nur in Bruchstücken. Rudolfino hatte sie jahrelang mit eifrigem Fleiß kopiert. Wobei hinzuzufügen war, daß er sich in Rom auch einen übermäßigen Genuß von Wein angewöhnt hatte. Otto verlangte von Rudolf, daß dieser für den Dom, der der schönste in Deutschland werden sollte, eine Statue des Patrons der Stadt Bamberg, des Heiligen Georg, gestalten solle. Der Bildhauer machte sich ans Werk, kam aber, zum Unwillen seines Auftraggebers, nicht recht voran.
Damit schloß Bischof Otto seine Geschichte.
Die Gäste sollten sich die Werkstatt ansehen und die Bekanntschaft des merkwürdigen Künstlers machen. Sie traten in einen großen ungewöhnlich hellen Raum ein, in dem der Meister und seine Schüler arbeiteten. Der Raum hatte viele verglaste Fenster, obwohl das kostbare Glas sonst nur für Gotteshäuser und reiche Residenzen vorgesehen war, hier war es notwendig. Ein kleiner Mann in blauer Schürze, mit langen dunklen Haaren, in die sich graue Strähnen mischten, und eindringlichen braunen Augen trat den Gästen entgegen, verbeugte sich und musterte die Ankömmlinge freundlich und seltsam spähend. Als er Heinrich erblickte, leuchteten seine Augen auf, er schlug sich mit der Hand vor die Stirn und rief: Sankt Georg! Monsignore! Sankt Georg! Er ist es! Si, si, si! So soll er sein, der Sankt Georg. Wie sich ihn unser hochwürdiger Bischof wünschte! Er wandte sich mit einer höflichen Verbeugung an Heinrich. Ich weiß nicht, wer Ihr seid, Herr, aber ich nehme an, fürstlicher Herkunft. Euer edles Antlitz ist es und Eure jugendliche Gestalt, die ich seit langem suche und zu meiner Betrübnis nicht finden konnte. Wollt Ihr die Gnade haben, mir etwas Zeit zu opfern, auf daß ich Euch modellieren kann. Bischof Otto trat neben Heinrich, als müßte er ihn beschützen oder vermittelnd eingreifen. Heinrich aber lachte, ihm machte das ungewöhnliche Angebot Spaß. Er hatte nichts dagegen.

Und so kam es, daß Heinrich in Bamberg tagelang mit Rudolfino verbrachte und sich mit ihm sogar befreundete. Abends tranken sie zusammen Wein und Heinrich hörte den endlosen Geschichten Rudolfinos über das Leben in Rom zu und über die Reste künstlerischer Pracht aus alten Zeiten, die dort zu finden waren. Der Meister zeichnete Heinrichs Kopf, ihn selbst, wie er stand und saß und schließlich stundenlang Heinrich zu Pferd. In Rüstung und ohne Rüstung. Endlich ließ Rudolfino für Heinrich ein Gewand nähen, wie es die alten Römer getragen haben sollen. Und auch in diesem konterfeite er Heinrich.
Vor der Abreise durften die Gäste die Ergebnisse dieser Arbeit bewundern. Sie wurden wieder in die Werkstatt eingeladen. Rudolfino hatte die vielen Pergamentblätter in der Werkstatt ausgebreitet. Und auf einem Arbeitstisch stand eine ellenhohe Tonfigur: ein Reiter. Man sah sich die Zeichnungen an, die gut gefielen. Doch die Tonfigur übertraf alles andere. Die Ähnlichkeit des Reiters mit Heinrich und die eigenartige Schönheit des Tonmodells waren außergewöhnlich. Doch der Reiter auf seinem Roß war mit jenem römischen Gewand bekleidet, das Rudolfino hatte nähen lassen. Kein geharnischter Ritter, wie ihn alle erwartet hatten. Hedwig fand die Figur aufregend und mußte angestrengt nachdenken über sie. Wer sollte das nun sein. Und: Warum war die Gestalt so schön. Bischof Otto dagegen betrachtete die Tonfigur mit strengem Blick. Man sah, er hielt an sich, um seinen Unmut nicht zu zeigen. Denn der von ihm bestellte St. Georg war es nicht. Jeder Christ wußte, daß St. Georg unbedingt ein geharnischter Ritter sein mußte, ein Kämpfer mit Schild und Schwert, der soeben den Drachen zu seinen Füßen getötet hatte. So mußte er aussehen: ein siegreicher Ritter Gottes. Wie sollte man ihn sonst erkennen. Doch der schweigsame Unwille des Bischofs ging im Lob der anderen unter.
Hedwig sah Heinrich verstohlen von der Seite an, er fing ihren Blick auf und lächelte. Dann flüsterte er ihr ins Ohr: so schön bin ich doch gar nicht, das wolltest du doch sagen, nicht wahr? Sie schüttelte verwirrt den Kopf, spürte aber, daß sie rot wurde. Heinrich faßte sie an der Hand und sie traten näher an die Statue heran, um sie genauer zu betrachten. Auch sie sparten nicht an lauter Bewun-

derung für den Meister. Heinrich hätte am liebsten sein Abbild mit sich nach Hause genommen. Doch er hielt sich zurück, wie es sich geziemte.

Nach vielen Jahren fragte Hedwig Ekbert, nunmehr Bischof von Bamberg, als er seine Schwester wieder einmal in Schlesien besuchte, was aus dem Reiter geworden sei, für den Heinrich Modell gestanden hatte.

Da wußte Ekbert wieder Aufregendes zu erzählen. Nach der Abreise der hohen Gäste hatte Bischof Otto ein langes Gespräch mit dem Künstler, in dem er diesen streng ermahnte, St. Georg wie üblich darzustellen, so wie es zur Erbauung der Gläubigen notwendig sei. Rudolfino versprach sein Bestes zu tun. Einige Jahre arbeitete der bucklige Meister an seinem großen Werk, hielt es aber ständig in einer Ecke der Werkstatt mit Tüchern bedeckt. Da er sich auch ansonsten an den anfallenden Arbeiten im Dom mit dem ihm eigenen Talent und Fleiß beteiligte, ließ ihn sein Brotherr vertrauensvoll gewähren. Doch endlich verlangte Bischof Otto das Standbild zu sehen. Rudolfino weigerte sich. Nach einer kurzen hitzigen Auseinandersetzung ließ der Bischof die Tücher von der fast manneshohen Figur reißen und - erstarrte. Anstatt des gewünschten geharnischten St. Georg stand vor ihm, herrlich in Stein gehauen, der in die römische Toga gekleidete Jüngling zu Pferd, wie ihn Rudolfino zuvor in Ton modelliert hatte: Heinrichs schönes Ebenbild.

Er sei dabei nicht zugegen gewesen, sagte Ekbert, da er längere Zeit in Rom und Paris geweilt habe, doch man habe ihm später viel davon erzählt, zum Teil bedauerliches Zeug. Man will gehört haben, daß Rudolfino, vom Bischof barsch angesprochen, ihm keck seine kleine Gestalt aufrichtend ins Gesicht gesagt habe: der schöne Mensch, der in sich ruht, der ist die Krone der Schöpfung! Und Gott gefällig. Den sollten die Gläubigen vor Augen haben, nicht Christus den Schmerzensmann, der elendig am Kreuze stirbt. Daraufhin habe ihn Bischof Otto einen Ketzer gescholten und zum Teufel gewünscht, wo er hingehöre. Niemand hatte bisher den klugen und besonnenen Mann so außer Fassung gesehen. Doch Bischof Otto war anscheinend bitter enttäuscht von dem Künstler gewesen, dem er vertraut hatte und den er liebte wie einen eigenen

Sohn. Einige wollten sogar wissen, daß er Rudolfino ins Loch werfen ließ, woraus er aber auf geheimnisvolle Weise entkommen sein soll. Jedenfalls war Rudolfino nach diesem Streit verschwunden. Niemand hat mehr von ihm gehört. Bischof Otto ließ das Standbild des Reiters in einen Schuppen bringen. Da habe er, Ekbert, es nach vielen Jahren gefunden. Er habe es zurück in die Werkstatt bringen und säubern lassen, um zu sehen, was man daraus machen könnte.

Doch die Schönheit der Reiterfigur überwältigte ihn. Es konnte nicht die Rede davon sein, irgendetwas an dem vollkommenen Kunstwerk zu ändern. Und man durfte es nicht den Menschen vorenthalten. Er habe stundenlang vor dem Bild gestanden und seine Ausstrahlung bewundert. Beredt schilderte Ekbert das steinerne Kunstwerk. Der Reiter säße anmutig zurückgelehnt im Sattel, sein wadenlanges Kleid fiele in ungezwungenen Falten. Die gelockten Haare reichten bis zum Kinn. Heiter und schön sei das Gesicht. Der Blick ruhig vor sich hin gerichtet. Das Bild strahle Gelassenheit aus. Doch seinen eigentlichen Reiz könne man kaum mit Worten beschreiben. Ekbert fragte sich, warum der Reiter keine Waffen, aber eine Krone trug. Auf diese Frage fand er keine Antwort.

Er habe lange darüber nachgedacht, wie wohl die Anwesenheit dieser rätselhaften Figur im Dom zu begründen sei, sagte Ekbert, bis er eines Nachts von dem friedlichen schönen Reiter träumte, der ihn an die Worte Rudolfinos erinnerte. Der Reiter solle ein Symbol des Menschen sein, der, unter sich Hölle und Erde wissend, von Gott über das Tier erhoben, über sich die Herrlichkeit des ewigen Lebens spüre. Unter den Füßen des Reiters die blühende Erde, darunter teuflische Fratzen, über dem Haupt die himmlische Krone. Mit diesem Zubehör ließ er das herrliche Werk ergänzen. Und so prangt es im Dom zu Bamberg an einem Pfeiler. Von da aus blickt der Reiter wie die anderen Gläubigen zum Altar. Kein Heiliger, kein Herrscher, sondern ein Mensch.

Rudolfinos Wunschbild vom Menschen gefällt mir, sagte Hedwig dazu. Nur ist es fern von der Wirklichkeit. Der Mensch steht im Schmerz und daher ist der mitleidende Gott-Mensch Christus der heilsamste Trost für ihn.

Und Heinrich fügte nach einer Weile hinzu: Aber der Reiter war auch Rudolfinos, des buckligen Künstlers, Traum vom schönen Menschen. Sie schwiegen, und dann sagte Ekbert: noch in hunderten Jahren werden die Menschen diesen schönen friedlichen Reiter bewundern.

Und weiter ging es ins Meißener Land zu den Wettiner Verwandten.
Hedwig befreundete sich unterwegs mit Elisabeth, einer Piastin aus Großpolen, sie befragte sie nach diesem und jenem. Besonders wie es bei den polnischen Verwandten wäre, wollte Hedwig gerne wissen, wie die Menschen in den östlichen Provinzen lebten. Sie wollte viel von Elisabeth lernen und suchte immer wieder das Gespräch mit ihr. Denn sie wollte etwas erfahren darüber, was sie in Schlesien erwartete. Elisabeth kam ihr freundlich entgegen.
Dann hatten beide zur Belustigung aller begonnen, die für Hedwig fremde polnische Sprache zu üben. Wie heißt Ritter polnisch, fragte Hedwig.
Ritter - rycerz, antwortete Elisabeth.
Und Hedwig wiederholte erstaunt: Rytzer, das ist ja wie deutsch.
Kommt auch aus dem Deutschen, warf Heinrich erfreut ein. Auch Panzer - pancerz. Tänzer - tancerz.
Und Fürst?
Fürst heißt ksiaze, antworteten Elisabeth und Heinrich gleichzeitig.
Aha, also ein ganz fremdes Wort. Kniasch, prägte sich Hedwig ein. Die Fürstin: Kniasch. Und König?
König heißt krol. Von Karl, sagte Heinrich. Von Karl, dem größten König und Kaiser aller Zeiten.
Pferd - kon. Hund - pies. Die Burg - zamek. Lehrte Elisabeth.
Aber: Milch - mleko. Mauer - mur. Dach - dach.
Also ähnliche, aber auch ganz fremde Wörter. Merkwürdig.

Die Rochlitzer Burg war der richtige Ort für prächtige Geselligkeit. Errichtet nach den neuesten westlichen Mustern. Ein großer Hof. Kein Brunnen, kein Baum, so daß Wagen drehen und nebeneinander stehen konnten. Ringsumher stattliche Gebäude, teils aus Stein, teils aus Holz. Auch hier an den Gebäuden hölzerne Galerien. Doch ob-

wohl die Burg eher zum angenehmen Wohnen und Festefeiern gebaut schien, war sie dennoch eine wehrhafte Burg mit dicken Mauern und tiefen Gräben davor und zwei starken Türmen neben dem Tor.
In Rochlitz verflogen die Tage wie ein bunter Traum. Elisabeth und Konrad waren hier Gastgeber und sie waren es gern. Beide schwärmten für das gesellige Leben, das sie in Burgund und Frankreich schmecken gelernt hatten. Sie redeten viel davon.
Zahllose Bedienstete flitzten im Hofe und in der Halle herum. Die Anwesenheit so vieler Gäste brachte langersehnte Bewegung in die Burg, und ließ sie in herrlichem Glanz erstrahlen.
Morgens wurde lange geschlafen, vormittags ritt der heitere Schwarm übers Land. Doch erst am späten Nachmittag begann das eigentliche Leben. Da wurde festlich gespeist in der Halle bei Kerzenschimmer, gesungen und getanzt zur trefflichen Musik. Walter und seine Musikanten bewährten sich bestens. Aber auch Heinrich von Schlesien und Heinrich von Andechs griffen gern in die Laute und sangen recht höfisch. Ständiges Geschwirre, Lachen, Gesang, Abende, die sich bis ins Morgengrauen hinzogen...
Obwohl Hedwig das Getreibe zunehmend lästig fand, war sie bemüht, es geduldig zu ertragen. Und dazu Heinrichs tapsige Zärtlichkeiten.
Hedwig, die junge Braut, wurde von allen verwöhnt, sie sollte der Mittelpunkt der Gesellschaft sein. Doch der war sie nicht. Wollte sie nicht sein. Lautes Getreibe war nicht ihre Art.
An allen Abenden war es vor allem Walter, dem man zuhörte, der seine Lieder sang, frisch erfundene Geschichten erzählte. Der goldlockige Minnesänger war unermüdlich dabei, die fröhliche Gesellschaft noch fröhlicher zu stimmen. Und niemand konnte sich dem Charme seiner schmeichelnden Stimme entziehen...
Allein Hedwig mied den schönen Dichter, denn sie hatte seinen Blick nicht vergessen, mit dem er in Andechs ihre kindliche Gestalt gestreift hatte. Er war ein fremder schillernder Vogel für sie geblieben.
Ekbert dagegen, obwohl er oft für längere Zeit im Kloster Pforta weilte, hatte sich mit dem Dichter und Sänger be-

freundet. Sie redeten oft und lange miteinander. Irgendwann erzählte Ekbert seiner Schwester des schönen Dichters merkwürdiges Schicksal. Walter war ein unehelicher Sohn des Herzogs Friedrich von Österreich und eines Mädchens aus dem Volke, das ein Findling und schön wie eine Elfin gewesen sein soll. Der Herzog hatte sie nicht lange am Hofe halten können, und sie, nachdem sie das Kind geboren hatte, mit einem freien Bauern verheiratet. Doch als der Knabe heranwuchs und ungewöhnliche Begabungen zu verraten begann, brachte ihn die Mutter zu seinem leiblichen Vater zurück und bat diesen, den Knaben in Obhut zu nehmen. Das versprach der Herzog gern. Es war ja üblich, daß hochgeborene Väter für ihre unstandesgemäßen Kinder sorgten: Man ließ sie Geistliche werden. So kam auch Walter in eine Klosterschule, wo er mit erstaunlicher Leichtigkeit lernte.

Doch das Klosterleben gefiel dem Knaben nicht. Das Auswendiglernen lateinischer Texte und das Wiederholen von Ansichten alter Philosophen langweilten ihn. Er wollte nicht Geistlicher werden. Den Mönchen aber war seine ungewöhnliche Begabung zum Reimen und Singen und Musizieren aufgefallen. Nach einem langen Gespräch mit dem Abt ordnete der Vater die Rückkehr Walters an den Wiener Hof an. Zu der Zeit wurde dort der große Dichter Reinmar gefeiert, von dem sollte Walter die Kunst des Minnesangs erlernen, der offensichtlich seiner Begabung entsprach.

Doch manche der Herren hielten die Anwesenheit eines unehelichen herzoglichen Sohnes am Hofe, eines Bastards, der sich einer so merkwürdigen Beschäftigung wie Musizieren und Dichten hingab, für nicht wünschenswert. Zudem alle Damen, ob alt oder jung, dem Jüngling schöne Augen machten und er den Reizen der Damen sehr früh und gern erlag.

Sein Vater, der zwar den schönen und fröhlichen Knaben liebte, sich aber von seiner Anwesenheit beunruhigt fühlte, zeigte sich erleichtert, als Bischof Wolfger von Passau den Wunsch äußerte, den paradiesischen Singvogel, wie er den Jüngling nannte, in sein Gefolge aufnehmen zu wollen. Der Bischof war dann für lange Zeit Walters gnädigster Gönner geblieben.

Ob die Geschichte in allem wahr sei, wisse er nicht, lächelte Ekbert, denn Walter mische allzu gern Dichtung und Wahrheit, wie es wohl alle bemerkt haben. Doch wahrscheinlich scheint sie schon. Denn Walter ist ein ungewöhnlicher Mensch, klug und gebildet und dazu höfisch gewandt, so daß er mühelos zu den höchsten Ämtern gelangen könnte. Doch strebte er weder nach Geld noch nach Macht, noch nach irgendwelcher Sicherheit. Sein einziges Gut sind seine Lieder. Und - die Gunst der Damen.

Er wäre, soll Walter zu Ekbert gesagt haben, wie die Vögel des Himmels, die weder säen noch sammeln und doch von Gott bekommen, was sie brauchen. Die ganze Welt sei seine Vogelweide, freute sich Walter. Ihm flögen die Lieder in der Luft zu. Besonders in der Frühlingsluft. Doch habe er, bemerkte Ekbert, schon oft in der Nacht Kerzenlicht in der Kammer des Dichters brennen sehen. Walter arbeitete hart an seinen Liedern, ehe er sie singt, der Meinung war er.

Später, irgendwann in Schlesien, hörte Hedwig von ihrem Bruder, daß der Sänger viele Jahre lang am Hofe des Landgrafen von Thüringen gelebt und großes Ansehen im ganzen Kaiserreich gewonnen hatte. Überall wurden seine Lieder gesungen, und die großen Herren nahmen seine Mahnungen zum Geschehen in Deutschland ernst.

Walther von der Vogelweide war berühmt geworden, doch ein armer Mann geblieben.

Großvater Dedo, der sich seit langem mit seiner Frau Mathilde nach Groitsch zurückgezogen hatte, sah das Treiben der jungen Herrschaften in Rochlitz gern und kam häufig vorbei. Er war glücklich über die Ehe seiner geliebten Enkeltochter mit dem Sohn seines hochgeschätzten Nachbarn Boleslaw.

Als sich der ältere Herr eines Nachmittags im Burghof wieder einmal ächzend vom Pferde helfen ließ, sagte Konrad zu ihm, er solle sich doch lieber in einer Kutsche fahren lassen. Da brauste der Alte auf: Dann schon eher auf zwei Pferden reiten! Das verdammte Fett! Eine Krankheit ist das, nicht mehr. Ich lasse mir einen Chirurgen aus Salerno kommen, schimpfte er, der wird mir den Schmalz aus dem Bauche schneiden. Wie soll ich mit so einem Bauch eine Rüstung anlegen? Ich komme in keine mehr rein! Meinen Pferden drücke ich den Rücken ein. Wie soll ich,

so dick wie ich bin, meinem geliebten Kaiser ins Heilige Land folgen. Und der Kaiser ruft: Tratratra! Mit allen Trompeten! Ins Heilige Land! Ins Heilige Land! Auf! Auf! Der Kaiser ruft!
Wie geht es dir, Töchterchen, wandte er sich an Hedwig und streichelte ihre Wange. Mein Gott, was ist ein so junges Ding hübsch! seufzte er.
Mit Dedo kam neue Bewegung in die Gesellschaft. Über das lang geplante Turnier sollte endlich gemeinsam beraten werden. Großvater Dedo hatte sich ausbedungen, daß das Turnier, das ja zu einer Hochzeit wie das Amen zum Vaterunser gehöre, in Rochlitz ausgetragen werden sollte. Denn zum einen gab es im hügeligen Land um Andechs kaum einen geeigneten Platz dafür, zum anderen hatte er bei Rochlitz den besten auf der Welt.
Er habe, sagte Dedo, das Turnier von langer Hand vorbereitet. Einladungen seien an viele ruhmreiche Herren ergangen. Zu Ehren des vortrefflichen Brautpaares, seiner geliebten Kinder, sei ihm keine Mühe zu viel gewesen. Konrad habe sich dabei als hervorragender Helfer erwiesen. Denn es war nicht leicht gewesen, zu den gleichermaßen beliebten wie auch verrufenen Ritterspielen einzuladen. Besonders der Tod Konrads, des Sohnes Diedrichs von der Lausitz, seines Bruders, der vor Jahren bei einem Turnier ums Leben gekommen war, Gott hab' seine Seele in gnädiger Obhut, warf noch immer seine Schatten. Seit diesem Unglück waren im Reich weitere Todesfälle zu beklagen gewesen, daher seien Turniere von der Kirche verboten worden. Doch das alles komme nur daher, daß man die Regeln nicht mehr beachte wie früher.
Seine Einladung sei also auch ein Versuch, das Turnier wieder hoffähig zu machen, fuhr Dedo fort. In Rochlitz werde er streng die Regeln beachten und sich auch in bescheidenem Rahmen halten, sich sozusagen mit einem sanften Turnierchen begnügen. Und auch alles Aufsehenerregende wäre auf jeden Fall zu vermeiden.
Denn wie er höre, sagte Dedo, überböten sich manche in letzter Zeit geradezu in Kuriositäten. So werden als Preise hier und da nicht nur gezäumte Pferde ausgesetzt, wie üblich, sondern auch Tiere wie Bären oder Affen, oder gar wie in Goslar: eine käufliche Frau!

Er werde Gold und Edelsteine sowie kostbare Kleidungsstücke an die Sieger verteilen und zwei bestens gezäumte Streitrosse. Ein großes Feld vor der Burg soll abgesteckt, eine Tribüne für die Frauen errichtet werden. Doch den Prunk und die Pracht, an die er sich aus Zeiten seiner Jugend erinnere, werde er den jungen Leuten leider nicht bieten können. Wie schade...
Und dann schwärmte der Alte: Boleslaw Altus vor den Mauern von Mailand! Drei italienische Herren hinter das Pferd gesetzt! Das Turnier in Würzburg... Ja, ja, das waren Zeiten, die kommen nie wieder.
Er wollte weiter über Boleslaws Heldentaten erzählen, doch Boleslaw hielt ihn zurück. Er wandte sich an Heinrich und ermunterte ihn, über das berühmte Mainzer Hoffest zu berichten, wo ihm vor wenigen Jahren von Kaiser Friedrich Barbarossa das Schwert verliehen wurde.
Und Heinrich erzählte gern: Der Kaiser, der die Schwertleite seiner beiden Söhne Heinrich und Friedrich feiern ließ, und nach ihnen einer Schar junger Ritter das Schwert verlieh, hatte an einem Ufer des Rheins eine Pfalz eigens für dieses Fest errichten lassen: Eine Kirche und einen Festsaal, Quartiere für den kaiserlichen Hof sowie Häuser der Fürsten, die aufs vornehmste in einem Kreis errichtet worden waren. Alles aus Holz. In einiger Entfernung Vorratshallen für die vielen Lebensmittel, die man von überall herbeigebracht hatte. Weiter auf einer großen Wiese eine riesige Zeltstadt für das kaiserliche Gefolge und für geringere Gäste. Daneben die Fest- und Turnierplätze.
Drei Tage lang bewirtete der Kaiser seine Gäste. Die Fürsten überboten sich in Glanz und Prunk. Ritterspiele, Festmahle, Tänze reihten sich aneinander. Tage und Nächte lang haben, wie manche sagen, vierzigtausend Menschen oder mehr gefeiert.
Am Pfingstsonntag waren alle in der Kirche gewesen, zu einem feierlichen Gottesdienst. Der Kaiser und die Kaiserin, prächtig gekleidet, gingen unter der Krone. Auch ihr Sohn Heinrich, einige Jahre zuvor zum König gewählt, durfte die Königskrone tragen. Graf Hennegau, frisch in den Grafenstand erhoben, trug das Schwert vor dem Kaiser.
Danach fand ein Festmahl statt, währenddessen die höchsten Fürsten des Reiches dem Kaiser als Truchseß, Käm-

merer, Schenke und Marschall dienten. Der Rest des Tages verging mit Vergnügungen und Unterhaltungen.
Am Pfingstmontag, wie es sich gebührte, sollte nach der Messe die feierliche Schwertleite stattfinden.
Da das Wetter prächtig war, war im großen Hof der Pfalz ein mit kostbaren Teppichen und Seidentüchern geschmücktes Podest errichtet worden, auf das drei Stufen führten, mit roten Teppichen belegt. Dahinter wehten die bunten Fahnen der Reichsfürsten. Auch die schlesische Fahne war ihnen zu Ehren gehißt worden.
Der Kaiser und die Kaiserin nahmen auf ihren reich geschmückten Thronsesseln Platz. Daneben stellten sich die wichtigsten Fürsten auf, so der Herzog von Böhmen, der Landgraf von Thüringen, der Pfalzgraf Konrad, Herzog Bernhard von Sachsen, Herzog Leopold von Österreich und andere. Auch sein Vater Boleslaw Herzog von Schlesien war unter ihnen.
Er, Heinrich, habe klopfenden Herzens mit den anderen Knappen an den zum Thron führenden Stufen gestanden. Kaiser Friedrich Barbarossa war herrlich anzuschauen in seinem goldglänzenden Festgewand, unter der von Edelsteinen funkelnden Krone auf dem leicht ergrauten, aber noch immer golden schimmernden lockigen Haar, neben ihm Kaiserin Beatrix, von der man sagte, sie sei die schönste und klügste Frau im Reich. Auch sie im augenblendenden Gewande. Rot und golden glänzend, wie die Sonne. Die Söhne des Kaisers, Heinrich und Friedrich, stiegen die Stufen hinauf, neben jedem von ihnen ein vornehmer Herr. Fanfaren schmetterten. Der Kaiser erhob sich und ging seinen Söhnen entgegen. Man sah ihm die Bewegung an, als er sie mit dem Schwert umgürtete, und ihnen danach die goldenen Sporen angelegt wurden.
Kaiserin Beatrix wischte sich mit ringgeschmücktem Finger die Tränen der Rührung, als sie dann ihre Söhne vor ihrem Vater kniend das Rittergelübde ablegen sah.
Zwei prächtige spanische Streitrosse, wunderbar aufgezäumt, wurden vorgeführt: Geschenke des kaiserlichen Vaters. Die Kaisersöhne blieben oben neben ihrem hohen Elternpaar stehen.
Dann war die Reihe an uns, erzählte Heinrich weiter. Wieder tönten Fanfaren. Er habe sein Herz bis in den Hals ge-

spürt, als er die teppichbelegte Treppe emporstieg, vor das glänzende Antlitz des Kaisers, der nun ihm die ritterliche Würde verleihen sollte. Sein Vater trat ihm zur Seite. Barbarossa hatte ein Lächeln, das man nie mehr im Leben vergißt... Der Kaiser habe ihn angesehen, erzählte Heinrich, als wäre er in diesem Augenblick für ihn der wichtigste Mensch auf der ganzen Welt. Ihm, Heinrich, war zumute, als öffnete sich ihm der Himmel. Da traten zwei Herren neben den Kaiser, der eine trug das Schwert mit dem kunstvollen Gürtel in den Händen, der andere hielt auf einem rotsamtenen Kissen die goldenen Sporen. Der Kaiser nahm zuerst das Schwert und legte es ihm um, wobei er die übliche Formel sprach. Aus der Hand Boleslaws nahm dann Barbarossa das Schild der Piasten mit dem schwarzen Adler im blauen Feld und überreichte es dem jungen Ritter. Die Herren legten ihm die Sporen an. Danach kniete er, Heinrich, vor dem Kaiser nieder, um ihm Gefolgschaft fürs Leben zu geloben. Zudem habe er ritterliche Demut geschworen, Mut und Treue und sich wie jeder christliche Ritter verpflichtet, die Schwachen zu schützen und für Waisen und Witwen einzutreten. Das wolle er auch halten, sein Leben lang. Auch er habe vom Kaiser ein herrlich gezäumtes Pferd bekommen. Auf den Tüchern das Wappen der Piasten.
Ja, so einen herrlichen Kaiser gibt es nur einmal auf der Welt, seufzte Dedo. Und wird es nie wieder geben.
Hedwig war Heinrichs Rede aufmerksam gefolgt und bewunderte ihn im Stillen. Der kann erzählen. So mochte sie ihn.
Boleslaw wies noch einmal darauf hin, obwohl es alle wußten, daß besonders die schlesischen Piasten dem ruhmreichen Kaiser Barbarossa zu größter Dankbarkeit verpflichtet waren, weil sie ihm die Rückkehr in ihre Heimat verdankten.
Die morgendlichen Ausritte der jungen Herrschaften führten am zukünftigen Plan vorbei. Hier war rege Arbeit im Gange.
Eine Herde von Bauern stampfte die nasse Erde glatt. Mit kurzen Schritten und gesenkten Köpfen trampelten sie hin und her. Tagelang.
Für Hedwig ein unerträglicher Anblick.

Warum, fragte sie Heinrich, quält man diese Menschen so. Nur damit die Herren ihr Vergnügen haben? Ist das etwa christlich?
Heinrich sah sie verständnislos an. Das sind doch Bauern, sagte er. Was sollten die denn sonst tun. Die sind doch zur Arbeit da.
Bei uns in Schlesien, erwiderte Hedwig mit zusammengezogenen Brauen, dürfen die Bauern nicht wie Tiere behandelt werden, das mußt du mir versprechen.
Das hast du aber schön gesagt, freute sich Heinrich. Bei uns in Schlesien! Ja, es soll sein, wie du es wünschst.
Allmählich reisten die Gäste an.
Am Rande des Waldes wuchs die bunte Zeltstadt. Die kampflustigen Ritter mit ihrem Gefolge errichteten hier ihre Burgen aus Tuch und Seide. Eine bunter und prächtiger als die andere. Vor den Zelten Wimpel und Fahnen. Auf der umzäunten Weide die Pferde.
Reges Leben in der Rochlitzer Burg. Der Hof, Gänge und Halle füllten sich mit prächtig gekleideten Frauen und Herren.
Die Ritter gaben sich höfisch, stolzierten in prachtvoller unkriegerischer Kleidung umher. Man wollte noch vor dem Kampf die huldvolle Zuneigung der hohen Frauen gewinnen. Und das nicht nur, um sich ihre Zurufe von der Tribüne herab zu sichern.
Und die Frauen standen hier und da herum, wohlbewußt betrachtet und begehrt zu sein. Mit vornehmen Kopfnicken erwiderten sie Grüße, manchmal lachten sie leise girrend hinter einem Ritter her. Hin und wieder winkte eine mit ringgeschmückter Hand jemandem zu. Rufe klangen auf. Gespräche...
Abends wurde die festlich erleuchtete Halle zum Raum der Begegnungen. Hier kam es zu lang ersehnten Gesprächen oder knüpften sich neue zarte Fäden. Und hier ließ Walter Abend für Abend seine Zauberstimme erklingen.
Dann war der erwartete Tag des Turniers da.
Elisabeth begab sich mit Hedwig in Heinrichs Kemenate, um ihm beim Anlegen der Rüstung behilflich zu sein. So war es üblich. Mit ihnen einige Kammerjungfern. Der Held stand inmitten seiner Kammer in leinernem Hemde da, die Beine mit Beinlingen aus Leinen bedeckt und lächelte

den Frauen verlegen entgegen. Zunächst wurde ihm ein Lederwams angelegt, dick gepolstert, vor allem der Hals und die Schultern, denn die sollten die größte eiserne Last tragen. Sorgfältig banden die Damen die Bänder und Bändchen zu. Darauf kam der Harnisch, ein Panzerhemd aus kunstvoll zusammengefügten Eisenringen. Die Ärmel reichten bis über die Hände, die dann noch durch eiserne Handschuhe geschützt wurden. Beinlinge auch aus Eisengeflecht. Das alles sollte vor Stößen und Schlägen schützen. Armer Ritter, sagte Hedwig. Ist das nicht zu schwer?
Dazu der Helm. Der lag auf Heinrichs Bett. Ein schwerer eiserner Topf, den Hedwig mit beiden Händen halten mußte, verziert mit Edelsteinen, geschmückt mit Federn in den Farben der Piasten, der Zimierde. Kleine Öffnungen für Augen und Nase.
Ein entsetzliches Ding, seufzte Hedwig. Wie kann ein Mensch atmen, sehen, hören darin...
Sie schüttelte den Kopf: so viel Eisen! Und dazu: den Schild halten, das Schwert schwingen oder die Lanze.
Der Schild an die Wand gelehnt, war aus hartem Holz mit Leder bespannt in eisernem Rahmen. Darauf ein brauner Bär auf blauem Hintergrund gemalt. Auch innen Bemalungen: eine Jagdszene. Dunkelrote Halteborte mit goldenen und silbernen Fäden durchwirkt. Daneben das Schwert mit kunstvoll verziertem Griff, einige Lanzen mit Fähnchen in den Farben der Piasten.
Eingepackt wie ein Wickelkind ist so ein Ritter, dachte Hedwig.
Und wenn du vom Pferd fallen solltest, fragte sie bekümmert. Da wärest du hilflos wie ein auf dem Rücken liegender Maikäfer.
Ein Ritter fällt nicht vom Pferd, antwortete Heinrich. Nun ja, etwas unbequem ist das alles schon, gab er zu. Ein Ritter braucht Kraft. Aber ich bin stark, mir macht das Kämpfen Spaß. So ist es, das ritterliche Leben. Kampf ist die Aufgabe eines Ritters. Und ein Turnier die beste Übung für den wirklichen Kampf.
Heinrich war zufrieden. Das Mitleid seiner spröden Braut tat ihm wohl und ihre Bewunderung schmeichelte ihm. Und er sah wirklich prächtig aus in seiner glänzenden Rü-

stung, über die ihm noch ein seidener Waffenrock gelegt wurde, in den Farben und mit dem Wappen der Piasten. Das mußte jeder und jede zugeben. Und er war sich dessen bewußt.
Du siehst wie der Sankt Georg vom Bilde aus und glänzend wie ein Engel, sagte Hedwig und gab ihm einen Kuß auf den Mund, nachdem sie einen Ärmel ihres Kleides am Schild befestigt hatte. Das sollte Glück bringen. Siege! Ich werde beten für dich.
Nach dem Gottesdienst hatten die Ritter in der Halle einige Löffel Haferbrei aus der gemeinsamen Schüssel zu sich genommen. Und dann aufs Pferd!
Halte einen Blumenkranz für mich bereit, sagte Heinrich, ehe er sich aufs Streitroß helfen ließ, denn ich will für dich siegen, in Gottes Namen.
Gotte schütze dich, sagte Hedwig.
Bei lautem Trompetenschall zog die kampflustige Schar durchs Tor hinaus.
Der Schwarm der prächtig herausgeputzten Damen folgte in lässiger Anordnung. Und mit ihnen die älteren Herrschaften. Dedo und Elisabeth führten den Zug an. Und Walter war mit seinen Musikanten dabei.
Es war ein sonniger Morgen, doch am Himmel zogen hier und da Wolken auf. Regen könnte die Spiele verderben, sorgte sich Elisabeth, die neben Hedwig auf der Tribüne saß. Glitschiger Boden wäre nicht gut für die Kämpfe.
Daß die Frauen nicht naß würden, dafür war gesorgt worden: über der Tribüne spannte sich ein Baldachin aus festem Leinen. Die Tribüne sah von weitem wie eine bunte Schale aus, auf der sich die Frauen wie kostbare Früchte präsentierten.
Hedwig blickte ohne Begeisterung auf den Plan herab. Auf die in Eisen vermummten Männer, die sich zum Kampf bereiteten. Irgendwie kam Beklemmung in ihr auf. Schaugepränge, das tödlich enden konnte. Spiel als Übung zum Tode. Ihr war es zuwider. Aber sie lächelte. Es schickte sich nicht, anderen die Freude zu verderben.
Trompeten und Trommeln spielten laut. Auf dem Plan hatten die Ritter ihre Burgen bezogen, abgesteckte Plätze. Hierhin durfte ihnen der Feind nicht folgen. So waren die

Regeln. Neben den Burgen standen die Knappen zur Hilfe bereit, frische Lanzen gestapelt bei der Hand.

Die Ritter hatten bereits ihre Visiere geschlossen. Die Rüstungen glänzten in der Sonne. Die bunten Mäntel wehten im leichten Wind. Über den Helmen wippten die bunten Zimierden. Wappen auf Schildern und Wimpeln. Erwartungsvoll tänzelten die gepanzerten und geschmückten Streitrosse unter ihnen.

Alle warteten auf Dedos Zeichen. Der beruhigte mit einer Handbewegung die Trompeten und Trommeln.

Blies dann selbst in seine Fanfare und begrüßte mit lauter Stimme die edlen Frauen, alle vornehmen Gäste und vor allem die tapferen Ritter, die seiner Einladung gefolgt waren, hier die Kunst des Kampfes vorzuführen bereit waren, und die Regeln des Spieles zu halten gelobt hatten.

Daran erinnerte er besonders.

Heinrich von Andechs und Heinrich von Schlesien führen die Scharen an, rief Dedo, und nannte dann noch einige besonders vornehme Kämpfer beim Namen.

Dann blies er dreimal die Fanfare, womit er das zuvor besprochene Zeichen gab.

Bewegung kam in die Ritterscharen zu beiden Seiten des Planes. Die Ritter setzten ihre Pferde in Trab, gingen in Galopp über und begegneten sich in voller Karriere in der Mitte des Feldes, vor der Tribüne. Die Schilder krachten. Rufe und Schreie. Die Ritter riefen laut den Namen der hohen Frau, für die sie kämpften. Doch das ging unter im entsetzlichen Getöse. Mann gegen Mann hatten sie versucht, den Gegner vom Pferd zu stoßen. Einige wälzten sich schmerzvoll im Sande.

Kehrt um. Zurück in die Burgen. So ging es einige Zeit hin und her, bis die Fanfaren das Ende des Spiels ansagten. Die Besiegten wurden Gefangene ihrer Bezwinger. Später mußten sie Lösegeld zahlen, was zumeist bedeutete, Pferd und Rüstung zu lassen.

Danach sagte Dedo Einzelkämpfe an, Tjoste genannt. Als erste sollten Heinrich von Andechs gegen Heinrich von Schlesien antreten. Nach ihnen noch einige kämpfende Paare.

Herrlich ritten Heinrich gegen Heinrich an. Einer versuchte den andern hinters Pferd zu setzen. Vergeblich.

Keinem gelang es zu siegen, und keiner verlor das Spiel. Dann stiegen sie von den Pferden und kämpften mit Schwertern. Auch darin erwiesen sich beide gleich. Es war ein selten schöner Kampf, meinten die alten Herren, die auf der Tribüne saßen.
Hedwig lächelte gezwungen, sie konnte nichts Schönes an dem Kampf der Männer finden.
Dedo blies die Fanfare. Die Sieger traten vor die Tribüne. Hedwig legte den vor ihnen knienden Helden Heinrich und Heinrich Blumenkränze auf die schweißnassen Stirnen. Elisabeth bekränzte die anderen siegreichen Herren.
Dedo überreichte den Siegern Geschenke. Heinrich und Heinrich hatten beide kostbare Ringe bekommen. Sie umarmten sich: Jetzt waren sie wahre Kampfbrüder.
Auch die anderen waren reich beschenkt worden. So schickte es sich: Der Ausgang der Spiele sollte dem Gastgeber zum Ruhm gereichen. Da war Freigiebigkeit angesagt.
Hedwig und Heinrich gingen Hand in Hand zur Burg zurück. Sie freute sich, daß er gesiegt hatte, aber noch mehr darüber, daß das Kampfgetöse zu Ende war.
In der Burg erwartete die Kämpfer ein warmes Bad. Frische Kleider waren für sie vorbereitet worden. Danach begann für alle ein rauschendes Fest. Das endete bei Morgengrauen. Diesmal tanzte auch Hedwig mit. Und sogar Ekbert wollte kein Spielverderber sein.
Allmählich gingen die bewegten Tage zur Neige. Gott sei Dank, seufzte Hedwig im Stillen. Ich kam gar nicht zum Beten.
Noch waren Besuche in der Umgebung abzustatten.
Auf der Altenburg lebte Albert, Boleslaws jüngster Bruder, mit einer Frau aus dem Volke. Boleslaw machte ihm Vorwürfe deswegen. Albert aber lachte ihn aus. Er könne gern auf seine fürstlichen Privilegien verzichten, sagte er, und mit seiner Frau und den Kindern in eine Bauernhütte ziehen. Seine Frau und die Kinder seien ihm teurer als Gold und Ehre. Er habe ohnehin nichts von einem Ritter an sich, sagte der kleine schmale Mann. Doch auch zum Pfaffen tauge er nicht, seine fünf Kinder seien dafür ein genügender Beweis. Ein Bauer nehme niemandem etwas weg, fuhr er fort, das kann kein Ritter von sich sagen. Ich

lebe als Christ nach Christi Geboten, mit ruhigem Gewissen. Während die Ritter... Streit hing in der Luft. Und es war Elisabeth, die geschickt die Unterhaltung in andere Bahnen zu lenken verstand.
In Altenburg beteten die jungen Herrschaften an Wladyslaw des Vertriebenen letzter Ruhestätte.
Und dann in Pforta am Grabe der Agnes von Österreich, Heinrichs unvergessener Großmutter. Die Mönche von Pforta waren glücklich über den Besuch der Piasten, denen sie reiche Gaben verdankten. Zudem hatte Boleslaw ihre Brüder nach Leubus in Schlesien geholt, was jedem Mutterkloster zur Ehre gereichte.
Dann endlich wurde aufgebrochen. Auf nach Schlesien!

In Schlesien angekommen

"Hier ist die Luft gesund, der Boden fruchtbar, der Wald ist ertragreich an Honig, das Wasser fischreich. Die Adligen sind kriegerisch, die Bauern fleißig, die Pferde ausdauernd, die Ochsen tüchtig als Pfluggespann, die Kühe geben reichlich Milch, wie die Schafe Wolle."
(Ibrahim ibn Jakub über Schlesien)

a stand sie, die Liegnitzer Burg, das Ziel ihrer langen Reise, inmitten einer lieblichen Ebene, wo sich zwei Flüsse verbanden, ringsumher dichte Wälder. Auf einem hohen Wall ein steinerner Turm umgeben von einem hohen Palisadenzaun. Strohdächer lugten hier und da über den Zaun. In der Nähe sah die Burg recht jämmerlich aus. Die dicken Holzbohlen des Zaunes hier und da schief, verwittert. Nur das Tor war sichtbar neu, aus Holz mit Eisenbeschlägen, wie überall üblich, fest gefügt zwischen zwei gedrungenen steinernen Wachtürmen. Und auch die Bohlen der Zugbrücke über dem breiten Graben glänzten aus hellem Holz.
Ein heiseres Horn klang vom Wachturm. Boleslaw hieß mit einer Handbewegung seinem Trompeter den Gruß erwidern.
Hedwig hatte nicht viel Zeit sich in der Vorburg umzusehen. Sie bemerkte nur, daß zwischen den wenigen Lehmhütten auch neue Häuser standen und eine mächtige Kirche im Bau alles überragte. Ein Anblick, der sie ein wenig an Bamberg erinnerte.
Auf der einen Seite der Kirche entstand ein stattliches Gebäude. Wahrscheinlich für die geistlichen Herren. Ins Auge sprang die Schenke, dicht am Weg. Auf deren weißer Wand

neben der knallgrünen Tür war ein brauner Bär zu sehen. Der Wirt in blauer Schürze um den dicken Bauch stand auf der Schwelle und verbeugte sich viele Male und rief laut: Willkommen, willkommen, der Herzog von Schlesien, die hohen Gäste... Willkommen, powitac... Andere, die auch herbeigelaufen waren, fielen in die Rufe ein. Waren doch der Herr und sein Sohn zurückgekehrt aus fernem Lande, die man lange erwartet hatte und mit ihnen, das wußten die Leute, eine Prinzessin aus dem Reich, aus Bayern.
Besonders der Gastwirt wußte wohl, warum er sich freute, ihm standen gute Tage bevor - viele Gäste, guter Verdienst.
Heinrich lenkte sein Pferd an Hedwigs Seite. Auch Boleslaw ritt heran. Er lächelte verlegen. Du siehst, wandte er sich an sie, wir leben hier am Ende der Welt... Hinter dem Walde... Ich und Heinrich waren öfter am Kaiserhof gewesen als hier... So manches war zu erledigen... Jetzt aber soll es anders werden.
Hedwig, Jadwiga, sagte er und legte seine Hand auf ihren Arm, wir werden eine feste Burg bauen für dich. Eine Burg aus Stein. Steinerne Mauern. Eine Burg wie im Reich. Eine Burg, wie sie hier in Schlesien und in ganz Polen noch keiner hat. Das verspreche ich dir. Wir werden es den anderen zeigen, wer wir sind.
Hedwig hatte sich schnell gefaßt, sie lächelte und nickte ihm freundlich zu.
Sie ritten weiter und Boleslaw fuhr fort: Diese Burg, die haben noch die Alten errichtet, Slawen, ein Brudervolk der Polane, der Polen, sie nannten sich Dedoschane. Denen schmeckte die Herrschaft der Polen nicht. Aber wir haben sie dennoch bezwungen, denn wir waren stärker als sie. Der Wall aber soll noch älter sein, den sollen noch Frühere errichtet haben, von denen die Alten erzählen, die sollen die gleiche Zunge gesprochen haben wie ihr im Reich. Sie nannten sich Wandalen. Die sind den Slawen gewichen, oder von sich aus weggegangen. Wer weiß es schon so genau.
Ja, so ist die Welt, lächelte Boleslaw, der seine gute Laune wiedergewonnen hatte: die einen verdrängen die anderen. Und immer siegt der Stärkere.
Kommt, sagte er, Adelheid wartet auf uns, wir haben die arme Frau zu oft und zu lange warten lassen.

Adelheid freut sich auf dich, Hedwig, Jadwiga, sagte Boleslaw vertraulich. Endlich wird sie jemanden haben, der ihr vom Leben in Deutschland erzählt. Immer wollte sie alles von uns erfahren. Aber wir Männer können nicht so gut erzählen. Er seufzte und fuhr fort: Seit zwanzig Jahren lebt Adelheid hier, meistens allein, nur mit den Kindern und einigen Rittern zum Schutz. Der Sprache der Hiesigen ist sie bis heute nicht mächtig. Leider. Kommt, bitte, wiederholte er zu den anderen gewandt mit einer einladenden Kopfbewegung.

Sein Roß trappelte als erstes über die hölzerne Brücke. Dem Herzog folgten die anderen.

Im Burghof sah es nicht anders aus als in einem Dorf. Schweine und Hühner sielten sich in den Pfützen. Kläffende Köter liefen den Ankommenden entgegen. Die stiegen ab und überließen ihre Pferde den herbeieilenden Knechten.

Hedwig sah sich unsicher um: Lehmhütten mit Stroh gedeckt standen herum. Und auch das größte Haus, sichtbar das Wohnhaus der Fürsten, war wie ein Bauernhaus aus Balken gefügt, nur untermauert, die Wände weiß getüncht, aber auch hier das Dach strohgedeckt.

Der große Turm aus Stein, rund und fest, schien in der Nähe betrachtet recht alt und unwirtlich. Ein Mäuseturm, dachte Hedwig im Stillen. Ein weißgetünchtes hübsches Kapellchen daneben. Wenigstens das.

Aus dem großen Haus eilte ein älterer Mann herbei, auf Boleslaw zu, verneigte sich im Laufen viele Male und küßte dem Herrn die Hände. Dem Kastellan folgte eine Frau, die an Rock und Bluse nestelte, als hätte sie sich eben erst angekleidet. Ein langer dicker Zopf fiel ihr vorn über die Brust. Boleslaw ging seiner Frau entgegen, nahm sie in die Arme und küßte sie auf beide Wangen. Doch sie löste sich rasch von ihm und wandte sich ihrem Sohn zu. Heinrich begrüßte seine Mutter zärtlich.

Dann führte er Hedwig Adelheid zu, die sie mit aufmerksamen dunklen Augen musterte, ehe sie sie umarmte. Wie einen auswendig gelernten Spruch murmelte sie dazu: Sei gegrüßt in diesem Hause, Hedwig, du sollst mir wie eine Tochter sein. Der Gruß klang nicht herzlich, eher abweisend, und Hedwig sah verwundert, daß die Augen der

Frau voller Tränen standen. Sie sagte: Wisse, Hedwig von Andechs, ich bin Adelheid von Sulzbach, des mächtigen Grafen Berengar Tochter, hier lebe ich seit zwanzig Jahren, unter Heiden und Wölfen... Es ist kein leichtes Leben, das dich in Schlesien erwartet. Sie wandte sich ab und ging ins Wohnhaus zurück. Heinrich sah Hedwig verlegen an und nahm ihre Hand in seine.

Inzwischen waren auch ein Bruder Heinrichs und eine Schwester gekommen, er ein einfältig aussehender Junge, sie ein hübsches blondzöpfiges Mädchen. Berta, stellte sie sich vor. Hedwig begrüßte ihre neue Schwester herzlich und unbefangen. Wo sind Agla und Jaroslaw, fragte Heinrich mit krauser Stirn. In ihrem Haus, antwortete Berta, Du kennst sie doch - beleidigt auf alle wie immer.

Heinrich geleitete Hedwig zum Waschhaus, das hinter dem Wohnhaus lag. Am Brunnen warteten Mägde auf die Gäste. Sie gossen Wasser in hölzerne Scheffel, die auf Bänken standen. Reichten ihnen weiche Seife in tönernen Näpfchen. Die Gäste wuschen mit Erleichterung die verstaubten Gesichter und Hände und trockneten sie in weißen leinernen Tüchern ab.

Der Wohnraum war groß, niedrig und sehr warm durch die anliegende Küche. Weißgetüncht die Wände, unter der Decke dunkle hölzerne Balken. In der Mitte des Raumes ein großer Tisch, weiß gedeckt. Bunt bemalte Teller und Näpfe aus Ton darauf. Silberne Becher und Löffel. Früchte und Brot auf Schalen. Hedwig atmete auf - es war fast wie zu Hause.

Wir sind hungrig wie Bären und Wölfe, sagte Heinrich und nahm oben auf der Bank Platz, Hedwig neben ihm. Allmählich fanden sich außer der Familie auch die Vertrauten ein. Agla und Jaroslaw kamen dazu. Heinrichs Halbgeschwister, Boleslaws Kinder aus seiner ersten Ehe mit Wienczyslawa von Kiew. Sie blickten düster umher und schwiegen.

Als erstes brachten die Mägde große Schüsseln mit dampfender Suppe herein. Die rote Suppe verbreitete angenehmen Duft.

Hedwig schnupperte an ihrer Schüssel und sah Heinrich fragend an. Der sagte: Barschtsch, und erklärte - eine Fleischbrühe aus roten Rüben mit allerlei Gemüse darin.

Schmeckt lecker und ist gesund. Er verlangte lachend, die Gäste sollten den Namen der Suppe wiederholen: Barschtsch! Ekbert sagte Barsch, Bartsch und winkte ab. Hedwig aber wiederholte das Wort eifrig bis es fast so klang, wie es Heinrich verlangt hatte. Dafür wurde sie von allen gelobt.
Dann wurden die Gäste ähnlich wie gewohnt bewirtet. Wildfleisch und Geflügel mit Hirsebrei und Gemüse. Danach Früchte und Kuchen mit Butterstreusel wie in Bayern üblich.
Man trank Wein, Met und Bier, das in Schlesien nicht schlechter als im Reich war.
Zum Schluß des Mahles ließ Boleslaw mit listigem Lächeln tönerne Krüge und kleine Becher bringen, die die Mägde nur den Männern vorsetzten. Er wollte mit den Herren zur Begrüßung ein klares Wässerchen trinken, sagte er, das die Hiesigen Okowita nennen. Aqua vita - sagte er zu Ekbert gewandt, die Mönche haben ihnen das Brennen beigebracht. Ein besonders im strengen schlesischen Winter beliebter Trank. Ekbert begann nach dem ersten Schluck zu husten. Ein höllisches Wasser, keuchte er, während die anderen über die feine Kehle des Klerikers lachten. Heinrich klopfte ihm auf den Rücken. Ihm schadete das scharfe Wässerchen nicht.
Für Hedwig ein ermüdendes Beisammensein. Dicht reihten sich die unbekannten Gesichter aneinander, unverständlich schwirrte die andere Sprache zwischen der deutschen. Zudem gab man sich lauter und ungezwungener als sie gewohnt war. Endlich kam der Abend. Die Tafel wurde aufgehoben. Die Frauen durften schlafen gehen. Die Männer blieben noch in der Halle, nach der Reise gab es viel zu erzählen. Hedwig begab sich mit Jutta und einigen Frauen in den Turm, der der fürstlichen Familie als Schlafturm diente. Heinrich begleitete sie.
Dieser Schlafturm ist eine Festung, hatte Boleslaw zu Hedwig gesagt, da sind wir geschützt wie der Herrgott im Himmel, wie ein Schatz gehütet von der Druzyna, seinen tapfersten Rittern. Gute Nacht! Dobra noc!
Über eine schmale wacklige Stiege gelangte man zum Eingang des Turmes. Drinnen ein dämmriger Raum, Bänke rundum an den weißgekalkten Wänden. Ein goldgerahm-

ter Spiegel an der Wand, das Glas hatte einen Sprung. Große und kleinere Truhen mit dicken Schlössern standen herum. In den Ecken stapelten sich Pelze, Rüstungen, eingerollte Fahnen. Kleider und Mäntel hingen verstaubt an Haken von der Decke herab - Wohnraum und Schatzkammer zugleich. Über eine Leiter durch eine Luke errreichte man den Schlafraum der älteren Herrschaften, wiederum darüber der Schlafraum der Jüngeren. Die Fräulein schlafen auf der einen, die Ritter auf der anderen Seite, erklärte Heinrich. Die Dielen knarrten. Strohsäcke mit kostbaren Fellen bedeckt lagen auf dem hölzernen Boden, bunte verzierte Decken dazu, Kissen in ledernen Bezügen, andere in Seide. Armseligkeit und Pracht durcheinander.
Für das junge Paar war ein hölzerner Verschlag errichtet worden. Bis zur Segnung des Lagers sollte Hedwig da mit Jutta schlafen. Später mit Heinrich.
Heinrich sah Unbehagen in Hedwigs Gesicht. Zwar hatte sie auch in Kitzingen in einem Raum mit anderen Frauen geschlafen, aber - eben mit Frauen. Und nicht so gedrängt.
Daß im Keller darunter noch das Verließ für Gefangene war, sagte er nicht. Zum Glück war es gerade leer. Denn oft klangen Rufen, Fluchen und Stöhnen bis oben in den Turm.
Hedwig blieb mit Jutta allein. Sie betete lange mit dem Figürchen der Muttergottes in der Hand um Mut und Kraft für das ihr von Gott zugedachte Schicksal.
Bald kamen viele Gäste nach Liegnitz angereist. Zur Vermählung, zum Fest der Segnung des ehelichen Lagers des jungen Fürstenpaares. Die Familie der schlesischen Piasten, Verwandte aus Groß- und Kleinpolen, Kujawien und Masowien, schlesische und polnische Adlige, die dem Liegnitzer Hof verbunden waren. Alle, die weder in Andechs noch in Bamberg dabei sein konnten.
Bischof Siroslaw war aus Breslau angekommen in einer prächtigen von vier grauen Schimmeln gezogenen Kutsche, um bei der Feier neben dem fürstlichen Vater zu stehen. Er wohnte mit zahlreichem Gefolge in dem Palas im Bau neben der Liebfrauenkirche und war kaum zu Besuchen in der Burg zu bewegen. Denn Siroslaw, der viele goldene Ringe mit bunten glänzenden Steinen an den flei-

schigen Fingern trug und dazu prächtige Kleider, war unförmig dick und kurzatmig: kaum hatte er drei Schritte getan, blieb er ächzend und nach Luft ringend stehen.
Boleslaws Brüder waren eingetroffen: Mieszko von Ratibor, den man den Hinkenden nannte, mit seiner Ehefrau Ludmila, die unnahbar dreinschaute. Und Konrad von Glogau mit blassem Klerikergesicht. Konrad hatte sich lange im Kloster zu Fulda aufgehalten und eigentlich wunderten sich alle, daß er nach Schlesien zurückgekommen war, ihm hatten im Reich hohe Ämter gewunken.
Hedwig mußte all die ihr fremden Menschen freundlich begrüßen, Geschenke entgegennehmen und höfisch für alles danken. Daß sie oft nicht verstand, was man zu ihr sagte, ärgerte sie.
Irgendwann bemerkte Heinrich, daß seine Braut mit geröteten Augen herumlief. Was ist mit dir, Hadi, fragte er besorgt. Da brach lang gestauter Unmut aus ihr heraus. Sie finde es allmählich unsinnig, sich ununterbrochen feiern zu lassen, sagte sie unter Tränen. Sie zählte an den Fingern nach, wie lange sie schon ihre Hochzeit feierten, Wochen, ja Monate lang: von da an, als Ekbert sie aus dem Kloster Kitzingen geholt hatte. Vom Anfang des Sommers bis zu seinem Ende. Ständig wurde sie als die fürstliche Braut gefeiert, als sponsa nova nupta der edlen Piasten und er als ihr edler Bräutigam. Sie die Erwählte, er der Erwählte. Gefeiert, geehrt und bewundert. Von Franken und Bayern über das Meißener Land bis hin nach Schlesien.
Was soll denn am Feiern Ungutes sein, fragte Heinrich erstaunt und etwas gekränkt. War es nicht schön gewesen zu reisen, so viele Menschen kennenzulernen, die alle bemüht waren, ihnen ihre Wünsche von den Augen abzulesen. Keine Sorgen... Spiel und Tanz und erheiternde Gespräche. Allein Walter und seine Musikanten... Bamberg, das Turnier in Rochlitz... Oder gefiele es ihr in Liegnitz nicht, fragte er mißtrauisch.
Ach ja, lenkte Hedwig ein, sie wolle sich ja nicht beklagen. Es war eine schöne Zeit gewesen, und in Liegnitz sei es gar nicht so schlimm. Nur das ständige Feiern sei nicht ihre Art. Nach der Stille des Klosters. Sei mir nicht böse, Heinrich, bat sie ihn. Ich finde keine Zeit zum Nachdenken. Zum Beten. Wie lange kann man so leben.

Viele leben so, erwiderte Heinrich. Immer. Ihr Leben lang. Arme Menschen! Ich will dich nicht kränken, ich bin wohl müde, ständig neue Gesichter. Und dazu die andere Sprache... Die wirst du bald erlernen, tröstete er.
Von ihren Ängsten sagte sie nichts. Hedwig befürchtete, Heinrich zu verlieren. Sie hatte Angst vor der ersten Nacht zu zweit. Sie war überzeugt, er werde sich verärgert von ihr abwenden. Könnte er doch ihr liebster Bruder bleiben, dachte sie.
Heinrich gefiel ihr. Sie fühlte sich ernst genommen von ihm. Sie hatten unterwegs lange Gespräche geführt. Er zeigte ihr seine Bewunderung, die sie gern entgegennahm. Er hielt sie, die Fürstentochter aus dem Reich, für etwas Besonderes. Von sich selbst meinte er, er sei hinterwäldlerisch, weil er in Schlesien aufgewachsen war. Hedwig widersprach ihm. Sie hatte zwar im Kloster viel gelernt, weil sie gern gelernt hatte, das gab sie zu. Sie hätte gern noch viel mehr lernen wollen. Doch ihres Erachtens fehlte ihr die höfische Art, die Heinrich am Kaiserhof erlernt hatte, und die sie an ihm sehr bewundere. Sie zählte ihm seine Vorzüge auf, erinnerte ihn an seinen Sieg im ritterlichen Spiel und seine außerordentliche Gabe, Geschichten zu erzählen. So ging es hin und her zwischen ihnen. Und das machte ihnen Spaß.
Früh am Morgen des Festtages begab sich die gesamte Gesellschaft in die Kirche vor der Burg, um an einem feierlichen Gottesdienst teilzunehmen, den Bischof Siroslaw zelebrieren sollte. Ekbert und Konrad sollten ihm assistieren. Das junge Paar sollte Gottes Segen entgegennehmen. Zum dritten Mal.
Der fertige Teil des Gotteshauses faßte nicht alle Hochzeitsgäste, viele blieben zwischen den halbhochgezogenen Mauern stehen, die einen großen Hof bildeten. Doch die Tür des Heiligtums blieb weit offen. Auch die Bewohner der Vorburg und Leute aus der Umgebung waren gekommen und standen andächtig herum.
Zum dritten Male also kniete das fürstliche Brautpaar vor dem Altar. Die Leubuser Mönche in neuen Kukullen, die sie zu Ehren des Tages vom Fürsten geschenkt bekommen hatten, sangen ganz wunderbar. Der Gesang brummte und summte wie ein Bienenschwarm über einem gelben

Lupinenfeld. Er hob sich und ließ sich auf die Knie nieder und mit ihm die Seelen der Gläubigen.
Bischof Siroslaw hielt eine Predigt in deutscher und polnischer Sprache, in die er viele lateinische Zitate einflocht, doch alles so geschickt zusammenfügte, hin und her übersetzte, daß es alle verstanden. Gott möge das junge fürstliche Paar mit vielen Kindern segnen, wiederholte er einige Male in allen drei Sprachen. Und das war das Wichtigste. Und das wünschten alle, die nach der Feier im Gotteshaus an das junge Paar herantraten. Viele Kinder. Viel Glück...
Im Burghof war das Festmahl für die Gäste gerichtet worden. Der Platz sauber gekehrt, die Pfützen zugeschüttet. Das Federvieh blieb eingesperrt in den Stallungen, die Hunde an Ketten. Boleslaw hatte zwei hölzerne Dächer über zwei langen Tischen errichten lassen. Eigentlich unnötig, das Wetter war schön, kein Wölkchen trübte den Himmel. Aber das wußte man ja nie. Besonders im Spätsommer nicht.
Es wurde gegessen und getrunken, wie so viele Male davor. Die Musikanten spielten ihre Melodien. Wie immer und überall, dachte Hedwig, und sogar das betrübte sie.
Irgendwann erhitzte sich dann das Gespräch bei Tisch. Mieszko von Ratibor hatte Streit mit seinem Bruder Boleslaw begonnen, zuerst ein unhöfisches feindseliges Gespräch, über den Tisch hinweg, das immer lauter wurde. Dann schlug der Ratiborer mit der Faust auf den Tisch, daß Schüsseln und Becher wackelten, die Gäste zusammenzuckten und es plötzlich still wurde in der Runde. Sogar die Musikanten hörten auf zu spielen. Mieszko sprang auf, rot im Gesicht, und brüllte seinen Bruder Boleslaw an, drohte ihm mit der Faust, ungeachtet der edlen Frauen und kirchlichen Würdenträger.
Boleslaw blieb beherrscht, er redete beruhigend auf Mieszko ein. Doch Hedwig sah, daß auch Konrad eifrig für Mieszko sprach. Und auch der schweigsame Jaroslaw laut den angriffslustigen Onkel unterstützte. Alle anderen hatten verlegene Gesichter, mischten sich aber nicht ein.
Siroslaw rief die Streitenden zur Ruhe auf. In Gottes Namen. Einige Male. Bis sich der Sturm etwas gelegt hatte. Hedwig fragte Heinrich leise nach dem Grund des Streites.

Auch Ekbert, der neben Hedwig saß, wollte etwas darüber hören. Heinrich war verlegen, begann aber zu erzählen, seines Vaters Brüder seien nicht mit der Aufteilung Schlesiens zufrieden. Mieszko drohe mit Krieg. Übrigens seit ungefähr zwanzig Jahren. Mieszko meinte, Boleslaw habe ihn um seinen Teil Schlesiens gebracht, und sich unrechtmäßig den weitaus größten Teil des Landes zugeeignet. Boleslaw habe seinen Brüdern Abfallstücke hingeworfen, beklagten sie einstimmig, und sich den runden Kuchen behalten. Heinrich gab zu, Boleslaw war ein gutes Stück Land geblieben: Breslau, Liegnitz und Oppeln. Bis vor kurzem verwaltete er dazu für Konrad das Glogauer, Krossener und Saganer Land. Jetzt aber hatte Konrad auf seine Absicht Geistlicher zu werden unverhofft verzichtet. Es gilt als sicher, daß ihn Mieszko dazu überredet hatte. Mieszko war der Urheber des Streites. Denn ihm war nur Ratibor zugefallen, ein kleines Fürstentum, und er wollte um jeden Preis das Oppelner Land dazu, weil beides immer zusammengehört hatte. Man nennt dieses Land Oberschlesien seit alten Zeiten. Silesia Superior, sagen die Mönche.
Schön, fand Hedwig.
Heinrich stellte die Situation überzeugend dar, man spürte, er war bestrebt, wahrheitsgemäß zu berichten, wenngleich er fest auf seines Vaters Seite stand. Boleslaw habe seines Erachtens richtig gehandelt, denn kein anderer, nur er, habe ständig am kaiserlichen Hofe die Erinnerung an das Unrecht der schlesischen Piasten wachgehalten und unaufhörlich Hilfe angemahnt. Durch seine ergebenen und geschätzten Dienste, ja, seine Freundschaft mit Barbarossa, war der Kaiser geneigt, ja, fast genötigt gewesen, sich für die Rückgabe Schlesiens einzusetzen. Wenn sich Boleslaw nicht jahrelang krummgelegt hätte, wäre Schlesien nie an die rechtmäßigen Erben zurückgekommen. Und Mieszko und Konrad hätten nichts, rein gar nichts bekommen. Pusteblume, Schlesien wäre von den polnischen Vettern geschluckt worden, die für ihre Habgier bekannt waren, sagte Heinrich mit Überzeugung.
Heinrich fuhr fort: Während sich Boleslaw am kaiserlichen Hofe um Schlesien bemühte, sielte sich Mieszko faul herum. Mieszko sei bekannt dafür, daß er gern zuviel vom

klaren Wässerchen genoß und hinter Weibern her war. Entschuldige Hedwig, sagte Heinrich und küßte seiner Braut die Hand. Dergleichen Sachen sind nicht für die zarten Ohren einer jungen Frau, du aber wirst ja damit leben müssen. Konrad aber, fuhr er fort, saß in Fulda, und hatte gute Aussichten, dort Abt zu werden. Auch er kümmerte sich gar nicht um Schlesien. Warum sollten also alle drei gleiche Teile des Landes bekommen. Wäre das etwa gerecht?
Hedwig wußte keine Antwort darauf und auch Ekbert zuckte mit den Achseln. Ein schwieriger Fall. Allzu christlich war das alles nicht, aber schließlich machte überall der Stärkere sein Recht geltend. Da half keine christliche Moral.
Und dazu, fuhr Heinrich fort, mein Vater ist ein tüchtiger Fürst, das weiß jeder, er wird aus Schlesien ein starkes Land machen, in dem es den Menschen gut geht, daran glaube ich fest. Und das ist wohl das Wichtigste.
Warum auch Jaroslaw und Heinrichs zweiter Bruder Konrad auf Seiten Mieszkos standen, erfuhr Hedwig erst später. Jaroslaw, Boleslaws erstgeborener Sohn, sollte bei der bevorstehenden Nachfolge zu Gunsten Heinrichs übergangen werden. Heinrich war nicht nur Boleslaws Lieblingssohn, der alte Fürst erhoffte sich zudem durch die deutschen Verwandten seiner Mutter engere Bindungen an das deutsche Reich, denn da sah der fortschrittliche Mann Muster für die Zukunft seines Landes.
Als es zu dämmern begann, zündete man im Hof die Fakkeln an, und die kleine Glocke der Burgkapelle begann zu läuten. Das war ein Zeichen, sich vom Tisch zu erheben und das Zeremoniell zu seinem üblichen Abschluß zu bringen.
Siroslaw wartete ab, bis alle auf den Beinen standen, viele schwankten bereits, und begann dann ein frommes Lied zu singen. Die Musikanten fielen ein. Singend begab sich der Zug der Gäste vor den blumengeschmückten Altar der Gottesmutter im Kapellchen, um noch einmal für das Wohl der jungen Eheleute zu beten.
Dann ging es weiter in den Turm. Mit großer Mühe kam Siroslaw über die Leiter hinauf.
Im ersten Schlafraum war das Lager für die Neuvermähl-

ten geschmückt worden: die schönsten seidenen Decken, gestickte seidene Kissen und ringsumher eine Blumengirlande, dazu Kerzenglanz.
Hedwig und Heinrich mußten auf dem Lager niederknien, um den Segen der Eltern und Siroslaws entgegenzunehmen. Boleslaw und Adelheid küßten ihre Kinder auf die Stirn, Siroslaw besprengte das junge Paar mit Weihwasser und murmelte fromme Gebete, während Konrad und Ekbert Weihrauchkesselchen schwangen. Dann zogen alle Gäste glückwünschend und manche anzüglich grinsend an dem jungen Paar vorbei.
Das fromme Lied, das Bischof Siroslaw zuvor im Hof intoniert hatte, sangen die in den Hof zurückgekehrten weiter. Sie sangen es schneller und schneller, und lachten dabei. Hedwig klang es gar nicht mehr fromm. Bald begann laute Musik im Hofe und die üblichen Tänze.
Nun waren sie allein. Verlegen sahen sie sich an, und beide wußten nicht so recht, wie sie sich verhalten sollten. Heinrich zog Hedwig an sich und küßte sie auf die Stirn, dann auf den Mund, er versuchte ihre Brüste zu streicheln. Da begann sie zu zittern und zu weinen. Sie selbst wußte nicht, warum. Heinrich war ratlos. Du sollst nicht weinen, Hadi, bat er, ich will dir nichts antun, was du nicht willst, solang du nicht willst, ich hab dich lieb, Hadi, sagte er. Du bist meine kleine Schwester. Du sollst es bleiben, solang du willst, aber weine nicht, Hadi. Ich werde warten auf dich. Er hielt sie in seinen Armen und streichelte sie wie ein Kind.
Hedwig beruhigte sich allmählich. Sie sollten diese Nacht den ganzen Schlafraum für sich haben, keiner durfte sie stören. Aber sie konnten lange nicht einschlafen. Nicht nur, weil es heiß und stickig war und im Hofe das laute Treiben kein Ende nahm. Hedwig betete in sich zur Gottesmutter um Segen für ihre Ehe.
An nächsten Tag sparte man nicht an anzüglichen Fragen und Bemerkungen. Doch wer Augen hatte, sah, daß zwischen den beiden nichts geschehen war. Und so sollte es noch lange bleiben. Es war dennoch eine schöne Zeit für beide, die Hedwig dankbar im Gedächtnis behalten hat.
Nun wollte Heinrich Hedwig Schlesien zeigen, ihr das Land zeigen, in dem sie fortab und bis ans Ende ihrer Tage leben sollte. Glücklich sein sollte mit ihm.

Wieder saßen die jungen Herrschaften auf und ritten ins Land hinaus. In den Herbst. Wunderschön war Schlesien zu dieser Jahreszeit. In den unendlichen Wäldern leuchteten die Bäume in allen Farben der herbstlichen Sonne. Golden schwebten die Blätter herab und lagen auf den Wegen wie Goldstücke.
Wälder, Wälder... Doch war es gefährlich von den Wegen abzuweichen, denn da lauerten auf leichtsinnige Reiter tückische Sümpfe. Aber Heinrich kannte die Wege.
Heinrich erzählte: Die Menschen in Schlesien... die leben versteckt im Walde in ihren Dörflein, die die Mönche villulas nennen. Villulas - klingt das nicht schön...
Und er fuhr fort: Die Burgen, grody genannt... Von da aus wird das Land regiert. Das Land ist in Bezirke aufgeteilt, jeweils von einem Kastellan verwaltet. Vor der Burg eine Vorburg, suburbium lateinisch und von den Slawen podgrodzie genannt. Da leben verschiedene Leute, Handwerker und Kaufleute, die meisten aus dem Reich.
Dieses Land zu unterwerfen, hatte die Piasten nicht wenig Mühe gekostet. Die Einheimischen hatten immer wieder versucht, die Herrschaft der Polen abzuschütteln, hatten sich mit Böhmen verbündet. Boleslaw hatte sogar einige Burgen den schlesischen Edlen zurückgeben müssen, weil man dort die fremde Besatzung, eine nach der anderen, totgeschlagen hatte. So sitzen jetzt auf den Kastellaneien polnische und schlesische Herren. In letzter Zeit hat Boleslaw hier und da auch deutsche Kastellane eingesetzt, Getreue, die mit ihm ins Land gekommen waren. Die verstehen es am besten Ordnung zu halten, doch sind sie oft wegen ihres Hochmuts unbeliebt. Tüchtig, aber stolz sind die.
Städte? Ach, Städte wie im Westen... Sicher, auch die gibt es hier. Ist Liegnitz nicht eine Stadt? Nicht groß genug? Nicht schön genug? Aber Breslau! Breslau ist die größte Stadt in Schlesien. Immer dagewesen. Neumarkt und Goldberg, die sind neu. Gästestädte, Siedlerstädte, von hospites, von deutschen Siedlern errichtet, nach deutschem Recht. Denen geht es hier gut, denn die Herren brauchen sie und überschütten sie mit ihrer Gunst.
Die große Handelsstraße führt über Frankfurt, Breslau, Oppeln, bis nach Krakau und weiter nach Kiew, von West

nach Ost. Doch die Kaufleute durchkreuzen das Land auch von Süd nach Nord. Von Italien bis nach Pommeranien, bis ans Baltische Meer, und von da auf Schiffen noch viel weiter. Und wieder zurück. Die Oder... Der große Fluß durchs Land. Auf der ist gut schiffen.
Das und anderes mehr erzählte Heinrich. Und Hedwig hörte ihm begierig zu. Was der alles weiß... Sie war stolz auf ihn. Nach Leubus ritt Boleslaw mit ihnen. Das Kloster war sein größter Stolz. Auch hier wurde zuerst ein Gottesdienst zelebriert zu Ehren des neuvermählten Paares und der gesamten Fürstenfamilie, der Fundatoren des Klosters und Gönner der Zisterzienser. Und dann gab es ein feierliches Mahl im Refektorium des Klosters.
Das ist mein Kloster, sagte Boleslaw zu Hedwig. Ich habe die Mönche hierher geholt, damit sie für meine sündige Seele beten und für das Seelenheil meiner Familie. Hier werde ich einst meine sterblichen Reste zur ewigen Ruhe betten. Aber nicht nur das erwarte ich von den Mönchen, fuhr er fort. Die sollen neues Leben ins Land bringen, Bauern auf den ihnen geschenkten Böden ansiedeln. Siedler aus Thüringen und Sachsen, aus Bayern und sogar vom Rhein. Denen ist es eng im Reich, und wir hier brauchen sie.
Bauern ansiedeln, das können die Zisterzienser wie sonst keiner. Und besonders diese aus Pforta, das habe er gesehen, als sie auf der Altenburg lebten. Und tüchtige Bauern, das ist der wahre Reichtum eines Landes.
Darauf wandte sich Boleslaw mit lauter Stimme und lobender Rede an den Abt des Klosters, Walter, die von diesem freundlich erwidert wurde.
Ein anderes Mal besuchte die gern reisende Gesellschaft Goldberg. Boleslaw hatte hierher Bergleute aus Thüringen geholt, damit diese Silber und Gold schürften, aus denen er Geld für seine Schatztruhe schlagen lassen wollte. Aber auch anderes Nützliches und Schmückendes sollte aus dem kostbaren Material gefertigt werden.
Die Thüringer sind sehr geschickte Leute, sagte Heinrich, die können sogar das kostbare Glas blasen, ein wahres Wunder des Fortschrittes.
Kaum hatte der fürstliche Troß am Marktplatz gehalten, kamen die Bewohner von allen Seiten herbeigeströmt. Weiber und Kinder waren als erste da. Vor allem die Wei-

ber wollten die junge Fürstin aus Bayern sehen und begrüßen.
Sibotha, der Bürgermeister, begrüßte die Gäste, wie es sich gehörte, und bat sie zu sich ins Haus, das festgefügt aus Stein und Holz war mit buntbemalten Türen und Fensterläden.
Das größte und schönste Haus am Marktplatz, bemerkte die junge Fürstin lobend.
Ja, ja, sagte Sibotha, solang wir kein Rathaus haben, muß dieses Haus für alles gut sein.
Sibotha bat zu Tisch und entschuldigte sich viele Male für die Bescheidenheit des Empfangs. Hätte er doch früher von der Ehre erfahren, die ihm zuteil werden sollte. Doch erst gestern sei der Bote des Fürsten zu ihm gekommen.
Man nahm an dem großen weißgedeckten Tisch Platz, auf dem Brot und Früchte standen, Teller und Becher, wie es sich gehörte.
Auf die Frage, wie es ihnen gehe, die der junge Herzog stellte, antwortete Sibotha gern, wenn auch bedächtig.
Es geht uns gut, sagte er, mehr hätten sie gar nicht erwartet. Erwarten können. Hier gibt es genügend Luft zum Atmen. Und Arbeit für jeden. Die Faulen sind ja daheim geblieben, scherzte er.
Aller Anfang sei schwer, das war seine Meinung. Mit Gottes Hilfe werde es schon werden.
Und Herzog Boleslaw, Gott segne ihn und seine guten Werke, hat ihnen versprochen, bald mehr Deutsche ins Land zu holen. Die Einheimischen sind zwar freundliche Leute, doch gehe nichts über Nachbarn, mit denen man sich in derselben Sprache verständigen könne.
Und die, wie alle Thüringer, gern Heringe essen, lachte Sibotha, denn soeben trugen die Mägde das zum Leidwesen des Wirtes bescheidene Essen auf. Zum Glück habe er wenigstens ein Fäßchen frischer Heringe im Keller stehen gehabt, seufzte er.
Die Heringe waren säuberlich in Hälften geteilt zusammengerollt, die Röllchen, in denen kleine Stückchen saurer Gurken steckten, auf hölzerne Stäbchen fein aufgespießt, so daß man die Heringe essen konnte, ohne die Finger zu beschmutzen. Lecker, lobten die Gäste. Dazu das helle Brot und schäumendes goldgelbes Bier.

In eigener Brauerei hergestellt, die auch dem Sibotha gehörte.
Bier da, alles da, strahlte Sibotha. Das Rezept habe er von seinem Vater bekommen und der von seinem Vater: Malz, Hopfen und Honig. Alles das gibt es in Schlesien.
So saß man eine Weile zusammen, so daß auch andere außer dem mundflinken Sibotha zu Worte kamen.
Den Holzzaun wolle man allmählich durch eine Mauer ersetzen, erzählten die Leute. Mit den Arbeiten wurde schon begonnen. Schlimm war's im Winter. Doch Winter gab es auch in Thüringen. Wölfe im Winter... Ein Bär habe schon mal seinen Kopf über den Zaun gesteckt. Auf die Kinder muß sehr aufgepaßt werden. Ja, im Winter... Aber nach jedem Winter komme ja wieder der Frühling. Und da ist es besonders schön in diesem Lande.
Man verabschiedete sich herzlich, voller Freude auf's nächste Wiedersehn. Gerade der Anblick der jungen Fürstin aus der alten Heimat gebe ihnen neuen Mut, sagte Sibotha.
Bisher hatte es Heinrich vermieden, dem neugierigen Schwarm eine Siedlung der Einheimischen zu zeigen, gewiß aus Verlegenheit über die Armut und das Elend seiner Untertanen. Er bangte - womöglich würde es ihm Hedwig übelnehmen. Doch geheimhalten konnte er es nicht.
Eines Tages ging es auf einem besonders unwegsamen Pfade durch den Wald. Heinrich machte ein geheimnisvolles Gesicht. Er ritt mit Peregrin und Niko und einigen Knappen voran. Diese stiegen des öfteren von den Pferden, um den Weg freizulegen. Hier und da klirrte es unter den Hufen, als wäre da irgendwann eine feste Straße gewesen.
Endlich hieß Heinrich halten. Ein merkwürdiger Anblick bot sich den jungen Herrschaften: Auf einer Lichtung mitten im Walde ragten hier und da Reste einer mächtigen alten Mauer aus dem Gebüsch, umwuchert, überwachsen, zerbröckelt. Hier verschwand sie im Grünen, dort tauchte sie wieder auf. Da, wo anscheinend das Tor gewesen war, klaffte eine breite Lücke im Mauerwerk. Über dem Graben lagen Holzstämme anstatt einer Brücke. Vor dem Gemäuer angepflockte Kühe.

Sie sprangen von den Pferden. Heinrich begab sich mit Peregrin und Niko vorsichtig über den schwankenden Steg in die Ruinenburg. Sie verschwanden hinter der Mauer.
Die anderen warteten. Kuhfladen stanken säuerlich in der warmen Luft. Dicke Fliegen sirrten darüber. Schwalben schwirrten im Zickzack hin und her.
Bald kamen die beiden Kundschafter mit erfreuten Gesichtern zurück und bedeuteten den Wartenden, ihnen zu folgen.
Hinter der Mauer, die sichtbar früher zum Schutze einer großen Menschengruppe gereicht hatte, standen armselige Hütten aus Lehm mit Stroh gedeckt, wo es ging ans alte Gemäuer geschmiegt. Merkwürdig, alle Hütten öffneten sich in eine Richtung: gen Osten. Dem aufgehenden Sonnenlicht zu, flüsterte Ekbert. Große Steine lagen herum. Scheu näherten sich die Leute.
Heinrich stellte sich ihnen vor. Sie verneigten sich tief vor ihm. Der Dorfälteste, ein weißbärtiger Mann, wollte sich vor dem Fürsten auf die Knie werfen.
Heinrich hielt ihn auf und begann mit ihm ein Gespräch. Er fragte nach der alten Burg, die hier gestanden hat, ob das, was sie sehen, alles sei, fragte er.
Wo ist der Turm?
A dyc tu, sagte der alte Mann und wies mit der Hand vor sich hin. Da oben, hinter den Bäumen, da war die Burg gewesen, da wohnt kein Mensch mehr... Alle weggeritten... Und niemand geht da hin. Böse Geister. Au, au, sagte er ängstlich leise. Nur einmal im Jahre zum Totenfest gehen sie hinauf. Alle zusammen. Mit den Toten zu feiern. Mit ihnen Speise und Trank zu teilen. Sie um Obhut zu bitten. Er hob beide Hände der Sonne zu und verneigte sich dreimal. Dann noch dreimal zur Burg. Hedwig sah mit erhobenen Brauen Ekbert an. Er nickte: Ja, diese Menschen sind Heiden.
Der alte Mann wies auf einen jüngeren hin: sein Sohn, moj syn, der werde die hohen Herrschaften in die alte Burg führen.
So begaben sie sich zu Fuß ins Ungewisse. Hedwig, Jutta und Berta und ihre Dienerinnen hatten alle Mühe ihre Röcke eng zusammenzuhalten, um nicht hängenzubleiben

im dichten Gestrüpp. Es ging leicht bergauf. Bald kamen sie zu einer Lichtung, auf der wieder Mauerreste zu sehen waren. Kein Zweifel, da hatte ein mächtiger steinerner Turm gestanden und da war eine zweite Mauer gewesen. Hinter den Mauerresten des Turmes tat sich eine Schlucht auf, wie man sie hier, in dieser sanft hügeligen Gegend, kaum erwartete. Weißt du, wer hier gelebt hat, fragte Heinrich den jungen Führer. Der zuckte mit den Achseln.
Pany, wielike pany, sagte er. Mächtige Herren. Die waren reich und hatten viele Pferde. Sind weggeritten. Nie mehr zurückgekommen. Auf ihren schwarzen Pferden in die schwarze Nacht geritten. Frauen und Kinder in Wagen unter dunklen Tüchern. Alle Schätze mitgenommen. Weg. Für immer. Nur manchmal... Wenn es stürmt... hört man sie zurückkommen im Wind, sagte er leise, und sah sich ängstlich um. Ihre Geister...
Hedwigs Herz klopfte: Hier haben Menschen gelebt! Spuren menschlichen Lebens mitten im Walde! Von Wald überwachsen. Hier, wo der Wald ewig und unendlich schien... Was sind das für Menschen gewesen... Warum sind sie weggegangen...
Heinrich lächelte geheimnisvoll: ich habe so manches dazu zu sagen und will es euch gern erzählen.
Großmutter Agnes habe ihm dies und jenes erzählt. Auch über dieses Volk, das hier in Urzeiten lebte. Sie hatte es von alten Leuten gehört, deren Sprache sie verstehen konnte. Sie nannten sich Silinger. Nur wenige der Silinger haben sich in der Umgebung erhalten, sagte Heinrich. Denn das ganze Volk war weggezogen, wie es der Bursche richtig sagte.
Aber weil dies eine lange Geschichte sei, solle man es sich zunächst bequem machen.
Neugierig auf Heinrichs Geschichte suchten sie sich jede und jeder einen Platz zum Sitzen auf der zauberhaft schönen und vielleicht doch verwunschenen Lichtung, auf Steinen und herumliegenden Baumstämmen.
Ein Knappe verteilte Becher. Peregrin bot Wein aus einem Schlauch an. Jutta Wasser.
Die Silinger, hob Heinrich an, das waren Wandalen, also auch Germanen. Großmutter Agnes wußte nicht zu sagen, warum sie aus Schlesien wegegangen sind. Vielleicht sind sie vor den Hunnen geflohen, die hier einige

Male eingefallen waren. Vielleicht aber war es ihnen langweilig geworden und sie sind, ein anderes Leben zu suchen, ausgeschwärmt, wie viele andere Völker zu der Zeit auch.
Agnes sagte, ein Teil der Silinger sei bis nach Afrika gelangt und habe dort ein neues Reich gegründet. Die wenigen Zurückgeliebenen bewahrten alte Briefe auf, die sie von ihren Verwandten bekommen hatten, in denen sie ihnen den zurückgelassenen Boden übereigneten. Darum hatten sie sie zuvor gebeten. Und zwar aus entstandener Not. Denn zurückgeblieben sind die Schwächeren, die eine so schwierige Fahrt zu fürchten hatten, oder kein Geld hatten für einen festen Wagen mit zwei Pferden dazu.
Diese Briefe haben die Leute ihrer Fürstin, meiner Großmutter Agnes, gezeigt, weil sie zu ihr Vertrauen hatten, da sie sich mit ihr verständigen konnten.
Wie lange die wenigen zurückgebliebenen Silinger allein lebten im Land, wußte niemand zu sagen. Niemand wußte, wieviel Zeit vergangen war, ehe die anderen ins Land kamen. Die Slawen. Die einen starben und andere wurden geboren. Eine Generation nach der anderen, wie viele es waren, wußte auch Agnes nicht. Wozu auch.
Sie erzählte, manche meinten sogar, die Slawen, die aus dem Osten kamen, aus den sumpfigen Tälern um den Fluß Pripec, wären schon dagewesen, als die Germanen gingen. Und wiederum andere behaupteten, die Slawen wären zusammen mit den Hunnen gekommen. Sie hätten sozusagen das Land von den Hunnen geschenkt bekommen. Und dann zusammen mit den Hunnen die Silinger vertrieben. Aber das hielt Großmutter Agnes für ein Märchen.
Jedenfalls mischten sich die alten und die neuen Bewohner bald friedlich im Lande. Gab es doch zur Genüge verlassene Felder und Gehöfte, wenngleich die meisten verfallen waren. Sogar Burgen gab es hier und da. Man soll sogar die Götter der einen und der anderen gemeinsam angebetet haben.
Dort, wo die Alteingesessenen in der Mehrzahl waren, nannten sie sich wie ihre Vorfahren Silinger. Die Slawen nannten sie Schlensane. Und das ganze Land wurde Schlesien genannt. Die neuen Bewohner hatten ihre Na-

men mitgebracht oder hier angenommen. Das waren die Dedoschane, die Trebowane und die Boborane, und weiter gen Osten die Opolane und Golentschitze.

Es waren Bauern, Hirten und Jäger. Sie hatten aber auch ihre wehrtüchtigen Männer, aus deren Familien die Herrscher und Priester gewählt wurden.

Diese Stämme, die in Familienverbänden lebten, waren friedlich. Die alten Schlesier waren kein kriegerisches Volk, vielleicht waren sie so, weil sie ein so großes Land besaßen und um Besitz nicht kämpfen mußten. Doch das wurde ihnen zum Verhängnis, sagte Heinrich. Denn wer nicht kämpfen will, wird bald besiegt. Bald fielen die Böhmen ins Land ein und unterwarfen die schlesischen Stämme. Fürst Vratislaw von Böhmen erneuerte die alten Burgen und nannte die wichtigste Festung an der Oder nach seinem Namen: Vratislavia.

Die Böhmen blieben unbeliebte Fremde im Lande. Und sie regierten aus der Ferne, sie saßen hinter den Bergen. Endlich riefen die Schlesier einen Mann aus dem Norden ins Land, der und seine Familie sollte ihnen Herrscher sein. Er trug den Schwan im Schilde. Ein Wikinger, verwandt mit den Warägern in Kiew und mit den Piasten in Gnesen. Alles alte Seeräuber, denen damals der Sinn nach Seßhaftigkeit stand.

Die Schlesier nannten ihren selbstgewählten Herrn - Wlast. Der sollte sie schützen und wehrhafte Ordnung einführen im Land.

Dennoch hörten die Kriege nicht auf. Denn inzwischen hatte in Gnesen Dago Misika, ein energischer Fürst, ein starkes Reich gegründet, zusammen mit dem slawischen Stamm der Polane, die man später Polen nannte.

Die Polen unter Misika, Mieszko, den sie Piast nannten, das heißt ihren Beschützer, haben die Schlesier unterworfen, ihren Widerstand gebrochen, und die Wlasts zum Tribut verpflichtet. Doch auch die Böhmen wollten auf ihren Besitz nicht verzichten. Den Streit der Böhmen mit den Polen um Schlesien entschied der deutsche Kaiser - zugunsten der Polen. Urahn Boleslaw, der mit Salomea von Berg verheiratet war und somit gute Kolligationen im Reich besaß, erreichte durch Bischof Otto von Bamberg beim Kaiser die Anerkennung seiner

schlesischen Oberherrschaft. Schlesien gehörte nun zu Polen.
Herzog Boleslaw von Krakau und Polen, der Kraushaarige genannt, legte in seinem Testament die Aufteilung seines Reiches unter seinen Söhnen fest, so wie es die Fürsten in Kiew hielten, der Älteste sollte der Senior sein. Doch die Regelung bewährte sich nicht. Bald nach seinem Tode brach Streit unter den Brüdern aus.
Wladyslaw, der älteste, hatte Krakau geerbt, das heißt Kleinpolen, und Großpolen dazu mit Gnesen, sowie Schlesien mit Breslau, doch bald empörten sich gegen ihn die Brüder, von denen der jüngste, Kasimir, gar leer ausgegangen war. Wahrscheinlich, um den andauernden Streitereien in Krakau zu entgehen, verlegte Wladyslaw seinen Hauptsitz nach Schlesien, in die Breslauer Burg.
Hier beginnt die Geschichte der schlesischen Piasten, sagte Heinrich, meiner Familie.
Heinrich hielt inne und zögerte, ob er fortfahren solle. Die Anwesenden wußten, daß er nicht nur Rühmliches über seine Vorfahren zu berichten hatte.
Bitte, erzähle weiter, sagte Hedwig.
In Breslau traten sich Wladyslaw und der mächtige schlesische Graf Wlast Peter entgegen. Wladyslaw verdrängte Peter ohne Bedenken aus der Breslauer Burg, obwohl diese ein Erbsitz der Wlast-Familie war. Der Kastellan mußte dem Herzog schweren Herzens weichen. Er war dem Herzog zu Gehorsam verpflichtet. Doch die Kränkung verzieh er ihm nicht. Er brachte seine Familie auf eine kleinere Burg.
Heinrich fügte hinzu: Die Wlasts waren den Piasten ebenbürtig an Rang und Familie, wenngleich zu Tribut verpflichtet. Peter Wlasts Frau Maria war die Tochter des Warägers Swentoslaw von Tschernigow und der für ihre Schönheit und Klugheit weltweit berühmten byzantinischen Kaiserin Theofanu. Auch wußte sich Peter der Treue des schlesischen Volkes sicher, das ihn für seinen eigenen Fürsten hielt und liebte. Und auch die Geistlichkeit stand hinter ihm, weil er, wie zuvor sein Vater, freigiebiger Gönner und Stifter von Kirchen und Klöstern war.
Wladyslaw aber schien den Groll des Grafen nicht zu bemerken. Er dachte nicht daran einzulenken, um den

wichtigsten Mann im Lande für sich zu gewinnen. Und er vertraute ihm weiter wie einem guten Freund. Vielleicht aber war er gezwungen, ihm zu vertrauen, weil er keine anderen Verbündeten hatte.

Denn auch die Streitigkeiten zwischen ihm und seinen Krakauer Brüdern nahmen ständig zu. Wladyslaw strebte die Alleinherrschaft an und dazu Polens Krone, die Brüder aber wollten ihn seiner Seniorwürde berauben und das Land gerechter aufteilen.

So standen die Dinge, als das unheilvolle Geschehen begann. Wladyslaw sandte Peter zum König der Deutschen, dem Staufer Konrad, der zu der Zeit einen Reichstag in Magdeburg abhielt, um ihn für seine Sache gegen die Krakauer Brüder zu gewinnen und sich die Unterstützung des Reiches bei der Errichtung eines Königreichs der Polen zu sichern.

Doch Graf Peter Wlast sprach vor dem deutschen König für die Krakauer Brüder, die auch an ihn herangetreten waren und ihm versprochen hatten, daß er unter ihrer Herrschaft in Schlesien frei regieren dürfe, wie zuvor seine Väter. Zudem hatten sie ihm zugesagt, den Tribut um die Hälfte zu verringern und die Breslauer Burg für ewige Zeiten seiner Familie zuzusprechen.

Als Wladyslaw vom Verrat seines Gesandten erfuhr und von dem durch ihn verlorenen politischen Spiel, das ja das Spiel seines Lebens war, geriet er in unsägliche Wut.

Er ließ Peter Wlast nach seiner Heimkehr gefangennehmen, warf ihn ins Verließ der Breslauer Burg und wollte ihn töten. Wlasts Frau Maria flüchtete mit ihren Töchtern und kleineren Kindern zu ihren Brüdern nach Kiew. Zwei ältere Söhne Wlasts waren auch unter Gewahrsam genommen worden.

Eilboten ritten nach Kiew und Krakau um Hilfe für Peter und kehrten mit drohenden Schreiben zurück. Marias Kiewer Brüder und die Krakauer Piasten kündigten Krieg an, wenn Wladyslaw von Peter nicht lassen sollte.

Doch Wladyslaw lehnte Verhandlungen ab. Blanker Haß und blinde Wut kochten in ihm. Auch Agnes, die mit Maria eng befreundet war, konnte ihn nicht besänftigen. Man fürchtete das Schlimmste.

Wochenlang schmachtete Peter Wlast hungrig und durstig im kalten, dunklen und nassen Loch.

Endlich rief Wladyslaw die Edlen des Landes zusammen in die große Halle der Breslauer Burg, wo im Kamin ein großes Feuer brannte, denn es war Herbst, kühle Jahreszeit. Er ließ Peter Wlast holen.
Als gebrochener Mann stand der einst mächtige Graf vor dem Fürsten mit gesenktem Kopf und zitternden Händen. Tränen floßen aus seinen Augen, Kot klebte an seinen bloßen Füßen und durch das zerrissene Hemd sah man seinen abgemagerten Leib. Er sank zu Boden und stammelte unverständliche Worte. Doch immer wieder hörte man: Gnade, Gnade..., Laski... Laski...
Wladyslaw saß mit finsterer Miene auf seinem Thron und ließ durch den Burgkaplan das Urteil verlesen: Graf Peter Wlast, aus fürstlicher Gnade ehemals Kastellan von Breslau und Statthalter Schlesiens, der seinen edlen Fürsten schmählich verraten hatte, soll, ohne etwas von seiner Habe mitnehmen zu dürfen, mit seiner Familie das Land verlassen und in alle Ewigkeit nicht mehr zurückkehren dürfen.
Peter stöhnte und wimmerte. Doch es kam noch schlimmer. Wladyslaw winkte zwei Knechte herbei. Einer der Schergen drehte dem knienden alten Mann die Hände auf den Rücken, der andere näherte sich ihm mit einer glühenden Eisenstange. Ehe die Anwesenden begriffen, was geschah, zerrissen gellende Schreie die Stille im Saal. Der Henkersknecht hatte auf des Herzogs Wink dem Alten beide Augen ausgebrannt. Geblendet! Der Alte sank in sich zusammen.
Die Versammelten waren erschüttert und verbargen dies nicht. Viele weinten laut oder waren stumm vor Entsetzen in die Knie gesunken und beteten. Die Ritter rasselten mit ihren Schwertern, doch dem Fürsten zu Gehorsam verpflichtet, rührten sie sich nicht, obwohl es manchem im Gesicht zuckte.
Agnes fiel in Ohnmacht und man trug sie aus der Halle.
Robert, Bischof von Breslau, näherte sich dem Herzog mit erhobenem Kreuz und drohte laut mit dem Bann der Kirche und ewigen Höllenqualen, wenn der Fürst von dem Gequälten nicht sofort ließe.
Wladyslaw, der den Abscheu aller doch nicht ertragen konnte, verließ eilig die Halle.

Mönche brachten Peter ins Augustinerkloster auf der Sandinsel, dort fand er fürsorgliche Aufnahme und war vor dem Zugriff des Herzogs geschützt. Die Mönche pflegten ihren Wohltäter, der ihr Kloster gegründet und reich versorgt hatte, wie einen Vater gesund. Doch das Licht der Augen vermochte ihm niemand zurückzugeben.
Wer konnte, mied Wladyslaw in dieser Zeit. Auch seine Getreuen hielten sich zurück. Agnes war krank und wollte ihren Mann nicht sehen.
Währenddessen hatte Bischof Robert einen Boten nach Rom gesandt, der am Heiligen Stuhle die ungeheuerliche Tat zur Klage bringen sollte. Bald traf ein päpstlicher Legat aus Rom ein und mit ihm das Urteil des höchsten kirchlichen Herrn: Wladyslaw wurde für seine Grausamkeit mit dem Bann der Kirche belegt. Zudem wurde bekannt, daß Rom mit Nachdruck die Forderung der Krakauer Brüder unterstützte, die die Entmachtung Wladyslaws und seine Vertreibung aus Schlesien verlangten.
Dadurch ermutigt, fielen die Brüder in Schlesien ein und zwangen Wladyslaw die Breslauer Burg und das Land zu verlassen. Agnes mußte sein Schicksal teilen und mit ihren Kindern heimatlos in die Fremde ziehen. Da sie eine Halbschwester des Stauferkönigs Konrad war, eines für seinen Edelmut bekannten Mannes, hoffte sie wenigstens für sich und ihre Kinder gnädige Aufnahme an seinem Hofe zu finden.
Wie eine Bettlerin kam sie an. Verzweifelt über das doppelte Elend, den Abscheu vor ihrem Gemahl und den Verlust der Heimat und des Besitzes. Doch zu ihrer Überraschung wurde nicht nur sie mit ihren Kindern, sondern auch ihr übel beleumundeter Ehemann in allen Ehren empfangen. Der König wies der aus Schlesien vertriebenen Piastenfamilie die Altenburg im Meißener Land zu, die Reichseigentum war, samt zinspflichtigen Dörfern.
Sowohl König Konrad, wie später auch sein Neffe, der ruhmvolle Kaiser Friedrich Barbarossa nahmen sich der vertriebenen Familie herzlich an und betreuten ihre heranwachsenden Kinder. Die Staufer waren die freundlichsten Gönner der schlesischen Piasten.
Wladyslaw aber war und blieb ein gebrochener Mann. Er lebte zurückgezogen auf der Altenburg. Bis zu seinem Tode.

Doch seine Kinder, besonders mein Vater Boleslaw, fuhr Heinrich fort, begaben sich an den Kaiserlichen Hof, wo sie bald zum engen Kreis der Vertrauten Friedrich Barbarossas gehörten. Besonders Boleslaw tat sich im Dienste des Kaisers hervor, er zog mit ihm nach Italien und ins Heilige Land. Der Kaiser verheiratete ihn mit einer deutschen Frau. Auch seine Schwester Richesa, die sehr schön gewesen sein soll, wurde von Barbarossa wie eine Tochter vermählt. Und das dreimal. Nach ihrem ersten Mann trug sie den Titel der Kaiserin von Spanien.
Das alles hat mir Großmutter Agnes erzählt, die viel für ihren Mann gelitten hat, schloß Heinrich. Ich habe sie sehr geliebt, fügte er leise hinzu.
Die Zuhörenden schwiegen eine Weile.
Und wie ging es weiter mit Peter Wlast, fragte Hedwig.
Gott hat für alle das weitere Schicksal gerecht gefügt, antwortete Heinrich.
Peter Wlast starb bald danach in Frieden in seiner Breslauer Burg, umgeben von seiner Familie. Wladyslaw aber war nie mehr in Schlesien gewesen.
Hedwig bedankte sich für die ergreifende und belehrende Erzählung.
Auch Ekbert war angetan. Es ist löblich, wenn ein Fürst soviel über die Geschichte seines Landes weiß wie du, Heinrich, sagte er herzlich. Dieses Wissen wird dir mit Sicherheit helfen, das Land zu verstehen und seine Menschen zu lieben und christliche Obhut über sie walten zu lassen. Das wünsche ich dir.
Heinrich lächelte zufrieden über das Lob.
Er schlug vor, als nächstes zum Zobtenberg zu reiten, um die dortige Burg und Siedlung zu besichtigen. Da haben immer Deutsche gelebt. So daß die Slawen den Ort Niemtscha nennen, der Ort der Deutschen. Denn für sie sind die Deutschen Niemcy, daß heißt die Stummen, weil sie deren Sprache nicht verstehen.
Die Stummen! Hedwig lachte kurz auf. Stumm waren die Deutschen gerade nicht, oft redeten sie viel zu viel und zu laut. Eher waren die Slawen taub für die deutsche Sprache, dachte sie. Aber sie sagte nichts, denn auch sie war ja taub für die Sprache der Hiesigen.
Dann saßen sie noch eine Weile in der Nachmittagssonne,

und niemand wußte nachher, wer es zuerst gesagt hatte, es war wohl Hedwig gewesen, daß es gut wäre, auf dieser Lichtung ein Haus zu bauen. Eine neue Burg.
Hier, träumte Hedwig laut, wo irgendwann andere Menschen ihr Zuhause hatten, einen Brunnen und ein Dach überm Kopf, einen Ofen im Winter und eine Tür, die man zur Nacht schließen konnte, müßte doch wohl zu leben sein.
Man stimmte ihr zu. Der Gedanke, auf den alten Mauerresten eine neue Burg zu errichten, gefiel allen.
Der Wunsch, die enge Liegnitzer Burg zu verlassen und allein mit Heinrich zu wohnen, lag vor allem Hedwig am Herzen. Heinrich hatte kaum Einwände, doch gab er zu bedenken: Gott lasse meinen Vater noch viele Jahre leben, aber was machen wir mit dieser Burg im Walde, wenn wir nach Liegnitz zurückmüssen, um das Land zu regieren.
Ich weiß, rief Hedwig schnell: wir schenken diese Burg unserer Jutta und verheiraten sie mit einem tüchtigen Ritter. Und wir kommen sie immer wieder besuchen, wenn wir Ruhe haben wollen. Sie sprang auf, die anderen folgten ihr. Sie phantasierten noch eine Weile auf diese Weise, bis sie eine herrliche Burg vor sich sahen, die immer größer wurde, bis zu den Wolken.
Heinrich rief die Schwärmer auf den Boden der Wirklichkeit zurück, er wies mit der Hand auf das herumliegende Gestein, auf das dichte Gestrüpp, die Bäume. Hier muß zuerst wie im Urwald gerodet werden, sagte er. Und mein Vater muß seine Zustimmung geben. Und dann wollen wir bauen, so Gott will.
Amen, fügte Ekbert hinzu.
Wie heißt der Ort, fragte Hedwig. Und Heinrich antwortete, die Leute sagten Röche oder Röckliza dazu, andere Rokitnica.
Röchlitz... ähnlich wie Rochlitz im Meißener Land, wo wir so fröhliche Tage verlebt haben. Also wollen wir die Burg Röchlitz nennen. Und alle stimmten ihr zu.

Boleslaw hörte sich aufmerksam an, was ihm seine Kinder von der Burg im Walde erzählten und stimmte ohne Bedenken ihren Wünschen zu.
Als er Hedwigs erfreut erstauntes Gesicht sah, erklärte er

schmunzelnd, er habe eh die Absicht gehabt, für das junge Paar ein Haus zu bauen. Er hatte daran gedacht, ihnen in der Liegnitzer Burg ein Nest zu errichten. Aber dieses Roklitza ist ja nicht weit weg. Schön gelegen. Und für kleine Kinder ist die Luft im Walde das Beste.
Ja, mit den Arbeiten müssen wir sofort anfangen, sagte er, bis zum Winter kann da noch eine Menge getan werden.
Er rief sofort den Burgvogt herbei, der am nächsten Morgen Leute nach Goldberg schicken sollte, um dort Männer für die Rodung zu bestellen. Auch nach Leubus sollte ein Bote reiten, um den bauerfahrenen Mönch Jakob nach Liegnitz zu beordern.
Wenige Tage danach, als die jungen Herrschaften wieder nach Röchlitz ritten und mit ihnen der Baumeister Bruder Jakob, war der Weg vom unteren Wall bis zur alten Burg freigelegt, und die Lichtung nicht mehr zu erkennen. Der große Platz war von Bäumen und Gestrüpp befreit. Ordentlich gestapelt lagen die Baumstämme da. Und das alte Gemäuer erschien mächtiger als zuvor. Stolz traten ihnen die Männer entgegen, sie freuten sich auf das Lob, das ihnen Heinrich auch reichlich spendete.
Die Deutschen aus Goldberg sind wahre Meister im Roden, bedankte sich der junge Herzog. Auch Hedwig reichte lächelnd jedem der Männer ihre Hand. Das gefiel ihnen ganz besonders. Sie sah ehrerbietige Freude in ihren Augen.
Gemeinsam mit Bruder Jakob schritten sie die alten Spuren ab. Der Mönch schüttelte den grauhaarigen Kopf voller Bewunderung über die Reste der Baukunst der Alten.
Dann blieb Jakob zwischen herumliegenden Steinen stehen und sagte: Wasser! Der Brunnen! Er hob einen Finger und sagte ernst: Ohne Wasser kein Leben! Wo der Brunnen gewesen war und wieder sein werde, das müßte man zuerst wissen, erklärte er, denn in dessen Nähe seien die Wirtschaftsgebäude zu planen. Auf hochgelegenen Burgen sei es manchmal schwierig, Wasser zu finden, aber auf dieser wohl kaum. Hier wird ein Brunnen gewesen sein.
Der Mönch zog seine Sandalen aus, legte einen Finger auf den Mund und sah die Umherstehenden um Schweigen bittend an. Er faltete die Hände und betete still. Dann bastelte er bedächtig an seiner Kuttenschnur herum und brachte eine merkwürdige weiße Rute hervor. Diese hatte

zwei Enden, die der Mönch in beide Hände nahm, die Spitze der Rute voran wie ein Pfeil. Dann ging er aufmerksam, die Augen gesenkt, in sich versunken, langsam zwischen den Steinen umher. Seine bloßen Füße bewegten sich, ohne sich vom Boden zu lösen, als wollte er mit ihnen die Erde erspüren. Plötzlich riß es die Rute herab, wie von einer unsichtbaren Hand erfaßt. Die Zuschauer staunten, wagten aber nicht das Schweigen zu brechen.
Hier, brummelte Jakob erleichtert. Hier ist Wasser. Entspannt und zufrieden sah er auf, sah sich um. Wasser, sagte er leise. Hier war der Brunnen! Hedwig blickte verwundert, bewundernd wie die anderen auch. Hier müssen wir suchen, fügte Jakob erklärend hinzu. Bruder Jakob steckte die Rute zurück in seinen Gürtel. Spähte aufmerksam umher. Bückte sich herunter, riß mit beiden Händen Grasbüschel heraus, kratzte mit einem Messerchen bedächtig Moos von Steinen. Die anderen sahen ihm erwartungsvoll zu. Dann winkte er zwei Männer zur Hilfe herbei und sprach mit ihnen leise. Die kehrten bald mit Picken und Schaufeln zurück und begannen nach Jakobs Anweisungen die Erde aufzuwühlen.
Bald kamen gleichmäßig bearbeitete Steine zum Vorschein, die sich zu einem Kreis fügten: die Fassung eines längst verschütteten Brunnens!
Den Umherstehenden schien das wie ein Wunder. Oder wie Zauberei. Woher hatte der Mönch das gewußt?
Jetzt können wir weiter überlegen, sagte Jakob zufrieden. Jetzt dürfen wir planen.
Und das Gespräch über die Burg, wie sie sein sollte, begann. Diesmal kein Wolkenheim.
Hedwig und Heinrich erklärten dem bautüchtigen Mönch, wie sie dies und jenes haben möchten. Das erste soll ein Wohnturm sein, fest vor Menschen und Wölfen geschützt. Das wünschte sich Heinrich. Hedwig hätte gern daneben ein Wohnhaus gehabt, mit einer geräumigen hellen Halle. Das könnte vorläufig auch aus Holz sein. Aber Fenster aus Glas! Keinen Prunk, aber ein wohnliches Heim! Die Wirtschaftsgebäude angebaut: Küche, Waschhaus und Backstube. Die Latrinen mit Abfluß am Rande der Schlucht.
Das Haus für den Verwalter, für das Gesinde und ein Gästehaus in der Vorburg. Auch die Stallungen sollen dort

bleiben, entschied Heinrich. Eine kleine Kapelle neben dem Turm, wünschte sich Hedwig, aber, fügte sie hinzu, in der Vorburg muß eine schöne Kirche errichtet werden für die Leute, die da wohnen, um deren Seelenheil man sich dringend kümmern müsse.
Wenige Tage später legte Bruder Jakob den fertigen Bauplan, sauber auf ein großes Stück Pergament gezeichnet, auf den Tisch in der Liegnitzer Burg.
Boleslaw, Heinrich und Ekbert wurden herbeigebeten. Hedwig kam mit Jutta, dazu Niko von Würben, Peregrin von Wiesenstein. Wer von den Getreuen in der Nähe war, kam eilig herbei.
Dicht umstanden die Neugierigen den Mönch, der den Bogen glättete und anhob zu erklären. Als erste begriff Hedwig die Striche, Zeichen und Ziffern und begann Bruder Jakob zu befragen, als stünde sie auf der Lichtung und nicht vor einem Stück Papier. Du wärst ein Baumeister, staunte Heinrich bewundernd. Und auch Bruder Jakob sah die junge Fürstin anerkennend an. Nur Ekbert warf ihr einen mißbilligenden Blick zu, er war fast gekränkt über den außerordentlichen Verstand seiner kleinen Schwester. Er hatte es nie gern gehabt, wenn sie sich allzu klug zeigte. Schließlich war sie nur eine Frau.
Die Arbeiten sollten sofort beginnen, darin war man sich einig.
Fortab ritten die Herrschaften so oft es ging nach Röchlitz. Sogar der geplante Ausflug auf den Zobten wurde bis aufs Frühjahr verschoben.
Beim Ausgraben des Brunnens hatten die Leute Gefäße gefunden, größere und kleinere Schalen mit eingeritzten Tierköpfen und Sonnenzeichen. Eine Schale mit einem Schwan aus Steinchen zusammengesetzt. Schüsseln und Becher. Fast alles zerbrochen, kaum etwas war zu gebrauchen. Nur eine zinnerne Schüssel, ein silberner Becher waren wie neu.
Hedwig erlaubte nicht, die Reste, die vom Leben der früheren Bewohner sprachen, wegzuwerfen. Sie befahl die Teile sorgfältig zu säubern und sie in einem Kasten zu sammeln. Sie hätte gern versucht die Teile aneinanderzufügen. Doch hatte sie keine Zeit mehr, damit zu spielen wie früher mit den Steinchen.

Die Leute schaufelten die Erde aus dem alten Brunnen, und sicherten das Loch rundum mit festen Bohlen ab. Stück für Stück gruben sie sich tiefer. Bald ließ man die Arbeiter an Seile geknüpft herunter, denn keine Leiter war lang genug und es ging auch darum, sie vor plötzlich hervorschießendem Wasser zu bewahren.
Eines Tages erlebte man eine besondere Überraschung. Als die Erde schon feucht war und das Wasser nahe, fanden die Arbeiter einen eisernen Topf. In dem befanden sich Moneten, viele kleine und größere, silberne und goldene Geldstücke mit Herrscherköpfen und verwischten Inschriften.
Die sind hunderte Jahre alt, sagte Heinrich bewundernd, während er die Münzen in den Händen hielt, sie hin und her schüttete, so daß sie feucht dumpf klirrten.
Oder noch älter, meinte Ekbert.
Hedwig nahm eine Münze nach der anderen aus Heinrichs Händen, rieb sie zwischen den Fingern und an ihren leinernen Hemdärmeln blank und versuchte, die Buchstaben zu entziffern: Imperator, las sie, Roma, Caesar, August...
Wieder sahen ihr Menschen entlegener Zeiten entgegen. Noch deutlicher als in Heinrichs Erzählungen: Sie blickte in ihre Gesichter. Es war, als hielte die Zeit ihren Atem an. Zeit und Raum schienen plötzlich eins. Die Wirklichkeit schien für einen Augenblick ins Unwirkliche gefallen. Wo war sie... Wer war sie, wer waren die, denen der Schatz gehört hatte, die früheren Bewohner der Burg. Und wer die, deren verwischte Gesichter ihr entgegensahen. Es schauderte ihr vor dem unendlichen Strom der Menschen durch Zeit und Raum.
Bald sprudelte hell das Wasser in dem neuen alten Brunnen.
Der Winter kam. Keine erfreuliche Zeit. Die Tiere im Walde verkrochen sich in ihren Höhlen, die Menschen in ihre Behausungen.
Wolken hingen immer tiefer. Bis sie zur Erde reichten. Nebel und Schnee. Bald lag der Winter wie eine weiße Glocke über dem Land, über der Burg. Oder wie ein riesiges Federbett über einem frierenden Kranken. Eine schläfrige Zeit.
Wer jetzt kein Dach hatte überm Kopf und keinen Ofen,

nichts zu Beißen oder kein Holz zum Heizen, der konnte auf den sicheren Tod gefaßt sein.

Darum hatte Herzogin Adelheid beizeiten in der Vorburg ein Haus für Obdachlose einrichten lassen. Mildtätigkeit gehörte zu den vornehmsten Pflichten einer Herzogin. Das war christliche Obliegenheit. Das Elend, das es zu lindern galt, war groß. Die Not erschreckend. Doch oft zog ins Armenhaus auch ganz übles Gesindel ein. Ein Aufseher wurde eingesetzt, der sich um Ordnung im Armenhaus zu kümmern hatte. Um Prügeleien Einhalt zu gebieten, standen ihm Knechte zur Seite. Ein Siechenmeister aus Leubus war auch ständig da. Im Armenhaus war es warm und es gab zu essen. Bald aber war das Haus voll. Die Bedürftigen mußten weiterziehen, nachdem sie mit einem Näpfchen Suppe abgespeist worden waren. Sucht euch woanders eine Bleibe. Wo?

Auch in der Burg rückten die Menschen enger zusammen, suchten das wärmende Feuer, das Licht. Oder stille Plätzchen zum Schlafen. Gähnen und Vorsichhindämmern wohin man sah. Man bewegte sich langsamer als zur sonnigen Zeit und immer auf denselben Pfaden zwischen Schlafturm und Wohnhaus und dem Kapellchen. Ein Tag war wie der andere.

Auszureiten war gefährlich. Außerhalb der Mauern konnte man sich nur in den wenigen hellen Stunden des Tages bewegen. So kamen Reisende nur langsam voran. Und wer nicht unbedingt reiten mußte, blieb lieber daheim.

Nicht aber die Ungeduldigen. Die begaben sich oft waghalsig in Gefahr. So Ekbert, der es gutem Rate zum Trotz gewagt hatte, von Leubus nach Liegnitz zu reiten. Der Troß, der ihn begleitete, wurde bei plötzlich einbrechender Dämmerung kurz vor Liegnitz von einem Rudel Wölfe angefallen. Die Ritter und Knechte, wenngleich mit Speeren und Äxten bewaffnet, konnten sich der Wölfe nur mit Mühe erwehren. Da hörten sie das Wiehern des letzten Pferdes, das drei Wölfe zugleich in die Flanken bissen. Der Knappe fiel vom sich aufbäumenden Pferd. Auf Roß und Reiter stürzten sich die hungrigen Bestien. Dem Unglücklichen war nicht zu helfen. Doch die anderen konnten sich durch sein Opfer in eiliger Flucht retten. Zum Glück lag die Zugbrücke noch auf, man hatte die Reisenden erwartet.

Boleslaw hatte noch im Herbst an die große Halle, wo sich die Männer oft laut die Zeit vertrieben, tranken und derbe Scherze erzählten - wer wollte es ihnen verwehren -, einen Raum für die Frauen anbauen lassen. Wo das zartere Geschlecht in Ruhe verweilen konnte. Hier war es heller und wärmer als anderswo. Die Kemenate hatte zwei Fenster aus dem kostbaren Glas, während andere Räume nur kleine Öffnungen hatten, bespannt mit ölgetränkten Leinenlappen. Abends wurden alle Fenster mit dicken Holzläden verschlossen.
Im Wohnhaus der Frauen wurde weder an Licht noch an Wärme gespart. Die Mägde heizten frühmorgens den großen geweißten Ofen an, um den eine Bank lief, auf der man neben den Katzen wohlig den Rücken wärmen konnte. Abends wurden viele Kerzen und Öllampen angezündet. In diesem Raum hatten sich die rauhen Ritter, wenn sie empfangen wurden, höfisch und zahm zu verhalten.
In einem Teil des Raumes residierte Herzogin Adelheid auf ihrem Lager, das mit kostbaren Fellen bedeckt und seidenen Kissen geschmückt war. An der Wand dahinter ein riesiges Bärenfell, der Kopf des Tieres war kunstvoll erhalten worden. Eine Öllampe verbreitete von der niedrigen Decke herab mildes Licht, und auf einem Tischchen daneben lagen Früchte und Süßigkeiten, an denen die schweigsame Herrin mit leidvoller Miene knabberte. Manchmal setzte sie sich an ihr Spinnrad oder an den Webstuhl oder kramte den Stickrahmen heraus. Da sie aber ungeduldiger Natur war, wurde sie dieses Zeitvertreibs bald leid. Unzählige Katzen teilten mit der Fürstin das Lager.
So lernte Hedwig ihre neue Umgebung kennen. Unausweichbar. Hautnah. Nie war sie allein. Heinrich weilte oft an ihrer Seite. Oft, aber nicht zu oft, denn das schickte sich nicht. Ein Ritter sollte die Zeit unter seinesgleichen verbringen. Wer als Jungverheirateter zu oft die Nähe seines Weibes suchte, wurde verspottet. Auch ein Herzogssohn. Und auch wenn die junge Frau noch nicht sein Weib war. Denn sie war es nicht. Doch das wußte außer ihnen keiner. Hedwig spürte Heinrichs Ungeduld, ohne sie recht zu verstehen. Ebenso unklar empfand sie, daß ihre Zurückhaltung seine liebevolle Zuwendung steigerte. Sie

hätte ihm gern gewährt, worauf er Anspruch hatte, doch ihr Körper wehrte sich. Sie war noch immer kein Weib.
Hedwig gestaltete heiter und umsichtig ihre Tage und die Zeit ihrer Frauen. Sie hatten sich einen Platz zwischen den lichtspendenden Fenstern eingerichtet: Ein Tisch, zwei Bänke. Jutta, Berta und Demundis, Adelheids Vertraute, ein Waisenkind, deren Vater Boleslaws treuer Ritter gewesen war, gehörten zu dem Kreis. Und dazu hin und wieder noch andere adlige Fräulein, die am Hofe weilten.
Hedwig hatte beim Abschied in Kitzingen beschlossen in der Burg ähnlich wie im Kloster zu leben. Doch eine Burg war kein Kloster. Es galt, die Getreuen behutsam für ein klosterähnliches Leben zu gewinnen. Dreimal des Tages gemeinsam zu beten, wäre wohl nicht zu viel, fragte sie freundlich ihre Begleiterinnen, von denen sie kaum Widerspruch erwartete. Die jungen Frauen nickten bereitwillig mit den Köpfen. Also ließ die junge Herrin den Hofkaplan zu sich kommen. Den brachte sie ganz schön auf die Sprünge! Sie wünsche sich, sagte sie freundlich aber bestimmt, jeden Morgen in der Frühe einem Gottesdienst beizuwohnen.
Jeden Morgen...
Dazu zwei weitere Andachten während des Tages. Zu denen werde sie stets mit ihren Getreuen kommen. Aber sie hoffe, die anderen Herrschaften auch.
Der junge Kleriker riß die Augen auf und strahlte, als wenn ihm ein Engel etwas aufgetragen hätte. Mit eifrigem Kopfnicken versprach er, alles zu tun, was und wie es sich die Herrin wünschte.
An den bereitwilligen Gehorsam der Menschen gewöhnte sich Hedwig allmählich. Das war im Kloster anders gewesen, da mußte sie selbst gehorsam sein. Jetzt nahm sie die Gefügsamkeit der Leute als selbstverständlich entgegen, wußte sie doch, daß es sich so gehörte: man war der jungen Herrin zu Gehorsam verpflichtet. Andererseits aber merkte sie bald, daß es auch eine ihr eigene Art war, Menschen zu gewinnen, sie zu bewegen, ihr gern zu Willen zu sein. Sie spürte eine freudige Bestimmtheit in sich, die sich den anderen mitteilte. Für sie ein Beweis mehr, daß ihr hilfreiche Engel zur Seite standen.
Die Predigten des jungen Geistlichen erwiesen sich als wenig beeindruckend, zumal er beim Anblick seiner Her-

rin einen roten Kopf bekam und seine Rede sich verwirrte. So beschloß diese, erbauliche Geschichten selbst zu erzählen oder vorzulesen. Sie lud zu frommen Begegnungen in die Kemenate der Frauen ein. Sie erzählte Geschichten, die sie im Kloster gehört hatte und manchmal dachte sie sich auch eigene aus. Dann sang sie mit den jungen Frauen gemeinsam Psalmen und Lieder. Oft brachte sie eigenhändig das kostbare Stundenbuch mit, ihr Brautgeschenk, das sie sorgfältig in einer festen Truhe im Turm aufbewahrte, zusammen mit ihrem Schmuck und Vater Bertolds ägyptischen Gläsern. Daraus las sie vor. Danach trug sie das Buch selbst zurück in den Turm. Ihr kostbarstes Eigentum.

Das sprach sich bald herum. Die Geschichten der jungen klugen Herrin waren bezaubernd schön und lehrreich, sie trug sie mit angenehmer Stimme vor und wählte ihre Worte sorgsam, damit sie jeder verstehen konnte. Dazu sangen die jungen Frauen gar lieblich. Besonders Berta hatte eine klangvolle Stimme und konnte ohne Mühe eine einmal gehörte Melodie wiederholen. Sie gab beim Singen den Ton an. Jutta schlug die Laute. Bald kam, wer konnte, zu den Begegnungen in der Kemenate der Frauen. Und auch zum Gottesdienst in der Kapelle strömten die Hofleute eifriger als sonst herbei. Da nicht nur Heinrich oft seine Frau begleitete, sondern sogar Boleslaw des öfteren hinzukam, galt es bald als schicklich, dabei zu sein.

Boleslaw sagte schmunzelnd: Hedwig, Jadwiga, du meine deutsche Prinzessin du, du machst mit uns, was du willst. Aber weil du Gutes willst, so machen wir gern, was du willst. Danken wir Gott, daß wir dich haben.

Irgendwann beschloß die Unermüdliche ihren Gefährtinnen Lesen und Schreiben beizubringen. Doch damit kam sie nicht weit. Das war denen zu mühsam. Wozu sollten sie Lesen und Schreiben können, fragten sie. Und schüttelten ablehnend ihre hübschen Köpfe. Sie sahen keinen Sinn darin. Also mußte sich Hedwig etwas anderes einfallen lassen. Sie schlug vor, eine Altardecke für die Liebfrauenkirche vor der Burg zu sticken. Und eine für die kleine, Sankt Laurentius geweihte Burgkapelle dazu. Das wollten die jungen Frauen gerne tun.

Heinrich übernahm es bereitwillig, Seide und seidene Fäden zu besorgen. Weiße Seide und goldene und silberne Fäden, aber auch bunte. Die Bestellung wurde für den Kaufmann auf ein Stückchen Pergament geschrieben. Doch so leicht war das nicht. Beim Liegnitzer Händler waren nicht genügend Seide und nur silberne Fäden vorhanden. So mußte Heinrich einen Troß nach Breslau zu dem Juden Ibrahim schicken, was zu der Jahreszeit bekanntlich ein gefährliches und langwieriges Unterfangen war. Dafür war die Freude groß, als das hell schimmernde Zeug in Liegnitz eintraf.
Indes hatten die Frauen tagelang Muster für die Stickereien entworfen, Bilder ausgedacht und gezeichnet. Zuerst auf ihren Wachstäfelchen, dann auf Pergament. Blumen und Ranken sollten es vor allem sein, hier und da Engel, oder auch nur Engelflügel. Das wirkt geheimnisvoller, meinte Hedwig.
Bald konnte die mühsame Arbeit beginnen. Das goldweiße Strahlen der Seidendecke brachte Licht und Sinn in die trüben Wintertage.
Doch nicht alle konnte Hedwig für ihren freundlichen Kreis gewinnen.
Herzogin Adelheid hielt sich zurück. Sie zeigte ihrer Schwiegertocher zwar keine Feindseligkeit, dazu war sie zu klug, aber sie ließ es an Freundlichkeit fehlen, so daß sich für Hedwig eine Annäherung verbat. Das tat ihr weh, hatte sie doch von Heinrichs Mutter, die eine Verwandte ihrer Familie war, Entgegenkommen erwarten dürfen. Vielleicht sogar mütterliche Liebe erhofft.
Doch es war wie es war und sie mußte sich abfinden damit. Sie erwies der Herzogin-Mutter Achtung, wie es sich gehörte. Und wahrte Distanz. Allmählich begann sie zu begreifen: Die alte Herzogin fühlte sich von ihrer jungen Schwiegertochter in ihrer Position bedroht. Dazu trug vor allem das Verhalten ihres Mannes bei, der seine Zuneigung zu der jungen Frau keineswegs verbarg. Boleslaw bekundete laut und oft allzu aufdringlich seine Sympathie für Hedwig. Er hätte ihr gern die Sterne einzeln vom Himmel geholt, wiederholte er.
Kein Wunder, daß sich Adelheid abwandte, wenn Boleslaw die junge Frau mit freundlichen Worten überschüttete, mit denen er bei ihr sparte. Und wenn er gar wie ein alter

Kater sein: Hedwig, Jadwiga, du meine kleine deutsche Prinzessin du, zu schnurren begann, bekam sie Kopfschmerzen. Sie wußte, sie hatte zu schweigen und sich dem Willen ihres Mannes zu beugen, doch ihre Kränkung ganz zu verbergen, vermochte sie nicht.
Hedwig sah ein, daß sie einiges von Adelheid lernen konnte, ohne daß sie darüber sprachen. Denn trotz Kopfschmerzen, über die die alte Herzogin häufig klagte, behielt sie doch das ganze Haus aufmerksam im Blick. Zu festen Zeiten kamen die Kammerfrauen zu ihr und erstatteten Berichte, nahmen Anordnungen entgegen. Und auch der Kastellan hatte sich täglich bei ihr zu melden. Ähnlich der Ordnungsmeister vom Armenhaus. Verschiedene Leute wurden zur Herrin gerufen. Vor den Leuten ließ sich die Herzogin nie gehen. Herrschaftlich aufgerichtet redete sie mit ihnen. Leutselig oder streng oder beides zugleich. Danach ließ sie sich wieder in ihr leidvolles Schweigen und ihre unzähligen Kissen fallen, um mit ihren Katzen zu spielen.
Abends besuchte sie ihr Mann, mit dem sie leise über Ereignisse des Tages und über Pläne, die nicht nur die Burg betrafen, sprach. Oft stritten die beiden leise, aber heftig miteinander. Sie wähnten sich unbelauscht, doch Hedwig bekam so manches zu hören, was nicht für sie bestimmt war. Sie merkte bald, daß es zwischen den alten Eheleuten ein gutes Verständnis gab, aber auch ungute Spannungen, die sie zu verbergen bemüht waren. Bald kam sie darauf, was dahinter steckte. Adelheid konnte es ihrem Mann nicht verzeihen, daß er sie in die Wildnis verschleppt hatte, wie sie Schlesien nannte, in das Land hinter allen Wäldern, während er selbst weiter ein fröhliches Leben am kaiserlichen Hof geführt hatte. Sie, in dieser sogenannten Liegnitzer Burg, die in Wahrheit ein Bauernhof war, in diesem verfallenen steinernen Turm voller Mäuse und Ratten, und er der glanzvolle Herr am kaiserlichen Hofe. Wer weiß, was er da getrieben hat. Nach Hause sei er nur gekommen, um ihr ein Kind zu machen. Als wenn du dich meiner zu schämen brauchtest, als wäre ich nicht wer, zischte sie. Ich hätte auch gern lieber am Hofe geglänzt. Ich, die Tochter des Grafen von Berengar, wäre dort eine unter Gleichen.

Und jetzt diese Andechserin, der er sich zu Füßen warf, als wäre sie etwas Besseres als sie. Bereit, sie auf Händen zu tragen, ihr eine neue Burg zu errichten. Das hörte Hedwig nicht, aber sie spürte, daß Adelheid auch so zu ihrem Mann sprach, oder zumindest so dachte. Als sie sich später daran erinnerte, begriff sie, daß der eheliche Kampf zwischen Adelheid und Boleslaw bis zum Ende nicht entschieden war. Immer aufs neue stritten die beiden um kleine und große Dinge. Im Grunde aber darum, wer der Stärkere in ihrer Ehe war.
In Aglas Augen dagegen blitzte Hedwig blanker Haß entgegen, als sie an die mürrische junge Frau herantrat mit der Bitte, sich doch ihrem Kreis anzuschließen. Agla, die stets ihren Wolfshund an einer eisernen Kette mit sich führte, warf den Kopf in den Nacken und wandte sich brüsk ab. Sie murmelte dabei etwas unmißverständlich Feindseliges. Fluchte sie? Verwünschte sie die freundlich Fragende? Ihr Hund zerrte an der Kette und knurrte bedrohlich. Hedwig hatte seit je Angst vor Hunden. Und so blieb es bei dem einen Versuch, sich der Russin, wie man Aglaja bei Hofe nannte, zu nähern.
Jutta, die bei dem Gespräch zugegen war, flüsterte hinter ihr her: Giftmischerin! Auf Hedwigs Verweis antwortete sie: So sagen die Leute.
Ja, es lag etwas Geheimnisvolles und Beängstigendes um das Geschwisterpaar Agla und Jaroslaw, die Kinder Boleslaws und der Russin Wienczyslawa. Der Vater behandelte sie, als wären sie nicht seine Kinder, oder zumindest andere Kinder als die, die Adelheid ihm geboren hatte, weniger geliebte.
So hatten Agla und Jaroslaw Grund zur Bitternis zur Genüge, sie lebten abseits in einer Hütte, mit eigenen Bediensteten und vielen Tieren, und kamen nur selten in die gemeinsame Halle. Beide gingen mit verschlossenen Gesichtern umher und schwiegen. Als lebten sie unter Feinden.
Jaroslaw hatte einen Bären gezähmt, mit dem er viel Zeit verbrachte, sich in seinen Zwinger begab, ihm Kunststücke beibrachte, aber auch das Zähnefletschen und Angreifen.
Später wurde er eines Tages selbst von seinem Bären angefallen und so schwer verletzt, daß er wochenlang in Todes-

gefahr schwebte. Nach diesem Unfall, bei dem er ein Auge verloren und ein steifes Bein behalten hatte, und an fürchterlichen Kopfschmerzen litt, beschloß der finstere Mann aus Dankbarkeit für sein gerettetes Leben, ins Kloster zu gehen und Geistlicher zu werden. Agla blieb allein.
Gott sei Dank - auch die übelste Zeit nimmt irgendwann ihr Ende. So auch ein langer Winter. Als der Schnee matschig wurde, die Erde hier und da zum Vorschein kam, es von den Dächern zu tröpfeln begann, und die Spatzen wieder frech zwitscherten, atmeten die Menschen auf.
Die jungen Frauen waren mit ihrer Arbeit fertig geworden und hörten es gern, wie man sie für die prachtvollen Altardecken lobte.

Das Familiennest im Walde

*„...die ihr von Gott geschenkten Kinder,
erzog sie in der Furcht des Herrn."*
(Klemens IV. - Bulle der Heiligsprechung der Herzogin Hedwig)

obald die Wege trocken waren, begab sich der Troß des jungen Herzogpaares zu der kleinen Burg im Walde.
Noch war es kühl, aber in den Bäumen hingen zartgrüne Schleier. Der Wille zu wachsen lag in der Luft. Aus dem feuchtbraunen Boden sproß zartes Grün, Schneeglöckchen lugten hier und da hervor und die bunten Tupfer der Krokusse schmeichelten den Augen. Diese Luft nach der langen Zeit in der stickigen Burg! Es tat wohl, durch den frühlingsfrischen Wald zu reiten und tief durchzuatmen. Das Wunder der Wiedergeburt des Lebens zu genießen! Winter ade! Welch ein Glück! Hedwig erinnerte sich an Walters Frühlingslieder, begann aber ein Marienlied zu summen. Dann zu singen. Die anderen fielen ein.
Die Arbeiten am Bau waren weiter gediehen, als man es zu hoffen gewagt hatte. Bruder Jakob berichtete zufrieden: Die Leubuser Mönche mit ihren Konversen haben den ganzen Winter Steine gebrannt. Dafür hatten sie in der Vorburg einen Ofen errichtet, das war leichter als alle Steine anzukarren und zu behauen. Haufen von Steinen lagen herum. Die Backsteine ordentlich zusammengefügt. Balken und Bretter gestapelt unter einem Dach. Kaum war der Frost zu Ende, begannen die Arbeiten am Bau. Da war was los. Hei... Die Goldberger spuckten in die Hände und sagten immer wieder - für unsere Prinzessin aus Bayern. Damit sie bei uns bleibt. Damit es ihr bei uns gefällt. Bruder Jakob schmunzelte. Die Goldberger haben viel ge-

schafft, aber die Einheimischen waren mit dabei. Die haben was gelernt. Zuerst die Augen aufgerissen, dann aber tüchtig mitgemacht. Gutwillige Menschen.
Bei Gelegenheit haben wir ihnen das Vaterunser beigebracht und sie und ihre Familien getauft.
Bruder Jakob lobte die Leute, erwähnte aber seinen eigenen Einsatz nicht. Dabei war der das wichtigste gewesen.
Hedwig hüpfte unbekümmert um ihre Schuhe und das lange Kleid über Pfützen und Geröll.
Ein Schlafturm! Mächtig geraten in einer Ecke des Platzes. Noch umrüstet, doch bis zur zweiten Ebene hochgezogen. Ein gemauertes Wohnhaus eher als ein Turm. Größere Fenster als in Liegnitz, überhaupt größer als der Liegnitzer Turm. Kein Vergleich. So sollte es sein. Heinrich und Hedwig nebeneinander. Beide freudig händehaltend. Hedwig strahlte ihn an: wir werden bald im eigenen Haus wohnen. Einen eigenen Herd haben... Unsere Tür... Unsere Treppe. Wie schön! Und wenn ich zehn Jahre auf einer Baustelle wohnen sollte, wie ziehen bald ein.
Daneben das Wohnhaus auf einem Fundament aus Steinen, fest gefügt aus dicken Holzbohlen. Noch ohne Fenster und Türen. Es war nicht nötig zu verbergen, daß beide sehr zufrieden waren. So viel gelungene Mühe mußte gelobt werden. Bruder Jakob gab auf Heinrichs Geheiß den Leuten einen Wink, auf den sie gewartet hatten. Bald umringten sie das junge Fürstenpaar. Heinrich und Hedwig schüttelten viele harte Hände. Heinrich versprach besonderen Lohn. Hedwig verstand es so liebenswürdig zu danken und zu loben, das sich ihr alle zuwandten wie einem wunderbaren Bild. Sie hatte eine Art von Selbstsicherheit an sich, die aus Bescheidenheit und Würde gleichzeitig bestand.
Sie bestiegen ihre Pferde und versprachen bald wiederzukommen. Ein längerer Aufenthalt sollte nicht die Arbeiten aufhalten. Die Zeit war kostbar und sollte nicht vertan werden.
Die legen sich dir zu Füßen, wunderte sich Heinrich.
Das sagst du, entgegnete sie. Du bist doch im Umgang mit den Leuten geschickt wie selten wer.
Nun, da werden sie uns wohl beide lieben.
Doch es vergingen noch Monate und es wurde Sommer,

ehe das junge Paar in die kleine Burg Einzug hielt. Und es war immer noch ein Bauplatz. Die Mauer war noch nicht hoch, das Tor nicht eingehängt. Pfützen überall. Die Wohnräume kahl und das Kapellchen noch nicht zu gebrauchen. Aber sie waren fortab zu Hause. Ach, diese Liegnitzer Burg. Diese Enge. Alles vorbei. Wunderbar!
Hedwig konnte damit anfangen die Räume wohnlich zu gestalten. Wie, darüber hatte sie sich lange Gedanken gemacht. Heinrich sagte, wenn sie ihn um Rat fragte: dir soll es gefallen. Was dir gefällt, gefällt auch mir. Ich glaube an den außerordentlich höfischen Geschmack meiner hochwohlgeborenen Frau, spöttelte er.
Der breite Turm bot im ersten Geschoß außer der Schatz- und Kleiderkammer noch Raum genug für eine hübsche Kemenate. Mit einer kleinen Tür, die wie in die Luft hinausführte. Davor ein steinerner Vorsprung mit einem Eisengitter darum. Eine modische Erfindung aus Italien. Licht und Luft im Sommer. Darunter sollte ein Garten sein. Später. Hier wollte sich Hedwig einrichten. Sie ließ ihr Gebetpult hineinstellen und die Truhe mit Kostbarkeiten aus Andechs. Obenauf das Stundenbuch. Ihr Refugium. Für vertrauliche Gespräche und die notwendige Zurückgezogenheit. Und das Gebet.
Hedwig richtete ein. Ordnete an: Dies und das. So und so. Wandbehänge. Kuschelige Felle. Decken und Kissen. Und noch ein Öfchen für die kalte Zeit. Es machte ihr Spaß. Der Kaufmann aus Breslau ging aus und ein.
Nur Vorsicht mit Feuer, warnte Heinrich. Der Turm in Liegnitz war dreimal ausgebrannt. Der ganze Plunder - Pelze, Gewänder aus kostbaren Stoffen, auch die schlesischen Fahnen. Allesamt aus Seide. Alles verbrannt. Und dazu viele Schriftstücke, die sehr wertvoll waren. Seitdem werden wichtige Dokumente in Leubus aufbewahrt.
Später wollte Hedwig einen Schlafraum für sich und Heinrich und ihre Kinder, die wohl kommen werden, im hölzernen Wohnhaus haben, über der Halle. Wie es in Andechs war.
Auf jeden Fall muß der Turm mit dem Wohnhaus verbunden sein, sagte Heinrich. Und zwar mit einem hölzernen Gang, den man bei Gefahr abreißen kann.

Abreißen, Abbrennen... Ach diese Männer, seufzte Hedwig. Nichts, nur Krieg im Kopf. Woher Gefahr in diesem Walde? Welch ein Feind sollte uns hier suchen oder gar finden? Wer sollte uns hier bedrohen? Höchstens Wölfe und Bären. Ich fühle mich geborgen und geschützt im Walde, Gott näher als unter vielen Menschen. Und dazu diese Mauern.

Das stimmt, pflichtete ihr bei Gelegenheit Boleslaw bei: diese kleine Burg ist sicherer als jede andere, kaum sichtbar im Walde. Wer würde sie hier suchen. Dazu die doppelte Mauer aus Stein. Die untere muß instandgesetzt werden. Und ich werde bald mit dem Bau einer Przesieka beginnen. Das ist ein Ding! Ach, Hedwig, Jadwiga! Dieser Verhau aus Ästen und Dornen und Stämmen! Den mußt du sehen. So schützten sich die Alten. Die Slawen, die nicht aus Steinen bauten, nur aus Holz. Ich schwöre, da kommt kein Hase durch, geschweige denn Roß und Reiter. Und dazu - man sieht ihn nicht. Wird so in den Wald hineingebaut, daß es erst der merkt, der sich aufgespießt hat. Hahaha! Aber eine Mannschaft sollt ihr trotzdem haben. Ritter und Knechte. Nicht kleiner als in Liegnitz. Schließlich sollen sie meine kostbarsten Schätze hüten. Meine Enkel, meine Erben. Die erwartete er ungeduldig und verbarg es nicht.

Hedwig und Heinrich waren sich einig, daß die kleine Burg im Walde eine bescheidene Wohnburg sein und bleiben sollte. Ein Familiennest. Auch für später. Wohin man sich zurückziehen werde, um sich von den Anstrengungen des höfischen Lebens in Liegnitz auszuruhen.

In Liegnitz dagegen soll später eine Prachtburg entstehen, wie sie hierzulande keiner hat. Die soll von der Macht der schlesischen Piasten Zeugnis geben. Boleslaw lächelte geheimnisvoll und gab zu verstehen, er habe bereits Pläne in Auftrag gegeben.

In ihrem neuen Haus nahm Hedwig Heinrich in die Arme, sie öffnete sich ihm voller Vertrauen und eine neue Welt tat sich ihnen beiden auf: sie waren glücklich! Liebe, Vertrauen, Geborgenheit! Was konnte schöner sein! Beide strahlten vor Liebe und lächelnd nahmen es die anderen zur Kenntnis. Die Älteren wußten, wie vergänglich ein solches Glück war, das den Beglückten ewig schien. Also gönnten sie es den Jungen.

Hedwig fragte besorgt ihren Beichtvater, ob es kein Verrat an Gott sei, so viel Glückseligkeit in den Armen eines Mannes. Der geistliche Herr erklärte verlegen, daß eheliche Liebe von Gott gewollt sei, und zur Fortpflanzung der Menschheit notwendig. Und wenngleich ein geistiges Leben viel mehr bedeute vor dem Herrn, sei auch das natürliche gottgewollt. Sie übrigens, die Frau, habe die Freuden des ehelichen Lagers mit dem Schmerz des Gebärens zu bezahlen. Der Schmerz, ja, oft die Todesnähe, gleiche die ehelichen Freuden aus. Ja, so sei es von Gott gewollt.
Bald nahm Hedwig verlegen zur Kenntnis, daß alle auf ihr sich rundendes Bäuchlein starrten, das bei ihrer kindlichen Gestalt sehr bald sichtbar wurde. Ein Tuscheln begann. Die bevorstehende Geburt war fortab das wichtigste Thema für die ganze Umgebung.
Für Hedwig begann eine Zeit wie im warmen Bauch des Lebens. Oder anders gesagt: sie war der Bauch des Lebens. Der Bauch, der Leben gebären sollte. Von allen erwartetes Leben.
Dabei geriet sie in eine Abgeschiedenheit, die sie an ihre Zeit in Kitzingen erinnerte. Heinrich weilte oft, zu oft in Liegnitz, wo er seinem Vater bei seinen Geschäften half. Hedwig blieb im Nest. Als Bruthenne, wie sie spottete. Ihr blieb nur Jutta für Gespräche.
Sie fühlte sich oft unwohl und schläfrig, aber sattglücklich zugleich.
Irgendwann sagte Heinrich: wir sind zu Bertas Hochzeit eingeladen. Die soll in aller Stille, nur im engsten Familienkreis, stattfinden.
Warum so plötzlich und warum in aller Stille... wunderte sich Hedwig.
Heinrich erklärte mit grimmiger Miene, Berta sei zu einer unstandesgemäßen Ehe gezwungen, ja, sozusagen genötigt worden. Seine schöne Schwester heirate unter Zwang und gar nicht dem Wunsch der Familie entsprechend. Bogusch, ein Hauptmann der Wache, du wirst dich wohl an ihn erinnern, ein Schönling, aber ein kleiner schlesischer Ritter, hat sie geschändet und geschwängert, und dies muß nun abgesegnet werden. Was sonst? Festlicher Aufwand wäre wohl unpassend, oder? So brummte

Heinrich unwirsch, aber auch unsicher. Hedwig erinnerte sich, daß sie Berta mit diesem hübschen jungen Mann hier und da hatte herumstehen und sprechen gesehen. Geschändet, sagte sie. Welch ein Wort! Was ist denn Schlimmes an einer unstandesgemäßen Ehe mit einem schlesischen Adligen. Ein schlesischer Ritter ist doch kein Heide. Ich kann dich nicht verstehen. Wenn sich die jungen Leute lieben, sollte man sich freuen. Ich würde gerne deine Frau sein, auch wenn du ein kleiner schlesischer Ritter wärest. Heinrich sah sie an und nahm sie in die Arme: wer weiß...

Bertas Kind wird ein Bastard sein, fuhr Heinrich grollend fort. Meine Schwester... Meine schöne Schwester. Fürsten wollten sie haben.

Aber dein Vater hatte immer nein gesagt, warf Hedwig ein. Nein und nein. Er wollte sich von seiner schönen Tochter nicht trennen. Da ergab es sich so, daß das Mädchen ihr Herz an einen Mann aus ihrer Umgebung verlor. Und das Kind, dem ist es doch egal, ob es ein Fürstenkind oder ein fürstlicher Bastard ist. Das wichtigste ist die Liebe der Eltern. Und daran werden es die beiden wohl nicht fehlen lassen.

Naja, du hast wohl recht.

Als Hedwig und Heinrich am Vorabend der Trauung in Liegnitz eintrafen, saß die Piastenfamilie mit den Eltern des jungen Mannes in der Halle zu Tisch. Das Fürstenpaar hochmütig schweigend, die Eltern des Erwählten mit verlegenen Gesichtern. Berta sah verweint aus und der hübsche junge Mann neben ihr blickte verstört. Hedwig zog sich das Herz zusammen. Sie begrüßte ihre Schwiegereltern zuerst, wie es sich gehörte, wandte sich dann aber schnell Berta zu, die es kaum wagte aufzusehen. Sie reichte ihr beide Hände und rief laut: Mein liebes Schwesterchen, ich wünsche dir Gottes Segen und Glück. Wie schön du aussiehst! Komm, sagte sie, und bat sie aufzustehen. Sie legte ihren Arm um ihre Schultern und trat mit ihr vor Boleslaw hin.

Mit einer Hand auf ihrem und einer auf Bertas Bauch sagte sie zu ihm: Vater, freut Euch an uns, wir beide werden bald die Familie der Piasten vermehren. Und so Gott will, tapfere Söhne zur Welt bringen. Euch zu Ehren.

Boleslaws Gesicht, zunächst überrascht, hellte sich auf: Du meine Hedwig, Jadwiga, sagte er, oh, du kluge deutsche Prinzessin du! Du findest immer das richtige Wort. Auch für meinen Kummer. Aber du hast ja recht. Ihr werdet beide Kinder bekommen, die Blut von meinem Blute sind, und das ist in Ordnung so. In beiden Söhnen werde ich weiterleben. So segne euch beide Gott. Amen. Und der große Mann neigte sich herab und küßte mal die eine, mal die andere gerührt: meine Täubchen! Und wischte sich die Tränen aus den Augen, zu denen der große Mann schnell neigte. Meine Töchterchen! Moje golombki!
Adelheid sah dem erstaunt, aber dankbar zu. Auch sie stand auf und nahm ihre Tochter in die Arme. Hedwig trat an die Eltern des jungen Mannes heran und begrüßte sie freundlich. Und schließlich gab sie dem nun glücklich lächelnden Ritter die Hand. Und reichte ihm ihre Wange zum Kuß. Er war wirklich ein bildhübscher Kerl.
So ein schönes Paar, sagte Hedwig, hat man schon lange nicht mehr gesehen.
Hedwig, Jadwiga, sagte Boleslaw mit seiner dröhnenden Stimme, hab Dank. Du bist eine kluge Frau und dazu hast du das Herz am rechten Fleck. Und er hob seinen silbernen Pokal und trank ihr zu und dann seiner schönen Tochter Berta, die nun glückstrahlend noch viel schöner war.
Auf dein Wohl, Jadwiga, auf dein Wohl, Berta, euer Wohl, meine Töchter und Söhne und aufs Wohl meiner Enkel, aufs Wohl meiner Familie!
Hedwig bekundete noch einmal laut ihre Freude über eine Vermählung, die zwei so junge und schöne Menschen beglücken soll. Denn: was gibt es besseres auf dieser Welt, als ein glückliches Ehepaar. Ja, ich weiß wohl, wovon ich rede, denn auch ich genieße dieses Glück. Für das ich Gott jeden Tag danke und ihn um Segen bitte. Sie lächelte Heinrich zu und schmiegte sich an seine Schulter.
Boleslaw versprach, das junge Paar auf einer wohlbegüterten Kastellanei einzusetzen, und die Taufe des ersten Kindes so feierlich zu begehen, wie es sich für einen fürstlichen Spößling gehöre. Damit diese Feier die Bescheidenheit der Trauung ausgleiche.
Nach dieser kurzen Abwechslung vergingen Hedwigs Tage

wie zuvor. Sie schlief viel, viel zu viel, wie sie sich vorwarf, und ihr Bauch wuchs. Der ist bald größer als ich, spöttelte sie. Sie hätte das große Ereignis, das ihr bevorstand, gern hinter sich gehabt.

Alle betrachteten sie unentwegt. Die sehen mich an wie einen heiligen Berg, ärgerte sie sich. Bin ich denn eine heilige Kuh? Was ist denn so Ungewöhnliches an einer schwangeren Frau?

Ihr seid eine besondere Frau, Herrin, sagte Jutta ernst. Ihr sollt den Erben des schlesischen Piastenreiches gebären. Das ist für jeden wichtig.

Und so fühlte sich auch jede und jeder, der zu ihr Zugang hatte, befugt, ihr gute Ratschläge zu geben. Besonders Heinrich und Boleslaw waren darin nicht zu überbieten. Sie solle achtsam mit sich umgehen, baten sie unzählige Male. Vor allen aber Jutta gab sich streng. Verbote, Verbote... Hedwig durfte weder dies noch jenes tun. Ausreiten verboten. Aufregen durfte sie sich auf keinen Fall. Vorsicht: eine Stufe! Sie sollte sich langsam bewegen und viel essen. Wenn möglich halbliegend ruhen.

Warum, fragte sie, ich bin doch nicht krank.

Sicher ist sicher, antwortete Jutta. Woher Jutta plötzlich auch darüber so gut Bescheid wußte, verwunderte Hedwig sehr.

Hedwig spöttelte: mein Bauch... mein Bauch ist nicht mein Bauch, er ist der Bauch der Piasten. Der Landesmutterbauch. Das ganze Volk starrt auf meinen Bauch. Mein Bauch ist wichtiger als ich es bin. Ich bin nur dazu da, den Bauch zu tragen.

Sogar die alte Fürstin kam eines Tages in Röchlitz in einer rumpeligen Kutsche vorgefahren, um nach dem Rechten im Haus ihres Sohnes zu sehen.

Herzogin Adelheid hatte eine prachtvoll geschnitzte Wiege mitgebracht: Die Wiege der Piasten. In der sollte der nächste Fürst von Schlesien seine ersten Schreie von sich geben. Eine hübsche Truhe mit winzigen Hemdchen und Häubchen darin, und ein Tragebettchen aus Daunen dazu. Dies alles hatte die Fürstin von ihren Kindern aufbewahrt. Darüber freute sich Jutta besonders: die ausgewaschenen Hemdchen sind besser für das Kind, weicher als neue.

Dennoch saßen die Frauen und nähten Hemdchen und Mützchen. Sie nähten und stickten und hatten daran ihren Spaß. Wie gut, daß ich wenigstens die Finger bewegen darf, sagte Hedwig zu Jutta.

Auch die Vorbereitungen für die erwartete Geburt, die notwendigen Entscheidungen, wurden ihr abgenommen, man redete über sie hinweg. Weil sie so ungewöhnlich träge war, ließ sie es geschehen. Jutta stand an der Spitze der hilfreichen Kompanie. Hedwig sah sie sogar mit Heinrich tuscheln.

Man ließ an Ekbert schreiben, damit dieser früh genug eine erfahrene Geburtshelferin schickte. Um Gottes Willen, sich nicht von einer Frühgeburt überraschen lassen!

Die erfahrene Klosterfrau kam Wochen, ja Monate zuvor, eine in der Heilkunde bewanderte Nonne, eine vielgerühmte Medizinfrau, die bereits in zahlreiche fürstliche Häuser zu Geburten gerufen worden war. Bonaventura hatte viel Zeit, sich mit der jungen werdenden Mutter zu unterhalten, ja, sich mit ihr zu befreunden. Sie lehrte die junge Fürstin Gebete um eine leichte Geburt, Gebete zur Mutter Gottes und zur heiligen Anna, die sie beide täglich wiederholten. Und auch über den Vorgang der Geburt belehrte die Nonne die junge Fürstin, und darüber, wie eine Gebärende helfen kann, das Kind leicht und schnell auf die Welt zu bringen: durch tiefes Atmen und Gottvertrauen. Loslassen... Das Kind kommen lassen. Und beten. Keine Angst haben...

Ich habe keine Angst, antwortete Hedwig. Doch wer hörte auf sie. Auch Anderes nervte sie. Besonders Entscheidungen, die hinter ihrem Rücken fielen. Die kindliche Gestalt der jungen Mutter hatte von Anfang an Besorgnis geweckt. Ob sie ihr Kind werde stillen können, flüsterten die Frauen. Jutta besprach sich mit Heinrich und griff tatkräftig ein: Eine Amme wurde gesucht und gefunden. Eine junge Mutter aus Goldberg. Ich will mein Kind selbst stillen, fauchte Hedwig beleidigt, als sie davon hörte. Eine Amme kommt mir nicht ins Haus. Man redete nicht mehr darüber, um sie nicht aufzuregen.

Neben dem Schlafraum des fürstlichen Paares wurde die Kammer fürs Kind und für Bonaventura vorbereitet. An alles, aber auch an alles mußte gedacht werden. Jutta di-

rigierte. Ein Tisch zum Wickeln wurde in die Kammer hineingestellt, eine Badewanne. Stöße weißer Windeln stapelten sich.
Das Kind ließ auf sich warten. Hedwig blieb Zeit für Gespräche mit Bonaventura über Kräuter und andere Heilmittel. Kinder waren oft krank.
Heinrich, der sich anfangs bemüht und besorgt gab, zog sich mit der Zeit zurück. Er fühlte sich immer weniger gefragt. Und auch zunehmend gelangweilt von dem ständigen Gerede über Kinderkram. Zum Schluß mußte er sogar das eheliche Lager räumen, denn die Wehen konnten jederzeit einsetzen, am Tage oder in der Nacht. Und eine Geburt war kein Erlebnis für einen Mann. Bei einer Geburt hatte ein Mann nichts zu suchen. Auch der liebevollste Ehemann nicht.
Hedwig aber fühlte sich einsam, trotz der sie umgebenden Fürsorglichkeit, oder gerade durch sie.
Sie machte sich Sorgen, über die sie nicht zu reden wagte, auch mit Bonaventura nicht, jedes Wort zur Geburt wurde ja wie eine Staatsangelegenheit behandelt. Aufgebauscht, wiederholt, in aller Munde zehnfach umgedreht. Sie war allein mit ihren Befürchtungen. Vielleicht, dachte sie, werde ich nicht merken, daß es soweit ist. Woher auch. Oder ich werde irgendetwas falsch machen. Was, das wußte sie nicht.
Plötzlich war es soweit. Nun wußte sie es ganz bestimmt. Ohne Zweifel. Und sie wußte von sich aus, wie sie sich zu verhalten hatte, als hätte sie schon viele Male geboren. Es blieb ihr kaum Zeit, sich darüber zu wundern.
Denn kaum hatten die Wehen eingesetzt, war das Kind da. Hedwig hatte nur einen kurzen Schrei von sich gegeben, voller Schmerz und Erleichterung zugleich. Und schon war das Wunder vollzogen.
Die Gesichter der helfenden Frauen neigten sich über sie. Erwartungsvoll zuerst, hilfsbereit, und bald glückstrahlend. Eine außergewöhnlich leichte Geburt, freute sich Bonaventura, und sie mußte es ja wissen. So ist es oft bei sehr jungen Müttern, fügte sie hinzu. Ein gesunder Knabe. Diese frohe Botschaft ging wie ein Lauffeuer durch die Burg.
Hedwig war erschöpft und glücklich zugleich. Sie empfand jähe Freude, als ihr Bonaventura das winzige Menschlein

zeigte, das sie soeben geboren hatte. Ein Wesen, das sich von ihrem Leib gelöst hatte, eben noch ein Teil ihrer selbst und nun ein neuer Mensch. Wie konnte ein so schrumpliges rothäutiges Etwas plötzlich eine so tiefe Liebe wecken, wunderte sie sich gerührt. Das Neugeborene schien ihr häßlich und wunderschön zugleich. Und sie wußte: das war das größte Wunder des Lebens. Schmerz und Freude zugleich. Diese Gleichzeitigkeit schien der jungen Mutter bedeutsam. Sie wollte später darüber nachdenken. Sie betete dankbar zur Gottesmutter.
Und auch die Frauen betrachteten das Kind mit verzücktem Lächeln, als wäre ein Stern vom Himmel gefallen, direkt in ihre Arme.
Dann aber weinte Hedwig vor Enttäuschung, als man ihr das gebadete frisch gewickelte Kind an die Brust legte: Ihre Brüste waren leer. Das Kind schrie und die Mutter weinte.
Bonaventura flößte dem Winzling lauen Kamillentrank in den Mund, so schlief der Schreihals bald ein. Man ließ die Amme eiligst herbeirufen.
Heinrich wurde erst ans Bett der jungen Mutter gelassen, nachdem sie gewaschen, und das Bett von Blutspuren gereinigt und frisch bezogen worden war. Hedwig lag matt lächelnd in den weißen mit Stickereien verzierten Kissen, das schlafende Kind in den Armen. Heinrich kniete nieder und verbarg sein Gesicht in der Bettdecke. Er weinte vor Rührung. Auch er empfand diese Geburt wie ein Wunder. Das größte Wunder der Welt. Hedwig streichelte seine Haare.
Die Boten, die die frohe Botschaft verkünden sollten, waren längst bereit. Jetzt galt es sie so schnell wie möglich nach Liegnitz zu bringen. So flogen alsbald die Reiter durch den Wald.
Die kleine Glocke der Röchlitzer Kapelle bimmelte atemlos. Doch erst die Glocken von Liegnitz sollten dem Ereignis das richtige Gewicht geben. Die Glocken von Liegnitz sollten die frohe Botschaft ins weite Land tragen: Hedwig von Schlesien hat ihr erstes Kind zur Welt gebracht! Einen gesunden Jungen. Der erwünschte Erbprinz der Piasten war da. Boleslaw von Schlesien. Das sollten die Glocken allen verkünden. Dem ganzen Land.
Hedwigs kindlicher Körper konnte sich lange nicht von der

Anstrengung der Geburt erholen. So wurde die Taufe erst nach Wochen gefeiert.

Nur mit Überwindung gewöhnte sich Hedwig an die Amme, die ein liebenswürdiges blondzöpfiges Wesen war. Sie konnte es nicht verwinden, daß sie zusehen mußte, wie ihr Kind an der Brust eines fremden Weibes saugte, zufrieden schmatzte und satt an ihrer prallen Brust einschlief. Sie fühlte sich um etwas beraubt und mußte sich Mühe geben, zu dem jungen Weibe freundlich zu sein. Jutta wunderte sich laut darüber, die meisten Fürstinnen übergaben doch gern Ammen ihre Kinder.

Die Zeit verging. Die Tage reihten sich aneinander. Ein Tag war ähnlich wie der andere. Die Jahreszeiten bestimmten das Leben der Menschen in der kleinen Burg: Frühling, Sommer, Herbst, Winter. Hedwig hatte viel Muße über den Lauf der Zeit nachzudenken, die die Zeit eines Lebens war. Wehmütig. Sie sah es an den Kindern. Die wuchsen schneller heran, als sie es sich wünschte. In zehn Jahren gebar Hedwig sechs Kinder, ein Kind nach dem anderen. Nach Boleslaw Konrad, später Heinrich und schließlich die beiden Mädchen Agnes und Sophie. Und nach ihnen, einige Jahre später, Gertrud.

Sie war gern Mutter, aber sie fragte sich: soll das alles sein? Das ganze Leben? Sie fühlte sich liebevoll behütet, aber auch eingeengt, ja, oft wie eingekerkert in der kleinen Burg. Manchmal fühlte sie sich alt und müde. Das Leben verfloß... So viel wäre zu tun. Sie liebte ihre Kinder, sie liebte ihren Mann, doch die Enge und Eintönigkeit ihres Lebens bedrückte sie.

So oft sie etwas unternehmen wollte, um aus der Enge auszubrechen, um aus der warmen Höhle herauszukommen, gab Heinrich besorgt zu bedenken, sie müsse auf ihre Gesundheit achten, sie könne doch die Kinder nicht ohne Aufsicht lassen. Oder - sie müsse an das Kind in ihrem Leibe denken. Habe doch noch Geduld, bat er. Später wirst du neben mir stehen und auf das Geschick des Landes Einfluß nehmen. Das verspreche ich dir. Ich bin noch nicht der Herr im Lande. Du mußt warten. Auch ich warte. Später...

Wann später, fragte sie zurück. Ob ich bis dahin leben werde, fragte sie ihn, fragte sie sich selbst viele Male. Unruhige Träume plagten sie.

Heinrich hatte viel in Liegnitz zu tun. Eigentlich regierte er inzwischen allein. Boleslaw klagte über hundert Wehwehchen, mit denen sich der einst starke Mann nicht abfinden wollte. Von seinen Mönchen in Leubus verlangte er barsch ein Jugendelixier. Er konnte das Älterwerden nicht ertragen. Doch beim Regieren mußte er immer noch seinen Willen haben. Ja, sein Starrsinn war mit der Zeit beträchtlich gewachsen. So hatte es Heinrich nicht leicht neben ihm.

Indes versuchte Hedwig auch in der Abgeschiedenheit der kleinen Burg in der Ordnung zu leben, die sie im Kloster liebgewonnen hatte. Auch hier. So hatte sie es sich in Kitzingen gelobt. Das bedeutete vor allem: jeden Tag etwas Nützliches, Gottgefälliges zu tun. Ora et labora - beten und arbeiten, so sollten die Tage vergehen.

Um ihre frommen Absichten zu unterstützen, hatte ihr Ekbert, der stets treubesorgte Bruder, einen jungen Kleriker geschickt, mit dem schönen Namen Engelbert. Den hatte er in Rom kennen- und schätzengelernt. Und so empfahl er ihn seiner Schwester in der einsamen Burg als Burgkaplan und Beichtvater und für viele Gespräche. Engelbert sei wissbegierig, ähnlich wie sie, schrieb Ekbert, und er wolle ein Stück Welt mehr kennenlernen, dieses merkwürdige Schlesien, ehe er sich endgültig in ein Kloster begab, um dort den Rest seiner Tage zu verbringen. Er hoffe, so Ekbert, Engelbert werde in Leubus bleiben, wo ein guter Skribent dringend vonnöten wäre. Der Gelehrte sei, schrieb Ekbert weiter, trotz seiner Jugend, hochgeschätzt für sein Wissen, seine christliche Demut und sein Können. Aus einer der besten Familien stammend, hätte er leicht hier und da zu Amt und Würden gelangen können, doch er denke nur an die Bereicherung seines Geistes und das Wohl seiner Seele.

Engelbert hielt, was Ekbert versprochen hatte. Die junge Herzogin führte lange Gespräche mit ihm, die ihre Unruhe milderten und sie in vielem trösteten. Sie lernte begierig von ihm. Ihr schien, als habe der junge Kleriker alle Bücher der Welt gelesen und wüßte Bescheid in Fragen des Glaubens wie kaum einer. Sie wollte so vieles wissen und überschüttete ihn mit ihren Fragen. Er antwortete freundlich mit gesenkten Augen. Nie war er um eine Antwort verlegen, doch meistens führte er in aller Bescheidenheit die großen Lehrmeister an: Franziskus sagte, oder Bernhard von Clairvaux meinte..., Hildegard von Bingen war der Ansicht... So war seine Rede. Er konnte fast die ganze Bibel auswendig, und dazu zitierte er aus dem Kopf die Gelehrten der Kirche. Aber auch griechische und arabische Bücher waren ihm nicht fremd. Manchmal erzählte er abends am Feuer erbauliche Geschichten, denen auch die Hofleute gern zuhörten. Zudem war der junge Kleriker wie ein Engel schön. Er hatte blondes lockiges Haar und in seinem blassen Gesicht leuchteten große graue Augen mit langen Wimpern.

Jeden Morgen hielt er einen Gottesdienst ab, bei dem die Herrin kaum je fehlte. Und zwei Andachten des Tages dazu. Hedwig stand vor ihren Kindern und Frauen auf. Sie wusch ihr Gesicht in kaltem Wasser, das am Vorabend in einem irdenen Krug bereitgestelllt worden war und kleidete sich eigenhändig an. Sie wollte allein sein in der Frühe, niemanden neben sich haben. Sie warf einen Blick auf die schlafenden Kinder und huschte in die Kapelle. Nur wenige fanden sich dort so früh ein. Auch Heinrich kam nicht mehr mit. Er hatte Niko von Würben beauftragt, die Herzogin morgens zum Gottesdienst zu begleiten. Jutta blieb bei den Kindern. So hatte es sich Hedwig gewünscht, obwohl diese mit ihren Ammen und Kinderfrauen schliefen. Aber man weiß ja nie.

Nach dem Gottesdienst verbrachte die junge Frau zunächst einige Zeit mit ihren Kindern. Mit Heinrich, wenn er da war. Dann hielt sie Besprechungen ab mit Jutta und dem Kastellan, und mit Leuten, die ein Anliegen an sie hatten. Sie trug ständig ein Wachstäfelchen in einem Säckchen bei sich. Einmal Versprochenes wollte sie nicht vergessen. Sie wußte, was die Leute schätzten und was sie am meisten kränkte. Sie wollten ernst genommen werden. Kaum etwas in der kleinen Burg entging dem aufmerksamen Blick der jungen Herrin. Sie duldete keine Nachlässigkeit weder bei sich noch bei anderen. Sie schalt die Trägen, umsorgte aber die Hilfsbedürftigen. Sie half, wo sie konnte. Und zu helfen gab es unendlich viel, denn das Leid und die Unbeholfenheit, ja, die Dummheit der Leute waren oft unfassbar für sie.

Heinrich freute sich darüber. Alles lief wie am Schnürchen in der kleinen Burg. So kannst du bestens üben, Fürstin zu sein, sagte er zu seiner Frau. Denn wer es im Kleinen kann, kann es auch im Großen.
Vor allem aber waren ihr die Kinder die wichtigste Aufgabe. Hedwig war stets bedacht, möglichst viel Zeit mit ihren Kindern zu verbringen, mit ihnen zu reden. Doch streng zu sein, fiel ihr schwer. Andererseits wollte sie ihre Kinder nicht mit übertriebener Milde verzärteln. Nein, das nicht. Oft warf sie sich allzu große Nachsicht vor, und war bemüht, diese in Grenzen zu halten. Nicht nur sie hielt übertriebene Zärtlichkeit schädlich für Kinder.
Doch besonders Agnes und Sophie waren liebreizend und es fiel jedem schwer, den Blick von so viel kindlicher Schönheit abzuwenden. Und erst recht der Mutter. Hedwig mußte sich ständig ermahnen, die Kleinen nicht zu oft zu streicheln, zu küssen, oder in die Arme zu nehmen.
Besonders Großvater Boleslaw war vernarrt in die Kleinen, und er verwöhnte sie ohne Bedenken. Er kam oft zu seinen kleinen Prinzessinnen, wenngleich ihm das Reiten schon schwer fiel. Sie durften ihm den Bart zausen, das restliche Haar kämmen und auf seinen Knien reiten. Irgendwann sah Hedwig, wie der alte Fürst den Mädchen als Pferdchen diente. Auf allen Vieren kroch er mit seiner süßen Last auf dem Buckel auf der Wiese herum, mal mit Sophie, mal mit Agnes. Hedwig zog sich zurück, sie wollte den Alten nicht beschämen.
Die Knaben Boleslaw und Konrad dagegen hielten seit je zusammen und zeigten sehr bald recht männliche Gebaren, sie rasselten mit hölzernen Schwertern und ritten auf Steckenpferden. Alles Geschenke des Großvaters.
Sobald sie das Knappenalter erreicht hatten, wurden die beiden der Obhut der Mutter entzogen und dem vortrefflichen Ritter Niko von Würben übergeben. Von dem sollten sie das ritterliche Handwerk lernen. Von der Pieke auf, wünschte sich der Vater. So fing der Lehrmeister mit einfachen Übungen und Spielen an: Wettlaufen und Springen, Klettern, Ballspiele, Schwimmen. Übungen, die die Geschicklichkeit der Knaben, ihre Kraft und ihren Mut stärken sollten. Dann Steinstoßen und Werfen. Allmählich kamen Reiten und Fechten dazu, Bogenschießen. Dazu

lernten sie den Umgang mit Pferden, Falken und Jagdhunden. Ja, sogar höfischer Gesang und Lautenspiel wurden geübt, und die Regeln des höfischen Dienstes besprochen.
Bald ordnete man in Liegnitz für die fürstlichen Knappen leichte Turniere an, Wettspiele, zu denen sich andere Rittersöhne einfanden, und zu denen Zuschauer eingeladen wurden. Niko war den Jungen zum zweiten Vater geworden. Und auch er liebte sie sehr.
Dazu sollten die beiden Knaben zweimal in der Woche bei Bruder Engelbert Lesen und Schreiben lernen. Darauf hatte die Mutter bestanden. Doch das schmeckte ihnen nicht. Stubenhocken und Lernen... Sie rümpften die Nasen. Konrad malte kämpfende Ritter auf Pferden auf seine Wachstafel. Hunde, die Tiere des Waldes jagten. Boleslaw legte am liebsten den Kopf auf die Bank und schlief, oder tat, als schliefe er.
Bruder Engelbert beschwerte sich bei der Mutter. Wenn es nicht die Fürstensöhne wären, klagte er, würde er ihnen tüchtig mit der Rute auf die Finger klopfen. Hedwig sah erschreckt drein, versicherte aber, nichts gegen Rutenstrafen für ihre Söhne zu haben, wenn sie es verdienten. Doch Engelbert sah sehr wohl, daß er die Mutter, nicht die Söhne gestraft hätte. Die Fürstin versprach, zuvor mit den jungen Sündern zu reden. Das tat sie. Und auch vor Heinrich klagte sie über die Faulheit der Jungen.
Doch der Vater lachte und sagte ungerührt, daß er sich durchaus ritterliche Söhne wünsche, keine Pfaffen. Sie solle doch aufhören, die Kinder zu quälen. Für einen jungen Herzogssohn sei es wichtig, gut zu Pferde zu sitzen und das Schwert ordentlich zu schwingen. Den Leuten gehorsam abzuverlangen. Wozu Lesen und Schreiben! Hat mir das je gefehlt?
Heinrich, der Mittlere, ein langsames Pummelchen, wußte lange nicht so recht, ob er mit den Brüdern Ritter und Räuber oder mit den kleinen Schwestern Puppen spielen sollte. Er war Mutters Söhnchen, und suchte am häufigsten ihre Nähe.
Wieder einmal wirbelte ein milder Herbst goldene Blätter übers Land. Hedwig weilte mit ihren Kindern im Walde. Auf einer sonnigen Lichtung.

Die Kinder spielten Jagen und Verstecken. Sie sprangen auf der Lichtung über die Schnur. Sie warfen sich Reifen und Bälle zu. Die beiden Mädchen sahen wie bunte Schmetterlinge aus in ihren hellen Kleidchen. Der kleine Heinrich war auch dabei.
Die Mutter rief ihre Kinder zu sich und erzählte ihnen, wie die Bäume heißen, die Blumen. Warum hat eine Baumkrone eine Form wie das Blatt, fragte Agnes. Wie wachsen aus Eicheln und Kastanien Bäume? Aus so kleinen Dingern so große Bäume, wunderte sich Sophie. Warum wurden die Blätter im Herbst rot und gelb, und warum fallen sie von den Bäumen. Warum? Warum?
Wie sollte sie auf diese Fragen antworten. Es ist eben so. So hat es der gute Gott gewollt. Und der weiß allein, warum es so sein soll und nicht anders. Denn es ist seine Welt. Und ist sie nicht schön... Wunderschön...
Ja, schön, sagten die Kleinen. Und wollten doch lieber springen gehen.
Hedwig lehnte sich mit geschlossenen Augen an einen Baumstamm und ließ sich von der Sonne durchdringen. Die letzten Sonnenstrahlen genießen... Die Sonne in den Winter mitnehmen, sagte sie zu Jutta, wenn man doch in sich einen sonnigen Vorrat für die dunklen Wintertage sammeln könnte.
Sie erschauerte, als sie danach in den Schatten trat.
Der Winter wird bald kommen, sagte sie zu Jutta, und er wird hart sein für uns.
Warum Herrin, fragte Jutta erschrocken.
Ich spüre es, antwortete Hedwig.
Sie wies auf einen Schwarm von Vögeln, der sich am Rande der Lichtung niedergelassen hatte. Sieh Jutta, die Vögel sammeln sich früh in diesem Jahr. Das ist ein Zeichen. Der Winter wird bald kommen.
Wie schön wäre es, fuhr sie fort, mit den Vögeln in wärmere Länder zu ziehen. Weit weg fliegen, nach Italien, nach Palästina, ins Heilige Land. Hinreiten wie die Männer...
Von denen so viele nicht zurückkommen, warf Jutta ein.
Na und, sagte Hedwig, ein Leben muß nicht lang sein, wenn es schön war, wenn man Schönes erlebt hat. Sterben müssen wir alle. Aber eine Frau ist dazu da, im Nest

zu hocken und zu brüten, an einem Ort in den Mauern zu sitzen. Zu warten. Warten... Auf was warten...
Ist das nicht schön, verwunderte sich Jutta. Bequem und geschützt leben. Ohne Sorgen.
Ach Jutta...
Erinnerst du dich an unser Gespräch mit dem alten Budeko. Dem Blinden, dem die Leute in der Vorburg das zweite Gesicht nachsagen. Auch er sagte einen strengen Winter voraus, der plötzlich kommen wird. Und was für einen. Hunger und Tod, hat er gemurmelt, erinnerst du dich.
Herrin, sagte er zu mir, die Schwarzen werden wieder übers Land kommen. In Stürmen. Und werden laut klagen. Uns anklagen, weil wir in dem Land sitzen, das einst ihres war. In ihren Häusern leben. Sie heulen im Winde wie Wölfe, ihre Geister... Daß Euer Gott uns gnädig sei und unsere alten Götter dazu.
Herrin, hüte Euch Gott und behüte deine Kinder.
Woher weißt du das, Budeko, habe ich ihn gefragt. Und woher weißt du, daß ich es bin, die Herrin.
Ich sehe mehr als die sehen, die sehen, hat der Alte gemurmelt. Aber ich sage nicht alles... Was kommen soll, wird kommen. Ich glaube, er wollte mir noch etwas sagen, hielt sich aber zurück. Warum...
Und er kam, der Winter. Plötzlich war er da. Über Nacht waren die Dächer weiß und in den Pfützen klirrte das Eis. Zur Freude der Kinder.
Die kleine Burg im Walde schneite ein wie ein Märchenschloß. Heinrich kam noch seltener nach Hause. Wenig Trost schenkten das warme Feuer im Ofen, die hellen Kerzen überall.
Hedwig hatte, wie es üblich war, in der Vorburg ein Haus für Obdachlose und Kranke einrichten lassen. Für arme Gäste, wie sie sie nannte. Viel zwielichtiges unlauteres Gesindel war dabei. Jutta sah dieses Volk nicht gern.
Es sind unsere Brüder in Christi, widersprach ihr Hedwig. Die junge Herzogin hatte Mitleid mit den armen Menschen, sie wollte ihnen helfen, doch sie war froh, geschützt vor ihnen zu stehen, denn so manchem blitzte das Böse im Blick. Ohne Aufseher könnten sie gefährlich sein. Doch nicht alle. Der alte Sendel war ein anderer Mann.

Ein merkwürdiger Pilger, der unzählige Messer und Messerchen in seinem Rucksack mit sich schleppte und wo er saß, unaufhörlich Holzfiguren schnitzte. Ein Beinleiden hatte ihn an der Rückkehr nach Thüringen gehindert, wo er zu Hause war. Wo war er gewesen? In weiten Landen. Warum? In seinem Alter? Neugierig war er gewesen. Und überall habe er Figuren geschnitzt.
So auch jetzt für die herzoglichen Kinder. Die waren von ihm nicht wegzubekommen. Man ließ den Alten in einem gesonderten Stübchen unterbringen. Die Kinder durften zu ihm kommen. Niko oder zumindest die Kinderfrauen waren immer dabei. Der Alte schnitzte aus weichem Holz die schönsten Puppen und Steckenpferde und andere Tiere, sogar Kamele und Elefanten. Wo er diese gesehen haben mag, wunderte sich die Fürstin. Sie bestellte eine Weihnachtskrippe für die Burgkapelle bei dem Mann. Dazu verstand der alte Sendel Geschichten zu erzählen, denen die Kinder gerne zuhörten. Stundenlang mit geröteten Backen.
Doch auch zu den Kindern in der Vorburg zog es die Kinder. Jutta rümpfte die Nase. Die Kinder in den Hütten sind schmutzig, gab sie ihrer Herrin zu bedenken. Läuse und anderes Ungeziefer könnten die herzoglichen Kinder dort bekommen. Und ansteckende Krankheiten dazu. Doch die junge Mutter war großzügiger als es ihre Hoffrau gerne sah. Kinder sind Kinder, sagte sie. Es wäre eine Sünde, den Kindern das Spielen mit Kindern zu verbieten. Erkältungen bei Kindern blieben im Winter nicht aus, das war klar. Hedwig wußte recht gut, wie dem beizukommen war, mit heißem Lindenblütentrank und Schwitzen und Betthüten, so daß es bei ihren Kindern meistens bei Schnupfen und Husten blieb. Doch irgendwann sagte ihr Tscheska, eine der Kinderfrauen, mit angstgroßen Augen, daß in der Siedlung ein Erkältungsfieber ausgebrochen sei, das die Leute Krupp nennen. Eine schlimme Krankheit, an der Kinder wie Fliegen starben. In der Siedlung seien schon zwei Kinder an dem bösen Fieber erstickt.
Hedwig erschrak und verbot ihren Kindern die Leutehäuser aufzusuchen. Aber es war zu spät. Zuerst erkrankte Agnes, die Ältere. Sie sah plötzlich sehr blaß aus und beklagte sich über Kopfschmerzen. Bauch tut weh, Hals tut

weh, kann nicht schlucken, jammerte sie. Sie kuschelte sich auf Hedwigs Schoß wie eine krankes Kätzchen ein und weinte leise. Hedwig legte ihre kühle Hand auf die heiße Stirn der Kleinen - starkes Fieber.
Sie ließ das Kind ins Bett bringen und Lindenblütentrank zubereiten. Sie setzte sich zu ihm, hielt seine Hand und sprach tröstend auf es ein. Alles wird bald vergehen. Du mußt nur brav im Bettchen liegen. Im Stillen betete sie angstvoll zur Muttergottes. Das Mädchen begann bellend zu husten, der Hals schwoll an und auch das Gesicht. Hedwig sah in den kleinen Mund. Ein übler Geruch schlug ihr entgegen. Der Gaumen und die Zunge waren weißschmutzig belegt. Jetzt wußte sie: Das waren Zeichen der gefürchteten Krankheit. Krupp...
Sie wußte, fortab konnte sie nur noch auf die Kraft ihres Gebetes vertrauen. Sie ordnete streng an: die anderen Kinder durften nicht mehr an das Bett der kranken Schwester. Boleslaw und Konrad hielten sich bereitwillig daran. Langweilig, so eine kranke Schwester im Bett. Niko brachte die beiden nach Liegnitz. Doch Sophie und auch Heinrich wollten bei der kranken Schwester sein, sie trösten, und spielen mit ihr. Warum nicht? Beide mußten bewacht werden. Niko nahm die böse Kunde nach Liegnitz mit, ein Eilbote sollte Bruder Adalbert aus Leubus herbeirufen. Heinrich sollte sofort kommen.
Hedwig wachte abwechselnd mit Jutta Tag und Nacht am Bett der Kleinen. Es wurde immer schlimmer. Nach zwei Tagen konnte Agnes auch kein lauwarmes Kräuterwasser mit Honig mehr schlucken. Husten schüttelte sie. Danach lag sie röchelnd in den weißen Kissen.
Hedwig ließ feuchte, mit Apfelessig getränkte Tücher um den Hals des Kindes wickeln, die stickige Luft mit Weihrauch reinigen. Alles vergeblich. Das Kind quälte sich und die Mutter konnte ihr nicht helfen.
Das Mädchen öffnete die Augen und sah ihre Mutter an. Dann verlor sich ihr Blick. Es war ihr letzter gewesen. Diesen Blick konnte Hedwig nie vergessen. Sie hatte ihrem Kind nicht helfen können! Welch ein Schmerz!
Die Frauen brachen in lautes Jammern aus.
Heinrich und der heilkundige Bruder Adalbert kamen zu spät nach Röchlitz.

Bruder Adalbert versicherte, daß er nicht mehr hätte tun können, als getan worden war, denn gegen diese schreckliche Krankheit gab es keine Medizin. Er riet vor allem, die anderen Kinder zu schützen. Die giftige Krankheit übertrug sich schnell. Auch durch die Luft.
Die Mutter wand dem toten Kind Agnes ein rosa Seidenband in die Locken und legte ihm ihre Lieblingspuppe in den Arm. Das schönste Kisschen unter den Kopf... Die gestickte Decke. Dann wurde der kleine Sarg unter lautem Schluchzen in die Kapelle getragen. Fest verschlossen.
Am Tag darauf begannen Sophie und der kleine Heinrich gleichzeitig zu fiebern und zu husten, über Halsschmerzen zu klagen. Sie konnten nicht schlucken. Bruder Adalbert schüttelte betrübt den Kopf und sah besorgt die Mutter an. Die hielt an sich, doch das Entsetzen sah man ihr an. Mein Gott, das kann doch nicht wahr sein. Heilige Muttergottes hilf!
Bruder Adalbert umsorgte die Kinder. Ließ einen Trank nach besonderem Rezept brauen. Wickel aus Apfelessig, die Luft mit Weihrauch reinigen. Er nötigte die Mutter, sich wenigstens etwas hinzulegen.
Dann saß sie wieder am Bettchen Heinrichs, dann wieder bei Sophie. Der Vater löste sie ab. Der Junge schien zu sterben, dann aber schlief er tief ein. Er erwachte und verlangte zu trinken, fragte nach Essen. Er war gerettet. Ein Wunder! Sophie aber starb in wenigen Tagen.
Der zweite kleine Sarg neben dem anderen in der Kapelle. Danach erkrankte Hedwig. Sie lag kraftlos und still, so daß Heinrich um ihr Leben bangte. Bruder Adalbert sagte: das war zuviel. Ein Nervenfieber. Die unglückliche Mutter lag unbeteiligt da. Abwesend. So lag sie Wochen, ja Monate und ließ es mit sich geschehen. Sie hatte die Lust zu leben verloren und schwebte zwischen Leben und Tod. Heinrich blieb in Röchlitz. War besorgt um sie. Saß an ihrem Bett und hielt ihre Hand. Manchmal blickte sie ihn todtraurig an, war aber zum Reden nicht zu bewegen.
Und da auch der alte Boleslaw vor Kummer erkrankt war, regierte im Lande Peregrin von Wiesenstein. Der Treue.
Erst als milde Frühlingsluft durch das kleine Fenster einströmte, und Jutta ihrer Herrin die ersten Schneeglöckchen brachte, richtete sich Hedwig in ihren Kissen auf

und fragte nach ihren Söhnen. Meine Söhne, sagte sie tonlos. Nun habe ich nur noch Söhne.

Der Alltag zog wieder in die kleine Burg ein. Hedwig war allein. Boleslaws zunehmende Schwäche verlangte Heinrichs Anwesenheit in Liegnitz.
Eines Tages ließ Hedwig Engelbert zu sich rufen. Der junge Kleriker kam und ließ sich auf den Schemel, auf den ihn die Herrin verwiesen hatte, nieder. Ihr gegenüber. Er saß vor ihr aufrecht mit gefalteten Händen und sah wie ein Engel aus.
Warum, begann Hedwig und stockte.
Warum straft mich der Herr, Bruder Engelbert. Ich habe meine Mädchen verloren, die ich sehr geliebt habe. Gott hat sie mir genommen. Was habe ich getan, daß Er mich straft? Habe ich ihm nicht redlich gedient. Nach bestem Willen. Gebetet. Täglich, mehrere Male. Was will Gott mehr von mir, sagt es mir, wenn ihr es wißt, Bruder Engelbert.
Herrin, wir alle kennen Gottes Absichten nicht. Sein Planen und Wirken bleibt uns verborgen. Wir dürfen ihm nur demütig vertrauen. Wenn Ihr erlaubt, erzähle ich Euch eine Geschichte, wie Gott durch seine Engel waltet. Ich habe sie von einem alten weisen Mann gehört und der wiederum von einem anderen.
Ja, bitte, erzählt Bruder, wenn Ihr meint, daß die Geschichte meiner ähnlich ist.
Die Ähnlichkeit müßt Ihr selber herausfinden, Herrin, entgegnete der junge Mann.
Der Einsiedler, zu dem wir gekommen waren, damit er uns belehre, sprach: Nichts geschieht auf Erden ohne Ursache. Und alle Ursachen liegen in Gott. Amen.
Nach einer Weile der Stille hob er an: Es lebte einst ein Einsiedler, der lange Zeit strenge Buße tat und als heiliger Mann berühmt war. Eines Tages kam ein Räuber zu ihm, den sein Gewissen drückte und bat ihn um den Erlaß seiner Sünden. Er beichtete reumütig und der Einsiedler sprach zu ihm: Bruder, du bist losgesprochen von deinen Sünden, aber unter der Bedingung, daß du drei Weisungen befolgst. Erstens sollst du, ob dir nun Gutes oder Böses widerfährt, immer nur Gott danken, zweitens sollst du aufrichtig sein, und drittens: Du darfst niemanden verfluchen.

Der Räuber bedankte sich und ging. Abends kam er vom Wege ab, fiel in ein Dorngebüsch und stach sich ein Auge aus. Er weinte, warf sich aber auf die Knie und dankte Gott.
Am anderen Morgen sah er einen umgestürzten Wagen im Graben liegen. Der Kaufmann, der mit diesem Wagen unterwegs war, erkannte ihn und wollte fliehen. Der Räuber rief ihm freundlich nach und half ihm den Wagen herzurichten.
Danach ging der Räuber seines Weges und als er aus dem Walde trat, erblickte er einen Herren mit großem Gefolge, dem er wenige Wochen zuvor seinen Bruder erschlagen hatte. Der erkannte ihn, seine Leute stürzten sich voller Wut auf ihn und erschlugen ihn. Sie ließen ihn liegen und zogen weiter.
Der Einsiedler aber sah, wie seine Seele von frohlockenden Engeln zum Himmel getragen wurde.
Da wurde er neidisch und sagte zu sich: Wie denn das? Gottes Gerichte sind nicht gut und gerecht. Da wird die Seele dieses Bösewichts, der kaum Buße getan hatte, in Ehren zum Himmel getragen und ich, ich getreuer Diener des Herrn, der sich seit Jahren in seinem Dienste plagt, habe nie eine ähnliche Auszeichnung erfahren.
Da kam ein Engel zu ihm und sprach: Komm mit mir, ich werde dir zeigen, daß Gottes Gerichte doch gerecht sind. Sie zogen beide ähnliche Pilgerkleidung an und begaben sich auf den Weg.
Der Engel führte den Einsiedler zuerst zu einem anderen Einsiedler, der am Ufer des Meeres lebte. Der nahm beide Wanderer freundlich auf und bewirtete sie. Als sie zu dritt nach dem Essen am kluftigen Ufer des Meeres spazieren gingen, stieß der Engel den gastfreundlichen Eremiten ins Meer hinab, wo er ertrank.
Der Engel sagte zu seinem entsetzten Begleiter: Betrübe dich nicht. Warte ab.
Dann kamen sie in das Haus eines Kaufmanns, der sie wiederum köstlich bewirtete. Dieser hatte einen goldenen Becher, aus dem er jeden Tag trank und sich über ihn freute. Am Morgen, ehe sie weggingen, entwendete der Engel das kostbare Gefäß. Der Einsiedler war betrübt, sagte aber nichts.

Sie wanderten weiter und am dritten Abend nahmen sie wieder gastfreundliche Leute auf. Das Ehepaar hatte einen kleinen Sohn, den es über alles liebte. Das Kind begann in der Nacht zu schreien, so daß niemand schlafen konnte. Da stand der Engel auf und erwürgte das Kind. Und sie entkamen in der Stille. Unterwegs bekannte der Engel: ich habe das Kind umgebracht. Da entbrannte der Einsiedler in großem Zorn und schalt den Engel laut einen Boten des Teufels eher als des Himmels.
Der Engel lächelte und sprach: Höre zu! Nichts geschah ohne Ursache. Dieses Kind, das ich erwürgt habe, war seinen Eltern so lieb, daß sie, die vorher eifrig um Arme und Kranke besorgt waren, keine guten Werke mehr taten und nur Geld sammelten für ihr Kind. Jenem Kaufmann aber nahm ich den goldenen Becher, weil er ihn mehr liebte als sein Seelenheil und dadurch nachlässig geworden war im Dienste des Herrn und der Mitmenschen. Der Einsiedler endlich, den ich von der Klippe stürzte, beabsichtigte am nächsten Morgen eine große Sünde zu begehen, die ihm Gott nicht verziehen hätte. So hieß er mir diesen Mann retten, indem ich ihn tötete.
So sprach der alte Weise zu uns. Amen.
Hedwig bedankte sich, wie es sich gehörte, für die erbauliche Geschichte. Ihr könnt wunderschön erzählen, Bruder Engelbert, sagte sie. Doch erlaubt - so recht verstehe ich das Tröstende der Geschichte nicht.
Betet, Herrin, sagte der Kleriker. Betet zum Herrn in aller Demut. Nur der Glaube an Gott kann uns helfen zu verstehen. Nur Gott kann uns trösten. Und sie sah wie sich eine Träne von seinen langen Wimpern löste.
Diese Träne und Engelberts trauriges Gesicht spürte sie noch lange in sich.
Bald darauf hatte Hedwig einen Traum. Sie sah ihre Mädchen, Engeln gleich auf hellfarbig schimmernden Wolken schweben, die eine im rosa, die andere im hellblauen Kleidchen, Schleifen in den gelockten Haaren. Sie bauten aus Wolken Figuren wie in Röchlitz aus Schnee, kleine und große Puppen, die sie in Reihen aufstellten. Dann kam eine Schar anderer Engel, die sie mit sich nahmen. Die Mädchen sahen sich freundlich nach ihr um und warfen ihr Wolkenbällchen zu.
Sie erwachte erleichtert und bemerkte, daß ihre Hand das

Figürchen der Gottesmutter fest umschloß. Fortab lichtete sich das Dunkle, das sie so lange Zeit umgeben hatte. Allmählich nahm sie wieder das alltägliche Leben wahr.
Wenig später sprach Engelbert bei ihr vor und bat seinen Abschied nehmen zu dürfen. Er habe einen Ruf in die Zisterziense in Kamp am Rhein erhalten, wo er den Nachlaß der Hildegard von Bingen kopieren soll. Eine lockende Aufgabe für ihn. Hildegard war eine leuchtende Gestalt gewesen, eine starke Frau, vor deren hoher Geistigkeit auch die größten geistlichen Herren sich verehrungsvoll verneigten. Sie predigte vor Scharen Gläubiger. Verstand sich auf die Heilkunde wie nur wenige. Ja, sie komponierte überdies fromme Gesänge. Die Berichte über ihre Gottesschau, ihre Lehre über die Engel brachten ihr weitreichenden Ruhm ein. Besonders Bernhard von Clairvaux lobte und pries die große prophetissa theutonica. In Kamp werde er für alle Zeiten den Zisterziensern beitreten. Aber irgendwann möchte er doch zurück nach Schlesien kommen. Im Leubuser Kloster sei sehr viel zu tun.
So geht, Bruder Engelbert, in Gottes Namen, entgegnete Hedwig. Ich habe viel gelernt von Euch und darf Euch nicht halten. Habt Dank. Ein homo literatus wie Ihr braucht die Bücher. Immer neue Bücher und neues Wissen aus ihnen. Ihr seid wie eine Biene, die den Honig der Weisheit sammelt. Ich aber werde auf Euch warten. Bis Ihr nach Schlesien zurückkehrt. Wenn wir alt sein werden, Bruder Engelbert. Wenn wir beide alt sind, werden wir noch viele Gespräche haben. Das hoffe ich. Gott behüte Euch. Sie wandte sich ab, denn sie spürte die Augen voller Tränen.
Am nächsten Morgen hielt Engelbert seinen letzten Gottesdienst im Kapellchen in Anwesenheit der Herrin und zahlreicher Leute. Dann schwang er sich auf sein Pferd und verließ die Burg.
Und wieder zeigte der Alltag sein eintöniges Gesicht.
Im Herbst darauf kam ein ganz anderer Gast in die kleine Burg. Ein Ritter, der seit kurzem in Liegnitz weilte, aber von weither kam. Ein weltgewandter Mann, der im Nu Heinrichs Vertrauen gewonnen hatte.
Radon von Nitsch war kein schöner und kein junger Mann. Sein Haar lichtete sich bereits, er hatte viele kleine

Narben im geröteten Gesicht und es fehlte ihm die linke Hand, doch höfisches Verhalten war ihm bestens vertraut. Besonders beliebt machte er sich durch seine Geschichten, die er abends am Feuer erzählte. Da scharten sich die Burgleute dicht um ihn herum und lauschten wie verzaubert. Wie es in der weiten Welt zuging, das hörten sie alle gern. Sein Bericht über den Tod Barbarossas, der auf dem Weg nach Jerusalem im Fluß Saleph ums Leben gekommen war, die Trauer um ihn, in die das ganze Abendland daraufhin versunken war, rührte sogar Heinrich zu Tränen. Diese Geschichte, dessen waren sich alle sicher, werde man immer und immer wieder erzählen, bis ans Ende aller Tage. Radons eigene Lebensgeschichte war farbig und voller Abenteuer. Er war als verwaister Sprößling einer angesehenen bulgarischen Familie an den Hof des ungarischen Königs Andreas gekommen, wo er zunächst Knappendienste versehen hatte, doch allmählich durch Treue und Tapferkeit zu großem Ansehen gelangte. Solang er jung und stark gewesen war, hatte er tüchtig in unzähligen Kämpfen das Schwert geschwungen gegen Kroaten, Bosnier, Dalmatier, die alle von den Madyaren unterworfen wurden. Zuletzt hatte er einer königlichen Gesandtschaft angehört, die sich ins Reich an den kaiserlichen Hof begeben hatte, um dort um die Entsendung deutscher Siedler in das Land der Madyaren zu bitten. Die Siedler sollten nicht nur das Land urbar machen, sondern auch Burgen und befestigte Ortschaften bauen, um das Land vor den aus Osten einfallenden Reiterscharen zu schützen. Dafür versprach König Andreas dem Kaiser Hilfe bei seinen Italienzügen.

Auf dem Rückweg erkrankte Radon in der böhmischen Hauptstadt Prag an einem merkwürdigen Fieber, das ihn ans Lager fesselte. Als er gesundete, fragte ihn König Ottokar, ob er eine Botschaft an Boleslaw und Heinrich von Schlesien überbringen könne. Der wieder reisefreudige Ritter sagte gern zu. Nach Erledigung dieses Auftrages wollte er über Krakau endgültig in die Heimat zurückkehren und seßhaft werden.

Heinrich bot dem Ritter seine Freundschaft an und lud ihn ein, in Schlesien zu bleiben.

Radon bedankte sich höflich und wie es schien auch recht

herzlich, doch sagte er weder Ja noch Nein. Bald aber wurde er noch einmal von dem gleichen merkwürdigen Fieber gepackt und man brachte ihn nach Breslau zu den heilkundigen Mönchen.

Nach seiner Genesung kam er wieder nach Liegnitz zurück und von da aus eines Tages nach Röchlitz, ohne zu ahnen, daß er hier den Rest seines Lebens verbringen werde. In Röchlitz nämlich war das Amt des Kastellans freigeworden. Der bisherige Verwalter der Burg war während einer Jagd auf Wildschweine elendig ums Leben gekommen. Das Angebot, Burgvogt in Röchlitz zu werden, nahm Radon ohne Zögern an. Und bald merkte man auch, warum.

Der neue Kastellan begann energisch zu walten. Täglich rief er seine Leute zu Besprechungen ein. Zu denen war oft die Herrin zugegen oder aber in ihrer Vertretung Jutta. Jutta sah den Fremden anfangs recht verächtlich an und antwortete ihm schnippisch, wie es so ihre Art war. Der aber wußte mit dem spröden Fräulein umzugehen, so daß sie bald bei seinem Anblick zu erröten begann. Auch sonst kreuzten sich die Wege der beiden einige Male des Tages und die Gelegenheit zu plaudern ergab sich immer wieder. Bald sah man sie mal hier, mal da in angeregte Gespräche verwickelt. So verwunderte es niemanden, als der abenteuermüde Ritter bei der Herrin um die Hand des ältlichen Fräuleins anhielt. Hedwig war über diesen Lauf der Dinge hocherfreut. Hatte sie doch Jutta in vielen Jahren schätzen, ja, lieben gelernt. Die Treue war schon über Dreißig und bangte einem trostlosen Altjungferndasein entgegen. Andererseits hätte Hedwig sie ungern von sich gelassen, so sehr war sie an ihre Dienste gewöhnt, an ihre vertraute Anwesenheit. Eine Heirat weitweg von ihrer Herrin wäre wohl auch für die Getreue kaum denkbar. So war die sich bietende Verbindung der ersten Hofdame mit dem Kastellan der Röchlitzer Burg eine hochwillkommene Begebenheit.

Die Trauung sollte in aller Stille stattfinden. Hedwig und Heinrich traten als Brauteltern beider auf. Ein Platz, wo sich die beiden ein Haus errichten sollten, wurde ihnen zugewiesen. Und bis dahin Räume im herzoglichen Haus. Der Herzog schenkte dem frisch vermählten Paar einige abgabepflichtige Dörfer zwischen Röchlitz und Goldberg.

Doch die Gelegenheit zu feiern, ließen sich die Burgleute nicht nehmen. Und auch die Goldberger und andere Bürger fanden sich mit Geschenken für das deutsche Fräulein ein. Drei Tage und drei Nächte wurde wie üblich gefeiert. Und wieder rundete sich ein Bauch. Jutta blühte auf wie eine späte Rose. Sie brachte in kurzen Abständen zwei Kinder zur Welt, ein Mädchen und einen Knaben. Doch das Familienglück minderte Juttas Diensteifrigkeit nicht. So sollte es ihr Leben lang bleiben.

Hedwig hatte ihr Versprechen, Petrissa nach Schlesien zu holen, nie vergessen. Ein Frauenkloster in Schlesien zu errichten, in dem Petrissa Äbtissin sein sollte, daran hielt sie fest.
Jetzt, seitdem sie die Gespräche mit Engelbert entbehren mußte, dachte sie um so öfter an ihr Klostermütterchen.
Sie sehnte sich nach Gesprächen mit einer klugen Frau. Gespräche von Frau zu Frau sind anders als Gespräche mit Männern. Männer denken nur an sich, auch wenn sie an Gott denken, ging es ihr durch den Kopf. Dabei bekreuzigte sie sich. Denn sie wußte, wieviel Mühe sich die frommen Mönche gaben, um ihre allzu menschliche Natur zu zähmen. Dennoch - Frauen sind anders. Sie sind Mütter. Auch wenn sie keine Kinder haben. Behütende Mütter. Liebende Mütter im Geiste... Wie es Petrissa für sie gewesen war. Zu lieben ist ihre von Gott gewollte Aufgabe. So ist es und es ist gut so. Die Liebe der Frauen hält die Menschen zusammen, wie der Mörtel die Steine einer Burg. Hedwig war überzeugt, daß Frauen Gott näher sind als die ständig Streit suchenden Männer. Umsomehr die frommen Frauen, die die Liebe zu den Menschen mit der Liebe zu Gott und zur Gottesmutter verbinden.
So kam sie in Gesprächen mit ihrem Mann immer wieder auf die Errichtung des Frauenklosters zurück.
Heinrich belächelte ihre Beharrlichkeit, ging auf das Thema ein, wehrte ab, oder vertröstete sie auf später.
Irgendwann bemerkte er dann doch leicht gereizt, es komme ihm fast vor, daß ihr das Kloster wichtiger wäre als die Familie, oder als denke sie daran, ihn zu verlassen, um Nonne zu werden. Du sollst das Kloster haben, sagte er. Wir wollen das Kloster bauen, aber...

Sie saßen gerade noch für eine Weile am abgeräumten Mittagstisch, wie sie es gern und oft taten. Die Knaben waren mit ihren Betreuern zu den Pferden gegangen.
Aber Heinrich, unterbrach ihn Hedwig, es soll doch unser Kloster sein, nicht meins, das Kloster unserer Familie, unsere Grabstätten sollen dort sein und die Nonnen werden zu allen Zeiten für uns und unsere Seelen beten. Ein Kloster zu Ehren Gottes und fürs allgemeine Wohl der Menschen in deinem Lande soll es sein.
Sie lehnte sich bequem in ihrem Stuhl zurück. Wie oft haben wir darüber geredet, wie wichtig ein Frauenkloster besonders für Schlesien sein wird, wo der Heidenglaube noch stark ist, und wo so viele Kranke und Arme der Betreuung bedürfen, wo es keine Schulen für Mädchen gibt und keine Zufluchtsstätten für unverheiratete Frauen, für Witwen, für Waisen. Vor allem: Wohin sollen sich die Frauen begeben, die ihr Leben Gott weihen wollen. Wie kann ein Land ohne Kloster frommer Frauen sein...
Du hast ja recht, Hedwig, seufzte Heinrich, doch bedenke die Schwierigkeiten, die uns erwarten... Allein der Unwille des Papstes gegen Frauenklöster, von dem alle wissen... Und auch die Mönche mögen die Frauenklöster nicht, die sie in geistliche Obhut nehmen müssen. Merkwürdig, sagte er, die Frauen strömen allerorts in die Klöster, sie gründen überall im Reich Gemeinschaften, die oft auch ohne Obhut der Kirche verbleiben... Diese Beginen... Die Städte im Westen sind voll von ihnen. Manche der Frauengemeinschaften tragen zum üblen Ruf der ganzen Bewegung bei. Der Papst und die Bischöfe dulden ungern die Frauenklöster, denn für sie ist es klar, daß sie eine Belastung der Männerklöster sind, die die Frauen betreuen müssen. Es heißt, die Frauenklöster werden oft zu Stätten der Versuchung für die frommen Mönche. Mir tun sie übrigens leid, diese armen Kerle, spottete Heinrich, sie haben geschworen, keine Weiber anzusehen, sie sind vor den Weibern in die Wildnis geflohen, und nun sollen sie sich um ganze Scharen dieser hilfebedürftigen Wesen kümmern, sich um ihre Seelen sorgen und dabei die oft recht hübschen Gestalten und Gesichter betrachten, die auch von fleischlicher Unruhe geplagt werden. Haben wir nicht genug Geschichten von Mönchen gehört, die von Nonnen verführt wurden... Diese frommen Weiber...

Aber Heinrich, ich bitte dich, fiel ihm Hedwig ins Wort. Du weißt sehr gut, daß wir ohne die geistige Kraft der Mönche gar nicht leben könnten. Ohne die Leistung der Orden wären wir wie die Heiden, wie die Wilden... Die Mönche sind die Friedfertigen auf Erden, die wie Engel Gottes Ordnung unter den Menschen schaffen, die Armen und Schwachen schützen, und auch euch Krieger zähmen. Aber geistige Frauen sind ebenso wichtig... oder wie ich meine, auf ihre Weise noch wichtiger. Übrigens haben wir noch öfter Geschichten gehört, in denen die Mönche verdächtigt wurden, es mit Bauernmädchen zu treiben. Aber auch das waren meistens Märchen, die man sich erzählte, um dem Ansehen der Mönche zu schaden.
Nicht immer, entgegnete Heinrich, gcradc in Schlcsicn hat man mit den Benediktinern üble Erfahrungen gemacht. Du weiß doch, sagte er, daß Boleslaw die versoffenen Faulenzer, die sich Weiber in ihre Schlafsäle geholt hatten, aus Leubus verjagen mußte, ehe er dort die Zisterzienser aus Pforta einführte.
Auch Mönche sind nur Menschen, und wenn einige fehlten, darf man daraus nicht auf alle schließen, widersprach ihm Hedwig eifrig. Schäme dich, Heinrich, du bist viel zu klug, um im Ernst solche Einwände zu erheben.
Ach Hedwig... wehrte Heinrich ab, ich will keinen Streit mit dir, und erst recht nicht in dieser Angelegenheit. Ich habe dir versprochen, dieses Kloster zu errichten.
Doch es wird nicht leicht sein. Aus einigen Gründen. Erstens: Petrissa ist eine Benediktinerin und Benediktiner gibt es in Schlesien nicht. Wer soll also die Benediktinerinnen betreuen?
Einfach, Hedwig zuckte mit der Schulter: wir werden ein Zisterzienserinnenkloster einrichten. Petrissa wird zu den Zisterzienserinnen übertreten. Und die Mönche von Leubus werden die Frauen betreuen. Die lassen sich mit Sicherheit nicht verführen, denn sie sind aufrichtig fromm und zu müde von der Arbeit, die ihr Leben ausfüllt. Die leben beispielhaft in ihrer Ordnung, das weißt du.
Nun gut, antwortete Heinrich, wenn du meinst, für Petrissa sprechen zu können. Die Zisterzienser haben bekanntlich eine strengere Ordnung als die Benediktiner. Also wer-

den die Leubuser die geistlichen Ämter im Frauenkloster übernehmen.
Aber das ist nicht alles. Weiter wäre zu klären: Wird Petrissa die Einwilligung ihrer Obrigkeit bekommen, den Orden zu wechseln. Und auch: wird sie als ehemalige Benediktinerin ein Zisterzienserinnenkloster leiten können. Die Vorschriften sind andere. Und die muß man kennen. Ja, wohl auch gelebt haben.
Und weiter: Woher bekommen wir die Nonnen?
Und die entscheidende Frage: Werden die Bischöfe und der Papst überhaupt die Einwilligung für das Frauenkloster in Schlesien geben?
Ich aber, fuhr Heinrich fort, muß mich als zukünftiger Fürst dieses Landes fragen: wie werden sich die neuen Aufgaben der Zisterzienser auf das Siedlungswerk auswirken? Werden die Mönche nicht zu sehr belastet sein?
Die Nonnen werden wohl kaum die Bauern im Entsumpfen und Roden, im Hausbauen und Felderbestellen anleiten können. Auf die Mönche kommt also doppelte und dreifache Belastung zu, sie werden auch das Siedlungswerk im Umkreis des Frauenklosters betreuen müssen.
Ich bin sicher, antwortete Hedwig eifrig, daß die Mönche von Leubus auch diese neuen Aufgaben mit Leichtigkeit meistern werden, wenn sie sie als gottgefällig annehmen. Ihr Konvent wird immer größer, sie können gar nicht alle, die ihnen beitreten wollen, aufnehmen. Warum sollte sich also nicht auch ihr Arbeitsbereich erweitern?
Zudem werden ihnen die Nonnen wiederum vieles abnehmen. Auch sie werden Aufgaben zu erfüllen haben und im ganzen Lande wirken. Sie werden Kranke und Arme betreuen. Freilich, ich denke vor allem an eine Schule für Mädchen. Möglichst viele junge Mädchen sollen im Kloster unterrichtet werden, damit sie später den Alltag in den Familien christlich gestalten können. Denn das ist das Wichtigste von allem für uns Weiber: Kinder gebären und zu Christen erziehen, deine Untertanen erziehen. Und die sollen Christen sein, keine Heiden. Die Frauen, die eine Klosterbildung haben, wirken besänftigend auf ihre Männer. Sie haben es gelernt, ein angenehmes Zuhause zu gestalten.
Heinrich lachte auf und unterbrach sie: Weiß Gott, an dir

ist ein Prediger verlorengegangen. Es ist wahr, du hättest in einem großen Kloster Äbtissin werden sollen. Das wäre eine Aufgabe für dich gewesen. Aber... wer würde mich indes besänftigen und das Heim für mich gestalten, meine Kinder zu Christen erziehen...
Du wirst mit Leichtigkeit auch die Mönche um die Finger wickeln. Und die Bischöfe und den Papst dazu. Du mein kluges Weib. Er beugte sich zu ihr hinüber und sie küßten sich.
Hedwig fuhr unbeirrt fort: Das will ich hoffen! Mit Gottes Hilfe! Aber wenn man euch von Zeit zu Zeit nicht daran erinnert, wie wichtig das Tun der Frauen ist, wird das von euch gern vergessen.
Natürlich hast du recht, fuhr sie fort, es wird unzählige Schwierigkeiten geben. Dieses Frauenkloster kann nicht von heut auf morgen entstehen. Aber eben deshalb müssen wir beizeiten darüber reden. Pläne entwickeln, um sie dann allmählich zu realisieren. Das weißt du besser als ich. Wichtig ist auch, fuhr Hedwig fort, zu klären, woher bekommen wir die Nonnen. Es müssen starke Frauen sein.
Ekbert wird uns wohl helfen können. Das Kloster St. Theodor in Bamberg ist ein mächtiges Kloster mit vielen Frauen, dort müßte man vor allem suchen. Mit der Erlaubnis des Bamberger Bischofs wird es keine Schwierigkeiten geben, er ist unser Verwandter und Ekbert sein engster Vertrauter und für seine Nachfolge vorgesehen. Ekbert ist so gut wie Bischof von Bamberg... Bleiben Petrissas Vorgesetzte... Und vor allem der Papst.
Ekbert ist so gut wie Bischof von Bamberg, wie ich heute so gut wie Herzog von Schlesien bin. Wäre es nicht besser zu warten, bis wir beide wirklich Macht haben.
Wir dürfen nicht warten, Heinrich, sagte Hedwig fest. Wir müssen alles vorbereiten, bis wir handeln können. Wir müssen mit den klügsten Mönchen ein Schreiben an den Papst aufsetzen, in dem wir ihn mit den treffendsten Argumenten von der dringenden Notwendigkeit eines Frauenklosters in diesem noch fast heidnischen Land überzeugen. Alles, was jetzt geklärt und erledigt werden kann, sollte schon jetzt geklärt und erledigt werden, fügte Hedwig ernst mit zusammengezogenen Brauen hinzu.

Und wo soll das Kloster stehen? fragte Heinrich. Nicht einmal das wissen wir. Jedenfalls in einem besiedelten Raum, fuhr er fort. Nicht in der Wildnis, wie für Männerkloster vorgeschrieben. Irgendwo zwischen Liegnitz und Goldberg wäre es für die Frauen am sichersten, da leben die meisten Siedler aus dem Reich. Andererseits muß Verschiedenes in Betracht gezogen werden. Das Kloster sollte in der Nähe von Leubus liegen... Laß uns überlegen...
Na also, sagte Hedwig erleichtert, denn sie merkte, daß Heinrich endlich fest bei der Sache war. Und sie wußte, daß er, wenn er sich einmal einer Angelegenheit ernsthaft angenommen hatte, sie auch zu Ende führte. Denn einmal überzeugt, war Heinrich im Planen und Handeln unübertroffen. Und prächtig muß das Kloster werden, freute sich Hedwig. Ein großes Kloster mit einer wunderschönen Kirche soll es sein...
Sieh einer an, sagte Heinrich spöttisch, meine bescheidene Prinzessin! Für sie selbst ist ihr immer alles gut genug! Sie selbst wohnte anfangs in Röchlitz auf einer Baustelle. Und war froh. Solang die Armen hungern, möchte sie am liebsten auch nichts essen. Solang andere frieren, kann sie sich der Wärme nicht erfreuen. Prunk und Pracht sind eine lästige Notwendigkeit, wenn nicht gar ein Teufelswerk. Fast befürchte ich manchmal, irgendwann auf einem Schafsfell neben ihr schlafen zu müssen. Aber für die lieben Nonnen muß alles prächtig werden. Und das sofort. Großartig... Eine Kirche wie der Bamberger Dom! Nein nein, meine Liebe, so schnell geht das nicht, auch die Nonnen werden es anfangs schwer haben.
Aber Heinrich, lachte Hedwig. Nicht für die Nonnen soll es so prächtig sein, sondern zu Ehren Gottes. Die Nonnen sind nur die Dienerinnen des Herrn. Und auch sie werden sich gern gedulden und auf ihr fertiges Kloster warten. Vorläufig genügt ein Holzbau und...
Sie standen auf. Hedwig nahm ihren Mann unter den Arm und sie gingen in den Pferdestall, wo eine Stute fohlen sollte.

Kein leichtes Leben, Fürstin zu sein

„Hervorzuheben ist, wie sehr sie in allen Dingen Klugheit walten ließ."
(Klemens IV. - Bulle der Heiligsprechung der Herzogin Hedwig)

ine merkwürdige Unruhe machte sich in der sonst so schläfrigen Burg breit. Knechte schleppten Teile von Rüstungen umher, Ritter besahen ihre Schilder und Schwerter, ließen beschädigte Teile zum Waffenschmied in der Vorburg bringen, der, wie die Knaben erzählten, drei neue Helfer eingestellt hatte. Andere saßen herum und reinigten eifrig die Ringhemden und Helme vom Rost. Der Schuster, auch das wußte Hedwig von den Knaben, soll auf Radons Bestellung zwanzig Paar Stiefel für Berittene nähen und nageln. Aus bestem Leder. In kürzester Zeit. Stellt euch das vor: zwanzig Paar, vierzig Schuhe. Das ist von hier bis da, wenn sie nebeneinander stehen, freuten sich die Jungen. Und in den Stallungen stehen immer mehr Pferde. Und die Bauernburschen lernen das Hauen und Stechen mit Äxten und Lanzen, ja, sogar mit Schwertern auf der Wiese.
Was ist los? fragte Hedwig beunruhigt ihren Mann. Heinrich zog die Brauen zusammen und sagte: mach dir keine Sorgen. Hier droht dir nichts. Er wollte seine Frau, um die er unlängst so viele Sorgen gehabt hatte, nicht beunruhigen. Und Krieg war ja ohnehin keine Sache der Frauen.
Krieg? Ja, Krieg! Das hatte Jutta gesagt. Die hatte es von Radon, der zwar vom Herzog zum Schweigen verpflichtet worden war, aber wer könnte Frau Juttas Neugier widerstehen. Also doch Krieg.
Wer bedroht das Land? Niemand! Jedenfalls hörte man nichts von einem die Grenze bedrohenden Feind.

Bei seiner nächsten Heimkehr bestätigte es Heinrich: Krieg! Ja, es droht Krieg! Jetzt wurde es ernst. Strenge Anweisungen sind vonnöten: Größte Vorsicht geboten! Die Mannschaft der oberen Burg soll verdoppelt werden, das Tor tagsüber geschlossen bleiben. Sie und die Knaben dürfen nicht ausreiten.
Ausreiten verboten? Auch in die Vorburg dürfen sie nicht?
Nein. Auch Sonntags nicht in die Kirche. Die Burgkapelle muß genügen.
Aber warum?
Das sage ich dir später.
Als sie abends am Feuer in der Halle saßen, bat Hedwig ungeduldig: Bitte, sprich! Welche Gefahr droht uns? Welch ein Feind bedroht das Land?
Kein Feind von außen, antwortete Heinrich bitter, Jaroslaw will Krieg. Ihm und Konrad gefällt Boleslaws Testament nicht. Dem Lande droht Bruderkrieg.
Jaroslaw sammelt Ritter gegen mich, sagte Heinrich, er ließ Söldner im Reich anwerben. Und Mieszko von Ratibor, der alte Kampfhahn, soll an der Grenze stehen mit seinen Rittern. Jederzeit bereit einzugreifen.
Aber warum? fragte Hedwig. Worum geht's?
Der alte Fürst, der nun den sich nähernden Tod spürt, hat sein Testament bekanntgegeben, begann Heinrich. Die Brüder meinen, daß sie mager ausgehen, daß sie von Boleslaw ungerecht behandelt wurden. Und sie wollen ihn, Heinrich, als Alleinerben nicht anerkennen. Das ist es.
Also wieder Familienstreit! Hedwig war empört. War nicht Jaroslaw seit langem bei den Mönchen in Breslau gewesen, hatte er nicht jahrelang in Rom geweilt, um sich auf geistliche Ämter vorzubereiten, und hatte ihm Boleslaw nicht ausdrücklich mehrere Male versprochen, ihn als Bischof zu Breslau einzusetzen, nach dem Ableben des schwerkranken Siroslaw? Und Konrad, der Verspielte, der Kindliche, der war doch immer mit allem zufrieden gewesen, solange er seine Ritterspiele hatte und seine Gaukler. Hatte er nicht eine sattmachende Kastellanei... Wie könnte der ein Land regieren. Und wäre es noch so klein. Und hatte nicht Heinrich zehn Jahre lang gerackert, die Geschäfte des Landes für seinen Vater geführt. Zur allgemeinen Zufriedenheit. Liebten ihn nicht die schlesischen,

deutschen und polnischen Herren und Ritter. Ja, auch das Volk... Liebten sie ihn nicht? Waren die lauten Bekundungen, die sie immer wieder gehört hatten, gelogen? Ihre freudigen ergebenen Blicke... War das Trug?
Heinrich zuckte mit den Schultern. Jaroslaw hat das geistliche Kleid nicht geändert. Ihn dürstet nach Macht. Er will Krieg. Er steckt hinter dem Ganzen.
Boleslaw hatte uns zu dritt zusammengerufen, um seinen Letzten Willen kundzutun. Wie es üblich ist. Er ließ das Testament von den Mönchen, die es aufgeschrieben hatten, verlesen.
Danach hat der alte Fürst das Wort ergriffen und die Lage des Landes noch einmal dargelegt. Er hat sich redlich gemüht, trotz seiner Schwäche, die beiden aufmüpfigen Söhne zu überzeugen, erzählte Heinrich. Er wollte sie ja für seine politischen Ziele gewinnen. In Gottes Namen hat er die beiden gebeten, seinen letzten Willen zu respektieren, das Wohl des Landes über Eigennutz zu stellen. Schlesien muß stark bleiben und stärker werden, das ist das Wichtigste, wiederholte er immer wieder. Schlesien darf nicht untergehen. Unser Land... Und wenngleich ihm die Stimme manchmal versagte, machte er doch einen starken Eindruck und keiner der beiden wagte zunächst ihm zu widersprechen.
Doch als er, sich durch ihr Schweigen sicherer fühlend, fortfuhr, schwoll deren Widerstand. Boleslaw erklärte noch einmal, Erbteilungen wie in Polen üblich, kämen in Schlesien nicht in Frage, weil sie das Land schwächten. In Deutschland gelte anderes Recht. Dort erbe einer der Söhne und zwar nicht unbedingt der Älteste, nicht unbedingt der Berechtigste. Man solle sich nur der erfolgreichen Entscheidung des edlen Königs Konrad erinnern, dem auch die Piastenfamilie so viel verdanke, der, um das deutsche Reich zu stärken, seinen eigenen Sohn von der Erbfolge ausgeschlossen, die Wahl seines Neffen unterstützt, und so dem glanzvollsten Herrscher aller Zeiten, Friedrich Barbarossa, den Weg zum Kaiserthron geebnet hatte. An gute Beispiele solle sich ein kluger Mann halten.
Dann habe Boleslaw ihn, Heinrich, gelobt, seine Arbeit an Vaters Seite, seine Fähigkeiten, und sein gutes Verhältnis

zu den Herren und Rittern. Er hob auch hervor, daß er durch seine Mutter und seine Frau die besten Aussichten habe, im deutschen Reich Verbündete zu finden. Und das sei wichtig, denn Schlesien müsse seine Lage zwischen Deutschen und Polen klug nutzen.
Doch als er sich weiterwagte und behauptete, daß seine Anordnungen für alle vorteilhaft seien, weil eine starke Familie und ein starkes Land allen zu Gute komme, lief der Topf über. Mit bitterem Hohn wiesen dies die beiden Brüder zurück. Jaroslaw, der die ganze Zeit mit finsterem Gesicht zugehört hatte, sagte, er könne viel, aber nicht alles ertragen. Er werde seine Sache und die seines Bruders in feste Hand nehmen. Er werde um sein Recht kämpfen. Wenn es sein muß mit dem Schwert in der Hand gegen den eigenen Bruder, der ihm übrigens nie ein guter Bruder gewesen sei. Er fordere den Vater zum letzten Mal auf, wie er hart sagte, sein Testament aufs neue zu schreiben. Schlesien soll in drei gleiche Teile geteilt und er, Jaroslaw, zum Senior der Brüder ernannt werden.
Niemals, schrie aufgebracht Boleslaw, puterrot im Gesicht, so daß Heinrich befürchtete, es könne ihn ein Schlaganfall rühren. Ihm gehe das Wohl des Landes und der Familie über das Wohl seiner Söhne. Precz, precz, schrie er und wies ihnen die Tür. Do diabla z wami... Wenn er wütend war, schimpfte er stets auf polnisch. Danach fiel er entkräftet in die Kissen seines Stuhles zurück. Bruder Adalbert, der seit längerer Zeit ständig Boleslaw betreute, war dabei und nahm sich des Kranken an.
Boleslaw wurde von beiden Seiten gestützt zu Bett gebracht. Heinrich befürchtete das Schlimmste für ihn.
Doch noch ehe Boleslaw die Halle verlassen hatte, waren die Brüder im Hofe auf ihre Pferde gestiegen und eiligst fortgestürmt. Man sagte, sie seien nach Breslau geritten. Dort sammeln sie ein Heer gegen den Vater und gegen mich.
Hedwig schwieg.
Heinrich ergriff ihre Hand: Hedwig, Hadi, jetzt mußt du stark sein. Wir werden uns selten sehen. Doch sollst du jeden Tag Nachricht von mir bekommen. Niko von Würben wird bei dir in der Burg bleiben. Mir bleibt Peregrin von Wiesenstein zur Seite. Der Treueste. Sorge dich nicht. Ich werde dich und die Kinder schützen bis zum letzten Atemzug.

Das glaubte sie ihm gern. Doch machte das ihre Sorge nicht kleiner.
Was tun? Beten! Wie könnte sie diesen Krieg verhindern, Frieden stiften. Alles zum Guten wenden? Wie?
In der Nacht schlich sie sich aus dem Ehebett zu ihrem Gebetpult und versuchte, die Gedanken zu ordnen. Sie betete zur Gottesmutter.
Angst breitete riesengroße dunkle Flügel über sie. Angst um Heinrich. Angst um ihre Kinder. Denn vor den Brüdern schützte sie die Burg im Walde nicht, die kannten die Wege. Heimtückische Entführungen von Kindern als Geiseln waren bekannt in dergleichen Kämpfen. Und wie konnte man wissen, wer von den scheinbar Getreuen zum Verrat bereit war, wer sich kaufen oder erpressen ließe.
Und - welch ein Ende konnte ein solcher Krieg nehmen, in dem die Söhne gegen den Vater kämpften, die Brüder gegen den Bruder, dachte sie. Niemals ein gutes.
Heinrich konnte seine Brüder besiegen oder von ihnen besiegt werden...
Heinrichs Tod... Heinrichs Tod würde wahrscheinlich auch ihren Tod bedeuten und den Tod ihrer Kinder. Bestenfalls würde man sie nach Deutschland verjagen. Wenn aber Heinrich siegte, müßte er die Brüder bestrafen, nach geltendem Recht. Für Verrat und Friedensbruch. Mit dem Tode bestrafen. So könnte er zum Brudermörder werden... Wie sollte sie das ertragen...
Ehe Hedwig Heinrich um ein Gespräch nach dem Frühstück bat, berührte sie das Elfenbeinfigürchen, das sie stets an der Brust trug und schickte ein kurzes Gebet zur Gottesmutter.
Alles ist doch besprochen worden, antwortete Heinrich unwirsch. Du weißt, daß ich deinen Rat schätze, doch es ist sinnlos, noch einmal über die Situation zu reden. Wurde gestern nicht alles gesagt. Krieg ist Krieg. Und Krieg ist keine Sache der Frauen. Wie oft soll ich dir das sagen. Ich werde euch schützen, dich und die Kinder. Du mußt mir vertrauen. Bete für mich. Für das Gelingen unserer Sache. Das ist alles.
Er wollte aufstehen vom Tisch. Doch das ließ Hedwig nicht zu.
Sie legte ihre Hand auf seinen Arm: Bitte! Laß mich zwei

Sätze sagen. Auch wenn du nachher nach deinem männlichen Verstand entscheiden wirst, höre mich an. Dieser Krieg muß vermieden werden, um jeden Preis. Das Ende eines solchen Krieges muß von Anfang an bedacht werden.
Heinrich zuckte unwillig mit der Schulter: na und?
Du mußt die Brüder noch einmal an einen Tisch bringen und verhandeln mit ihnen.
Verhandeln, spottete Heinrich. Als ob nicht genug verhandelt worden wäre. Worüber kann man mit denen verhandeln, die Streit auf die Fahne geschrieben haben. Die unbedingt Krieg wollen. Ja, Krieg, um des Krieges willen.
Jedes Ende des Krieges, antwortete Hedwig, kann nur schlimmer sein als eine noch so ungünstige Verständigung, fuhr Hedwig beharrlich fort. Sind sie nicht Christen, deine Brüder? Wissen sie nicht, daß es in einem Bruderkrieg nur Verlierer geben kann, keine Gewinner? Haß bringt Haß hervor. Wer Wind sät, wird Sturm ernten.
Du mußt, sagte sie fest, den Brüdern noch einmal Entgegenkommen zeigen, ihnen noch reichlichere Entschädigungen bieten. Und, falls Jaroslaw stur bleiben sollte, auch in eine Dreiteilung des Landes einwilligen. Auch das wäre besser als Krieg.
Heinrich schüttelte den Kopf: Nein, das nicht! Habe ich nicht gesagt, du verstehst nichts von ritterlichem Sinn. Ich trage die Verantwortung! Die Ritter haben mir vertraut. Wie soll ich vor meinen Leuten als Feigling dastehen. Bete und hüte die Kinder. Warte auf mich.
Er küßte ihr die Hände und sagte: Vertraue mir! Bete!
Sie antwortete: Behüt dich Gott! Und die Gottesmutter!
Er nahm sie noch einmal in die Arme und küßte sie auf die Stirn.
Dann verließ er an der Spitze des waffenstrotzenden Trosses die Burg, neben ihm Peregrin von Wiesenstein. Eine bedrückende Stille blieb in der Burg zurück. Hedwig begab sich in die Kapelle. Sie weinte. Sie betete. Was blieb ihr übrig.
Wenige Tage später ritt Heinrich unerwartet in Röchlitz ein, und rief Hedwig, die herbeigeeilt war, noch vom Pferd herab zu: Der Frieden gerettet! Ein Wunder!
Und dann erzählte er ihr in der Halle: Ich habe den klugen Rat meiner Frau doch befolgt und die Brüder noch

einmal nach Liegnitz gebeten. Und ich selbst traute meinen Ohren und Augen nicht: Ihre Gemüter haben sich besänftigt! Irgendwie war ihnen die Luft ausgegangen, die Lust zum Streit.
Jaroslaw war mit seinen furchtbaren Kopfschmerzen angekommen, an denen er seit seiner Verwundung durch den Bären leidet. Er sah blaß, jammervoll und exotisch aus mit den dunklen Tüchern, die er um den Kopf gewunden hatte. Und Konrad saß da wie ein geprügelter Knabe. Ich habe mich gar nicht sehr bemühen müssen, sie zu überzeugen. Kaum fing ich an mit ihnen zu reden, schon waren sie zum Nachgeben bereit.
Nach einigem Hin und Her haben wir geringfügige Ergänzungen des Testamentes vereinbart, die eher zur Rettung der Ehre der Brüder dienen, als wirkliche Bedeutung haben. Jaroslaw soll das Oppelner Land bekommen, allerdings mit der Einschränkung, es solle nach seinem Tode an unsere Söhne zurückfallen. Dafür darf er auf die volle Unterstützung bei seiner Wahl als Bischof von Breslau zählen. Konrad soll nach Konrad des Älteren Ableben das Land Glogau bekommen.
Ich verbürgte mich, dies bei Boleslaw durchzusetzen. Doch der wollte mit seinen aufmüpfigen Söhnen gar nicht reden und hielt mit greisenhaftem Starrsinn an seinen Drohungen gegen sie fest. Und an seinem Testament.
Es war ein schwieriges Spiel.
Heinrich schwieg nachdenklich und fuhr nach einer Weile fort: Doch dann ließ auch Boleslaw sich wie durch ein Wunder zum Einlenken überreden. Er überließ mir alle Vollmachten bei den Gesprächen. Er machte einen müden Eindruck. Vielleicht aber zeigte er Nachgiebigkeit, weil ich mich auf deine Vorstellungen und Ängste berief. Die Bedrohung der Kinder, das machte ihn weich.
Doch habe ich auch gehört, fügte Heinrich hinzu, daß es den Brüdern schwergefallen sei, die Ritter gegen den alten Fürsten und gegen mich aufzuwiegeln. Außer einer Handvoll aus diesem oder jenem Grunde Unzufriedener wollte niemand dem finsteren Pfaffen folgen, habe man ihm gesagt. Und nur mit Söldnern könne man keinen Krieg gewinnen. Zudem weckte der alte Mieszko als Verbündeter bei den Brüdern kein allzu großes Vertrauen.

Sie wußten, der hätte gern ganz Schlesien eingesteckt. Hedwig nahm besonders dies mit Erleichterung zur Kenntnis: die Treue der Ritterschaft. Denn für sie war gegenseitiges Vertrauen und guter Wille, die wichtigste Voraussetzung für ein Zusammenleben und Zusammenwirken auch oder vor allem in einem Reich. So war es ihr eine große Beruhigung, daß die Herren und Ritter zu Boleslaw und Heinrich standen. Sie war dankbar für diese Wendung des Schicksals. Sie hielt es für ein Wunder: Krieg war verhindert worden! Im letzten Augenblick! Dankbar betete sie zur Gottesmutter.
Bald danach starb Siroslaw und Jaroslaw wurde mit großem Pomp als amtierender Bischof von Breslau eingesetzt. Er verbrachte seine Tage in seiner prächtigen Residenz oder in der Oppelner Burg, ein von Schmerzen geplagter, früh gealterter Mann. Sehen ließ er sich kaum.
Doch es dauerte nicht lange, da wurde plötzlich bekannt, Jaroslaw sei verstorben. Nach dem Verzehr einer verdorbenen Speise, hieß es. Mit ihm seine Schwester Agla, die ihm den Haushalt geführt hatte. Waren es Pilze gewesen? fragten sich die Frauen in Röchlitz. Wohl nicht, zu dieser Jahreszeit. Vielleicht getrocknete, marinierte... Denn was sonst? Seine Schwester Agla galt zwar als Giftmischerin, aber auch sie war tot.
Heinrich begab sich mit starkem Gefolge nach Breslau, wo die Totenmesse für den verstorbenen Bischof gefeiert werden sollte. Er wußte, die Lästermäuler und alle anderen ewig Unzufriedenen hatten willkommenen Gesprächsstoff gefunden. Wer weiß, was ihm bevorstand. Die mächtigen Glocken der Stadt läuteten dröhnend... Requiem aeternam!
Drei Wochen vor Weihnachten des gleichen Jahres, Anno domini 1201, starb der alte Fürst Boleslaw von Schlesien in seiner Liegnitzer Burg.
Grau hingen die Wolken über der Burg und der Stadt. Schnee fiel in weichen großen Flocken und zerschmolz auf der dunklen matschigen Erde. Schwarze Krähen watschelten in den Pfützen.
Die Glocken der Liegnitzer Kirche und der Hofkapelle läuteten ohne Ende. Es war ein trauriges Geläut, das sich beharrlich in die Ohren und in die Gemüter fraß.
Der große Fürst war tot. Boleslaw von Schlesien war ge-

storben. Seit langem hatte man den Tod des alten kranken Mannes erwartet. Für niemanden war sein Tod eine Überraschung gewesen. Dennoch trauerten die Familie, die Hofleute, das Volk um den Fürsten, als wäre ein plötzliches Unglück eingebrochen. Allenorts herrschte lautes Klagen. Besonders die Armen, die Bettler jammerten laut, überlaut, denn an sie wurden, wie üblich bei solchen Gelegenheiten, reichliche Almosen in der Vorburg und vor der Kirche verteilt.
Boten wurden zum Bischof nach Breslau gesandt, und zu den wichtigsten Herren auf ihren Kastellaneien. Und auch die polnischen und deutschen Verwandten mußten benachrichtigt werden.
Auch Hedwig war Heinrich nach Liegnitz gefolgt. Die kaum einjährige Gertrud hatte sie in Röchlitz unter Juttas Obhut gelassen.
In der Halle der Liegnitzer Burg herrschte Gedränge. Heinrich und Hedwig nahmen Bekundungen des Beileids entgegen und Worte der Huldigung.
Die Leubuser Mönche hatten dem alten Fürsten in seinen letzten Tagen beigestanden. Das war nicht nur ihre verbriefte Pflicht. Sie hatten ihren Fürsten geliebt, sie hatten an seinem Lager gewacht, Kerzen gebrannt und gebetet, um ihm den Abschied vom Zeitlichen zu erleichtern und ihn für seine letzte Reise, für seine Heimkehr zu Gott, gebührend vorzubereiten. Dem Fürsten wurden seine Sünden erlassen, obwohl er die Segnung der letzten Sakramente so lange abgelehnt hatte, bis er bewußtlos war. Denn Boleslaw von Schlesien hatte nicht zur Kenntnis nehmen wollen, daß sein Tod endgültig nahte. Hatte er doch das Leben geliebt wie kaum einer.
Dennoch war er würdig aus dem Leben geschieden. Dazu haben die Mönche beigetragen. Nach dem Ableben achteten sie darauf, dem Toten die Augen und den Mund zu schließen, um seinem Gesicht ein schönes Aussehen zu verleihen. Danach begannen sie unter frommem Gesang seine Leiche zu waschen und mit duftenden Ölen zu balsamieren. Sie hüllten seine sterblichen Reste in eine Mönchskutte, wie sie die Zisterzienser tragen. So hatte es sich der Fundator der Leubuser Zisterse gewünscht. Die Leiche wurde in einen lang vorher hergestellten Eichensarg

gebettet. Dieser sollte später in einen zinnernen Sarg versiegelt in der Leubuser Klosterkrypta stehen. Bis zur Auferstehung von den Toten. Amen.

Am Abend des Todestages wurde der Sarg mit den sterblichen Resten des Herrn von der Burg in die Kirche gebracht. Die Mönche trugen den Sarg und sangen ihre Psalmen. Hedwig und Heinrich, ihre Söhne, die Vertrauten und Hofleute folgten. Fackeln und Kerzen begleiteten den Zug. Viele Menschen standen am Wegesrand.

Nun lag der Leichnam aufgebahrt in der Liebfrauenkirche vor den Toren der Liegnitzer Burg. Die Mönche hielten die Totenwache zu Ehren des Fürsten und ihres Gönners. Tag und Nacht umstanden sie den Sarg in wechselnder Reihe, füllten die Kirche mit frommen Gesängen und duftendem Weihrauch.

Dreimal des Tages wurde eine Messe für den Verstorbenen gelesen, zu denen viel Volk herbeiströmte.

Tagelang gingen Herren und Ritter und auch das einfache Volk am Sarge vorbei, um Abschied zu nehmen vom Fürsten, den alle verehrt hatten.

Vor der Kirchentür weinten und schluchzten die Klagefrauen. Spät am Abend stellten alte Weiblein heimlich, nach heidnischem Brauch, irdene Krüglein mit Milch, Honig und Wein in die dunklen Ecken der Kirche, damit es dem Toten auch in der anderen Welt an nichts fehlte.

Der große Fürst Boleslaw war tot. Das ganze Land trauerte um seinen Fürsten. Boleslaw der Heimkehrer, der Erneuerer des Landes an der Oder, war beliebt gewesen bei seinen Getreuen und im Volke. Jetzt war die Zeit gekommen, sich seiner dankbar zu erinnern. Boleslaw war ein gerechter Herr gewesen, er hatte die schlesischen Adligen gestützt und sie gleichgehalten mit den polnischen und deutschen Rittern. Er hatte vieles bewegt, vieles angeregt und in neue Bahnen geleitet. Seine lange Herrschaft hatte berechtigte Hoffnungen auf ein besseres Leben geweckt. Die Herren hatten Boleslaws Weltläufigkeit geschätzt. Man erzählte sich gern die Heldentaten, die er in der weiten Welt vollbracht hatte und die durch das Erzählen ins Unermeßliche gewachsen waren. Boleslaw, des großen Kaisers Barbarossa Kampfgefährte... Boleslaw, den keiner hinters Pferd gesetzt hatte... Boleslaw, der Held von Mailand, wo er hundert welsche Ritter besiegt hatte. Was man so alles wußte, und sich hinter der Hand schmunzelnd erzählte: Boleslaw soll auch ein unwiderstehlicher Frauenheld gewesen sein. Ein Herzensbrecher ohnegleichen. Ja, ja, als der jung war...

Und wenn auch der alte Herzog mit dem überquellenden Herzen meistens mehr versprochen hatte, als er dann halten konnte, und nicht alles so durchführte, wie er laut geträumt hatte, war er ein guter Herrscher gewesen, den man in dankbarer Erinnerung behalten würde. Gott gebe seiner Seele die ewige Ruhe. Requiescat in pacem.

Und er hat sein Feld wohlbestellt zurückgelassen. Niemand brauchte zu befürchten, daß die von ihm eingeleitete Entwicklung abbrechen könnte. Zehn Jahre lang hatte der junge Fürst seinem Vater in allen Regierungsgeschäften zur Seite gestanden und seine Tüchtigkeit unter Beweis gestellt. Die, die Heinrich näher kannten, wußten seinen ausgewogenen Sinn, seine kluge Besonnenheit und seine Beständigkeit zu schätzen. Man durfte zuversichtlich sein. Weder die Großen noch das Volk brauchten sich bei diesem Herrscherwechsel Sorgen zu machen. Dennoch...

Frei von Sorgen war man nie. Die Erhebung Jaroslaws gegen seinen Vater war nicht vergessen. Es lebte noch Konrad, des alten Fürsten Bruder, ein verschlossener unberechenbarer Herr. Und Boleslaws jüngster Sohn Konrad, der Verspielte, machte Sorgen. Bei dem wußte man nie, woran man war, was ihm noch einfiel. Und dazu der im Nachbarland lauernde alte Fuchs, Mieszko von Ratibor. Der war die größte Gefahr. Keine friedliebende Familie, diese Piasten.

Als wenn die Sorge zur Trauer gehörte, steckten die Leute ihre Köpfe zusammen.

Zur Totenfeier für den alten Piastenfürsten, die Bischof Cyprian von Breslau zelebrierte und dem darauffolgenden Totenmahl, waren weniger Gäste gekommen als erwartet.

Daran war zweifellos die winterliche Zeit schuld, in der man sich ungern weite Reisen zumutete, zumal ja im Frühjahr der feierliche Leichenzug von Liegnitz nach Leubus stattfinden sollte, was manche für die günstigere Gelegenheit halten mochten, den alten Fürsten das letzte Mal zu ehren und sich mit Verwandten und Bekannten zu treffen.

Doch war nicht auszuschließen, daß einige polnische Verwandte die Lage im Land an der Oder für unsicher hielten und lieber abwarten wollten, ehe man dem neuen Fürstenpaar Ehrerbietung erwies.
Hedwig nahm all dies mit Besorgnis wahr. Sie wußte: Nun waren aller Augen auf sie und Heinrich gerichtet. Fortab galt es achtsam zu sein. Sie fühlte sich verantwortlich. Für sich, für ihre Familie. Ja, für Heinrich auch.
Die junge Fürstin sah sich um, und sah, was die anderen sahen, mit ihren Augen. Den Leuten blieb nichts verborgen. Das Leben einer fürstlichen Familie wurde von allen aufmerksam betrachtet. Sichtbar, durchsichtig für alle sollte es sein. Sie war bereit dieses Schauleben auf sich zu nehmen. Und es sollte ein beispielhaftes Leben sein. Darum wollte sie sich mühen. So helfe ihr Gott!
Von der nahen Familie waren nur wenige da. Und wenn auch in fast jedem Fall die Ursache der Abwesenheit bekannt und zu entschuldigen war, so gab es doch einiges, das zu denken geben konnte. Und böswilligen Grund zu tuscheln.
Alle wußten: Die alte Fürstin Adelheid verblieb mit einer fiebrigen Erkältung zu Hause. Berta, Boleslaws Lieblingstochter, lag im Kindesbett. Dafür war Bogusch da, ihr Mann, ein nunmehr von allen geschätzter Herr.
Auf jeden Fall war auch die Abwesenheit der älteren Tochter Adelheid, die seit langem nach Mähren verheiratet war, zu entschuldigen. Eine so weite Reise im Winter, wenn auch zur Totenfeier des Vaters, konnte man sich gar nicht vorstellen. So war es tröstlich, sich zu erinnern, daß sie im Sommer in Liegnitz gewesen war, Abschied vom Vater genommen und seinen Segen empfangen hatte.
Konrad von Glogau war angereist, doch der stand abseits in einen schwarzen Mantel gehüllt, als gehöre er nicht dazu. Ein eigenartiger, obwohl als fromm gepriesener Mann, von dem man annahm, er werde bald wieder ins Kloster zurückkehren. Hedwig sah, er bewegte unaufhörlich den Rosenkranz zwischen den Fingern.
Aber wo war Konrad, Boleslaws jüngster Sohn? Warum war er nicht zum Begräbnis seines Vaters erschienen? Und wo verblieb Mieszko von Ratibor? Der Bruder.
Dicht am Sarge des alten Fürsten standen neben dem

Nachfolger Heinrich seine Ehefrau und die drei Söhne Boleslaw, Konrad und Heinrich. Hinter dem jungen Fürsten seine engsten Getreuen, Niko von Würben mit seinen Brüdern, Peregrin von Wiesenstein und andere deutsche Ritter. Ihre Gesichter waren ernst und wachsam.
So verlief für Hedwig die Totenfeier in angespannter Stimmung und sie war erleichtert, als sie wieder vor der Kirche standen. Ein unangenehmer Regen rieselte aus den grauen niedrigen Wolken herab. Bald begann es zu schneien.
Als man in der Halle zu Tisch saß und die Gespräche sich bereits etwas gelockert hatten, trat Mieszko von Ratibor heftig hinkend herein. Hinter ihm Kasimir, sein Sohn und eine Handvoll Getreuer. Sie hatten ihre riesengroßen Schafspelze nicht abgelegt, von denen die Nässe tropfte.
Beide blieben vor dem Feuer des Kamins stehen, die Hand auf dem Schwert, als erwarteten sie sofort festgenommen zu werden. Mieszko grüßte herausfordernd laut. Und ohne eine Antwort auf seinen Gruß abzuwarten, rief er achtsam umherspähend Heinrich zu: ich komme geradewegs aus Oppeln, das ich meiner Besatzung unterstellt habe. Kastellan Winfried sitzt im Loch. Mit den Mäusen. Oppeln wird fortab mein sein, das Eigentum des Mieszko von Oppeln und Ratibor.
Die Anwesenden erstarrten. Nicht über die Besetzung Oppelns, denn dies hatte man ja erwarten können. Der Auftritt, die Verwegenheit des Übeltäters erschreckte, der es wagte, vor dem Geschädigten so freimütig seine Schuld zu bekennen, als hätte er nichts zu befürchten. Oder, was noch schlimmer wäre, als wollte er einen Streit herausfordern.
Heinrich sah Hedwig an, stand auf und hob die Hand, um seine Getreuen zu beschwichtigen.
Zu seinem Onkel gewandt, sagte er ruhig und höfisch: Darüber werden wir später reden, Mieszko von Ratibor. Zunächst gehört es sich, den weitgereisten werten Verwandten in Gottes Namen willkommen zu heißen, Speise und Trank zur Stärkung nach den Anstrengungen der Reise anzubieten. Ihr seid unser Gast, Mieszko von Ratibor, Kasimir, wir grüßen Euch bei uns zu Liegnitz! Seid willkommen. Nehmt Platz.
Und er bat seine Gäste, die Pelze den Bediensteten zu

überlassen und die Schwerter zu den anderen Schwertern an die Wand zu stellen.
Zögernd fand sich Mieszko dazu bereit. Mißtrauisch sah er sich um. Hatte er doch einen anderen Empfang erwartet. Doch nachdem er den ihm zugewiesenen Ehrenplatz zu Heinrichs Linken eingenommen hatte, fand auch er zu einem höfischen Ton zurück. Er bedankte sich, wie es sich geziemte, für den freundlichen Empfang und begann, sich für seine Verspätung zu entschuldigen. Er erklärte, die Reisezeit nicht wintergemäß genug berechnet und zudem in den letzten Stunden im Schneegestöber den Weg verfehlt zu haben. Hundewetter! Nichts zum Reisen! Und so sei er zur Totenehrung des eigenen Bruders zu spät gekommen. Gott verzeih´s und sei der Seele des Verstorbenen gnädig. Amen!
Man bemühte sich nun, sich möglichst ungezwungen zu geben. Ein höfisches, doch recht steifes Gespräch kam auf.
Mieszko fragte nach den näheren Umständen des Todes seines Bruders, obwohl nichts besonderes zu erfragen war. Denn: Wie stirbt ein Mann, der alt genug ist zum Sterben. Boleslaw hatte einen würdigen Tod, sagten die Seinen. Er sei dahingegangen in Frieden.
Amen, sagte Mieszko noch einmal, ehe er den ersten Schluck Weines nahm.
Nur die Knaben Boleslaw, Konrad und Heinrich, die ihren sonst recht fröhlichen Onkel mochten, wagten es nicht ihm zuzulächeln. Die Kinder spürten das Falsche in der Luft. Unruhe und Angst.
Unruhe machte sich auch in der Vorhalle, ja, in der ganzen Burg breit. Die Nachricht von der Besetzung der Burg Oppeln drang sofort bis zu den Rittern und Mannen, die im Ritterhaus bewirtet wurden, das man das Haus des kalten Bratens nannte, weil man das Essen dorthin ein Stückchen über den Hof tragen mußte. Argwöhnisch nahm man die Anordnung des herbeigeeilten Kastellans auf, der die Ritter aufforderte, die Ratiborer Gäste höflich zu behandeln. Die Ritter warfen sich bedeutsame Blicke zu und blieben wachsam, sie erwarteten jeden Augenblick den Befehl, die Waffen zu ergreifen.
In der Halle erhoben sich nach dem Essen die, die zum

engeren Beratungskreis des Fürsten gehörten, sowie Mieszko und Kasimir und zwei weitere Herren seines Gefolges. Heinrich hatte in den anliegenden Raum gebeten, dem früheren Frauengemach.

Die anderen verblieben an der Tafel und führten ihre Gespräche weiter. Ein Lautenspieler war eingeladen worden, der aber bald aufhörte zu spielen, weil ihm die traurigen Melodien ausgingen, zu denen er an diesem Tage verpflichtet war.

Die Herrschaften setzten sich in die Nähe des großen Ofens, der angenehme Wärme ausstrahlte. Knappen reichten Wein und Gebäck herum. Man gab sich ungezwungen, doch es war klar: ein hartes Gespräch stand an. Der junge Fürst blieb beherrscht und höflich. Er fragte Mieszko nach einigen Umschweifen, wie er denn die offensichtlich unrechtmäßige Inbesitznahme Oppelns zu begründen gedächte, diese Angelegenheit müsse geklärt werden. Er hoffe, auf friedliche Weise. Im Trauerhaus verbiete sich üblicherweise ein Streit.

Zuerst sage mir, mein lieber Neffe Heinrich, wo ist dein Bruder Konrad geblieben, entgegenete Mieszko barsch. Warum war Konrad nicht beim Begräbnis seines Vaters zugegen? Das möchte ich wissen. Sprich: Wo ist dein Bruder? Wenn du mit mir über deine Rechte auf Oppeln reden willst, das zuletzt Eigentum Jaroslaws war, des so plötzlich Verstorbenen, so lasse deinen Bruder Konrad kommen, denn der hat das gleiche Recht wie du, über Oppeln zu entscheiden. Ich sage dir: Konrad ist mein Verbündeter. Er hat Hilfe bei mir gesucht gegen dich. Und wie man mir sagte, hast du ihn in Gewahrsam genommen. Du hältst deinen Bruder in einer Festung fest. Nicht wahr? In welcher? Wir werden ihn finden!

Da Heinrich nicht antwortete, fuhr er fester fort: Also höre, Heinrich von Liegnitz und Breslau, ich kann mit dir über Oppeln nur in Anwesenheit deines Bruders reden, weil ich so mit ihm verblieben bin. Mieszko neigte sich vor: Dein Bruder hat mir Oppeln versprochen. Für meinen Beistand in seiner Sache gegen dich. Konrad will Breslau haben zu den Ländern um Glogau, Krossen und Sagan, die ihm Konrad der Ältere nach seinem Ableben oder Eintritt ins Kloster versprochen hat. Ich nehme Oppeln und Ratibor.

Dir soll Liegnitz und der Rest bleiben. Das ist eine gerechte Teilung.
Heinrich nagte an seiner Lippe und schwieg eine Weile, denn obwohl er diese und andere Wendungen des Gespräches vorausgesehen hatte, dachte er über eine besonnene und wohlgesetzte Antwort nach. Hedwig hatte Mühe, ihr Erstaunen zu verbergen. Davon, daß Heinrich Konrad festgenommen hatte, wußte sie nichts. Sie hatte vermutet, daß Konrad aus irgendeinem Grund nicht zum Begräbnis seines Vaters gekommen war. Daß er beleidigt ferngeblieben war, weil ihn sein Vater in seinem Testament benachteiligt hatte. Oder, daß ihn Heinrich gebeten hatte, nicht zu kommen, um Streitigkeiten am Sarge zu vermeiden. Er hätte auch krank sein können. Erst später erfuhr sie: Heinrich hatte seinen Bruder in Krossen unter Bewachung stellen müssen, weil er wieder kriegslustige Ritter um sich gesammelt hatte.
So polterte Mieszko in die sich hinziehende Stille hinein: Wenn du Krieg haben willst, sollst du ihn haben! Ich bin im Recht: Oppeln ist mein! Es liegt an dir, das was ist, anzuerkennen. Und er fuhr fort: Wie jeder weiß, sollte Oppeln von Anfang an mir zufallen. Das war in Altenburg klar. Dein Vater hat mich um meinen Anteil gebracht. Damals nach unserer Rückkehr nach Schlesien. Doch hat er mir, trunkselig wie er war, beim Weine Oppeln nicht nur einmal versprochen. Denn er dachte nicht daran, daß ich ihn überleben könnte. Ich, der Ältere und Hinkebein. Für diese Gespräche habe ich Zeugen.
Dann hat er Oppeln an Jaroslaw gegeben, also doch von seinem Reich getrennt. Jaroslaw war mein Verbündeter, und wenn wir je über Oppeln gesprochen hätten, hätte er es mir zugestanden. Warum auch nicht? Doch dann starb er plötzlich. Allzu plötzlich. Ein geheimnisvoller Tod. Und seine Schwester Agla dazu! Merkwürdig...
Ich sage dir: Du und deine reizende Frau aus Deutschland haben den Alten umgarnt, um ihm ein Testament zu euren Gunsten abzulisten.
Hedwig hob die Brauen, doch hielt sie sich zurück, denn in diesem Augenblick durfte sie sich nicht in das Gespräch mischen.
Heinrich runzelte die Stirn und sagte bedächtig: Ihr lügt,

Mieszko von Ratibor und Ihr wißt, daß Ihr lügt. Mein Vater wollte, von seiner Rückkehr aus Deutschland an, ein starkes Schlesien. Das war seine weitsichtige und kluge Politik. Und Ihr habt sie zunächst auch für richtig gehalten. Deshalb hatte er den größten Teil Schlesiens für sich behalten und Euch und Konrad kleinere Teile angeboten mit günstigen Verträgen, nach üblichem Recht. Und auch das war euch zugefallen wie einer blinden Henne ein Korn. Denn der Rückgewinn Schlesiens war meines Vaters Verdienst. Das zum Einen. Und zum Anderen: In seinem Testament hat Boleslaw aus dem gleichen Grunde sein Land nicht geteilt und mich zum Alleinerben eingesetzt. Jaroslaw und Konrad wurden reichlich entschädigt. Beide haben die Dokumente unterschrieben. Ich will den Willen meines Vaters erfüllen, weil ich seinen Willen für klug halte. Schlesien muß stark sein, will es nicht untergehen. Mir ist Schlesien so wichtig wie es für meinen Vater wichtig war. Doch will ich aus dem gleichen Grunde keinen Krieg mit Euch. Mein Land braucht Frieden. Aber ich werde von meinem verbrieften Recht nicht lassen. Das bin ich meinem Vater und meinen Getreuen schuldig.
Mieszko sagte darauf: Schön reden konntest du immer, mein lieber Neffe, und jetzt übst du diese Kunst umsomehr mit deiner zungengewandten deutschen Frau.
Höre zu Heinrich: Wir können gütlich verbleiben! Du unterschreibst den Verzicht auf Oppeln für ewige Zeiten, und auch, daß jegliches Erbrecht auf dieses Land zwischen unseren Familien für immer erlöschen soll. Dazu zahlst du mir tausend Silbermark darauf, als Entschädigung für das mir jahrzehntelang vorenthaltene Erbe. Dafür bin ich dein Verbündeter, solange ich lebe. Und ich werde dafür sorgen, daß meine Nachfolger sich an diese Absprache halten. Deine Besatzung von Oppeln lasse ich selbstverständlich frei. Konrad soll sehen, wo er mit seinen Ansprüchen bleibt. Der ewige Knabe.
Heinrich wollte unwillkürlich nach dem Schwert an seiner Seite greifen, doch man saß sich ja ohne Waffen gegenüber. Hedwig legte beruhigend ihre Hand auf seinen Arm. Es trat wieder eine ungute Stille ein.
Mein Gemahl, wandte sich nun Hedwig an Heinrich, er-

laubt, daß ich etwas sage. Heinrich nickte. Gespannt blickten die Anwesenden auf die junge Fürstin. Man wußte: die tat den Mund nicht auf, ehe sie es sich nicht wohl überlegt hatte.
Ich bitte Euch, mein Gemahl, sagte sie, seid friedlich in Gottes Namen. Tut was Mieszko von Euch verlangt, auch wenn es Euch unmäßig scheint. Laßt uns unsere Herrschaft nicht mit Streit in der Familie anfangen. Gott bewahre uns vor Krieg und vor Blutvergießen unter Verwandten. Laßt Oppeln los, mein Gemahl, in Gottes Namen, wir werden dadurch nicht ärmer, sondern reicher sein. Reicher im Herzen. Und hoffentlich um Freunde reicher. Einem christlichen Fürsten geziemt Verzicht im Namen des Friedens. Aber auch Ihr, Mieszko, Fürst von Ratibor, merkt es Euch: Wir brauchen Frieden, denn wir wollen dieses Land aufrichten, Städte und Dörfer, Kirchen und Klöster bauen. Wir wollen Leute in dieses Land holen. Siedler, deutsche Siedler. Wir wollen ein reiches und glückliches Reich schaffen, für das wir Gottes Segen täglich auf den Knien erbeten werden. Dazu brauchen wir Frieden. Das möchten wir auch Euch ans Herz legen, Mieszko von Ratibor. Wir bieten euch nicht nur Frieden an, sondern auch friedliches gemeinsames Wirken zum Wohle beider Länder, die ja ein Land sind.
Heinrich hörte ihr ruhig zu, ähnliche Gespräche und viele andere hatten sie bereits zuvor einige Male in ihrer Schlafkammer geführt. Er wandte sich an den jungen Bischof Cyprian, um ihn um seine Meinung zu bitten. Der blasse geistliche Herr, dem große Frömmigkeit nachgesagt wurde, lächelte freudig und sagte, er bewundere immer wieder den großen Verstand der Herzogin und ihre vortreffliche christliche Gesinnung. Er könne sich dem Gesagten nur anschließen. Er habe einen Mönch bei sich, der im Schreiben von Urkunden geläufig ist, so daß man mit dem Aufsetzen eines entsprechenden Dokumentes sofort anfangen könne.
Später, entschied Heinrich. Aber es sei, wie die Herzogin will: Frieden! Und er reichte Mieszko die Hand und sagte: So sei es denn: Mieszko von Ratibor und Oppeln! Und sie umarmten sich und gaben sich den doppelten Backenkuß, wie bei den Piasten üblich.

Die Herrschaften begaben sich zurück zu den anderen Gästen. Der junge Fürst erklärte laut: Frieden! Wir haben uns geeinigt! Und er winkte den Truchseß herbei. Bald wurde der köstlichste Burgunder in die feinsten Kelche eingeschenkt. Alle atmeten auf am Tisch in der Halle, und durch die ganze Burg ging ein erleichtertes Aufatmen.
Ein höfisches Gespräch begann zu Tisch, wie es sich unter Verwandten und Vertrauten geziemte, die zu einer Totenfeier gekommen waren.
Wenige Tage danach kam ein eiliger Bote aus Krossen nach Liegnitz angehetzt: Konrad ist tot! Der Piastensohn ist in seinem Verließ ums Leben gekommen, meldete der Berittene.
Wie denn das? fragten Heinrich und Hedwig gleichzeitig.
Niemand wüßte so recht, wie es sich ereignet hat, erzählte der Bote. Der Fürstensohn habe geschrien und getobt, tage- und nächtelang. Er habe geflucht und gebetet. Und immer wieder die Freilassung gefordert. Ein Gespräch mit seinem Bruder, dem Fürsten Heinrich, verlangt. Und plötzlich war es still gewesen im Verließ. Als die Wachen in den Kerker hinabsahen, lag der Gefangene mit seinem Schwert in der Brust: Tot. Erstochen. Auf dem Rücken lag er in dem elenden Loch, auf dem verkoteten Boden. Woher er das Schwert hatte, wußte keiner zu sagen. Es war ihm zuvor, wie es sich gehörte, abgenommen worden. Das hatten alle gesehen.
Ich komme! rief Heinrich. Laßt die Pferde satteln! Wir reiten sofort nach Krossen. Ich werde den Schuldigen finden, und ihm die Beine aus dem Hintern reißen, egal wer er ist! Oder die ganze Bande kopfunter hängen, reihenweise! Wie die Wölfe! Verdammte Kerle, fluchte der Fürst. Armer Junge! Das hat uns gerade noch gefehlt.
Er ritt fort. Hedwig blieb zurück. Allein mit ihren aufgeschreckten Gedanken.
So begann also ihre Regierungszeit, die sie um jeden Preis hatten friedlich halten wollen. Gewiß, es war ein böser Zufall. Ein Unglück, das immer passieren konnte. Aber es hätte auch anders kommen können. Noch schlimmer. Brudermord stand in der Luft.
Doch: Konrad war um des Friedens willen festgehalten

worden. War das falsch? Muß auch Frieden Opfer fordern? fragte sich die junge Herzogin.
Und: War es nicht die Pflicht des Herrschenden, das Chaos zu ordnen? Frieden im Lande zu halten, Gerechtigkeit walten zu lassen, die Seinen zu schützen, alle zu schützen, die dem Fürsten vertrauten? Wenn es sein mußte, auch mit Gewalt!
Mit Gewalt?
Hart, grausam sein... Nein, so wünschte sie sich Heinrich nicht. Muß denn der Verantwortung Tragende zum Bösewicht werden? Oder gar zum Mörder. In diesem Fall und vielleicht viele Male mehr. Wer weiß, was noch kommt. Ihr schauderte und sie bekreuzigte sich.
Zum ersten Mal spürte sie die ganze Last, die nun auch auf ihr lag. Auf ihr, der Fürstin des Landes. Es war schwer, Verantwortung zu tragen. Und noch schwerer, Verantwortung liebend mitzutragen.
Sie durfte nicht handeln. Ihr blieb das Warten, das Nachdenken und das Beten. Bestenfalls konnte sie hier und da mit gutem Rat etwas bewirken.
Diese Ungewißheit! Wo waren die Grenzen, die Gut und Böse trennen. Pflicht und Schuld... Eine hauchdünne Grenze. Wie sollte man sie erkennen?
Der Herzog, Heinrich, ihr Mann, mußte Entscheidungen zum Wohle des Ganzen treffen. In aller Strenge. Das billigte sie ihm zu. Auch wenn dies schmerzlich für die sein sollte, die sich nicht fügen wollten. Aber wo blieben dabei die christlichen Gebote der Nächstenliebe und auch das Gebot, den Feinden zu verzeihen?
Sagte nicht Jesus: Alles, was ihr von anderen erwartet, tut auch ihnen?
Je länger sie nachdachte, desto schwieriger wurden Fragen und Antworten.
Besteht denn diese Welt nur aus Widersprüchen? Sie spürte, daß sie Kraft brauchen werde, viel Kraft, um das Leben, wie es war, bestehen zu können. Sie betete zur Gottesmutter. Das richtete sie auf.

Mit fürstlichem Gepränge nahm Hedwig neben Heinrich die Huldigungen der Würdenträger und Vasallen entgegen. Sie war darauf bedacht, sich würdevoll zu zeigen neben ihrem

Gemahl, den Untertanen ein Bild von sich zu bieten, wie sie es erwarteten. Wie sie es brauchten. Sie war glücklich zu glänzen, zu strahlen im fürstlichen Glanz.

An so vieles hatte sie zuvor denken müssen. Was war anzufangen mit der viel zu kleinen Halle der Liegnitzer Burg, wie sollte man ihr in der Schnelle ein weltläufiges Aussehen verleihen. Heller, glanzvoller sollte es sein. Denn sie hatte beschlossen: sofort wird gezeigt, wer man ist. Aber wie die Wände weißen lassen in den winterlichen Tagen? Also wurden sie dicht mit Teppichen behängt, die noch aus Andechs kamen. Mit prächtigen orientalischen Teppichen, wie man sie hierzulande bislang kaum gesehen hatte. Über die Thronsitze, die noch Adelheid und Boleslaw gedient hatten, ließ die junge Fürstin feingestickte Decken werfen, seidene Daunenkissen darauflegen. Die Sessel stellte man auf ein Podest, damit das Herzogpaar besser für alle sichtbar wäre. Als Hintergrund hatte sie ein großes Seidentuch mit dem schwarzen schlesischen Adler anbringen lassen.

Mehr Kerzenständer, mehr Licht, ordnete sie an. Es sollte sein, wie sie es von Andechs kannte, wie sie es bei den Wettiner Verwandten gesehen hatte.

Die junge Fürstin selbst hatte ein prächtiges Gewand angelegt, das seit langem für die große Gelegenheit bereitlag, sorgsam gefaltet in einer Truhe. Genäht nach burgundischem Muster. Aus grünem Samt mit gestickten silbernen und schwarzen Vögeln und Blumen. Ein Kleid, das die schlanke Gestalt der Fürstin vorteilhaft hervorhob. Modische lange Ärmel. Darüber ein Mantel aus dunklerem grünen Samt. Um die Stirn ein kostbares Seidenband gelegt, gold und silbern glänzend, dicht mit Perlen und Edelsteinen verziert, wie eine Krone.

Hedwig saß aufrecht und würdevoll neben ihrem Gemahl. Geziemend lächelnd. Unermüdlich lächelnd.

Einer nach dem anderen beugten die Vassallen ihre Knie vor dem neuen Herrn und seiner Gemahlin. Der Rangordnung nach, zuerst die nächsten Getreuen, Kämmerer, Notare, Münzmeister und andere Beamte der herzoglichen Verwaltung, dann die Kastellane der wichtigsten Burgen, der von Liegnitz und Breslau, von Glogau und Krossen. Auch Radon von Nitsch und Röchlitz war mit dabei. Nach

ihnen die Bürgermeister der größten Städte, unter ihnen Sibotha von Goldberg, Gundram von Neumarkt und viele andere.
Und dann scharenweise Ritter - die schlesischen, die deutschen, die polnischen. Befehlhabende Ritter, besonders tapfere, verdienstvolle Ritter.
Von den Kirchenmännern Huldigung zu erwarten, wäre eine Taktlosigkeit gewesen, obwohl dies früher üblich gewesen war. Doch seit langem wähnten sich die geistlichen Herren den Herrschern gleich. Und auf die Autorität des Papstes gestützt, trachteten sie nach immer mehr Macht und Einfluß. So umstanden sie das höfische Zeremoniell in ihrer festlichen Kleidung und verliehen ihm dadurch noch mehr Feierlichkeit.
Hedwig sah gerne zu, wie ein Mann nach dem anderen seine Hände in die des Fürsten legte, und dieser sie fest umfaßte wie zum Gebet und wie sie die Treueformel murmelten, Heinrich dagegen Obhut gelobte. Danach knieten sie vor ihr, der Herrin, nieder und Hedwig reichte jedem ihre Hand zum Kuß. Fürwahr ein herrliches Schauspiel und herrlich anzuhören, wie jeden Mann eine Trompete hell schmetternd begrüßte.
Ja, Hedwig war glücklich. Fürstin zu sein, fand sie schön. Sie, die sich zehn Jahre lang nur um ihre Kinder gekümmert hatte, spürte jetzt, wie die Bedrücktheit von ihr wich, als wenn eine Schale von ihr spränge. Wie hatte sie doch die Abgeschiedenheit der kleinen Röchlitzer Burg beengt, die Traurigkeit nach dem Tode der beiden Mädchen niedergedrückt, der Kummer, der sie dort aus jeder dunklen Ecke ansah, belastet. Jetzt spürte sie, wie sich ihre inneren Flügel entfalteten. Sie spürte sich wachsen, ihren neuen Aufgaben zuwachsen. Hedwig wollte mit ganzer Kraft Heinrich zur Seite stehen und ihn stützen, mit ihm Verantwortung tragen. Wie sie es sich am Grabe der heiligen Kunegunde zu Bamberg gelobt hatte. Wie diese große Kaiserin wollte sie sein. Und wie andere starke Frauen, von denen sie gehört hatte. Wie Kaiserin Beatrix, von der der alte Boleslaw so oft geschwärmt hatte. Die soll fest neben ihrem Gatten, Friedrich Barbarossa, gestanden haben. Oder über ihm, so hatte der Alte geschmunzelt. Daran erinnerte sie sich gern. Beatrix soll klüger als ihr kai-

serlicher Gemahl gewesen sein und dazu schön. Klüger als der ganze Stab seiner Ratgeber, hatte Boleslaw erzählt. Und dazu bescheiden. Niemals habe sie sich über ihren Gemahl erhoben. Das soll ihre größte Klugheit gewesen sein. Ach ja, der alte Fürst hatte die Frauen über alles gestellt. Auch von ihr hat er viel gehalten, viel erwartet von ihr. Sie durfte ihn nicht enttäuschen. Wie freundlich hat es in seinem Munde geklungen: Nichts besseres als eine kluge und schöne Ehefrau... Wir Männer sollten den Frauen vertrauen, wie dem Lieben Gott. Du Hedwig, Jadwiga, meine deutsche Prinzessin du, du wirst sein für Heinrich, wie die Beatrix für den Rotbart gewesen war. Und Heinrich hielt sich daran. Gottlob. Auch er achtete und schätzte sie. Das wußte sie. Dafür mußte sie dankbar sein. Dafür sollte er seiner Frau vertrauen dürfen, wie keinem anderen Menschen auf der Welt, das nahm sie sich vor. Sie hatte im Kloster gelernt, sich zu fügen, in der Ordnung zu stehen. Nun war sie Herzogin. Und sie war es gern. So hat es Gott gewollt. Amen.
Auch das schönste und anstrengendste Zeremoniell nimmt irgendwann ein Ende. Hedwig und Heinrich waren endlich allein in ihrer Kemenate.
Wie war es?
Himmlisch! Du sahst wie der Erzengel Gabriel aus, schwärmte Hedwig.
Warum Gabriel...
Und ich, sag, habe ich dir gefallen. Heinrich nahm ihre beiden Hände und machte einige ausgelassene Sprünge mit ihr. Du warst königlich, nein, kaiserlich warst du. Schön wie Beatrix damals in Mainz. Ach, schöner noch!
Wirklich? Sie legte ihren Kopf schelmisch schräg - und das obwohl ich keine goldblonden Locken habe?
Ich liebe dein Haar, ich liebe deine Augen, ich liebe dich von Kopf bis Fuß, so wie du bist. Ach, könnte ich doch dichten und singen wie Walter, jetzt wär's mir danach. Dann blieb er plötzlich stehen und runzelte die Stirn. Wie sagte doch Ekbert - du bist jetzt meine con... consors...
Consors regni, half ihm Hedwig.
Aha, ja, meine consors regni, meine tüchtige Mitregentin sollst du sein.

Und eine necessaria comes dazu, ergänzte Hedwig lachend. Deine nützliche Gehilfin.
Meine allerliebste nützliche Gehilfin du, seufzte er noch erleichtert, ehe er einschlief. Hedwig war froh über seine Worte, wußte sie doch, wieviele Männer es gab, die ihre Frauen nur als Schaupuppen neben sich duldeten.
Doch bald danach fing der herzogliche Alltag an, und der war nicht leicht. Ja, hart, anstrengend war es. Doch gleichzeitig auch freudiger als je zuvor. Heinrich und Hedwig hatten zehn Jahre warten müssen, ehe sie die Regierung im Lande antreten durften. Zehn lange Jahre!
Heinrich, obwohl von seinem Vater laut als Mitregent gepriesen, hatte neben dem Alten nichts zu sagen gehabt. Er hatte sich mit Neuerungen zurückhalten müssen.
Nach meinem Tode mach was du willst, hatte der Alte immer wieder gesagt. Jetzt bleibt alles wie es ist, denn es ist gut so. Es läuft. Laß es laufen. Das waren so seine Reden. Umsomehr hatte sich Heinrich Gedanken im Stillen gemacht, mit Hedwig geredet, wie er dies und jenes nach seinem Amtsantritt ändern wolle. Jetzt hätte er am liebsten alles auf einmal, das ganze Land, auf den Kopf gestellt. Alles schien ihm veraltet und unmodern. Alles im Lande sollte nun anders werden.
Also wird es zu tun geben. Die Kastellane, die sich zu viel Eigenrechte angemaßt hatten, mußten in die Schranken gewiesen, die Mannschaften gemustert und hier und da Ritter entlassen werden. Die Befestigungen der Burgen kontrolliert und Ausbesserungen, neue Mauern, neue Befestigungen angeordnet werden.
In allen Ständen hatten sich in den letzten Jahren Streitigkeiten ausgeweitet, die Heinrich vor seinem kranken Vater geheimhalten mußte, um ihn nicht zu ärgern. Jetzt mußte offengelegt und geschlichtet, beschwichtigt werden.
Die einheimischen Wojen bangten ständig um ihre Privilegien und beargwöhnten die neue Ordnung. In jeder Neuerung witterten sie einen Anschlag auf ihre althergebrachten Rechte. Den deutschen Rittern sagte man hochmütiges Verhalten nach. Sie waren tüchtig und glaubten daher, etwas Besseres zu sein. Keine christliche Demut, wie es sich gehörte. Die polnischen Ritter und Herren dagegen waren eitel und hitzig und

verstanden es bestens, beim Streit immer die lautesten zu sein.

Ärger gab es seit langem mit den geistlichen Herren, die immer mehr Privilegien für sich forderten und bestrebt waren, sich in allem vor den Herzog zu drängen. In Streitigkeiten riefen die Pfaffen nur allzu gern den Papst an, und der war im Austeilen von Bannandrohungen nicht sparsam.

Besondere Zuwendung des Herrschers verlangten jedoch vor allem die neuen Siedler im Lande, die seine Hoffnung waren, die den Aufschwung bewirken sollten, damit das Leben in Schlesien dem im Reiche ähnlich werde. Denen mußte das Gefühl gegeben werden, in Schlesien eine gesicherte Bleibe gefunden zu haben. Für sich und ihre Kinder und für alle Zeiten. Bürgern und Bauern, den kleinen Leuten. Allenorts gab es größere und kleinere Reibereien, Mißgunst und Streit zwischen den alten und den neuen Bewohnern. Und es sollten ja noch so viele ins Land geholt werden.

Dem ganzen Land mußte eine neue, eine fortschrittliche Verfassung gegeben werden. Und überhaupt waren Fortschritt, neue Ordnung, die am häufigsten von Heinrich gebrauchten Worte. Pläne, Pläne... Deren Durchführung wird Mühe und viel Zeit kosten. Das wußten sie beide.

Das Fürstenpaar begann im Lande umherzuziehen. Mit vielen Wagen und großem Gefolge. Mit großem Gepränge. Mal hier, mal da. Wie fahrendes Volk, wie die Zigeuner, spottete Hedwig.

Ja, herrschen war nicht leicht. Das neue Leben, das Herrschen bedeutete vor allem Reiten. Ständig im Sattel sitzen. Hoch zu Pferd. Reiten, reiten...

Vom Frühjahr bis zum Herbst unterwegs durchs ganze Land. Überall da sein. Mit Menschen freundlich reden. Wichtigen Gesprächen aufmerksam zuhören. Über Gehörtes nachdenken. Ständig wachsam sein. Abends mit Heinrich den Tag besprechen. Mit ihm Entscheidungen fällen. In der Stille ihrer Kemenate endlich mit ihm allein. In zärtlicher Umarmung einschlafen.

Nur im Bett war Zeit für ungestörte Gespräche, nur in der Kirche Zeit zum Nachdenken.

Dann wieder am Morgen mit den Getreuen reden. Neue Anordnungen besprechen, erklären und für sie überzeugen. Ihre Durchführung befehlen. Die Befolgung der An-

weisungen überwachen, Lob spenden... Tadeln. Strafen... Hedwig immer dabei. Gespannt, aufmerksam.
Wieder reiten, reiten, reiten. Von einer Kastellanei zur anderen ziehen. Das rhythmische Schaukeln des Pferdes in allen Gliedern spüren, bis in den Kopf. Bis in den Schlaf. Das tat oft weh.
Jeder Tag brachte eifrige Tätigkeit mit sich. Unaufhörlich unter den Augen der Menschen, die voller Bereitschaft zu bewundern waren, aber auch lauernd. Das junge Herzogpaar durfte sich keine Blöße geben, das wußten sie beide. Die Vorstellung von einem Herzogpaar, wie es sein sollte, wie es die Leute brauchten, mußte gefestigt werden. Zum Herrschen gehörte ein guter Ruf. Kein leichtes Spiel. Doch Heinrich machte es Spaß. Und Hedwig begleitete gern ihren Gemahl. Auch wenn sie sich unwohl fühlte, ihre schlechteren Tage hatte, und auch wenn sie gesegneten Leibes war, saß sie auf. Oft sah man sie mit blassem schmerzlich verzogenen Gesicht neben dem Fürsten sitzen. Heinrich kümmerten ihre Schwächen nicht. Jetzt war nicht die Zeit für Weibergejammere. Da er selbst kein Unwohlsein kannte, übersah er die Schwächen seiner Frau. Und Hedwig wußte: Er brauchte seine Frau neben sich. Seine kluge gelehrte Frau. Ohne sie wäre er, Krieger und Herrscher, der weder schreiben noch lesen konnte, noch genügend vom Lateinischen verstand, oftmals den schriftkundigen geistlichen Herren ausgeliefert. Also mußte sie da sein. Immer mit ihrem Wachstäfelchen in der Hand. Und sie war immer noch tätig, während er mit seinen Kumpanen bereits Bier trank und Wein und sie sich zotige Witze erzählten. Da diktierte sie noch den Mönchen vom Schreibdienst die Ergebnisse der soeben abgehaltenen Konferenz.
Zudem war die junge hübsche Herzogin, die bald auch die Einheimischen in deren Sprache anredete und für jeden ein freundliches Wort hatte, überall gern gesehen. Sie schmückte ihren Herrn Gemahl... Das hatte sie gern.
Dazu galt es fur sie, Heinrichs große Pläne zu begreifen, sich mit der Politik vertraut zu machen. Heinrich wollte das schlesische Piastenreich auch nach außen festigen. Er mußte es tun, sagte er. Wollte das Land überleben, mußte es stark sein. Immer stärker. Eine Lebensnotwen-

digkeit. Sagte er. Aber das bedeutete bei ihm, wie bei allen Herrschern: Krieg. Stark sein, Land gewinnen, Feinde besiegen. Also: Krieg.
Wozu Krieg, fragte sie. Kümmere dich um dein Land.
Das verstehst du nicht.
Und für Kriegszüge brauchte man Ritter und Knechte. Die kosteten Geld. Verdammt viel Geld. Allein die Ausrüstung. Und wenngleich nicht alle eiserne Kettenhemden trugen, aber feste Kleidung und Schuhe aus Leder mußte ein jeder haben. Und einen Helm. Dazu Schwert und Schild. Dazu Schafspelze für den Winter. Und noch das Pferd und dessen Zaumzeug. Gut ausgerüstete Kämpfer sind ein halb gewonnener Kampf, pflegte der alte Herzog zu sagen. Aber sie kamen der Staatskasse teuer zu stehen.
Hier begann das Kopfzerbrechen, das Heinrich seinen Beamten auferlegte. Er sagte: Geld her! Sie antworteten: woher? Ja, ein starkes Herzogtum, das waren die fleißigen Untertanen, die genügend Zinsen in die Staatskasse zahlten. Vor allem die neuen Siedler. Die waren die Hoffnung. Also begann bald ein Bauen und Umbauen im ganzen Land. Als wenn ein Fieber ausgebrochen wäre - überall herrschte rege Tätigkeit. Und wenngleich es bisher daran nicht gefehlt hatte, denn auch zu Boleslaws Zeiten waren neue Städte entstanden und Dörfer, Klöster und Kirchen, schienen die Leute zu spüren, daß neue Zeiten angebrochen waren.
Die Goldberger hatten sich eine Mauer und einen Graben davor geleistet, so mußten auch die Neumarkter Mauer und Graben haben. Und erst recht die Liegnitzer. Denen war es doch seit langem versprochen worden. Also drängten sie.
Doch die mußten vertröstet werden. Der Umbau der Liegnitzer Burg mußte zurückgestellt werden. Dieses große Unterfangen war für später bestimmt. Sollte Liegnitz doch die größte Burg im Oderland werden. Ein leuchtendes Beispiel im östlichen Raum. Und das erforderte Zeit und Geld. Doch einiges durfte auch hier nicht warten. Die Halle mußte erweitert und erneuert werden. Die Frauenkemenate zum Arbeitsraum umgebaut. Der Hof planiert und teilweise gepflastert.
Denn es war beschlossene Sache: Liegnitz sollte der wich-

tigste Sitz des Herzogpaares bleiben. Hierher sollten die Getreuen zu Besprechungen einberufen, ausländische Botschaften empfangen und Feste gefeiert werden.
Wie gut, daß es daneben Röchlitz gab. Immer geben sollte. Das stille Familiennest. Dort sorgten Jutta und Radon, die Getreuesten der Getreuen, für Ordnung und Geruhsamkeit. Unter ihrer Obhut verblieben die Kinder. Auch die Knaben, die ihre Zeit meistens mit Niko verbrachten, brauchten Juttas mütterlichen Blick. Und die kleine Gertrud hielt Jutta eher als Hedwig für ihre Mutter. Sie wuchs mit Juttas Tochter Viola wie eine Zwillingsschwester auf. Hedwig hatte wenig Zeit, in Röchlitz mit ihren Kindern zu verweilen. Daher war sie besonders froh, diese in bester Obhut zu wissen.
Alles in allem: ein anstrengendes Leben. Ja, herrschen war nicht leicht.

Das Kloster zu Trebnitz

*„Nachdem das Kloster in Trebnitz gegründet war,
brachte sie dort viele Frauen und fromme Jungfrauen
unter, damit sie Gott dienten zur Krone
einer unaussprechlichen Glorie,
in Keuschheit des Herzens und Reinheit des Leibes"*
(Legenda maior de beata Hedwigis)

einrich lehnte sich behaglich seufzend in seinem Sessel zurück, nachdem ihm der Diener die Stiefel von den Füßen gezogen und ihm die weichen pelzgefütterten Hausschuhe gereicht hatte. Er streckte seine Beine dem offenen Feuer zu. Kaum kam der Herbst, wurde es kalt in der Burg. Zu seiner Frau gewandt, die an ihrem Stickrahmen saß, sagte er: Dein Frauenkloster, Hadi... Also, ich habe wohl den richtigen Ort für das Kloster gefunden.
Hedwig hob erfreut ihren Kopf: Wo denn? In Oels?
Aber nein, antwortete er. Nicht in Oels, sondern bei Breslau, in - Trebnitz.
Trebnitz... nie gehört.
Ist ja auch ein kleiner Ort. Aber schön gelegen. Hügel und Buchenwälder. Katzenberge heißen die Hügel. Sehen auch wie Katzenbuckel aus.
Trebnitz?
Ja, Trebnitz! Nicht nur schön, sondern auch heruntergekommen. Ein ehemaliger Marktort. Die Marktrechte sind vor einiger Zeit an das benachbarte Zirkwitz gegangen. In Trebnitz tut sich nichts. Ein kleines halb verfallenes castrum steht da, eigentlich nur ein gemauerter Turm, und ein uraltes schiefes Kirchlein. Sonst nichts. Die Bewohner sind Slawen, Nachkommen der Trebowane. Nur der Pfarrer und der Gastwirt sind Deutsche.

Dort muß etwas geschehen. So geht es nicht weiter. Trebnitz ist mein Eigentum. Da muß Schwung hinein. Neue Leute. Siedler. Am besten ein Kloster. Wunderbar. Ja, gerne. Aber wie kamst du auf diesen Ort. Einer wie viele andere...
Zufall oder ein Wunder, denk was du willst, antwortete Heinrich. Ich wollte geradeaus von Breslau nach Oels reiten, wie du weißt, in die dortige Komende der Templer. Doch Bischof Cyprian, der mich dorthin begleitete, bat mich den Weg über Trebnitz zu nehmen, diesen kleinen Umweg zu machen, weil er etwas mit dem dortigen Pfarrer zu besprechen hatte, der sich mit den Einheimischen nicht gut versteht, vor allem weil er deren Sprache nicht mächtig ist. Was sollte ich dagegen haben. So ritten wir los.
Die Gespräche mit dem Pfarrer, der versetzt werden soll, waren nicht angenehm und dauerten lange. Der Bischof wollte den schwerfälligen Mann in ein deutsches Dorf versetzen. Der aber gab plötzlich vor, sich an den Ort gewöhnt zu haben und an seine Leute und wollte nicht gehen. So zogen sich die Gespräche in der Pfarrei bis zum Abend hin. Wir beschlossen zu übernachten. Und der Pfarrer schlug vor, uns die Heidenquelle zu zeigen. Die Quelle des heidnischen Übels, wie er sagte. Denn er jammerte in einem fort, daß sich unter den Einheimischen das Heidentum festhielte. Er habe ein Kreuz mit diesem hartnäckigen Volk. Und jeder werde es haben. Dieser Pfarrer behauptete, die meisten Einwohner in der Umgebung seien ins Heidentum zurückgefallen. Sie kommen nicht in die Kirche, taufen ihre Kinder nicht und waschen ihre Toten bei schauerlichen Gesängen in der Quelle im Walde. Und dann verscharren sie sie irgendwo unter den Bäumen. Im Walde! Wie findest du das? Entsetzlich, nicht wahr?
Und immerfort diese Gesänge. Sie tanzen bei Vollmond, erzählte der Mann. Manchmal nackt. Rotten sich zusammen zur Sonnenwende. Schreien und springen. Heulen wie die Wölfe. Sie verehren die Sonne, die Sterne, die Bäume, das Wasser. Dummes Volk. Und - wenn du dem Pfarrer glauben willst - Priesterinnen sind bei ihnen alte Frauen. Zauberinnen. Also Hexen, nichts anderes... Das kann doch so nicht weitergehen.
Es war ein schöner Weg durch den Buchenwald zu dieser

Zeit, wir genossen es nach dem üppigen Essen. Die Quelle, nun, wie jede Quelle: ein munteres Wässerchen. Nichts besonderes. Keine Spur von teuflischen Umtrieben. Wir betrachteten geruhsam das Spiel der untergehenden Sonne in den Blättern und ich begann - weiß Gott warum - dem Bischof von deinen Plänen eines Frauenklosters zu erzählen, von den Schwierigkeiten, die wir erwarteten, auch von seiten der Kirche. Und auch, daß wir noch nicht wüßten, wo dieses Kloster stehen soll. Denn ich wollte seine Meinung dazu hören. Bischof Cyprian hörte aufmerksam zu und sagte plötzlich: hier wäre doch ein guter Ort für dieses Kloster.
Wir sahen uns an. Stumm. Die Quelle plätscherte. Was blieb, als ihm zuzustimmen. Alles sprach dafür, nichts dagegen. Vielleicht ein Wunder - diese Eingebung an dieser Stelle.
Cyprian war von der Idee, die seine war, sehr angetan, sogar stolz, ich gönne es ihm, und er versprach Unterstützung in allem. Das will auch etwas heißen.
Heinrich fuhr fort: Trebnitz ist bestens gelegen, gut von Leubus aus erreichbar, nicht weit entfernt, einen halben Tagesritt etwa, nicht mehr. Ebenso nahe von Breslau aus. Hedwig begann zu lächeln, als Heinrich von den heidnischen Hexen sprach, sie hörte dergleichen Geschichten über starke Weiber unheimlich gern. Das gefiel ihr, das machte sie neugierig. Natürlich mußte das Heidentum bekämpft werden. Mit allen Mitteln.
Also wann reiten wir nach Trebnitz, fragte sie. Meinetwegen gleich morgen.
Eigentlich wäre ihr ein Kloster zwischen Liegnitz und Röchlitz lieber gewesen. In vertrauter Umgebung. Unterwegs sozusagen. Sie mochte die Breslauer Gegend nicht allzu sehr. Denn dort hatte zuvor die Familie der Wlasts ihre Besitztümer gehabt. Auch Trebnitz hatte ihnen gehört, wie die ganzen Katzenberge, das wußte sie von Heinrich. Die alte Trebnitzer Kirche war von Peter Wlast und seiner Frau Maria errichtet worden. Bis heute trug sie den Namen des Patrons der Familie. Heinrich versicherte zwar, daß sein Vater die gesamte Umgebung rechtmäßig für einen guten Preis erworben hatte, doch Hedwig war die ganze Geschichte der Wlasts unbehaglich geblieben.

Dennoch ritten beide wenige Tage später mit ihrem Gefolge nach Trebnitz. Unterwegs wurde Halt in Leubus gemacht. Man übernachtete hier gern, weil man bei den freundlichen Mönchen immer willkommen war und Heinrich stets mit dem Abt dieses oder jenes zu besprechen hatte.
In der Frühe, nach dem Gottesdienst, ritt das junge herzogliche Paar mit seinem Troß weiter. Es ging durch morgendlich flimmernden Wald. Hedwig begann wie üblich ihre Marienlieder zu singen. Heinrich sang mit. Mit seiner tiefen wohlklingenden Stimme. Und auch die anderen fielen ein.
In Trebnitz angekommen, sprang Hedwig vom Pferde, ohne zu warten, daß ihr jemand den Bügel hielte oder die Hand reichte. Neugierig sah sie sich um. Die Pferde schnaubten, der kurze Trab durch den Wald hatte sie nicht ermüdet. Wie allenorts kamen ihnen zuerst kläffende Hunde, dann rotznäsige Kinder entgegengelaufen. Dann die Leute. Die verneigten sich tief und blieben in respektvoller Entfernung stehen.
Verfallene Hütten standen umher. Nur das Gasthaus war ordentlich und neu gebaut, ein behäbiges Fachwerkhaus mit bunt bemalten Fensterläden von einem hohen festen Zaun umgeben.
Die Kirche war in der Tat klein und, obwohl frisch geweißt, sichtbar altersbucklig, schief und baufällig. Unweit das kleine castrum, auf dessen Dach zwei kleine Birken wuchsen. Besonders reizvoll fand Hedwig den Ort nicht. Und Heinrich, der ihr die Gedanken vom Gesicht las, erinnerte: das Kloster soll nicht hier, sondern im Buchenwald stehen.
Immerhin, gab Hedwig zurück, anfangs werden die frommen Frauen doch im Dorf wohnen.
Allerdings, aber nicht lange.
Sie wollten gleich zur Quelle gehen, doch zuerst mußten sie den Gastwirt und seine Frau begrüßen, die ihnen unter vielen Verbeugungen aus ihrem Haus entgegen kamen. Ein rundliches Paar.
Die Frau küßte Hedwig die Hand und hatte dabei Tränen der Rührung in den Augen: Unsere Prinzessin aus Bayern! rief sie immer wieder. Willkommen, willkommen! Denn auch sie waren aus Bayern. Natürlich mußten die hohen Herrschaften einkehren in das gastfreundliche Haus. Es war auch inzwischen Mittagszeit geworden.

Zu Tisch begann ein angeregtes Gespräch. Auch Bischof Cyprian war aus Breslau angeritten gekommen.

Die Wirtsleute wünschten sich, wie man es von den anderen Neusiedlern auch immer wieder hörte, viele Deutsche im Lande. Sie wollten unter den eigenen Leuten leben. Die Hiesigen, fast alle insgeheim Heiden, waren ihnen nicht geheuer. Das bestätigte laut der deutsche Pfarrer. Er habe es ja dem Herrn bereits geklagt. Doch seine Klagen fand Hedwig ungerecht, ja unchristlich und dumm, hätte es nicht an ihm, dem Diener Gottes gelegen, die Heiden zu bekehren, sie dem Christentum zuzuführen. Aber er war anscheinend zu faul oder zu dumm, die Sprache der Einheimischen zu erlernen, denen er das Wort Christi verkünden sollte. Und daher sind sie Heiden geblieben.

Doch sie sagte nichts, wußte sie doch, daß Bischof Cyprian bereits die Versetzung des Pfarrers beschlossen hatte. Eigentlich könnte der Mann jetzt am Orte bleiben, ging es ihr durch den Kopf, aber sie fand ihn weder genügend klug noch liebenswürdig für die Nonnen.

Man erhob sich bald nach dem Essen, um sich zu der berüchtigten Quelle zu begeben. Dort kniete Hedwig nieder und befeuchtete ihr Gesicht mit dem klaren Wasser. Sie trank es aus den Händen wie eine Bäuerin.

Dann stand sie auf und sagte: Ich spüre Gottes Segen in diesem Wasser. Laßt uns darüber eine Kirche bauen.

Heinrich stimmte dem gern zu. Und der Bischof nickte gerührt. So war die Entscheidung für Kloster und Kirche gefallen.

Hedwig begann sofort auf ihre Art Pläne zu spinnen. Sie hatte eine außerordentliche Gabe, sich Dinge vorzustellen, die es noch nicht gab. Sie schilderte Heinrich so lebhaft die Kirche und das Kloster, die hier entstehen sollten, daß er sie fragte, ob sie das Kloster vielleicht im Traum gesehen habe.

Wer weiß...

Dann aber holte er sie wie immer aus ihren Wolkenschlössern auf die Erde zurück. Du weißt, sagte er, zuerst muß ein einfacher Holzbau im Dorfe errichtet werden. Und dann wird hier wie in Röchlitz eine endlose Baustelle sein. Viele Jahre wird es dauern, ehe das Kloster so dastehen wird, wie du es heute schon siehst.

Ist das etwa schlimm, fragte Hedwig. Nichts ist schöner als Bauen, sagte sie. Beten und Bauen... In Gottes Garten muß das Leben wachsen.

Und die Nonnen... das werden junge Frauen sein, eifrige Dienerinnen Gottes, die werden einige Unbequemlichkeiten gern auf sich nehmen. Und wir werden ihnen zur Seite stehen.

Sie fragte Bischof Cyprian, wie denn die Vorschriften seien, wieviele Nonnen ein Kloster anfangs haben müßte.

Der Bischof begann an den Fingern abzuzählen: eine Priorin und ihre Vertreterin, eine Cellerarin mit Gehilfin, die für die Wirtschaft verantwortlich sein werden, eine Infirmaria für die Betreuung der Kranken und eine Apothekaria dazu, eine Betreuerin elternloser Kinder und eine Lehrerin, eine Cantrix, das heißt eine Singmeisterin. Und eine Kustodin für alle kirchlichen Angelegenheiten. Und nicht zu vergessen eine Bibliothekarin, denn Abschriften heiliger Bücher brauche ein Kloster vor allem. Und dazu als wichtigste Person die Äbtissin. Zwölf Nonnen müßten es laut Regel mindestens sein.

Also anfangs ein Holzhaus für dreißig Frauen, nahm Hedwig auf. Denn es werden wohl bald mehr und mehr sein. Ich kenne einige in der Umgebung, die auf das Kloster warten. Ich möchte auch Mädchen vom Dorfe ins Kloster aufnehmen, bürgerliche Mädchen, deutsche und slawische Frauen. Alle zusammen sollen Gott loben. Der Bischof sah sie bedenklich von der Seite an, sagte aber nichts. Er wußte, gegen das Mischen von Mönchen oder Nonnen aus verschiedenen Ständen und Nationen gab es große Widerstände bei den kirchlichen Herren. Auch Hildegard von Bingen soll dagegen gesprochen haben. Aber die Fürstin war ja bekannt für ihre Vorliebe fürs einfache Volk. Wer wollte ihr widersprechen.

Also - ein Holzhaus neben dem schiefen Kirchlein. Eine Hütte für Reisemüde und eine für Kranke... Ein hoher Zaun aus Holz. Aber später sollen es die Nonnen schön haben, schwärmte Hedwig laut. Sie sollen nicht alle zusammen im Dormitorium schlafen müssen, das hatte sie in Kitzingen auch nicht gemocht. Man könnte ja im Schlafsaal Holzverschläge aufstellen. Und warm sollen es die Frauen im Winter haben. Steinerne Fußböden, aber

von unten geheizt. Ein großes Refektorium... ein Kapitelsaal... eine Bibliothek. Ein Arbeitszimmer für die Äbtissin... Und einen schönen Kreuzgang wie in Kitzingen. Ein Garten mit vielen Blumen und Kräutern dazu...
Das Kloster wird der Mutter Gottes gewidmet sein, der Patronin der Zisterzienser. Und die Kirche außerdem dem heiligen Bartholomäus, dem Patron unserer Familie, warf Heinrich ein.
Hedwig streichelte vor Freude Heinrichs Arm. Sie war glücklich wie vor Jahren in Röchlitz.
Und wie damals setzte man sich mit dem Baumeister Jakob zusammen um den großen Tisch in der Liegnitzer Burg. Herbei kamen die nächsten Vertrauten. Trebnitz sollte das erste große Bauvorhaben des jungen Fürstenpaares sein, also galt es sorgfältig zu planen.
Der alte Jakob machte ihnen Sorgen, er klagte über Leibschmerzen, die oft sehr heftig wurden. Etwas wachse in ihm, klagte er, es werde immer größer, er spüre es werde in töten. Er fühle sich zunehmend schwächer.
So ordnete man ihm zwei junge Mönche zur Hilfe bei, die bei Gelegenheit das Handwerk der Baumeisterei und die Kunst des Plänezeichnens erlernen sollten. Jakob, der erst in späterem Alter in den Orden eingetreten war, hatte außerdem ständig seinen Sohn Jakob bei sich, der ein begabter Baumeister wie sein Vater zu werden versprach.
Kalk- und Ziegelbrennereien müßten vor Ort errichtet werden. Aber vor allem - woher sollte man die vielen notwendigen Fachleute nehmen? Zementarier und Steinmetze, Schreiner und Schmiede...
Die Meister sollen Leubuser Mönche sein, fehlende Handwerker in Deutschland angeworben werden. Doch dazu werde eine Menge von einfachen Arbeitern vonnöten sein. Woher die nehmen?
Vor allem die Einheimischen müßten zu den anfallenden Arbeiten angeleitet werden, sagte Heinrich. Bei Trebnitz sind die Leute noch nach polnischem Recht zu Fronarbeiten verpflichtet. Das muß hier so bleiben, sonst kommen wir nicht weiter. Das deutsche Recht gibt den Leuten zu viele Freiheiten. So arbeiten sie zwar besser, aber viel weniger. Und das zählt.

Diesmal sagte Hedwig nichts dazu, obwohl sie sonst gern gegen diese Ungerechtigkeit schimpfte.
Bald aber fiel ihr etwas Besonderes ein. Sie kam auf den Gedanken, Straffälligen für die Arbeit am Bau, ihre Strafen zu erlassen. Auch Todesstrafen. Wozu sollen die Armen sterben oder sich in ihren Löchern quälen, wenn sie sich hier nützlich machen können.
Und wenn sie davonlaufen, wenn wir sie befreien und ohne Ketten herumlaufen lassen, gab Heinrich zu bedenken. Wenn man sie gut behandelt, werden sie auch bleiben. Ein oder zwei Ritter zur Aufsicht müßten genügen.
Man schrieb das Jahr 1202, als die ersten Nonnen in Trebnitz eintrafen. Kein Jahr war vergangen, seitdem Hedwig und Heinrich die Herrschaft im Lande übernommen und die Errichtung des Klosters endgültig beschlossen hatten. Nun war es soweit. Es hatte einiges Kopfzerbrechen gekostet, viele anstrengende Gespräche waren notwendig gewesen. Schreiben waren hin- und hergegangen, nach Rom, nach Bamberg, nach Kitzingen und nach Gnesen.
Das Herzogpaar hatte sich in Trebnitz das kleine castrum herrichten lassen. Besonders die Fürstin wollte eine stete Bleibe in der Nähe des Klosters haben. Der Wohnturm - ein Wachraum unten, eine beheizbare Kemenate darüber, oben ein Schlafraum - war eher ein großes Faß als eine kleine Burg, spottete Heinrich. Dafür stand der Turm nun, neubedacht und frisch hergerichtet, umschart von zahlreichen Holzhütten wie ein Pfau inmitten des gewöhnlichen Federviehs, umgeben von einem festen Zaun aus Holz.
Wer aus dem Tor trat, sah von der kleinen Brücke über dem schmalen Graben zur rechten Hand ähnliche neuerrichtete Holzgebäude neben dem alten Kirchlein stehen.
Dorthin begaben sich die Fürstin und der Abt von Leubus Conradus, der die Obhut über den Frauenkonvent zu übernehmen gewillt war. Sie wollten noch einmal das provisorische Kloster besichtigen. Ob auch bestimmt nichts fehle. Denn alles sollte, ja, mußte, nach den Regeln sein, die den Nonnen einen Tagesablauf vorschrieben, der sich innerhalb bestimmter Räume abspielen sollte. Zudem in einem geschützten geheiligten Umfeld,

hinter einem sicheren Zaun, wenn nicht hinter einer Mauer. Das war Voraussetzung für die Bewilligung des Klosters gewesen. Abt Conradus ließ von einem der ihn begleitenden Mönche die Pforte aufschließen. Es war menschenleer im Hof. Die Hütten standen ordentlich im Kreis. Sie rochen nach frischem Holz. Man begab sich zunächst in das größte Gebäude, in dem sich das Oratorium befand, das hier auch als Refektorium genutzt werden sollte: Wohn- und Speisesaal in einem. Der Tisch mit Bänken bot genügend Platz für jeden Tag. Zusätzliche Tische auf Böcken konnten im Fall zahlreicher Gäste dazugestellt werden. In einer Ecke sollte die provisorische Bibliothek ihren Platz finden. Ein Schrank, ein Schreibpult am Fenster. Die Herzogin und der Abt nickten mit den Köpfen. Es war alles in Ordnung. Dicht daneben die Wirtschaftsgebäude. Im Dormitorium zwanzig Pritschen, um einige mehr als vorerst gebraucht. Besonders hier angenehmer Geruch - nach frischem Holz und Stroh. Zwei Hütten für Gäste und Kranke befanden sich neben der Pforte. Auch hier wollte die Fürstin einen Blick hineinwerfen. Pilger und andere bedürftige Wanderer durften nie von der Klosterpforte abgewiesen werden. Auf der anderen Seite ein Häuschen mit einem Schulraum. Bescheiden, aber alles wie es sein sollte. Hedwig lächelte zufrieden. Klein aber mein, ging es ihr durch den Kopf.
Sie begab sich mit dem Abt in das Kirchlein vor der Klosterpforte, um ein stilles Gebet zu verrichten und sie begegneten dem neuen Pfarrer, einem jungen geistlichen Herrn, der unlängst aus Thüringen gekommen war.
Als sie so im Gespräch vor der Kirche standen, meldete der Page den sich nähernden Reisetroß. Hedwig schickte den Jungen zum Herzog und zu seinem Gefolge.
Bald fuhren die Wagen mit lautem Gerumpel ein, von einer Staubwolke umhüllt. Der Platz war im Nu zu klein für so viele Wagen und Pferde. Zuerst sprangen einige begleitende Ritter ab. Nach ihnen hielten fünf Wagen. Zuletzt wieder Reiter in den grauen Mänteln mit dem Wappen des schlesischen Herrn. Von einem der mittleren Wagen war die Plandecke heruntergerollt, in ihm saßen die jungen Frauen. Der Kutscher kletterte vom Bock und stellte ein Treppchen an. Vorsichtig, ihre grau-

en Röcke raffend, stiegen die Nonnen herab. Jugendliche Gestalten in der schlichten Tracht der Zisterzienserinnen. Weiße Gebände um die lächelnden Gesichter. Keine Spur von Müdigkeit, dafür verhaltene neugierige Blicke. Petrissa entstieg einer Kutsche, ihr folgte Domprobst Poppo, ein kleiner rundlicher Herr, der die Aufgabe hatte, die Frauen unterwegs in geistlicher Obhut zu bewahren.
Petrissa, recht füllig geworden - ach, dieser Lauf der Zeit - begab sich eilig trippelnd wie eine Glucke zu ihren Zöglingen und mit ihnen gemäßigteren Schrittes den erwartungsvollen Herrschaften entgegen. Hedwig und Petrissa sahen sich einen Augenblick an, dann fielen sie sich unzeremoniell und gerührt in die Arme. Beide hatten Freudentränen in den Augen. Danach verneigte sich die zukünftige Äbtissin, wie es sich geziemte, vor dem Herzog, nicht ohne ihn aufmerksam anzublitzen. Der lächelte gelassen zurück. Dann neigte sie vor Abt Conradus den Kopf mit gefalteten Händen. Der segnete sie mit dem Zeichen des Kreuzes.
Daraufhin stellte Petrissa die jungen Frauen vor, die vor kurzer Zeit Gott zu Ehren den Schleier genommen und den Mut hatten, in ein weites unbekanntes Land zu ziehen, um hier Christus zu dienen und der Gottesmutter. Jede wurde von den hohen Herrschaften mit einem freundlichen Händedruck begrüßt und vom Abt mit einem segnenden Zeichen. Es waren: Benedikta, Pinosa, Viktoria, Gaudentia, Renata, Jutta, Eugenia, Katarina und Justina, Klarissa und Adelheid. Jede von ihnen konnte sich einer vorzüglichen Herkunft rühmen, worauf Petrissa anscheinend besonders stolz war, sie erwähnte die jeweiligen Verdienste der Familien.
Hedwig versuchte sich Gesichter und Namen zu merken, denn sie wußte, wie wichtig das war. Sie war gerührt: Ein Traum war in Erfüllung gegangen.
Die Zisterzienser von Leubus begannen ein Begrüßungslied zu singen mit ihren angenehm brummigen Stimmen. Die Nonnen fielen zwitschernd ein und nach ihnen alle anderen. Worauf sich die Gesellschaft in die Kirche und danach in den schattigen Garten des kleinen castrums begab, wo das Essen für sie unter den Bäumen gerichtet worden war.

Zum Pfingstfest des Jahres darauf fanden sich hohe Gäste in Trebnitz ein. Die Einführung der Nonnen ins Trebnitzer Kloster sollte feierlich begangen werden. Ekbert von Andechs war gekommen, nunmehr Bischof von Bamberg, und in seiner Begleitung wieder Dompropst Poppo von Bamberg. Der Erzbischof Heinrich von Gnesen, Bischof Cyprian von Breslau, Abt Bernardus von St. Vinzenz auf dem Elbing und weitere Männer, die sich um das Entstehen des Klosters Verdienste erworben hatten. Dazu zahlreiche fürstliche, geistliche und adlige Gäste aus Schlesien, Polen und aus den benachbarten deutschen Ländern.

Im Oratorium des vorläufigen Klosterhauses verlas Bischof Cyprian vor den Versammelten die bischöfliche Bestätigungsurkunde, in der für ewige Zeiten bekundet wurde, daß Herzog Heinrich von Schlesien auf seinem Boden und auf seine Kosten das Kloster zu Trebnitz errichtete, zu Ehren Gottes des Herrn, der Gottesmutter Maria und des heiligen Apostels Bartholomäus.

In dem Schreiben wurde weiterhin auf den Auftrag des Konvents der Frauen hingewiesen, der vor allem im Gebet für das Seelenheil der fürstlichen Familie beruhe. Der Zweck der Gründung sei, hieß es, eine Stätte zu schaffen, an welcher der unverheiratete Teil der weiblichen Bevölkerung seine Zuflucht finden und ein gottgefälliges Leben führen könne. Als Aufgaben wurden vor allem die Sorge um Arme und Kranke und die Erziehung von Mädchen genannt. Dafür hatte der Herzog das Kloster reich beschenkt. Zunächst mit dem gesamten zu Trebnitz gehörenden Erbgut, dem Kottwitz das Fischerdorf, hinzugefügt wurde. Demnach sollten alle Zehntenleistungen im Umkreis dem Kloster zugute kommen. Dazu kamen die Zehnten von Steinau und Stuben, die der Bischof von Breslau dem Kloster zueignete. Dazu vielerlei Versprechen, daß dies nur der Anfang sei, an weiteren Schenkungen sollte es nicht fehlen.

Die Schutzurkunde des Papstes, die danach verlesen wurde, war wenige Wochen zuvor in Schlesien eingetroffen, also den meisten der Anwesenden bereits bekannt, dennoch hörten alle dem Lesenden in frommer Andacht zu. Papst Innozenz der Dritte wandte sich an die Äbtissin und die Nonnen von Trebnitz und sicherte ihnen seinen Schutz zu, desgleichen allen Schenkungen, die das Kloster erhielt und in Zukunft erhalten sollte. Herzog Heinrich von Schlesien wurde auch vom Papst als der fromme Fundator des Klosters lobend erwähnt.

Nach einem feierlichen Hochamt, währenddessen die vielen Gäste das zu enge Kirchlein umscharten, begab man sich zurück ins Refektorium, um hier ein festliches Mahl einzunehmen.

Nach dem Essen brach die versammelte Gesellschaft in feierlichem Zuge zum Buchenwald auf, wo ein großer Platz für den Bau des zukünftigen Klosters und der Kirche gerodet worden war.

Vor dem Herzog und seiner Gemahlin schritten drei Leubuser Mönche mit einem großen hölzernen Kreuz. Hinter dem Herrscherpaar wehten die Fahnen des Herzogs, des Bischofs und der in Schlesien lebenden Orden. Danach schritten Abt Conradus und Cyprian Bischof von Breslau. Denen folgten Petrissa und ihre Konventualinnen, ihnen wiederum Bischof Ekbert und die anderen hohen Gäste. Das Ende des Zuges bildeten die Mönche von Leubus und eine Schar von Hofleuten. Die hellen Stimmen der jungen Nonnen, die wie Vogelgezwitscher klangen, und das Brummen der Mönche wurden trefflich begleitet von der herzoglichen Hofkapelle: Trommeln und Trompeten. Eine gar herrliche Musik in der glasklaren Luft.

Inmitten der dunklen aufgerührten Erde der Rodung sprudelte hell die Quelle. Ihr Wasser suchte in mehreren Rinnsalen nach einem neuen Bett. Ein Bild der Verlorenheit. Doch dem sollte bald entgegengewirkt werden. Die Quelle sollte in einen Brunnen gefaßt, und dieser in den Bau eingebracht werden, um als Taufwasser zu dienen. Die von den Heiden als Wunderwasser verehrte Quelle sollte fortab dem Gott der Christen dienen. Aber auch als Zeichen der Verknüpfung der alten mit den neuen Zeiten und als allverbindendes Zeichen der Liebe des christlichen Gottes gelten. Davon hatte Herzogin Hedwig nicht nur ihren Gemahl, sondern auch den Abt und den Bischof überzeugt. Ich hoffe, hatte die Herzogin einige Male wiederholt, diese Quelle wird so lange sprießen, solange es christliche Nächstenliebe im Schlesierland gibt.

Im abgesteckten Kreis um die Quelle herum, dort wo Kir-

che und Kloster in Zukunft gedeihen sollten, begann Abt Conradus das würdevolle Zeremoniell der Segnung des Ortes, wie es üblich war. Gemeinsam wurde der Platz umschritten, gemeinsam um den Segen des Herrn gebeten. Die Mönche sangen ihre Psalmen, denen sich die Nonnen anschlossen und auch einige der Gäste. Der Abt segnete den Platz und alle Anwesenden, und verneigte sich betend nach vorgeschriebenem Ritual in alle vier Himmelsrichtungen.
Nach der Segnung begann wie vorgeschrieben die Bannandrohung. Der Abt zog die Kapuze seiner Kukulle über die Augen, das gleiche taten nach ihm die Mönche. Dann stapften sie grimmigen Schrittes, mit gesenkten Köpfen und brennenden Kerzen in der Hand im Kreise herum. Dabei sangen sie und wiederholten die Sprüche des Abtes mit dumpfen Stimmen, die immer drohender klangen.
Abt Conradus, der allen voranging, hob plötzlich die Hand und gebot Stille. Mit lauter Stimme stieß er feierlich die übliche Formel aus. Der Bann der Kirche und die höchsten Strafen der weltlichen Gerechtigkeit sollte alle treffen, die irgendwann ihre Hand gegen die heiligen Stätten heben sollten auf seine Insassinnen oder ihren Besitz. Frevler und Schänder sollen verflucht sein bis in alle Ewigkeit, für alle Zeiten verdammt und mit den schwersten Höllenqualen bestraft. Der weltliche Herr und Fundator werde dem Übeltäter den Kopf zertreten, wie in der Bibel der himmlische Herr das Haupt der Schlange. Die Mönche riefen wiederholt dumpf und drohend: Anathema sic! Anathema sic! Ad infinitum! Ad infinitum: Weh ihm! Ewige Verdammnis!
Sie warfen die brennenden Kerzen zu Boden und zertraten sie. Die Versammelten sahen dem ergriffen zu.
Die Einheimischen standen scheu und verängstigt am Rande des Waldes. Sie standen da und sahen zu, wie ihnen feierlich ihr Heiligtum genommen wurde. Stumm sahen sie zu und rührten sich nicht.
Blickte die Herzogin zu ihnen hin?
Am nächsten Morgen fanden sich die Teilnehmer der Feierlichkeit wieder im Oratorium ein. Die mit Lilien bekränzte Äbtissin und die ebenso geschmückten Klosterjungfrauen, das herzogliche Paar, die kirchlichen Wür-

denträger und alle geladenen Gäste. Petrissa sollte als Äbtissin symbolisch gewählt und vereidigt werden.
Bischof Cyprian als Pater immediatus und Präses der Wahl, leitete die Feierlichkeiten ein. Nach einem gemeinsamen Gebet verlas er das 64. Kapitel der Regel des heiligen Benediktus und das entsprechende Kapitel der charta caritas. Der Bischof belehrte die Anwesenden über die Forderungen, die laut Regel an eine Äbtissin gestellt werden. Dann schwor er auf das Evangelium, die Wahl nach kanonischen Vorschriften leiten zu wollen. Victoria, die Kantorin, verlas sodann eine Mahnung an den Konvent, die von der Herzogin gewünschte Äbtissin zu wählen und ihr Gehorsam zu versprechen und zu halten.
Alsdann begaben sich die Versammelten in feierlichem Zuge mit frommem Gesang und Musik und allen Fahnen in die Kirche, wo der Bischof ein Hochamt zu Ehren des Heiligen Geistes zelebrierte, das durch den Hymnus „Veni creator Spiritus" abgeschlossen wurde. In der Sakristei gaben die Nonnen ihre Stimmen für die Äbtissin ab. Der Pater immedatius verlas vor dem Altar das Ergebnis des Votums, das in diesem Fall vorgegeben war.
Ein von den Leubuser Mönchen und Trebnitzer Nonnen gemeinsam gesungenes Te Deum laudam drückte den Dank an Gott für die glücklich vollzogene Wahl aus.
Der feierliche Zug: der Bischof, neben ihm die neugewählte Äbtissin, das Herzogpaar und alle anderen, begaben sich zurück ins Oratorium des Klosters, wo Petrissa vom Präses feierlich als Äbtissin eingesetzt wurde.
Bischof Cyprian verlieh ihr vor aller Augen Ring und Stab und händigte ihr darauf die Heilige Regel aus, auf die sie ihren Schwur leisten sollte. Petrissa schwor kniend den Eid, ihre rechte Hand auf das Buch gelegt, nach bestem Willen und mit Gottes Segen, den sie ständig zu erbeten versprach das Kloster wie eine Mutter zu leiten und zu betreuen. Danach leisteten alle Konventualinnen ihrer Äbtissin den Schwur. Sodann überreichte der Bischof Petrissa die Schlüssel des Klosters. Des vorläufigen Klosters. Mit dem Wunsch, die großen Schlüssel mögen bald folgen.
Nachdem alle weihevollen Feierlichkeiten vollbracht worden waren, nahm Petrissa gleich einer Fürstin die Glückwünsche der Anwesenden entgegen. Als erste trat Hedwig

an sie heran und beide Frauen umarmten und küßten sich herzlich. Danach segnete Abt Conradus, der zukünftige geistliche Betreuer des Klosters, noch einmal die Äbtissin und gab ihr die Hand mit freundlichem Worte. Dann erst kam der Herzog an die Reihe, und nach ihm alle anderen, nach Amt und Würden.

Zum Abschluß wurden der Äbtissin und durch sie der Bibliothekarin die wichtigsten Bücher übergeben, die jeder Konvent nach der Regel des Ordens besitzen mußte. Auch ein symbolisches Tun, besaß doch der Konvent die vorgeschriebenen Bücher von Anfang an. Einen Teil davon hatten die Nonnen aus Bamberg mitgebracht, den anderen die Leubuser Fratres gestiftet. Jetzt aber wurde die Übergabe ihrer Bedeutung gemäß zelebriert, die heiligen Bücher würdevoll überreicht: Das Missale, das Evangeliar und das Lektionar, das Psalterium, das Hymnarium, das Kollektenbuch, das Graduale, die Regel und das Kalendarium. Bücher, die überall bei den Zisterziensern einheitlich gehalten wurden. Renata, die Bibliothekarin, die die kostbaren Schätze auch bisher behütete und in Zukunft behüten sollte, nahm freudestrahlend ein jedes Buch, das ihr die Äbtissin überreichte, in ihre schmalen Hände, ehe sie es behutsam zurück auf den Tisch legte, nun zu ihrer Seite.

Danach erfolgte die Einweisung der einzelnen Klosterjungfrauen in ihre Ämter. Jede von ihnen wurde von Abt Conradus aufgerufen und den Anwesenden vorgestellt, dazu ihr Amt genannt, das sie ausüben sollte.

Nach diesen Anstrengungen durfte man sich auf ein wohlschmeckendes Mahl freuen, das geübte Konversen in der neuen Küche vorbereitet hatten. Nach gegebenen Vorschriften. Nur Fisch, kein Fleisch, doch die geladenen Herren wußten, daß sie vom Herzog aus seinen behüteten Beständen gespendeter Wein erwartete. Bester Wein, denn darin kannte sich Herzog Heinrich aus.

Weitere Dörfer mit Zehnten und andere Schenkungen wurden später dem Kloster zuteil. Der Ort Trebnitz blühte auf. Zahlreiche Siedler, Kaufleute und Handwerker kamen hierher. Die Nähe des Klosters und der herzoglichen Gunst versprach gutes Leben und zog viele an. Längst waren dem Ort erneut Marktrechte zuerkannt worden.

Der Reichtum des Klosters wuchs ständig auch in den

darauffolgenden Jahren. Immer wieder fanden sich wohltätige Christen, die, um ihr Seelenheil besorgt, oder aus Dankbarkeit für von Gott erhörte Bitten, dem Kloster Besitz schenkten, oder den einzelnen frommen Frauen lebenslange Schenkungen zueigneten, die dem ganzen Kloster zugute kamen.

Doch nicht nur der Reichtum des Klosters war ständig im Wachsen, sondern auch der Ruhm der frommen Frauen zu Trebnitz. Im Kloster befanden sich bald mehr als hundert Nonnen, die durch ihre Frömmigkeit und aufopfernde christliche Liebe dem Lande von unendlichem Segen waren.

Bald gingen von Trebnitz weitere Klostergründungen aus, weit in den östlichen Raum, wo es bisher keine Frauenklöster gegeben hatte.

Gottes Segen lag lange Zeit sichtbar auf dem Kloster. Es wuchs und gedieh wie ein Weizenkorn auf fruchtbarem Boden. Eine Jahrhunderte währende Blüte.

Für Herzogin Hedwig wurde Trebnitz zum wahren Ort der geistigen Beheimatung. Sie verbrachte in seiner Nähe einen großen Teil ihrer Lebenszeit. Sie nahm am Leben des Klosters teil und man sagte, sie übertraf an Frömmigkeit die Nonnen.

Glanz und Schatten

„Sie schien frei von dem Übel der Trägheit zu sein."
(Papst Klemens IV., in der Heiligsprechungsurkunde)

erzogin Hedwig stand im Glanz, doch um sie dunkelten Schatten, wie es so ist im Leben, das seine unbegreiflichen Muster webt, die ein Sterblicher nur selten zu erahnen vermag.
Der überall und immer anwesende Tod. Der Tod der Alten, der sein muß. Die alte Fürstin Adelheid, die zurückgezogen in dem Haus lebte, das einstmals Jaroslaw mit seiner Schwester Agla bewohnt hatte, war still verstorben. Ein Begräbnis ohne Pomp wurde ihr zuteil. Sie fand ihre ewige Ruhe neben ihrem Ehegatten in Leubus.
Irgendwann erfuhr Hedwig vom Tode ihrer Mutter. Auch diese Nachricht schmerzte sie kaum. Wie lang war es her, als sie sich von ihrer Mutter verabschiedet hatte, fragte sie sich. Für immer. Damals, als sie ins Kloster gebracht wurde. Oder noch früher, als ihre Mutter ein anderes Kind in den Armen wiegte, die schöne Agnes, und nur noch Augen für sie hatte. Früh hatte sie ihre Mutter verloren, hatte sie sich von ihr entfernt.
Einige Zeit danach starb ihr Vater. Ekbert berichtete ihr in einem Schreiben über seinen Tod. Da schien ihr die Welt um einiges leerer geworden zu sein. Sie hatte ihren Vater herzlich geliebt und sich unter seiner Obhut geborgen gefühlt. Aber er war als alter Mann gestorben, fünfzig oder sechzig Jahre alt, man sollte den Alten die Ruhe gönnen. Ihre Eltern werden in Christus auferstehen, daran glaubte sie fest. Bertold von Andechs war im Glanz der durch ihn erschaffenen Hausmacht der Familie verstorben. Weltlicher Ruhm würde ihm verbleiben. Hedwig hatte bei ihrem Abschied von ihm in Bamberg geahnt, daß es ein Abschied für immer war.

Doch dann überbrachte ihr ein Bote eines Tages wieder einen Brief von Ekbert. Darin berichtete der bischöfliche Bruder vom Tode ihrer Schwester Agnes.
Agnes, die Schöne, vor kurzem dem König von Frankreich angetraut. Agnes war tot! So jung gestorben! Warum? Diese Nachricht war für sie wie ein mit Trauerflor umhangener Spiegel - so zerbrechlich war Leben. Auch das Leben einer jungen Frau. Der kindliche Schmerz lebte auf, die Eifersucht um die Mutter. Agnes, Mutters Lieblingstochter, das Hätschelkind... Agnes die Schöne, der blondgelockte Engel, dem alles nachgesehen wurde. Unbekümmert war sie immer gewesen, liebenswürdig. Sie hatte immer ihren Willen bekommen, auch da wo sie, Hedwig, zum Verzicht bereit war. Bereit sein mußte. Agnes war tot...
Näheres über Agnes Tod erfuhr Hedwig von Ekbert, als der sie wieder einmal besuchen kam, der unermüdlich die Familie fürsorglich Bereisende.
Agnes hatte in ihrer unbekümmerten Selbstgefälligkeit auch König Philipp August von Frankreich angelacht, den sie bei einem Verwandtenbesuch in Burgund kennengelernt hatte, obwohl dieser mit Ingeborg von Dänemark verheiratet war.
Doch Agnes wußte: sie war schöner als die. Sie hatte sich in Philipp verliebt. Und er sich in sie. Sie wollte ihn haben und er sie. So wurde Ingeborg bald verstoßen, und Agnes dem glanzvollen König angetraut. Leichtsinnig anvertraut worden, wie man es im Nachhinein sah. Der Bischof von Paris hatte dem verliebten Paar den Segen der Kirche nicht verweigert. Auf Geheiß seines Königs nicht verweigern können oder wollen. Doch die bestehende Ehe mußte vom Papst aufgelöst werden. Das hatte sich der Bischof ausbedungen. Das war Voraussetzung für den Bestand seines Segens, wie er bekundete. Auf königliches Geheiß hatten die geistlichen Herren eine nahe Verwandtschaft zwischen Ingeborg und Philipp herausgefunden, die so nahe war, daß man meinte glauben zu dürfen, der Papst werde sich zur Annullierung dieser Ehe bereiterklären.
Doch die Sache war schwankend von Anfang an. So sah es der Vater. Nicht aber die Mutter. Die Mutter war stolz, ihre Tochter auf dem französischen Throne zu sehen, obwohl zunächst nur im Bett des französischen Königs,

wenngleich mit dem Vorschußsegen der Kirche. Schließlich akzeptierte Bertold von Andechs mit saurer Miene die vollendeten Tatsachen, denn eine halbwegs gekrönte Tochter mußte ihm lieber sein, als eine geschändete. Wenn auch von einem so glänzenden Herrn.
Die Mutter schwärmte von ihrem Schwiegersohn. Sie sah ihre Träume bestätigt. Sie habe es immer gewußt, sie habe davon geträumt: Agnes war eine geborene Königin. Das sah wohl jeder. Schön wie sie war!
Und Philipp August! Der war charmant, auch ihr, der Mama gegenüber. Welch ein herrlicher Mann!
Welch ein schönes Paar mußten die beiden gewesen sein, dachte Hedwig. Sie betrachtete die Miniatur von Agnes, die Ekbert bei sich hatte.
Indes der Segen des Papstes blieb aus. Das Hin und Her dauerte einige Jahre. Ingeborgs Verwandte hatten energische Proteste beim Papst eingelegt. Einflußreich, wie sie waren, lagen sie dem Oberhirten der Kirche und Hüter der kirchlichen Ordnung in den Ohren. Sie legten sich dem Papst zu Füßen und ließen es an reichen Gaben nicht fehlen, wie man sagte. Zudem fühlten sie sich im Recht, sie traten für christliche Ordnung ein und Moral. Obwohl inzwischen eine kinderlose gegen eine mit zwei Kindern gesegnete Ehe stand.
So gehalten, sprach der Papst über Philipp den Bann aus. Der stolze König von Frankreich scherte sich wenig darum. Er beugte sich nicht, er dachte nicht daran, denn er war mit der schönen Agnes glücklich. Er liebte seine Frau und seine beiden Kinder. Und fühlte sich durchaus nicht in dem Maße dem Papst zu Gehorsam verpflichtet, um ihm sein Glück zu opfern. Welch ein Ansinnen! Warum auch? War seine Ehe nicht seine private Angelegenheit? Nicht die des Papstes.
Wie nebenbei befreite Philipp die Bischöfe seines Landes per staatlichem Dekret vom Gehorsam gegenüber dem Papst und ordnete sie sich als Staatsdiener unter, wie es früher üblich gewesen war.
Da kochte beim Papst die Wut hoch. Er drohte ganz Frankreich mit einem päpstlichen Interdikt zu belegen. Daraufhin stellte sich die Geistlichkeit doch mit wenigen Ausnahmen hinter ihren Oberhirten und gegen den jun-

gen leichtsinnigen Monarchen, der es an Ehrerbietung oft hatte fehlen lassen.

Ob Hedwig wüßte, was ein Interdikt für ein Land bedeute, fragte Ekbert und fuhr fort. Ein Land unter Interdikt sei ein Land, in dem die Glocken nicht läuten dürfen, in dem die Toten ohne Segen der Kirche begraben, also verscharrt werden. Ein Land ohne Gottesdienst und ohne heilige Sakramente.

Hinzuzufügen sei, sagte Ekbert, daß Frankreich ein sehr christliches Land ist. Die Menschen sind dort sehr fromm und gläubig. So lag die Vermutung nahe, die Herren hätten sich eher nach einem anderen Herrscher umgesehen, als ein Interdikt zu ertragen. Und das Volk auch, hätte es etwas zu sagen. Damit sah sich der König zum Einlenken gezwungen. Auf seine königliche Würde für Agnes zu verzichten, fiel ihm nicht ein. Er gab nach.

Doch nur zum Schein, wie er Agnes versicherte. Er brachte seine geliebte Frau und seine Kinder in eine nahe gelegene Burg. Er versprach vor dem päpstlichen Legaten und den Bischöfen mit Ingeborg den Thron zu teilen. Agnes versprach er: doch niemals das Bett.

Das tröstete Agnes anscheinend nur wenig. Sie soll aus Gram über die Kränkung gestorben sein, aus Jammer über ihr ungewisses Schicksal. Vielleicht auch vertraute sie Philipps Treueschwüren nicht. Manche flüsterten, sie sei von Leuten der Ingeborg vergiftet worden.

Wie dem auch sei, seufzte Ekbert, Agnes war ein königliches Begräbnis zuteil geworden. Der König soll zu Fuß und vom Weinen geschüttelt hinter ihrem Sarg gegangen sein. Die Kinder betreut Philipp aufs liebevollste. Das habe er nachgeprüft. Über deren Schicksal könne man beruhigt sein. Zumal Philipp mit Ingeborg keine Kinder hat.

Hedwig dachte: wie das Leben so spielt! Auch in diesem Fall hatte Agnes ihren Willen bekommen. Doch an der ersten Härte ihres Schicksals ist sie zerbrochen. Weil sie an Härte nicht gewöhnt war.

Streng urteilte Hedwig über ihre Schwester Agnes. Deren Schicksal sollte anderen zur Belehrung dienen, meinte sie. Denn wer nur an sich selbst denkt und an seine Vergnügungen, der kann leicht sein Leben verspielen.

Aber sie dachte auch: Was wird das für eine reizvolle Geschichte für die Troubadure sein, für die Minnesänger. Die werden über die traurige Liebe des Königs von Frankreich zu singen wissen.

Doch es dauerte nicht lange, da sah sich Hedwig von Schlesien selbst in arger Not. Sie spürte sich von unlösbaren Widersprüchen bedroht. Sie befand sich in schier auswegloser Bedrängnis. Sie brauchte Rat und Zuspruch. Und die fand sie weder bei ihrem Gemahl noch bei ihrem Beichtvater, sondern bei Petrissa, ihrer mütterlichen Freundin, denn es ging um Weibersachen.

Herzogin Hedwig war ratlos zwischen zwei Pflichten geraten. Denn zum einen nahm sie ihre Aufgaben als Fürstin ernst, sie stand gern neben ihrem Gemahl, bedacht auf höfischen Glanz und christlich besorgt um ihre Untertanen. Andererseits aber war das Kindergebären ihre wichtigste Aufgabe. Viele Kinder zu haben, war Aufgabe und Stolz jeder Fürstenfrau. Jeder Frau. Dazu waren Weiber da. Doch besonders fürstliche oder königliche Frauen. Die hatten kostbares Leben weiterzugeben. Ihre Mutter hatte acht Kindern das Leben geschenkt und alle gesund aufgezogen. Sollte sie etwa eine schlechtere Mutter als ihre Mutter sein? Sie hatte bereits zwei Töchter verloren und auch Boleslaw, der älteste Sohn, machte ihr Sorgen, er kränkelte oft und war so schwächlich, daß man erwägen mußte, ihn ins Kloster zu geben, obwohl er bald an die Seite seines Vaters treten sollte, um sich auf die Nachfolge als Fürst von Schlesien vorzubereiten. Doch konnte er kaum das Schwert schwingen.

Und nun dieses Unglück: Sie verlor ihre ungeborenen Kinder. Ständig zu Pferde, ständig Unbequemlichkeiten ausgesetzt, verlor die junge Fürstin zunehmend an Gesundheit. Sie war streng zu sich selbst. Auch wenn sie sich unwohl fühlte, und auch wenn sie gesegneten Leibes war, gönnte sie sich keine Ruhe. Sie wußte, Heinrich konnte sie nicht entbehren. Ja, er forderte ihre Anwesenheit an seiner Seite, denn er brauchte sie. Er hatte sich an ihre ständige Anwesenheit, an ihren Beistand gewöhnt. Meine consors regni schmeichelte er, meine necessaria comes. Niemand vemochte so leutselig mit den Untertanen zu reden wie sie, die Herzogin. Sie konnte am besten aufkommende oder vorhandene Streitigkeiten schlichten. Unentwegt diente sie ihrem Gemahl mit klugem Rat.

So erlaubte sie sich erst in äußerster Not, ihren Posten zu verlassen. Erst wenn sie sich nicht mehr auf den Beinen halten konnte oder frühmorgens so krank fühlte, daß sie das Bett nicht verlassen konnte, gab sie den Kampf mit ihrer Schwäche auf.
So kam es, daß sie ein ums andere Mal, die Frucht ihres Leibes verlor. Die Schwäche überfiel sie plötzlich: sie brach in Schweiß aus, ihr wurde übel, und sie wußte, woran es lag. Sie ließ sich ins Bett geleiten, noch in der Hoffnung, das Unglück könnte abgewendet werden. Eiligst wurde Petrissa herbeigerufen. Doch bald spürte sie das warme Wasser zwischen den Schenkeln, das sie nicht halten konnte. Sie fühlte sich elend und weinte. Unter Tränen ließ sie sich das blutverschmierte Klümpchen zeigen, das sie, immer noch zitternd und fassungslos, anstarrte: eine menschenähnliche winzige Puppe, die ihr Leib zu halten, zu nähren, dem Leben zuzuführen nicht vermocht hatte. Dieses leblos Lebendige, dieses fast Leben oder vielleicht doch schon Leben, hätte ein Kind werden können. Sie hätte es geliebt wie die anderen Kinder. Sie betete und segnete den Fötus mit dem Zeichen des Kreuzes und erbat bei ihrem Hofkaplan ein christliches Begräbnis für das zu früh geborene, verlorene Kind.
Petrissa und Pinosa verrichteten das Notwendige an ihr. Sie mußte gewaschen und wie eine Wöchnerin versorgt werden. Ruhiges Liegen wurde ihr streng verordnet. Und in den Tagen danach, während sie auf Petrissas energisches Drängen mit anderen Pflichten nicht belästigt werden durfte, zermartete sie ihren Kopf mit Fragen nach ihrer Schuld. Nach Gottes Willen bei diesen begonnenen und nicht vollendeten Leben. Vielleicht wollte Gott sie strafen. Aber wofür?
Warum? fragte sie sich, und: Wie sollte sie leben, um allen ihren Pflichten gerecht zu werden, wenn diese im Widerspruch lagen? Was will Gott von mir?
Sie war bereit, in der Ordnung zu stehen, in die Gott sie hineingestellt hatte. Aber verlangte Gott nicht zu viel von ihr?
Wenn dieses Wesen, daß sie soeben veruntreut hatte, von Gott zum Leben bestimmt gewesen war, war sie schuldig. Aber sie war nicht leichtsinnig gewesen. Also war sie unschuldig schuldig? Oder wie?

Petrissa hörte ihre Klagen geduldig an. Der Schmerz der enttäuschten Mutter schien ihr berechtigt, doch Antworten auf Hedwigs Fragen hatte sie nicht. Sie betete mit ihr. Und empfahl ihr zu beten.

In den ruhigeren Gesprächen danach kamen beide Frauen zur Einsicht, daß Mutterpflichten doch vor allen anderen stehen. Denn es ist die wichtigste Aufgabe eines Weibes, zu gebären, Leben weiterzugeben. Darin konnte sie niemand ersetzen. Das war ihre von Gott anvertraute Aufgabe.

Und es war schön, Mutter zu sein. Darum beneideten die Männer die Weiber, so daß sie sogar das Gebären in der Bibel dem Mann zugeschrieben haben. Eva soll aus der Rippe Adams entstanden sein, nicht der Mann aus dem Bauch der Frau. Darüber kann eine Frau nur lachen. Darin hatte sich wohl Moses absichtlich vertan und Gottes Werk verfälscht dargestellt in der Heiligen Schrift, um den Mann über das Weib zu setzen und den Männern damit mehr Macht zuzuschanzen. Dessen waren sie sich beide sicher.

Diesen Verdacht hatte Hedwig schon als Kind gehabt. Kannst du dich erinnern, Petrissa? Ja, ja! Doch damals wollte Petrissa nicht mit ihr darüber reden. Ihr ward, sagte sie, damals ein Kind, Herrin, und solltet das Glauben lernen. Zweifel können nur feste Menschen ertragen.

Also: Das Weib ist zum Gebären da! Die Mütter tragen das Leben weiter. Damit die Menschheit bestehen kann. Der weibliche Teil der Menschheit ist der blühende und fruchttragende. Die Männer sind Nutznießer des Gartens. Aber auch Hüter. So will es Gott. Sein Wille geschehe. Amen!

Doch damit habe Gott die Lasten des Lebens recht ungleich verteilt. Auch in dieser Ansicht waren sich beide Frauen einig. Dadurch, daß Mütter Kinder gebären und betreuen, war ihre Position im Leben schwach. Schwächer als die des Mannes. Die Mütter sind auf Obhut und Hilfe des Mannes angewiesen. Der Mann ist frei. So hat Gott dem Mann die Möglichkeiten gegeben, sich das Weib unterzuordnen und die Welt nach seinem Gutdünken zu gestalten. Und das sei den Männern nicht zum Besten gelungen, meinten beide Frauen zugleich. Männer kämpften ständig um Macht, einer wolle sich über den anderen setzen, einer stärker als der andere

sein. Männer sind bereit, sich gegenseitig zu töten, um Stärke zu beweisen. Männer sind grausam. Ach, diese Männer... Ihre ständigen Kriege...
Doch könnte es anders sein? Wie wäre es, wenn Frauen ihren Anteil an der Macht für sich einfordern würden? Sie müßten sich ihrer natürlichen Pflicht entziehen. Sich den Männern verweigern. Aufhören Kinder zu gebären. Petrissa bekreuzigte sich: Welch gottlose Gedanken! Wo kämen wir hin! Die Frauen tragen nun mal mehr Freude und mehr Leid der Welt. Und wenn sie einen Tag so selbstsüchtig wie die Männer wären, müßte das Leben auf Erden aufhören.
Ja, wenn die Mütter sich verweigern würden, gäbe es bald keine Menschen mehr auf Erden. Die Fürsten hätten keine Untertanen, die ihnen Abgaben entrichteten, die Priester keine Gläubigen, sie zu belehren, Nonnen und Mönche keine Armen, für die sie sich aufopfern könnten. Auf diese Weise käme bald der Jüngste Tag. Das konnte Gottes Wille nie und nimmer sein.
So wichtig sind die Mütter! Also: Beten und glauben, daß Sinn in Liebe und Leiden liegt.
Hedwig nahm sich fest vor, die Frucht ihres Leibes ein nächstes Mal aufs sorgsamste zu hüten.
Und dennoch, kaum war sie gesund, drängte es sie wieder, sich in ihre fürstlichen Aufgaben zu stürzen. Wieder saß sie lächelnd neben ihrem Gemahl in der Halle irgendeiner Burg und nahm an wichtigen Gesprächen teil, die der Fürst mit seinen Untertanen führte. Freundlich und aufmerksam war sie dabei. Nur den Sessel, auf dem sie lange sitzen sollte, ließ sie von Demundis sorgfältiger herrichten, mit weichen Kissen belegen.
Doch ihr Körper begehrte auf, gegen ihren Willen. Gegen ihre Strenge. Sie litt immer öfter an unerträglichen Kopfschmerzen. Sie glaubte, ihr Kopf könnte zerspringen. Mal hämmerte und stach es von der einen, mal von der anderen Seite des Kopfes. Unsägliche Qualen. Oft konnte sie nächtelang nicht schlafen. Oder sie erwachte schreiend aus üblen Träumen.
Denn da waren noch die bösen Blicke Heinrichs, sein kaltes Schweigen. Er, der ihre Anwesenheit neben sich forderte, nicht daran dachte, sie zu schonen, grollte ihr

dafür, daß sie ihre Kinder, die er von ihr erwartete, nicht austragen konnte.
Vor den Leuten sprachen sie wie früher miteinander. Aber es war ein neuer Ton dazwischen zu spüren, oder es fehlte im Vergleich mit dem früheren an etwas. Doch erst in der Zweisamkeit, in ihrer Kemenate, vermißte Hedwig die alte Vertrautheit, die gewohnte Zärtlichkeit. Hier machte sich das Schweigen am schmerzlichsten bemerkbar. Das Schweigen legte sich auf sie wie ein schwarzes Tuch. Wie unter einem Grabstein lag sie neben ihrem Ehegatten, der nicht einmal ihre Hand suchte.
Sie hätte schreien können, sagte aber nichts.
Sie verbat sich jede Klage, denn sie wußte: Er verstand sie nicht. Sie spürte den Riß, der sich zwischen ihnen auftat und unaufhaltsam vergrößerte. Sie fühlte sich zurückgewiesen, gekränkt, alleingelassen. Ja, sie war wieder allein. Es dauerte lange, viel zu lange, viele lange Jahre ehe sie wirklich begriff: Eine Frau konnte von einem Mann kein Verständnis erwarten. Sie war dafür da, verständnisvoll zu sein. Sie war die Gebende. Nehmen, das war Sache des Mannes. Er war Mann und sie Weib. Sie waren andere Wesen. Es gab keine Gleichheit zwischen ihnen.
Erst, als ihre Söhne zu Männern herangewachsen waren, wußte sie, daß alle Männer wie Kinder waren und in der Gattin die Mutter suchten. Da wäre sie bereit gewesen, ihrem Mann alle vergangenen Kränkungen zu verzeihen. In Gottes Namen! Doch da war es zu spät dafür.
Eines Tages, als Hedwig in Trebnitz weilte, wo eine wichtige Beratung zum Klosterbau stattfand, kam ein Eilbote aus Röchlitz angehetzt. Er meldete atemlos: Boleslaw ist tot! Plötzlich gestorben!
Ihr ältester Sohn! Sie konnte es nicht fassen.
Wo war Heinrich? Auch er sei benachrichtigt worden.
Ohne weitere Vorbereitungen abzuwarten, warf sie sich auf ihr schnellgesatteltes Pferd, die Getreuen hatten alle Mühe, ihr mit dem Notwendigen zu folgen.
Sie ritten ohne Aufenthalte. Die vorsorgliche Dienerschaft hatte eine Kutsche mitgenommen, in der fuhr die vom Reiten ermüdete Herrin. Die Pferde wurden, wo es ging, ausgewechselt.
Spät am Abend kam Hedwig in Röchlitz an. Jutta und Ni-

ko traten ihr entgegen. Sie führten sie durch die dämmrige Burg zur Bahre des Toten.
Da lag ihr ältester Sohn Boleslaw. Regungslos. Sein Gesicht leuchtete wie ein Heiligenbild im Kerzenschein. Schmal und gelblich war sein Gesicht, doch ohne Lächeln. Die Hände gefaltet auf der Brust. Die Mönche von Leubus waren auch schon da. Die Brüder Konrad und Heinrich mit verstörten Gesichtern.
Boleslaw, der zum Ritter zu schwach gewesen war, aber auch nicht ins Kloster gehen wollte, dem also doch bald das Schwert verliehen werden sollte, war tot. Ein hitziges Fieber hatte ihn plötzlich ergriffen, ihn geschüttelt und getötet. Unerwartet für alle. So war Gottes Wille. Den die Menschen nicht zu durchschauen vermochten. Amen.
Die Mönche beteten und sangen.
Wieder kniete Hedwig vor einem toten Kind, das dritte Mal in ihrem Leben.
Boleslaw war ein verschlossener abweisender Knabe gewesen, seinem Onkel Konrad ähnlich. Mißtrauisch, obwohl als Ältester zur Nachfolge seines Vaters auserkoren, und von allen als Nachfolger anerkannt. Verwöhnt. Dennoch Liebkosungen ausweichend. Auch die Zärtlichkeiten der Mutter meidend. Er hatte es nie vermocht, fröhlich zu sein. Hatte er sein Schicksal in sich gespürt, fragte sich jetzt die Mutter. Sie weinte und in ihr wuchs wieder Aufbegehren gegen Gott. Boleslaw wurde ein stilles Begräbnis zuteil. Er fand seine letzte Ruhestätte in Leubus neben seinem Großvater, dessen Namen er trug, neben der Großmutter, und neben den beiden früh verstorbenen Mädchen Agnes und Sophie.
Danach zog sich Hedwig für einige Wochen in ihren Wohnturm in Trebnitz zurück. Sie betete stundenlang. Oft auch in der Nacht. Sie hielt die Andachtsstunden wie die Nonnen ein. Doch gegen aller Erwarten kehrte sie bald zurück in ihr gewohntes Leben. Sie nahm ihre Pflichten als Fürstin neben ihrem Gemahl wieder wahr. Ihre Umgebung bemerkte - die junge Herzogin hatte ihr Lächeln verloren. Dazu kränkelte sie noch öfter als zuvor.
Voller Angst betrachtete sie ihre Kinder, die ihr geblieben waren: Konrad, Heinrich und Gertrud. Sie war eine ängstlich besorgte Mutter geworden und bemühte sich, mehr Zeit als bisher mit ihren Kindern zu verbringen.

Da wurde ihr ein Kind aus dem unfernen Böhmen gesandt: Anna, die Tochter des Böhmenkönigs, die mit Heinrich verlobt worden war, zur Annäherung beider Nachbarländer. Ein achtjähriges Mädchen, das ihr ruhig und vertrauensvoll mit großen grauen Augen entgegensah. Hedwig beugte sich herab und küßte Anna auf die Stirn. Die Liebe, die sie sofort zu dem freundlichen Mädchen empfand, blieb eine Liebe fürs Leben. Sie nahm es als Zeichen der Hoffnung. Vielleicht hatte Gott sie genug geprüft. In der Angst um ihre Söhne hätte Hedwig ihnen am liebsten verboten, Ritter zu werden. Diese Übungen, diese Ritterspiele... Waren es nicht Vorbereitungen zum Kampf, der tödlich enden könnte. Wozu das alles, fragte sie sich. Wie gern hätte sie ihren Söhnen verboten, das Schwert zu tragen. Aber sie sagte nichts. Ihr Aufbegehren wäre vergeblich gewesen, gegen die Ordnung der Welt.
Doch war es ihr zumindest gelungen, für eine Zeit das Aufkommen der ritterlichen Spiele in Schlesien zu verhindern. Dieser Unfug! Sie hatte sich hinter den Wunsch der Kirche gestellt, die die verderblichen Spiele nicht mochte. So waren sie mit ihrer kräftigen Unterstützung vom Fürsten und der Kirche verboten worden.
Doch das Jagen konnte sie den Jungen nicht verbieten. Das nicht. So nahm das nächste Unheil seinen Lauf.
Eines Tages waren die Bürger von Goldberg nach Röchlitz gekommen, um bei dem dort weilenden Fürstenpaar Hilfe zu erbitten. Ein Bär, der im Walde vor den Toren der Stadt sein Unwesen trieb und die Wege unsicher machte, belästigte sie arg. Eines Tages hatte der freche Honigfresser sogar über den hohen Palisadenzaun geschaut, zum Entsetzen der Weiber und Kinder. Noch viel mehr Angst hatten die Bewohner der naheliegenden Dörfer, denen der Bär unliebsame Besuche abstattete. Besonders bei den Einheimischen, deren Vorfahren den Bär als heiliges Tier verehrt hatten, war die Ehrfurcht und die Angst vor diesem Tiere groß. Unter den Einheimischen galt es als böses Zeichen, wenn jemand von einem Bären getötet wurde. Sie hielten dies für eine Strafe der Götter des Waldes. Sie nannten den Bären nie beim Namen. Sie sprachen höflich vom Großen Honigesser und bekreuzigten sich dabei. Um den gefürchteten Herrn des Waldes freundlich zu

Gotische St.-Hedwig-Statue in der Sakristei der Trebnitzer Kirche.

St.-Hedwig-Basilika zu Trebnitz mit der Grabstätte der Heiligen.

Sandsteinskulptur der heiligen Hedwig, die in der Zeit der Romanik entstanden sein dürfte. Heute in der St.-Adalbert-Kirche in Breslau.

Titelbild der Hedwig Vita aus dem 14. Jahrhundert - bekannt als Schlackenwerther Codex.

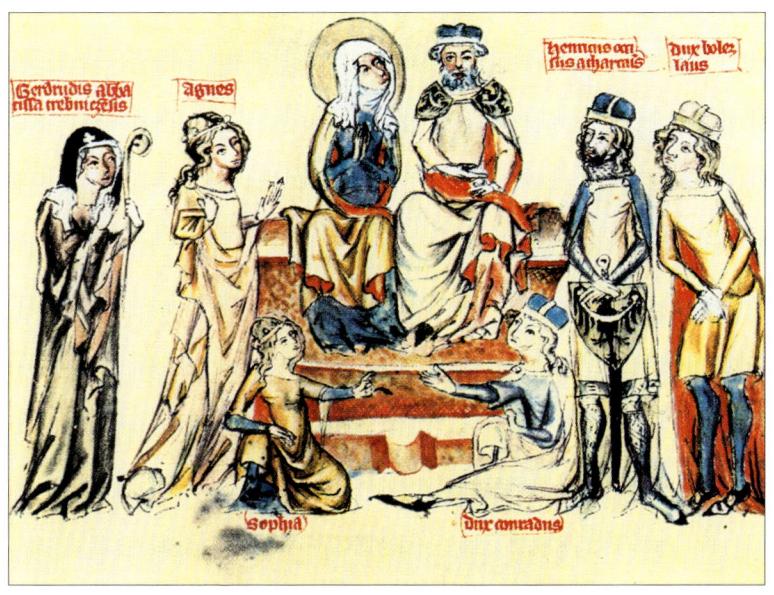

Die heilige Hedwig, umgeben von ihrer Familie.

Hedwig bittet bei ihrem Gemahl für die Armen.

Hedwig beaufsichtigt den Bau des Klosters Trebnitz (oben).

Einführung der Nonnen in das Trebnitzer Kloster (unten).

Herzogin Hedwig rettet die Nonne Ratzlawa
vor dem Ersticken.

Hedwig im Gespräch mit einem Engel.

Die Mongolenschlacht von 1241.

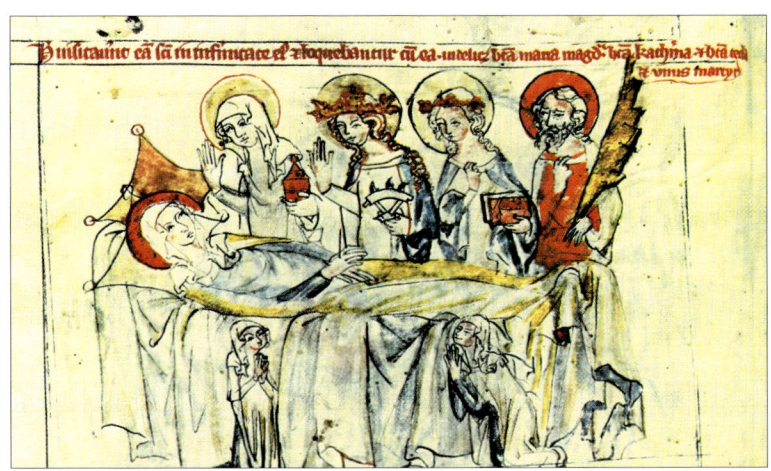

Die sterbende Hedwig, umgeben
von heiligen Frauen.

St.-Hedwig-Sarkophag zu Trebnitz (oben).

St.-Hedwig-Reliquiar in der Trebnitzer Basilika (links).

Der romanische Teil der St.-Hedwig-Basilika.

Tympanon mit biblischen Figuren.
Vermutlich Darstellung des Herzogpaares.

Krypta - St. Bartholomäus-Kapelle.

Das Portal der Liebfrauen-Kirche zu Liegnitz.

Hedwig-Turm des Liegnitzer Schlosses.

Die verfallende Barockkirche des Klosters von Leubus.

*Romanische
St.-Ägydius-
Kirche
in Breslau.*

Siegel der Herzogin
von Schlesien -
ihr einziges authentisches Bildnis.
Leider sehr verwischt.

St.-Hedwig-Statue
an der Dombrücke
zu Breslau.

Zeitgenössische St.-Hedwig-Statue in Andechs - als Schutzpatronin der Vertriebenen.

Blick auf die Klosterkirche Andechs in Oberbayern.

gesinnen, stellten sie Töpfe mit Honig in die Baumhöhlen neben seine Spur.
Die Dorfbewohner meinten, der Bären seien zwei. Ein Bärenpaar. Dem aber schenkten die Goldberger keinen Glauben. Bären traten nie zu zweit auf. Das wußte doch jeder.
Niko und die beiden jungen Ritter waren sofort zur Bärenjagd bereit: welch eine willkommene Abwechslung! Und nichts und niemand hätte sie davon abhalten können.
Man setzte sich zusammen, die Männer aus Goldberg, Niko und Radon von Röchlitz und die beiden Fürstensöhne Konrad und Heinrich. Die Goldberger kannten die Spuren des Tieres, und wußten, wo und wann der Bär auftauchen konnte. Pläne wurden entworfen wie für einen wirklichen Kampf. Bis der Plan der Jagd feststand.
Am Morgen des verabredeten Tages standen die jugendlichen Jäger und ihr Gefolge früh in freudiger Erwartung auf. Nachdem sie einen stärkenden Haferbrei zu sich genommen hatten, wurden ihnen feste Lederwämse angelegt, schwere Rüstung war nicht üblich zur Jagd, denn ein Jäger mußte beweglich sein. Auf den Kopf setzte man ihnen eiserne Halbhelme, unter dem Kinn mit Lederriemen gebunden.
Voller Jagdlust, das Jagdhorn blasend, ritten sie aus.
Am Waldesrand verblieben die Pferde unter der Obhut der Knechte. Niko von Würben, der die Jagd leitete, wies jedem seinen Platz zu, erläuterte die Aufgaben. Das zu erwartende Spiel. Das, wie er sagte, ein ernsthaftes Spiel werden könnte. Vorsicht sei geboten!
Nachdem die Plätze eingenommen worden waren, begann das Treiben. Der Bär sollte den Herzogsöhnen zugetrieben werden, damit diese ihre Jagdkunst beweisen könnten. Doch standen ihnen erfahrene Jäger zur Seite. Mit denen hatte Niko geheime Absprachen getroffen, wie sie die fürstlichen Söhne schützen sollten. Nichts durfte ihnen zustoßen. Kein Haar durfte ihnen gekrümmt werden.
Das Horn schallte, die Hunde kläfften, in das Gekläff mischte sich das Ho-ho-Geschrei der Treiber bei. Und bald näherte sich das aufgeregte Schnauben des verfolgten Tieres.
Da brach die braune zottelige Riesengestalt aus dem Gebüsch. Ein außergewöhnlich großes Tier war es. Die rote

Zunge aus dem speicheltriefenden Maule hängend, hechelte es in Todesangst vor sich her.

Konrad und Heinrich hielten die Speere im Anschlag, wohlwissend wo ihre scharfen Messer im Gürtel steckten. Da! Sie warfen und Heinrich traf genau. Der Bär brach mit einem Gebrüll zusammen, das wie ein Posaunenstoß des letzten Gerichtes klang.

Die Jäger stürzten sich auf das Tier, um ihm den Gnadenstoß zu versetzen. Heinrich war bemüht, seinen Speer aus dem Nacken des Tieres zu ziehen.

Konrad blieb abseits stehen, es war aufregend gewesen, das Spiel. Nur zu kurz. Er war enttäuscht. Er hatte den Helm von seinen blonden Haaren genommen und spielte mit seinem Messer.

Plötzlich brach ein zweiter Bär neben ihm aus dem Gebüsch hervor. Die Bärin, riefen die entsetzen Jäger. Doch ehe sie herbeispringen konnten, hatte sich das Tier auf Konrad gestürzt und ihn unter seinem riesigen Leib begraben. Heinrich riß einem neben ihm stehenden Jäger den Speer aus der Hand und wandte sich dem wütenden Ungeheuer zu, das seinen Bruder mit einer Pranke festhielt, und mit der anderen auf ihn einschlug. Jetzt öffnete das Tier mit drohendem Grunzen das Maul und näherte sich dem Kopf seines Opfers. Heinrich schrie auf und warf den Speer. Er traf!

Doch durch das Maul des Bären stieß der Speer auch in seines Bruders Hals. Blut spritzte. Sofort waren Niko und andere zur Stelle, rissen das Ungetüm zur Seite. Unter ihm der reglose Fürstensohn. Jede Hilfe kam zu spät. Das Blut des Tieres und des Jägers mischten sich in einer Lache. Konrad war tot.

Schweigend umstanden die Jäger das Opfer des Spiels. Hinter ihnen die barfüßigen Treiber mit ihren Knüppeln in den Händen. Alle hatten stumm ihre Köpfe entblößt. Sie bekreuzigten sich. Es war todesstill im Walde geworden. Nur die Hunde winselten leise.

Dann fügte man aus Ästen und Reisig eine Trage für den Toten. Heinrich ging wie im Schlaf hinter seinem Bruder her. Die Bärin... Der offene Rachen des Tieres. Er hat seinen Bruder getötet... Seine Mutter... Was wird seine Mutter sagen... Was wird Herzogin Hedwig dazu sagen.

Als wenn sie sich an den Schmerz gewöhnt hätte, nahm Herzogin Hedwig wenige Wochen nach diesem tragischen Ereignis wiederum ihre gewohnte Tätigkeit auf. Sie war wie versteinert.
Herzog Heinrich, der ihr Leiden sah, war wieder freundlicher zu ihr geworden, zudem hatte er sie neben sich vermißt. Er fürchtete, sie könnte wie nach dem Tod der Mädchen erkranken und versuchte im Gespräch den alten zärtlichen Ton zu finden.
Doch jetzt hielt sich Hedwig zurück. Sie hatte irgendwann, als sie mit Heinrich im Burghof ein Gespräch führte, seinen Blick aufgefangen, mit dem er einem hübschen Edelfräulein nachsah, das bei ihr diente. Ein verlorenes Lächeln war um seinen Mund, seine Augen, ein Lächeln das sie kannte, von dem sie dachte, es würde für immer nur ihr gelten. Ein Lächeln, das sie geliebt hatte und seit langem schmerzlich missen mußte. Mit diesem Blick, mit diesem Lächeln sah er jetzt einer anderen nach. Sie wußte, daß Untreue den Männern zustand. Aber ihr Mann... Heinrich...
Heinrich hatte -Verzeih- gemurmelt und sie in der Mitte des Hofes stehen gelassen.
Das kränkte sie sehr. Darüber konnte sie auch mit Petrissa nicht reden. Was hätte ihr eine Nonne dazu sagen können. Sie setzte ihr Lächeln dagegen auf. Ein trotziges Lächeln. Was soll´s! Hatte sie nicht ihre Pflichten? Jetzt erst recht! So war das Leben. Sie entfernte das Fräulein vom Hofe. Obwohl sie wußte, daß das nichts änderte.
In ihren einsamen Stunden war sie zu neuen Einsichten gekommen. Härter geworden. So manches wandelte sich unter ihrem neuen Blick. Anderes betrachtete sie fortab wie eine fremde Welt.
Zum Beispiel das Geschwätz der großen Herren bei den Beratungen in der Halle, das ödete sie zunehmend an. Ging es doch fast immer um leicht durchschaubare Eitelkeiten. Ein jeder wollte sich vor den anderen setzen, über den anderen stellen. Wichtigtun. Das verbarg sich hinter den meisten Reden, in denen es angeblich nur um das Wohl des Landes ging, um Reformen und Neuerungen. Einer wollte wichtiger als der andere sein. Zank und Streit. Angeberei. Männergehabe. Dadurch zogen sich die Ge-

spräche oft ins Endlose und so manches, was wichtig gewesen wäre, konnte nicht durchgeführt werden, wie es sich der Fürst wünschte, der die Gewogenheit der Herren brauchte und ihr Verhalten nur vorsichtig bremste.
Aber etwas einte sie, die Herren, die im Rate saßen: der Spott über das dumme Volk. Jede Gelegenheit wurde genutzt, um sich über die einfachen Leute lustig zu machen, sie zu verlachen. Diese dummen Bauern...
Hedwig empörte sich darüber und rügte die Herren laut. Nicht genug, daß man die Armen ausnützte, jetzt wurden sie noch geschmäht... Manchmal frage ich mich, ob wir unter Christen sind, bemerkte sie irgendwann laut.
Dabei hatte sie selbst für den Anlaß dieser Belustigung am Hofe gesorgt. Denn erst auf ihr Drängen durften sich auch die einheimischen Bauern an den Fürsten selbst wenden, wenn ihnen Unrecht von seiten ihrer Herren widerfuhr.
Sie kamen selten, verschüchtert wie sie waren. Doch sie kamen, die Armen, barfuß oder in großen Holzpantinen, in Leinenkitteln und Hosen, die sie mit Hanfstricken zusammenhielten, und im Winter in Schafspelzen, die nach Stall stanken. So stolperten sie in die prächtige Halle hinein, ungeschickt, unsicher weil sie nicht wußten, was sie erwartete. Und durch ihre Tolpatschigkeit verursachten sie bei den sich langweilenden Herren, die ja in ihnen Ankläger sahen, unbequeme Zeugen ihrer Machenschaften, böswillige Heiterkeit. Die zügelten sie nur der Fürstin wegen. Doch ironisch gekräuselte Lippen und bedeutsame Blicke konnte ihnen auch die Herrin nicht verbieten.
So kam es zu einem denkwürdigen Ereignis, das die Mönche von Leubus festgehalten haben.
Die fürstlichen Herrschaften hatten beschlossen, nach einer gründlichen Herrichtung der Burg das Osterfest in Glogau zu feiern.
Es war nämlich üblich, daß zu Ostern wie auch zum Weihnachtsfest der Fürst seine Getreuen und seine Ritter beschenkte und sie mit Kleidung und Rüstzeug versorgte, verschiedene Geschenke mit freigiebiger Hand verteilte und so treue Dienste belohnte. Die Kastellane dagegen legten einen vorzeigbaren Teil ihrer Abgaben zu Füßen des Herrn, oder wie es in letzter Zeit immer öfter hieß: sie entrichteten einen Teil der fälligen Zinsen. Da häuften sich

die Eichhörnchenfelle und Töpfe mit Honig auf dem teppichgeschmückten Podest und vieles andere mehr, was festgeschrieben war und oft auch einiges darüber hinaus. Alles wie es sich gehörte.
Aber durch die Leutseligkeit des jungen Herzogpaares, das immer wieder unter dem Volk weilend unterstrich, für alle Untertanen da zu sein, hatten auch einfache Leute Mut bekommen, mit ihren Gaben zu ihrem Herzog zu kommen, besonders wenn sie persönlich Gutes von ihm erfahren hatten, wenn sie der Herzog vor der Willkür ihres Herrn geschützt hatte.
Die meisten Herren sahen natürlich die Bauern - erst recht bei dieser Gelegenheit, die ihnen ihr ausschließliches Privileg schien - ungern in der Burg. Wozu sollte das dumme Volk Zugang zum Throne haben. Wozu? Was bringt uns das? fragten sie unter sich. Nichts als Ärger.
So hörte man auch diesmal hier und da ein unterdrücktes Auflachen, als in der Halle ein Bauer auftauchte, der sich unter vielen Verbeugungen dem Herzog mit einer Schüssel buntbemalter Eier in den Händen näherte.
Der Herzog, der bemerkt hatte, daß seine Gemahlin mit zusammengezogenen Brauen mißbilligend den Kopf über das hörbare Lachen der Herren schüttelte, wandte sich dem armen Mann ganz besonders freundlich zu. Er stand auf, stieg von seinem Podest herab und nahm eigenhändig die Schüssel mit den bunten Eiern in Empfang. Dann setzte er sich zurück auf den Sessel mit der Schüssel auf den Knien, und nahm vorsichtig ein Ei nach dem anderen in die Hand, zwischen die Finger. Er betrachtete aufmerksam die Malereien darauf, und reichte ein Ei ums andere der Herzogin. Es waren wunderschön bemalte Eier. Auch der Herzogin gefielen sie sehr gut. Sie lobte sie laut. Der Fürst nahm sie wieder aus ihren Händen entgegen und legte sie behutsam zurück in die irdene Schüssel.
Er redete das Bäuerlein leutselig an. Er bedankte sich und fragte, ob er denn wüßte, was es wohl für eine Bewandtnis mit dem Bemalen der Eier zu Ostern habe, der Bauer antwortete: Oh ja. In unserem Dorfe haben die alten Weiber immer im Frühjahr Eier bemalt. Immer. Solang sich die Ältesten erinnern können. So war es eben. Und warum die alten Weiber?

Nun ja, weil die wohl mehr Zeit haben als andere. Und weil die vieles können. Die alten Weiber...
Und warum zu Ostern?
Nun ja, Ostern, das ist Frühlingszeit. Da entschlüpft alles Leben dem Winter wie das Küken dem Ei. Im Frühjahr beginnt überall neues Leben. Und im Ei steckt neues Leben, sagte der Mann. Das kann jeder sehen. Jeder kann mit dem Ei das Wachsen in die Hand nehmen. Und mit guten Wünschen verschenken. Einer wünscht dem anderen mit dem bunten Ei, daß es wachsen und gedeihen möge, in Hof und Garten, in Feld und Haus. Darum schenkt einer dem anderen ein Ei. Mit guten Wünschen. Ein bunt bemaltes Ei. Und jeder freut sich, jeder möchte das schönste haben. Und weil es bei ihm im Dorfe die Bogudarka gibt, die die schönsten Eier malt weit und breit, hatten die Dorfältesten beschlossen, dem gnädigen Fürsten und seiner lieben Gemahlin einen Teller dieser schönen Eier zu überreichen... Die Bogudarka, die kann...
Da unterbrach ihn Conradus, der Abt von Leubus, der neben dem Fürsten saß, mit einer Handbewegung und erklärte, der Fürstin und dem Fürsten zugewandt, daß das Schenken bemalter, übrigens gekochter Eier, eigentlich ein heidnischer Brauch sei, ein uralter Brauch, auch bei den alten Römern bekannt, der jedoch von der Kirche toleriert werde, weil er unschädlich für den christlichen Glauben sei. Das Ei sei in der Tat ein Symbol des Lebens. Und somit konnte es auch in das christliche Fest einbezogen werden, als Zeichen der Auferstehung Christi. Die Kirche sagt dazu auch: Wie das Küken aus dem Ei solle der Glaube eines jeden Christen nach der Taufe aus dem Dunkel des Unwissens schlüpfen.
Der Bauer aber, der seine Befangenheit sichtbar überwunden hatte, ergriff, nachdem der geistliche Herr seinen Sermon beendet hatte, noch einmal das Wort. Besonders gern aber, schmunzelte er, schenkt man bei uns im Dorfe einem jung verheirateten Weibe ein Ei oder gar mehrere, damit sie viele Kinder bekomme.
Da lachte der Herzog laut auf und überreichte die ganze Schüssel, die er bisher auf den Knien gehalten hatte, der neben ihm sitzenden Ehefrau.
Und zu den Herren gewandt, die nicht recht wußten, was sie von dem ganzen Vorgang halten sollten, sagte er: Meine

Herren, mir ist es angenehmer, wenn mir ein Landmann einen Teller Eier darbringt, als wenn ein Reicher mir glänzende Gaben bietet. Denn dieser tut es von Herzen. Und dafür muß ich ihm dankbar sein.
Da die Herren über so viel Gnädigkeit nicht nur erstaunte, sondern auch unwillige Gesichter zeigten, stand der Fürst auf, stieg noch einmal vom Podest und reichte dem Bauern seine Hand. Ja, er nahm den Mann beim Arm und geleitete ihn zum Hofmarschall, dem er ihn reichlich beschenken hieß.
Hedwig war glücklich über das Verhalten ihres Gemahls, und abends schliefen beide nach langer Zeit endlich wieder eng umschlungen in gegenseitiger Zärtlichkeit ein. Merkwürdig, dachte sie, wo war die Kränkung geblieben...

Neues Leben
im Oderland

"Ein Land entsteigt der Dämmerung."
(Cosmus Flam)

Am nächsten Morgen, nach dem Kirchgang, spazierte das fürstliche Paar den ordentlich geflickten Palisadenzaun der Glogauer Burg entlang, hinter dem eine starke Mauer aus Stein entstand.
Gute Arbeit wurde hier geleistet, sagte Heinrich. Der Graben entschlammt, die Wälle abgesichert, der Palisadenzaun ausgebessert, und nun diese Mauer... Wie bisher keine im Lande.
Es war ein sonniger Frühlingstag und den beiden war ebenso zumute. Sie fühlten sich wie aus einem Winterschlaf erwacht. Sie hatten dem Gefolge bedeutet, in einiger Entfernung zu verbleiben. Hedwig nahm Heinrich wie früher unter den Arm und fing an, auf ihn einzureden.
Wieder diese wichtigen Angelegenheiten, die nicht bis zur nächsten Beratung warten können... stöhnte er. Welch eine anstrengende Frau! Diese kluge Frau! Hätte ich doch ein dummes Weib zur Frau!
Dumme Frauen sind auch anstrengend, erwiderte Hedwig, wenngleich anders. Dumme Weiber sind gut für dumme Männer. Und du bist ein kluger Mann.
Diese Beratungen... soll ich etwa vor diesen Herren mit dir reden und womöglich streiten. Nein? Na also. Die würden mich sowieso gern umbringen, wenn ich dich nicht hätte. Eine Frau im Rat! Und dazu eine, die es wagt, ihre eigene Meinung zu äußern. Die kleingeistigen Männer hassen die Frau, die sich erlaubt, klüger zu sein als sie. Auch wenn sie eine Heilige wäre. Alles in ihnen schreit: ins Feuer mit der Hex...
Du übertreibst, sagte Heinrich. Die Herren reden mit Achtung von dir.

Vor dir, sagte Hedwig, weil sie Angst haben vor dir, dem Herzog. Sonst nichts. Eine Frau hat den Mund zu halten. Und wenn sie etwas bewirken will, muß sie ins Kloster gehen. Oder einen starken Mann neben sich haben. Du hast ihn, antwortete Heinrich, was verlangst du von mir. Wir haben lange nicht mehr geredet miteinander, Heinrich, antwortete Hedwig. Ich habe viel Zeit gehabt nachzudenken über die Menschen, deine Untertanen, die Armut im Lande. Ich meine, ich müßte mich viel mehr als bisher um die armen Leute kümmern. Es ist nicht christlich, untätig zuzusehen, wie die Herren die Bauern ausnützen. Sie dürfen ihnen nicht alles wegnehmen. Sind sie nicht Menschen, wenngleich arm und oft dumm und träge. Und war Christus nicht ein armer und dazu ein verfolgter Mensch. Die Armen sind uns anvertraut, sie sind unsere schwächeren Schwestern und Brüder. Wir dürfen sie nicht im Elend verkommen lassen.

Doch um eine neue Aufgabe auf mich zu nehmen, fuhr sie fort, müßte ich zuvor dich, meinen Gemahl bitten, mich von einem Teil meiner bisherigen Verpflichtungen zu befreien, und zwar von den Beratungen über die Kriege und den Ritterstand im allgemeinen. Ich verstehe ohnehin wenig davon, gelinde gesagt und ehrlicher - ich bin seit langem genervt durch die dabei zum Ausdruck kommende Art des Denkens: Wann kriegen wir Krakau und Kleinpolen fest in die Hand, wann und wie fällt uns Großpolen zu. Und dazu Kujawien, Masowien, das Prussenland und wer weiß was noch. So bald wie möglich die polnische Krone. Dieser Konrad von Masowien, dieser brüllende Löwe, mit dem du mal säufst und ihn brüderlich umarmst und dann wieder Krieg führst mit ihm. Wozu? Du hast dein Land, er hat das seine. Sieh mal, wie gut du dich mit den Ratiborer Verwandten verstehst. Hättest du damals Krieg um Oppeln begonnen, säße dir ein arger Feind im Nacken, so aber hast du ergebene Freunde in ihnen. Ich will von Krieg nichts wissen. Es gibt so viel wichtigeres zu tun, als dazu beizutragen, daß sich christliche Ritter die Köpfe ein schlagen und dabei den armen Bauern die Felder zertrampeln.

Ich möchte mich um das Wohlergehen deiner Untertanen kümmern. Den kleinen Menschen helfen, damit sie besser leben. Du sollst davon den Gewinn haben. Nicht nur Verdienste im Himmel. Denn glückliche Menschen und dankbare Untertanen stützen den Herrn. Doch dazu müßte ich selbst die Dörfer bereisen, sehen, wie die Menschen leben, wie man helfen kann. Das kann man von den Zinnen der hohen Burg aus nicht.

Ach Hedwig, seufzte Heinrich, von der Notwendigkeit Kriege zu führen, verstehst du wirklich nichts, oder du willst nichts verstehen. Schade! Ist das nicht klar: Jeder hat Feinde. Und wer den Feind nicht mit den Füßen tritt, der hat ihn bald an der Gurgel. Und auch das müßtest du doch verstehen: Lieber draußen Kriege führen als im eigenen Lande. Also muß man angreifen. Es geht immer darum, wer schneller und stärker ist. Und auch, um sich im Innern behaupten zu können, muß ein Fürst nach außen Stärke zeigen. Ich weiß nur eines: Mein Reich muß stärker und größer sein als das der anderen Herrscher. Nur so bin ich stärker als andere. Und meine Getreuen dienen mir gern.

So ist das Leben. Das werden wir nicht ändern. Oder möchtest du, daß ich Einsiedler werde. Manchmal denke auch ich, das könnte bequemer sein. Ja, oder so wie heute, immerfort in der Sonne spazieren gehen. Das wäre schön. Aber geht denn das...

Sich um die Leute kümmern, sagst du. Das ist etwas anderes. Denen mal so richtig in die Schüsseln sehen zu wollen, ist eine löbliche Absicht. Am liebsten würde ich mit dir reiten. Ich habe oft darüber nachgedacht: Wie könnte man das Sterben der Kinder und der Alten im Frühjahr verhindern, wenn die in den Hütten nichts mehr zu beißen haben. Wie sollen die Leute gesund sein und arbeiten, wenn sie nicht genügend zu essen bekommen. Also, in dem sollst du deinen Willen haben. Gerne. Übrigens: wie denn sonst! Wie immer. Wir kennen uns doch. Letztendlich habe ich doch nichts zu sagen. Gottseidank, daß du eine kluge Frau bist und Vernünftiges von mir verlangst. Du meine consors regni.

So redeten sie wieder im alten Ton.

Nur müssen wir nachdenken, wie das gehen soll, fuhr Heinrich fort. Von den wichtigeren Sitzungen des Rates kann ich dich nicht befreien, da mußt du dabei sein. Be-

sonders wenn die Pfaffen mit ihrem Latein kommen. Und für deine Reisen übers Land müssen kundige Berater herangezogen werden und eine zuverlässige Begleitung zum Schutz. Wie wäre es mit dem alten Kosmas, fuhr Heinrich fort, der versteht das Land und die Leute, und er weiß auch, wie es woanders zugeht. Ja, der Vergleich ist wichtig. Kosmas soll die notwendigen Leute aussuchen und alles Notwendige richten. Dabei sein soll Otto, der Hofkaplan, der ist dir sehr ergeben und außerordentlich klug. Bei Gelegenheit kann er sich auch um diese Halbheiden kümmern, die nur selten ein Gotteshaus in ihren Siedlungen haben und zu ihren alten Bäumen beten. An die sie manchmal ein Kreuz oder ein Bild der Gottesmutter hängen. Doch ich bitte dich, denke daran, die meisten Dörfer gehören einem Herrn, der uns dient und mit dem wir es uns nicht verderben dürfen.
Das verspreche ich dir, sagte Hedwig, wenngleich nicht gern. Manchmal möchte ich diese selbstsüchtigen Kerle alle verjagen.
Die Begleitung, die sich in gewünschter Entfernung hielt, sah, wie sich das Herzogpaar küßte.
Doch das, was Herzogin Hedwig bei ihren Ritten übers Land sah, machte sie nicht froh. Es war schlimmer als erwartet. Sie kam meistens unangekündigt mit ihrem Troß in einer Siedlung an. Die Köter bellten wie zehn Trompeten vom Turm. Die Herzogin stieg vom Pferd, und sah sich bald von Kindern umringt, dann kamen die Weiber und zuletzt die Männer.
Die Menschen lebten in kleinen Siedlungen im Walde, die die Mönche so hübsch villulas nannten. Doch es war wenig Hübsches am Leben dieser Dörflein, die manchmal ganz verborgen im Dickicht lagen. Die Bewohner lebten in kleinen schiefen Hütten, die sie Hata nannten. Das wichtigste war der Kamin, um den vier Wände aus Holz und Lehm errichtet worden waren, das Dach mit Stroh und Reisig gedeckt. Die meisten mit der Öffnung zur Morgensonne. Außer dieser kleinen Tür selten noch ein winziges Fenster mit hölzernem Laden. Manchmal die Wände der Hütte weiß bemalt. Doch öfter umrankt von wildem Wein, Efeu und Holunder bis zum Kamin empor, so daß so eine menschliche Behausung wie ein gewachsener Haufen aus-

sah. Eine Bank vor der Tür. Daneben ein stinkender Misthaufen. Daneben der Brunnen. Und in den schmutzigen Pfützen Schweine und Kinder zugleich. Das übliche Federvieh. Ziegen, seltener eine Kuh. Bienen schwärmten überall umher, aber auch lästige Fliegen. Ein Zaun um die Hütte herum oder keiner. Doch am Haus und am Zaun bunte Malven und Sonnenblumen mannshoch. Auf den Feldern hinter den Hütten Kraut und Getreide und was die Leute so zum Leben brauchten, von Blumen und Unkraut durchwachsen. Die Einheimischen waren träge und mühten sich nicht gern. Sie sammelten Beeren und Pilze und hofften im Winter nicht zu erfrieren oder zu verhungern.
Solang die Sonne schien, war es doch manchmal recht hübsch in so einem Dörflein im Walde. Die Herzogin setzte sich auf die Bank vor einer Hütte und ließ sich vom Leben der Bewohner erzählen.
Sie sprach mit den Leuten ohne Naserümpfen, zu dem es mehr als einen Grund gegeben hätte.
Diese Menschen machten sich kaum Gedanken, wie sie besser leben könnten, weil sie kein besseres Leben kannten. Sie lebten halb wie Tiere, aber auch in halbtierischer Zufriedenheit. Nur über die Herren klagten sie. Wenn nicht diese Herren wären, die ihnen vom Wenigen noch das Notwendigste wegnahmen, würden sie ihr Leben ganz erträglich finden.
Die Herzogin sprach besonders die Weiber an, forderte sie auf, ihr Leid zu klagen. Und die jammerten laut über Krankheit und Tod, wieder und wieder. Die Kinder starben allzu oft. Von Schweinen und Hunden zu Tode gebissen. Oder weil sie zu wenig zu beißen bekamen. Oder durch Krankheiten aus der Luft, wie die zahnlosen Weiber sagten. Oft schlugen die Männer ihre Weiber. Besonders wenn sie zuviel getrunken hatten.
Die Männer dagegen klagten über Abgaben, die der Herr von ihnen verlangte, die sie kaum aufbringen konnten. Sie selbst hatten nichts zu essen und mußten dem Herrn geben, was sie selbst dringend benötigten, für sich, für das Weib und die vielen Kinder: Getreide, Honig, Butter... Die Herren nahmen ihnen die Schafsfelle weg, die sie brauchten, um sich zu wärmen, die Federn der Gänse, aus denen sie Zudecken für die Kinder machen wollten, den Hanf,

aus dem sie ihre armselige Kleidung sponnen. Die Herren nahmen, soviel sie tragen konnten. Diese gepanzerten und berittenen Herren! Wie sollte man sich ihrer erwehren, wenn die mit ihren Schwertern herumfuchtelten.
Wenn die Herren nicht wären, könnte man leben, das war die Meinung der Leute.
Und wenn es eine schlechte Ernte gab, da war es an ihnen, den Dorfbewohnern, vor Hunger zu verrecken. Die Herren lebten trotz allem in Saus und Braus. Kaum ein Herr im ganzen Lande, von dem jemand etwas Gutes gesagt hätte.
Entsetzt war auch der Hofkaplan Otto. Die alten Bewohner glaubten zumeist noch an ihre Götter im Walde. Und obwohl sie getauft waren, und meistens ein Kreuz im Dorfe stand, oder manchmal sogar ein Kapellchen, kam selten ein Pfarrer vorbei. Da mußte bald Abhilfe geschaffen werden. Aber wie?
Schlimm war es für die Besucher, wenn sie vor einem plötzlichen Regen im Innern einer Hütte Unterschlupf suchen mußten. Denn da war es stickig und dunkel. Ein einziger kleiner Raum, in dem Menschen und Tiere zusammen hausten. Auch die Hütte des Dorfältesten, in die man die Herzogin und ihre Begleiter zumeist einlud, sah nicht anders aus. Ein Lehmboden, ein Lehmofen mit Feuerstelle in der Mitte, darum eine Bank. Ein Tisch mit Bänken, grob zusammengefügt. Stroh in der Ecke. Die Menschen schliefen auf dem Boden, selten in Schlafkästen, mit Schafsfellen bedeckt. Ein Platz auf der Bank am oder auf dem Ofen war ein Ehrenplatz. Da lagen die Alten und Kranken.
Hier fiel der Fürstin das Atmen schwer.
Wie mochte es hier wohl im langen Winter sein, dachte sie. Türen und Fenster verschlossen. Alle Tiere im Haus, von den Menschen bestenfalls durch einen Holzverschlag getrennt.
Zum Abschied verteilte die Herzogin Geschenke unter den Leuten und zog nachdenklich weiter.
Irgendwann, als sich der herzogliche Troß einem Dörflein näherte, schlug den Herrschaften lautes Gezeter entgegen. Herzogin Hedwig sah, wie ein Bauer sein Weib mit einem Stock prügelte. Die Dorfbewohner waren zusammengelau-

fen und umringten das Paar. Weiber, Kinder und Männer standen herum, sahen zu und manche lachten.
Der wütende Ehemann, den Ankömmlingen den Rücken zugewandt, bemerkte in seinem Eifer die neuen Zuschauer nicht. Hedwig sprang vom Pferd, wandte sich an Kosmas und bat ihn um sein bloßes Schwert. Sie nahm das schwere Ding in beide Hände, trat an den Mann von hinten heran und schlitzte ihm die Hose auf, zerschnitt den die Hose haltenden Hanf und das Hemd, so daß der Mann vor allen mit nacktem Hintern dastand. Die Herzogin schlug ihn einige Male kräftig mit dem flachen Schwert auf das Hinterteil. Der Mann brüllte auf, und fiel mit dem Gesicht auf den matschigen Boden. Unter bellendem Gelächter der Umherstehenden. Er richtete sich auf, drehte sich um, und - erstarrte. Jetzt sah er, daß er hohe Herrschaften vor sich hatte, und fiel wieder mit dem Gesicht in den Dreck. Und schrie - Gnade! Pomilowanie! Jasna gospodyni!
Da fiel auch das geprügelte Weib neben ihrem Mann der Herzogin zu Füßen und begann um Gnade für ihn zu flehen. Für den Mann, der sie soeben mißhandelt hatte.
Das war der Fürstin zuviel. Dummes Weib! sagte sie. Dumme Leute. Sie gab Kosmas das Schwert zurück und wandte sich ab. Sie stapfte zu ihrem Pferde zurück und man ritt schweigend weiter. Dumm und arm dran, das hängt doch zusammen, dachte die Fürstin.
Für diesen Tag war ihr die Lust an Gesprächen genommen.
Doch noch viel schlimmer als das Leben der Leute im Dorfe war das Leben der Ärmsten der Armen, der Obdachlosen, der Alten und Kranken, die auf den Straßen bettelten. Vor diesem Elend hätte die Fürstin am liebsten die Augen abgewandt. Sie mußte sich zwingen, hinzusehen.
Eines Tages, als Herzogin Hedwig mit ihrem Troß in Richtung Neumarkt ritt, sah sie eine Bettlerin an einer Wegkreuzung sitzen. Das in Lumpen gehüllte Weib saß unter einem Baum, an dem man ein Kreuz mit dem Leib Christi befestigt hatte, einen aus Holz geschnitzten Christus mit ausgebreiteten Armen.
Die Herzogin ließ halten, als sie die Elendsgestalt erblickte und stieg vom Pferde. Sie näherte sich dem Weibe un-

term Kreuz. Eine von Geschwüren zerfressene Hand streckte sich ihr entgegen, ein Gesicht, das keines mehr war, hob sich ihr entgegen. Die Fürstin redete die Elendige freundlich an. Die hob den Kopf, sah auf mit weit aufgerissenen Augen, in denen sich nichts mehr spiegelte. Unverständliche Laute drangen aus ihrem Mund. Dann entrang sich ihr ein pfeifender röchelnder Ton. Speichel mit Blut lief ihr übers Kinn. Plötzlich fiel sie mit dem Gesicht auf die Erde und blieb so mit ausgebreiteten Armen liegen. Die Herzogin wollte sich zu ihr herabneigen, um sie aufzurichten, doch Otto riß sie am Arm zurück.
Herrin, sagte er mit dunkler Stimme, faßt sie nicht an, seht Ihr nicht: das ist der Aussatz! Das Weib ist tot.
Die tote Bettlerin blieb - mit ausgestreckten Armen, wie Christus über ihr - im Staube liegen.
Otto versprach der Fürstin, für ein Begräbnis zu sorgen.
Hedwig ging erschüttert zu ihrem Pferd zurück.
Dieses Bild, den Wehton der Sterbenden hat sie nie vergessen. Wenige Jahre später ließ sie in der Nähe der Todesstätte ein Hospital für aussätzige Frauen errichten, für das sie ganz besonders Sorge trug.
Mutter Petrissa, sagte Herzogin Hedwig, ich finde keine Ruhe, seitdem ich dieses Elend gesehen habe. Warum habe ich es bisher so nicht wahrgenommen?
Beide Frauen saßen sich am offenen Fenster des Refektoriums im Trebnitzer Kloster gegenüber. Die Herzogin, mit den Händen im Schoß, erzählte ihrer mütterlichen Freundin vom Tode der aussätzigen Frau unterm Kreuz.
Und sie fragte: Warum leiden Menschen so wie diese? Muß das sein? Was kann ich dagegen tun? Kam Christus nicht für alle Menschen auf die Welt? Und besonders für diese Armen, wie es im Evangelium heißt.
Die Obdachlosen, die Elendigen, die an Wegen und Straßen, vor allen Kirchen hocken... Armselige Häufchen, menschliche Reste, die nach Barmherzigkeit rufen. Im Namen Christi um Hilfe flehen. Bettler, Alte und Kranke, Krüppel und geifernde Idioten, Aussätzige, die ihre Hände nach Almosen ausstrecken. Scharen Unbehauster, Obdachloser... Sie ziehen ziellos über das Land, bis sie verenden, irgendwo am Straßenrand. Und werden wie Hunde verscharrt, weil keiner weiß, wer sie waren. Alte Men-

schen, von ihren Familien verstoßen, aus der Gemeinschaft verjagt, weil sie Mäuler zum Füttern waren und sonst unbrauchbar, andere, weil sie eine ansteckende Krankheit hatten. Oder ganz einfach zur Arbeit nicht geeignet waren. Krüppel, bereits als Kinder verstoßen. Sie alle müssen an fremden Türen um ein Schüsselchen Brei betteln. Oft tagelang vergeblich. Man hetzt Hunde auf sie und sie schleppen sich weiter. Sie verkriechen sich im Walde und suchen nach Beeren, wenn es sie gibt. Nagen an Wurzeln, um nicht wahnsinnig vor Hunger zu werden. Im Sommer. Der Winter ist tödlich für sie, wenn sie kein Dach über dem Kopf finden. Unerträglich der Anblick so vieler Weiber unter ihnen, die ohne Hoffnung die Hand ausstrecken. Schmutzige kranke Weiber, denen sich kaum jemand zu nähern wagt. Die dennoch von Betrunkenen vergewaltigt werden.
Ich denke, vielleicht muß ich, wenn ich an Christus festhalten will, zu diesen Ärmsten der Armen gehen und leben wie sie, sagte die Herzogin. Warum soll es mir besser gehen als denen.
Wie könnt Ihr so etwas sagen, meine Tochter, sagte Petrissa entrüstet. Die Rundliche, Mütterliche sah Herzogin Hedwig vorwurfsvoll erschrocken an.
Ihr seid von Gott dahingestellt worden, wo Ihr steht. Wie könnt Ihr so leichtsinnig reden, bedenkt, Ihr könnt diesen Menschen helfen, als Fürstin könnt Ihr ihnen sehr wohl helfen. Doch wenn Ihr elendig sein solltet wie diese, Gott bewahre Euch vor diesem Gedanken, ist niemandem geholfen. Kaum jemand kann soviel Gutes bewirken wie Ihr. Gerade weil Ihr reich und mächtig seid. Geht hin und tut, wonach es Euch drängt. Nehmt die Armen in Obhut, seht das als Eure größte Aufgabe an. Aber gebt Euch nicht auf. Dies wäre nicht nach Gottes Willen. Nein, das nicht. Das kann Gott nicht wollen.
Die Äbtissin ereiferte sich so sehr, daß sie leicht Spucke sprühte.
Ja, ja... Ihr habt wie immer Recht, Mutter Petrissa, antwortete Herzogin Hedwig zögerlich und sah zum Fenster hinaus. Beide Frauen schwiegen eine Weile.
Dann sagte Hedwig wie nur zu sich selbst: Denn wieviel Mut müßte ich dazu haben. Ich bin zu schwach, zu ängst-

lich, zu sehr an meine Bequemlichkeiten gewöhnt. Ich müßte zu viele verletzen. Heinrich... Die Kinder... Andere aber haben den Mut. Die Beginen...
Die Beginen sind Ketzerinnen, das wißt Ihr sehr wohl, Herrin, entgegnete Petrissa heftig. Sie werden von der Kirche nicht geduldet. Diese vorwitzigen Weiber, die alles besser wissen wollen! So manche Begine endete auf dem Scheiterhaufen.
Nicht jede, nicht jeder, der von der Kirche verworfen wird, ist verworfen vor Gott, warf die Herzogin entschieden ein. Gott sieht vieles anders als wir. Auch die Kirche ist eine menschliche, also eine fehlbare Einrichtung. Die Kirche soll die Lehre Christi verwalten. Wenn sie aber Suchenden und denen, die sich aufrichtig um die Wahrheit mühen, den Zugang zu sich versperrt, macht sie sich selber schuldig.
Uns stehen Zweifel an der Kirche nicht an, meine Tochter, erwiderte Petrissa. Besonders uns schwachen Frauen. Die Kirche muß durch Strenge die Lehre Christi schützen und wir dürfen das nicht in Frage stellen.
Niemand soll für mich entscheiden dürfen, was die wahre Lehre Christi ist, sagte Herzogin Hedwig mit zusammengezogenen Brauen. Ich will das nicht. Kann ich denn nicht selber lesen, was in der Heiligen Schrift steht? Kann ich nicht denken? Wozu hat mir der Herr meinen Verstand gegeben. Was ist die Wahrheit. Das will ich wissen. Jeder muß seine Wahrheit suchen und dann zu seiner Wahrheit stehen. Denn das Suchen nach Wahrheit ist christliche Pflicht.
Wieso sollen die kirchlichen Herren für mich entscheiden dürfen, was ich zu glauben habe? Sind sie nicht auch nur schwache Menschen, wie ich, wie Ihr? Sogar der Papst. Bei allem Glanz der ihn umgibt. Auch er ist nur ein Mensch. Uns allen steht Demut an. Und wir alle müssen wachsam bleiben, damit das, was ständig in Bewegung ist, sich zum Guten wendet. Nicht zum Bösen. Alles schwankt ständig zwischen Gut und Böse. Und so muß es sein. Dieser Bewegung eine Richtung zu geben, ist Aufgabe der Kirche. Eine unbewegliche Kirche wäre eine tote Kirche. Und Christi nicht wert.
Gehorsam ist erste Pflicht eines Christen und umsomehr

einer Christin, meine Tochter, antwortete Petrissa beunruhigt. Ihr redet wie eine Begine. Ich sage Euch, es ist besser, ketzerische Gedanken in sich zu unterdrücken, oder sie wenigstens nicht zu äußern, denn ich befürchte, man könnte für Häresie halten, was Ihr da sagt. Ich alte Frau weiß und sage Euch: Der schwache Mensch muß streng gehalten werden! Sonst kann er nicht gerade stehen. Nur eine Einwicklung seiner fehlerhaften Natur in Zwänge, in strenge Gebote und Verbote, kann ihm helfen, besser zu werden und zu Gott zu wachsen. Man muß den Menschen so einschnüren, daß er nach oben wächst. Besser ein verkrüppelter Mensch, als ein Mensch, der ist, wie er ist. Denn ein Mensch, der ist, wie er ist, ist nur ein widerlicher Wurm, ein entsetzliches bedauernswürdiges Wesen ohne Würde und Scham. Seinen Trieben preisgegeben, wird er zum Opfer der Dämonen. Seht, wie sie nacheinander gieren, wie Gewürm sich paarend umschlängeln. Sich im eigenen Kot sielen. Oder sterben vor Traurigkeit über sich selbst. Wie Spucke auf dem Wasser ist ein Mensch ohne Gott. Teuflischer Schaum. Der Mensch muß sich überwinden, vergessen, wie er wirklich ist, nur so darf er hoffen, von Gott als erlösungswürdig betrachtet zu werden.
Sie schwiegen.
Dann sagte Herzogin Hedwig: Ihr seid streng, Mutter Petrissa. Ich verstehe Euch kaum. Lehrte Jesus Christ nicht das Gegenteil von dem, was Ihr sagt. Wollte er nicht die Befreiung des Menschen von dem Bösen bewirken, durch die Liebe Gottes zum Menschen. Christus will dem Menschen keine Gewalt antun. Jesus Christus lehrt Gott zu lieben und den Nächsten. Doch der Mensch hat seinen freien Willen und darf sich entscheiden. Christus läßt ihm diese Freiheit. Der Mensch selbst muß Gut oder Böse wählen. Sich selbst in sich überwinden. Aus sich selbst zu Gott wachsen.
Vielleicht habt Ihr, Mutter Petrissa, in Eurer Strenge auch recht - wie meistens - und es liegt an mir, daß ich Euch nicht verstehe. Ihr seid im Kloster Gott näher als ich in der Welt.
Doch mir ist, als wenn mich Gott hier und jetzt prüfen wollte. Warum sonst zeigte Er mir gerade jetzt dieses Elend. Das ich auch zuvor sehen konnte und doch nicht sah. Und

warum läßt er mich an nichts anderes denken nur an das: Mein Reichtum, meine Bequemlichkeit dagegen... Sind das nicht Fußangeln für mein Seelenheil? Sünde? Heißt es nicht im Vaterunser: Und führe mich nicht in Versuchung? Ich spüre: Gott will mich in Versuchung bringen. Er will mich prüfen: Kann sie das sehen und wegsehen? Und ich frage mich: Darf ich das... Darf ich sehen und wegsehen? Wandte sich Christus nicht ab von dem Mann, der seinen Reichtum nicht lassen wollte, um sein Jünger zu werden. Sagte er nicht: Eher kommt ein Kamel durch ein Nadelöhr als ein Reicher ins Himmelsreich. Mir ist bange um meine Seele, meine Mutter. Ich habe Angst um mich.
Meine Tochter, antwortete Petrissa, wieder einmal quillt Euer Gemüt über. Erlaubt, daß ich Euch sage: das Herz muß im Gleichklang mit dem Verstand verbleiben. Wie oft habe ich Euch das gesagt. Sagen müssen! Besonders bei Euch, bei uns Weibern, spricht oft das Herz zu laut. Ihr müßt vernünftig bleiben. Ihr habt auch bisher viel, sehr viel für die Armen in diesem Lande getan. Tut es weiter, denkt nach: was könntet Ihr noch tun. Wie könntet Ihr noch besser helfen. Betet. Aber verliert nicht den Boden unter den Füßen.
Ach ja, seufzte Hedwig, vernünftig bleiben. Das Machbare tun. Da wäre beim kleineren Übel anzufangen. Den Dorfbewohnern wäre leicht zu helfen, wenn man sie vor der übermäßigen Willkür der Herren schützen könnte. Dem unchristlichen Eigennutz müßte Einhalt geboten werden. Denn jeder der Herren will aus den armen Bauern herauspressen, was er nur kann. Um selbst nicht arbeiten zu müssen, quälen sie die, die schwächer sind. Für nie eingehaltene Versprechen, sie zu schützen, nehmen sie denen das Notwendigste weg. Dafür kaufen sie sich ein Pferd, eine Rüstung, ein Schwert, ein Schild. Mit einem Wort: auf Kosten der Bauern machen sie sich zu Rittern, und das ritterliche Eisenzeug dient dazu, den Armen Angst einzuflößen mit diesem eisernen Popanz. Es wäre zum Lachen, wenn es nicht zum Weinen wäre. Ein Trauerspiel der Frechen einerseits und der Dummen auf der anderen Seite.
Es ist entsetzlich: Die armen Leute schwanken vor Hunger und müssen aus Angst den geharnischten Herren ih-

re mageren Erträge abgeben. Und wozu? Damit die sich gegenseitig morden können.
Das zum einen, aber zum anderen müßten die Bauern besser arbeiten lernen. Den Boden bearbeiten lernen. Der Boden, mit dem Krummholz geritzt, trägt nicht viel. Woher aber sollen sie wissen, wie das anders geht. Die Siedler aus dem Reich werden den Einheimischen zeigen, den eisernen Pflug zu nutzen. Wie man den Boden bearbeitet, damit er fruchtbar wird, wie man die Arbeit organisiert. Das ist die Hoffnung. Und dazu wird sie das deutsche Recht vor der Willkür ihrer Herren schützen. Die schlesischen Bauern werden frei sein durch das deutsche Recht.

Aber meine Tochter, unterbrach sie Petrissa, Freiheit, das ist ein viel zu großes Wort für die Erbärmlichkeit des Menschen. Und erst recht für diese slawischen Heiden. Aber auch die deutschen Bauern, denen man heute Freiheit verspricht und auch gibt, werden bald wieder in Unfreiheit verfallen. Denn über ihnen stehen Stärkere als sie. Und in der Welt herrscht nun mal der Stärkere. Der Schlauere. Einer, der sich über andere setzt, und der nimmt sich immer das Beste. Das, was ihm gefällt, wird ihm zu Beute. So war es immer und so wird es immer sein. Und dann: die Ritter, sind denn die frei? Sie dienen auch ihrem Herrn, dem Herzog, und der hat den König oder den Kaiser über sich. Und alle zusammen sind schwache Menschen vor Gott. So ist die Ordnung der Welt.
Frei, sagt Ihr, fuhr Petrissa fort, das ist wieder so ein Ketzerwort. Seht Ihr nicht, daß man diese Halbwilden zuerst in eine Ordnung zwingen muß. Diese Heiden. Ohne Zwang können die nicht leben. Auch zum richtigen Gott zu beten, müssen sie gezwungen werden.
Verzeiht, das was Ihr sagt, Mutter Petrissa, klingt mir nicht christlich genug, erwiderte Hedwig. Die Armen sind Kinder Gottes. Und auch die Heiden sind verlorene Schafe, die wir zu Gott hinführen sollten. Wo bleibt die Liebe bei dieser Sicht. Ihr sagt: Die Ordnung... Die sei gut... Ich weiß nicht, wie es damit ist. Der Mensch braucht die Ordnung, denn er ist schwach, das ist wahr. Aber die Liebe ist größer. Ordnung kann töten. Zu oft wird im Namen der Ordnung

getötet. Dieser oder jener Ordnung. Die Menschen denken sich immer eine Ordnung aus, um andere zu unterwerfen, zu knechten und die, die sich widersetzen, zu töten.
Die Liebe dagegen... Die christliche Liebe...
Ich frage mich, wie soll ich in dieser Ordnung leben, in die mich Gott hineingestellt hat, wie Ihr eben sagt, wie ich es immer wieder zu hören bekam, die ich für mir gemäß gehalten habe, die mich mit Privilegien bedenkt, wofür ich Gott auch dankbar sein will. Einerseits. Die aber andererseits, wie ich immer deutlicher sehe, ungerecht ist, ja, unchristlich. Denn wie kann man eine Ordnung christlich nennen, in der die meisten Menschen hungern und nur die gut leben, die anderen die Früchte ihrer Arbeit rauben. Wie kann ich aufrichtig eine Ordnung christlich nennen, und zu ihr stehen, in der der Herzog, mein Mann, seinen treuen Rittern Land schenkt mitsamt den Menschen, die da leben, immer gelebt haben. Wie kann man Menschen verschenken, oder verkaufen. Wer gab wem ein solches Recht. Doch wohl nicht Christus, der selber ein Armer war. Nein, Petrissa, wir müssen uns fragen, ob wir nun Christen sind oder nur Parasiten.
Vielleicht sind wir, die Herrschenden, die Reichen, das größte Übel der Welt.
Ich fühle jetzt: Eine Ordnung, die mit der Liebe zu Christus und seinen Geboten im Widerspruch steht, kann nicht meine Ordnung sein. Es ist keine göttliche, sondern eine verwerfliche Ordnung. Mein Mann, Herzog Heinrich, erlaubt mir, mich umzutun, er stimmt mir zu in meinen Sorgen um die Armen. Er selbst hat Mitleid mit den Leuten. Aufrichtiges Mitleid. Aber die Einkünfte seiner Ritter sind ihm wichtiger als das Wohlergehen der Bauern. Ich darf den Leuten helfen. Aber seine Freunde darf ich dabei nicht verärgern. Also darf ich nicht wirklich helfen. So dreht sich alles sinnlos im Kreis.
Das ist das eine: Die Bauern!
Aber da sind ja noch die anderen, diese Ärmsten der Armen, die Obdachlosen, die Bettler, die Alten und Kranken, um die sich keiner kümmert.
Ihr meint die Opfer Eurer lieben Bauern, die Opfer der Opfer sozusagen, warf Petrissa schnell ein. Denn die sind es doch, die die ihrigen verjagen, wenn sie nicht mehr

brauchbar sind. Die ihre Alten und Kranken und Krüppel verstoßen, wegwerfen wie unbrauchbare Gegenstände. Daran seht Ihr Herrin: ist das etwa christlich? Die Armen sind keineswegs bessere Menschen als wir.

Glaubt mir, fuhr Petrissa fort, eines Tages, werdet auch Ihr, meine Tochter, die Widersprüchlichkeit alles Menschlichen erkennen und mit ihr leben lernen. Die Ordnung ist auch Liebe. Vor allem sie. Ein Riß geht durch alles und wir können ihn nicht heilen. Wir müssen uns abfinden damit.

Nein, Mutter Petrissa, Hedwig schüttelte den Kopf, ich will nicht untätig zusehen, ich will helfen. Ich glaube Gott verlangt von uns, gegen die Ungerechtigkeit zu kämpfen. Das Gute gegen das Böse zu setzen. Jeden Tag, jede Stunde, unentwegt, solang wir leben. Mit aller Kraft. Das ist unser Auftrag. Wozu sonst wären wir da. Wir müssen uns immer und immer mühen, besser zu sein, anderen zu helfen, anderen helfen besser zu werden, und so das Leben zum Guten zu wenden. Nur so wächst der Mensch zu Gott. Gott lieben und die Menschen wie sich selbst. So sagte Jesus Christus zu uns.

Ihr habt wohl recht, Mutter, wenn Ihr sagt, Ordnung und Liebe gehören zusammen wie der Tag zur Nacht. Nur kann ich das nicht begreifen, wenn ich sehe...

Ihr sollt nicht alles verstehen wollen, meine Tochter, unterbrach sie Petrissa, glauben sollt Ihr. Es genügt, daß Gott alles versteht. Demütig glauben sollt Ihr.

Ich träume, fuhr Hedwig nach einer Weile fort, von zukünftigen Zeiten, in denen es allen Menschen gut gehen wird. In denen jede Familie ein kleines Haus und genügend zu essen haben wird, warme Kleidung im Winter. Die Kinder nicht sterben werden vor Hunger... Und die Alten und Kranken versorgt sein werden. Ich denke, dann werden alle Menschen gut sein und zu Gott finden.

Oder erst recht jauchzend dem Teufel in die Arme springen, entgegnete Petrissa. Traut dem Guten im Menschen nicht, meine Tochter. Das Böse ist stärker in ihnen. Ihr seht es ja an unseren Reichen. Wer kann, macht seinen verderblichen Körper zum Götzen und vergißt darüber, daß er eine unsterbliche Seele hat.

Sie streicheln ihre Bäuche, salben sich die Glatzen mit

Rosenöl und vernachlässigen den Geist. Nur wenige sind auserwählt...

Gott hat den Menschen im Widerspruch geschaffen, fuhr die Äbtissin in ihrem Eifer fort. Die Seele des Menschen sehnt sich nach den Engeln, doch dem Leib nach ist er ein Tier. Und so ist der Mensch sich selbst, dem Besseren, ständig zur Qual, zur Last, zum Leid. Der verderbliche Leib schmerzt ihn, und die Seele, vermählt mit ihm, ekelt sich vor dem Fleische und fürchtet den Tod. Ich befürchte, die Welt wird eher untergehen, als daß Gerechtigkeit unter den Menschen wäre. Christus lehrt das zu ertragen, meine Tochter. Das ist seine Botschaft.

Jesu Christus lehrt uns, dies zu überwinden, meine Mutter, sagte Hedwig. Darin sehe ich eine Aufgabe. Irgendwann werden die Menschen sein wie Engel. Ich glaube daran: so will es Gott.

Eines Morgens, als Herzogin Hedwig im Arbeitsraum neben der Halle der Liegnitzer Burg mit Ludolf, dem Verwalter, Angelegenheiten besprach, die in der nächsten Zeit zu erledigen waren, meldete der Knappe den Ritter Kosmas an. Die Herzogin ließ ihn bitten. Kosmas wollte sich nach seiner Verbeugung auf die Bank an der Wand setzen, um zu warten, doch die Herrin winkte ihn an den Tisch heran, unterbrach ihr Gespräch mit Ludolf und wandte sich dem Getreuen zu. Was gibt es, Kosmas, fragte sie.

Herrin, ich wollte fragen, wann Ihr zu den Siedlern fahren möchtet, die von Herzog Heinrich den Wald bei Goldberg zu roden bekommen haben. Vor zwei Wochen ist der Treck mit den Familien angekommen. Heute wäre ein guter Tag dafür. Die Sonne scheint...

Ja, Kosmas, die wackeren Leute, seufzte die Herzogin, die sollten mir das Wichtigste sein. Und besonders diese, weil sie aus der Wettiner Gegend kommen. Aber heute geht es nicht Kosmas, leider, laß mich sehen, wann ich reiten kann, sagte sie, und zog ihr kleines Wachstäfelchen aus dem am Gürtel hängenden Säckchen hervor. Morgen, Kosmas, morgen will ich gern zu den Leuten reiten. Morgen früh nach dem Gottesdienst. Morgen wird das Wetter mit Sicherheit auch schön sein. Laß die Stute Gunda vorbereiten, sie soll nach dem Fohlen etwas Bewegung bekom-

men. Demundis soll selbstverständlich mitreiten. Aber die Siedler sollen nicht wissen, daß ich sie besuchen komme, ich will nicht, daß sie sich mit aufwendigen Vorbereitungen von der Arbeit abhalten lassen. Und ich möchte auch das Lager so sehen, wie es ist. Sie reichte dem Ritter lächelnd die Hand, die er ergriff und küßte. Kosmas ging, hinter ihm schloß sich der schwere grüne Samtvorhang.
Am nächsten Morgen nach dem Gottesdienst und einem kleinen Bissen in der Halle, den die Fürstin stehend einnahm - warme Milch und ein Stückchen Brot - ritt der kleine Troß aus. Die Herzogin in ihrem grauen Mantel mit Kapuze, der Morgen im Mai war noch kühl.
Kosmas führte den Troß an, er kannte den Weg. Und er hatte das Sagen. Ritter Ruprecht war auch dabei, der junge Ritter Andreas und noch einige bewaffnete Ritter. Dazu Demundis und zwei junge Dienerinnen.
Während des Rittes durch den maifrischen Wald hatte die Herzogin Zeit ihren Gedanken nachzugehen.
Sie kannte Hapert, den Lokator der neuen Siedlung, die sie besichtigen wollte. Sie war bei dem Gespräch zugegen gewesen, in dem sich der Mann dem Herzog empfohlen und ihn um Unterstützung des geplanten Siedlungswerkes gebeten hatte. Auch der Abt von Leubus Conradus war damals dabei gewesen.
Hapert, der Lokator, sollte wie üblich auch der Vogt, oder anders gesagt, der Schulze, der neuen Siedlung sein.
Es ging wie immer in ähnlichen Gesprächen um das gleiche. Wieviele Siedler anzuwerben waren, die Zahl der auszuschenkenden Hufen, der Siedlungsort und die Organisation der anfallenden Arbeiten. Und dann war von den Freiheiten die Rede, die den Siedlern zustanden. Und zuletzt hatte der Fürst alle Vorteile aufgezählt, die dem Vogt zukamen. Der Abt sprach von Privilegien.
Das Wort Freiheit fiel in diesen Gesprächen immer wieder. Denn, wie der Abt mit besonders feierlicher Stimme betonte: Theutonici liberi homini sunt! Die hospites, unsere Gäste sind frei. Und Herzog Heinrich bekräftigte: Ja, bei uns sind die Siedler wahrhaftig freie Menschen.. Bei uns zu siedeln, macht frei! Und fügte hinzu: Wir wissen, daß wir den Leuten etwas bieten müssen, damit sie zu uns kommen. Denn harte Arbeit erwartet sie hier: Sümpfe

müssen getrocknet, Wälder gerodet, der Boden fruchtbar gemacht werden. Niemandem wird etwas geschenkt. Jeder muß sein Haus selbst bauen. Und alle zusammen eine Kirche errichten. Wir aber, so der Herzog, fügen alles zu einem sinnvollen Ganzen zusammen: Dörfer und eine Stadt in der Mitte. Ein Kloster in der Nähe, für den geistigen Beistand und die Hilfe beim Bauen der Häuser und Bebauen der Felder. Den Siedlern und ihren Kindern und ihren Kindeskindern soll es an nichts fehlen. Wir versprechen ihnen feierlich jeglichen Schutz.

Also das ius theutonicorum, warf Abt Conrad mit seiner hohen dünnen Stimme schnell ein, das süße, milde leges paterne soll die Siedler schützen...

Ja, nahm der Fürst auf, das deutsche Recht, das die Siedler hier genießen sollen, haben wir aus Magdeburg von den dortigen erfahrenen Männern einholen und bei uns in Neumarkt bearbeiten lassen. Ein sehr vorteilhaftes Recht. Vor allem sollen die Siedler von dem ansonsten in Schlesien geltenden polnischen Recht ausgenommen sein. Und sie sollen hier um vieles besser als zu Hause leben. Das verspreche ich ihnen. In Gottes Namen. Amen.

Denn so ist es üblich in diesem Lande, fügte Abt Conradus hinzu, seit alten Zeiten. So stand es bereits in der Gründungsurkunde des Leubuser Klosters, das der ehrwürdige Fürst Boleslaw der Lange, Gott habe ihn selig, unseres gnädigen Fürsten Vater, nach seiner glücklichen Heimkehr nach Schlesien ad honorem Dei und für sein Seelenwohl, wie auch für den ewigen Frieden seiner Familie, errichten ließ. In diesem denkwürdigen Dokument verspricht der fromme Fürst: „Alle Deutschen, die Klostergüter bebauen oder, vom Abt darauf angesiedelt, auf ihnen wohnen, sollen von allem polnischen Recht ohne Ausnahme für alle Zeiten frei sein." Und er wiederholte dies feierlich in lateinischer Sprache. Das war Anno domini 1175. Seitdem leben in Schlesien deutsche Bauern, die freie Menschen sind, und tüchtig arbeiten. Zum Wohle des Fürsten, zum eigenen Wohl und zu Ehren Gottes. Amen.

Der Abt sah Herzog Heinrich fragend an. Dieser bedeutete ihm nickend das Dokument vorzulesen, in dem die Rechte der Siedler aufgezählt waren.

Die Siedler, las der Abt aus dem Lateinischen übersetzend, sollen den Boden des Grundherrn als Erbzinseigentum erhalten, census hereditarius genannt. In diesem Fall soll jeder Siedler eine fränkische Hufe des gerodeten Bodens bekommen. Der jeweilige Bauer wird nur zu Zinsabgaben verpflichtet sein und seine Kinder werden Grund und Boden erben und die gleichen Zinsen tragen. Jedoch in den ersten sieben Jahren sollen die Neusiedler frei von jeglichen Abgaben sein. Die darauf folgenden Abgaben sollen erträglich und dürfen nie drückend sein.
Herzog Heinrich unterbrach den Abt, indem er seine Hand auf dessen Arm legte und fügte nachdrücklich hinzu: Und die Siedler sollen auch frei vom kirchlichen Zehnten bleiben. Der Abt blickte den Herzog vorwurfsvoll an, schwieg aber, denn in Anwesenheit Dritter schickte es sich nicht, dem Herrn zu widersprechen. Doch zeichneten sich bereits zu der Zeit in dieser Angelegenheit unterschiedliche Meinungen ab zwischen der Kirche und dem Herzog, die sich später zu einem langwierigen Streit ausweiteten.
Abt Conradus las mit saurer Miene weiter. Den Deutschen werde ihre secura libertas zugestanden, das heißt, sie dürfen zu keinem Frondienst gezwungen werden, zu dem die einheimischen Bauern verpflichtet sind. Die Siedler sollen sich frei bewegen, sogar fortziehen dürfen. Nach ihrem freien Entscheid.
Der Abt hob den Kopf und sagte dazu erklärend: Denn die im Lande lebenden Slawen sind Leibeigene ihrer Herren und zu Frondiensten und vielerlei Abgaben verpflichtet. Auch sind sie adscriptio glebae, das heißt, sie dürfen ohne Erlaubnis ihres Herrn das Dorf nicht verlassen. Manchmal dürfen sie sogar nur Frauen aus demselben Dorf heiraten.
Dazu hatte Hapert große Augen gemacht und dann spöttisch gelächelt.
Zudem gestehe der Fürst den deutschen Siedlern in ihren Dörfern eine eigene Gerichtbarkeit zu, fuhr Abt Conrad fort, die der Schulze und die von den Bewohnern gewählten Schöffen ausüben sollen. Nur in schweren Fällen, die der judicium magnum unterliegen, bei Heimsuchung, das heißt bei Überfall im eigenen Hause, bei Notzucht und Wegelagerei werde der Herzog richten, und nur er allein.

Auch sollten in jedem Orte lebensnotwendige Nahrungsmittel wie Brot und Fleisch jederzeit zu kaufen sein: absque proclamato foro vendendi necessaria ac victualia liberam potestatem...
Jedoch sollen die Siedler zur Landesverteidigung verpflichtet sein... Und er fing wieder an lateinisch zu lesen.
Herzog Heinrich unterbrach ihn und sagte: Mit einem Wort, den Siedlern und vor allem ihren Kindern steht bei uns ein schönes Leben in Freiheit und Wohlstand bevor. Und um ihre Sicherheit werde ich mich sorgen. Mit Gottes Hilfe will ich unser Land vor Feinden bewahren.
Und er nickte dem Abt zu, bedeutete ihm mit einer kleinen Handbewegung zu kürzen und bat ihn, jetzt die Liste der Privilegien des Lokators vorzulesen, also die Vorrechte des Schulzen. Denn Schulze zu sein bedeutete, ein wahrer Herr zu sein unter den Seinen. Vor allem wurden ihm mehrere Hufen Boden zuteil, die für alle Zeiten von jeglichem Zins frei sein sollen. Er war nicht nur Richter, sondern er durfte in seinem Haus eine Gaststätte errichten und Lebensmittel verkaufen. Das sicherte ihm weitere Einnahmen zu. Die Errichtung einer Mühle wurde ihm zugestanden und die Einnahmen für das Badehaus. Wer im Dorfe Bäcker und Fleischer sein sollte, auch darüber entschied der Schulze.
Zum Schluß hatte Hapert, der das Unternehmen aus eigener Tasche finanzierte, von Herzog Heinrich Geld bekommen zur Unterstützung ärmerer Siedler und für außergewöhnliche Ausgaben. Für dieses Geld sollten mit dem Treck auch zusätzlich fünf Eisenpflüge aus Thüringen mitgebracht werden. Denn, wie Abt Conradus sagte, ein ordentlicher aratrum theutonicale ist Goldes wert. Diese eisernen Pflüge sollen unter die Einheimischen vergeben werden, die die Mönche ebenfalls in deren Gebrauch einweisen sollen. Hapert erhielt zudem das Versprechen, daß die in der Nähe wohnenden Deutschen, vor allem die Goldberger, ihm und seinen Leuten, besonders am Anfang, in allem mit Rat und Tat beistehen werden. Und selbstverständlich die siedlungserfahrenen Mönche aus Leubus. Bis zur ersten Ernte werde das Dorf vom Herzog mit notwendiger Nahrung versehen.
Dieses Gespräch hatte vor ungefähr einem Jahr stattge-

funden. Hapert mußte umsichtig gehandelt haben, nicht so wie manche andere, die zum Schluß nichts zustande brachten, oder sich mit dem herzoglichen Geld aus dem Staube machten. Denn auch das war schon vorgekommen.

Schon von weitem hörte Herzogin Hedwig Axtschläge, die wie emsiges Spechtklopfen klangen. Dazu das Kreischen der Sägen. Der herzogliche Troß näherte sich der Lichtung. Hedwig erfaßte eine freudige Neugier. Es waren nicht die ersten Siedler, die sie begrüßte und es sollten nicht die letzten bleiben. Sie hatte sich vorgenommen, wann immer möglich dabei zu sein, wenn neue Menschen ins Land kamen, die verunsichert waren, voller Angst vor der Zukunft und dankbar für ihre Anwesenheit. Doch es war auch immer wieder spannend für sie, zu sehen wie neues Leben entstand. Wie sich die Menschen tummelten, emsig und froh.

Die Neusiedler hatten anscheinend doch vom Kommen der Herzogin erfahren, denn zwischen den Bäumen über dem Weg hing eine Girlande aus Birkenzweigen und blühendem Flieder. Auf der Lichtung standen dicht nebeneinander etwa fünfzehn mit Planen bedeckte Wagen im doppelten Kreis, zu einer Wagenburg gefügt. So stellte man die Wagen unterwegs auf, gleich ob es ein Siedlertreck oder ein reisender Troß war. Im inneren Kreis der Wagen schliefen Frauen und Kinder, die wehrhaften Männer in den außenstehenden Wagen. Dazu brannten Feuer die ganze Nacht lang, und Wachen behüteten die Schlafenden. So hielt man es auch am Siedlungsort weiter, solange, bis feste Häuser zu beziehen waren. Die Siedler hatten vom Fürsten die Erlaubnis bekommen, Schwerter zu tragen und die meisten hatten dazu selbstgemachte Bögen mit Pfeilen.

Die Wagen waren wie Nester auf Rädern, in die sich die Menschen abends verkrochen, und die sie frühmorgens mit dem Sonnenaufgang verließen. Sie bargen alles, was die Familien mit sich hatten, Hausgeräte und Geschirr, Wäsche und Federbetten, und auch landwirtschaftliche Gerätschaften. Ein großer Tisch unter einem Holzdach stand neben den Wagen, in der Nähe eine Feuerstelle, darüber ein großer eiserner Wasserkessel. Weiße Wäsche flat-

terte zwischen den Bäumen. Auf der frisch gerodeten dunklen Erde um die Lichtung herum lagen Stapel gleichmäßig geschichteter geschälter Baumstämme. In einiger Entfernung war bereits mit dem Bau der Häuser begonnen worden. Dahinter eingezäunt die Weide für die Kühe. Daneben ein anderes umzäuntes Geviert für die Pferde.
Als die Weiber den Troß der Herzogin erblickten, schickten sie rasch die Kinder, um die Bäume fällenden Männer herbeizurufen. Die an den Häusern Arbeitenden wuschen bedächtig ihre Gesichter und Hände in einem Holztrog, ehe sie sich ehrerbietig der Herrin näherten.
Indes umgaben die Weiber die Herzogin und eine versuchte sich vor der anderen Gehör zu verschaffen, so daß sich daraus bald ein Geschnattere ergab, dem Herzogin Hedwig belustigt zuhörte, obwohl sie nichts verstehen konnte. Sie sah gern die jungen Gesichter um sich, die voller Eifer und Hoffnung waren.
Doch bald setzte sich Magda durch, des Vogtes Weib, sie drängte sich selbstbewußt vor die anderen, ergriff das Wort, und begrüßte die Herzogin recht artig. Sie entschuldigte sich für den Wirrwarr. Doch ehe es zu einem Gespräch kam - die Herzogin hatte eben nach den Beschwernissen der Fahrt gefragt - trat Vogt Hapert in den Kreis. Die Weiber wichen bereitwillig zurück und Hapert beugte das Knie vor der Herrin, wie es sich gehörte. Hapert war ein Mann von kräftiger Statur, der mit seinem Aussehen Vertrauen und Respekt weckte und sichtbar an Gehorsam gewöhnt war, der aber auch höfisches Verhalten kannte, war er doch ein ritterlicher Mann. Hedwig nahm dies erneut mit Zufriedenheit zur Kenntnis, denn sie wußte, wie sehr das Gelingen einer Siedlung von der Person des Vogtes abhängig war.
Vogt Hapert erhob sich und bat Herzogin Hedwig höfisch zu Gast. Die Weiber hatten im Handumdrehen den Tisch mit weißen Leinentüchern gedeckt. Für die Herzogin war ein bequemer Sitz mit Lehne und Armstützen vorbereitet worden, mit einer prächtig gestickten Decke darüber. Schön wie mein Liegnitzer Thron, bemerkte die Herzogin lächelnd.
Hapert rückte der Herrin den Sitz zurecht. Und nach ihr nahmen auch die anderen Platz, eng nebeneinander auf

den Bänken um den Tisch herum. Hinter ihnen standen die, die keinen Sitz bekommen hatten, vor allem Kinder. Herzogin Hedwig rief die Kleinen in ihre Nähe und forderte sie auf, neben ihr zu bleiben. Sie redete freundlich mit ihnen. Ein dunkler Wuschelkopf mit strahlenden Augen fragte sie, warum sie keine Krone auf dem Kopf trage. Es war Haperts Sohn. Die Leute lachten. Doch die Herzogin antwortete ernsthaft, eine Krone trage auch eine Königin nur zu seltenen Anlässen, denn die sei zu schwer für jeden Tag, man bekäme leicht Kopfschmerzen vom täglichen Tragen einer Krone. Ein hübsches Kopftuch sei ihr lieber.
Zunächst wurde die Herzogin mit Brot und Salz bewirtet, wie es sich gehörte. Sie mußte von dem Brot nehmen, das zwar noch in einer Goldberger Backstube, aber nach eigenen, mitgebrachten Rezepten gebacken wurde, wie die Weiber erklärten. Die Fürstin fragte nicht, was der Unterschied zwischen diesem und jenem Brot war, denn sie wußte genau, es gab ihn nicht. Das Salz sollte Glück bringen. Auch danach wurden nicht mehr als Butterschnitten, Räucherfleisch und gekochter Käse mit Kümmel aufgetischt. Herzogin Hedwig ließ sich gern einen Becher Milch reichen, die noch warm von der Kuh war. Die Männer tranken Bier.
Und dann mußte die Fürstin sich anhören, was ihr die Leute zu erzählen hatten. Sie ließ sie reden. Aufmerksam und freundlich hörte sie ihnen zu. Denn jeder und jede hatte eine eigene Geschichte, einen eigenen Grund gehabt, von zu Hause wegzugehen, sich in die Fremde zu begeben.
Raus aus der Enge hatten sie alle gewollt. Und alle hatten Hoffnungen mit sich gebracht, Wünsche und Vorstellungen vom Leben, wie es sein sollte in einem fremden Lande. Das ja so fremd nicht ist, wie einer einwarf, wenn es hier eine Herzogin gibt, mit der man sich in eigener Sprache unterhalten kann.
Dann sangen sie zusammen das Siedlerlied, das sie unzählige Male unterwegs gesungen hatten. Das Lied der Hoffnung: Nach Ostland wollen wir reiten, nach Ostland wollen wir mit. Frisch über die grünen Heiden, da ist eine bessere Stätt.

Vogt Hapert erzählte, daß er, nachdem er im Dienste seines Herrn, des Thüringer Landgrafen, fast ergraut war - in Wirklichkeit war er wohl etwas über dreißig Jahre alt, aber dennoch älter als die anderen, - am Hofe gehört habe, daß es in Schlesien die Möglichkeit gebe, sich dort ein Leben einzurichten, wie es einem gefiel.
Man hatte ihm erzählt, daß Herzog Heinrich von Schlesien tüchtige Leute suche, die sich in seinem kaum bewohnten Land niederlassen sollten, um es zu beleben und seinen Reichtum zu mehren. Großzügige Bedingungen würden den Siedlern vom Herzog geboten.
So hatte er, Hapert, sich zu diesem schlesischen Fürsten begeben, von dem er nur Gutes gehört hatte. Und er konnte sich selbst überzeugen, welch ein leutseliger und kluger Herr er war. Mit Handschlag wurde in Liegnitz die Absprache über die Errichtung eines Dorfes in Anwesenheit des Abtes von Leubus beschlossen. Auch die hier gnädigst anwesende Herzogin Hedwig von Schlesien sei bei diesem Gespräch zugegen gewesen, sagte der Vogt, wobei er aufstand und sich höfisch verbeugte.
Danach habe er sich daheim nach jungen Männern umgesehen, die gewillt waren und fähig genug schienen, ihr Leben fest in eigene Hände zu nehmen. Es war nicht schwer gewesen, sie zu finden, eher hatte die Auswahl Schwierigkeiten bereitet. Meistens waren es jüngere Bauernsöhne, die sich als Knechte verdingen mußten und gern die Gelegenheit wahrnehmen wollten, sich einen eigenen Hof mit eigenen Händen zu erarbeiten. Manche waren beweibt und hatten Kinder. Andere dachten daran, ein Weib für sich im neuen Land zu finden.
Nur einmal vor der großen Fahrt hatte er alle zusammengerufen. Doch mit drei Getreuen hatte er dann ständig lange Gespräche geführt. Allein hätte er das alles nicht geschafft. Denn alles mußte wohl durchdacht und besprochen werden. Die Vorbereitungen waren nicht leicht.
So war er zunächst mit einer Gruppe von Männern gleich nach der ersten Schneeschmelze nach Schlesien gefahren. Nur drei Weiber mit ihnen, die für sie kochen sollten und Ordnung halten. Diese Männer hatten den Wald rund um die kleine Lichtung gerodet, damit jeder bei der Ankunft seinen Platz für Haus und Hof sehen und in Besitz neh-

men konnte. Für sich selbst hatten sie in den ersten Tagen mit Hilfe der Mönche von Leubus und der Goldberger ein kleines Blockhaus gebaut, in dem sie wohnten, denn in den Wagen wären sie in der Nacht umgekommen, erfroren oder von Wölfen überfallen worden.
Nach einigen Wochen - die Arbeit ging gut voran - ritt er, Hapert, zurück, um den eigentlichen Treck mit den restlichen Männern, mit Weibern und Kindern zu holen und nach Schlesien zu geleiten. Der war erst jetzt bei warmem Frühlingswetter angekommen, so daß auch Weiber und Kinder ohne Schaden für ihre Gesundheit in den Wagen schlafen konnten. Und bis zum Winter werde man alle Häuser unter Dach haben. So Gott will. Amen.
Die lange Fahrt des großen Trecks nach Schlesien war beschwerlich gewesen, die ganze Zeit Wald, Wald... Nur hier und da kleine Siedlungen im Walde verborgen, meistens weitab vom Weg. Zum Glück hatte er, Hapert, den Weg bereits gekannt und gewußt, wo Wasser zu finden war, wo man rasten und wo man von den Einheimischen Milch kaufen konnte. Die reichte nicht für alle. Aber sie waren froh, wenn die Kinder von Zeit zu Zeit Milch bekamen. Ansonsten habe man wochenlang nur von trockenem Brot gelebt und geräuchertem Fleisch. Gekochtes Wasser dazu, selten Bier, das man in kleinen Fäßchen mitschleppte. Mehlsuppe für die Kinder. Die Kinder waren ungeduldig, einige wurden krank. Manche hatten ihre kleinen Kinder noch bei den Großeltern gelassen. Zwei Männer wollten ihre Weiber mit Neugeborenen erst kommen lassen, wenn die Häuser fertig sind. Kühe hatten sie nicht mit sich genommen, weil Kühe zu langsam sind und mit ihnen der ganze Weg noch länger gedauert hätte. Und der Herzog hatte ihnen ja Vieh versprochen. Sehr schönes Vieh haben sie von den Herzoglichen bekommen. Und jetzt schmeckte ihnen die Milch doppelt so gut, die sie so lange entbehren mußten. Auch einige Schweine liefen schon um die Wagen herum und Hühner gackerten wie in jedem Dorf.
Von Anfang an haben sich die Leute des Herzogs um uns gekümmert, fuhr Hapert fort. Und auch die Goldberger sind stets zur Hilfe bereit gewesen. Und die Leubuser Mönche. Nein, bereut hätte es noch niemand, hierher ge-

kommen zu sein. Sie schauten ohne Angst in die Zukunft. Besonders jetzt, seitdem sie sich unter der Obhut einer so liebenswürdigen Fürstin wissen.

Und dann erzählte Magda, Haperts blondzöpfige rundliche Frau, zunächst etwas befangen, sie habe in der ersten Nacht, in der sie auf ihrem neuen Platz schliefen, einen Traum gehabt. In diesem Traum hatte sie eine Schar von Engeln gesehen, die über der Lichtung schwebten und über den Wagen wachten. Ein wunderbarer Traum, den sie morgens allen weitererzählte.

Daraufhin ergriff wieder Hapert das Wort und schilderte, wie er sich das Dorf vorstelle. Er geriet ins Schwärmen. Und Hedwig sah, er freute sich aufrichtig über das schöne Stück Land, das ihm und seinen Leuten zugefallen war. Fische in den Flüssen, Wild in den Wäldern, Honig zugenüge... Ein wahres Paradies, dieses Schlesien.

Auf dem Anger soll eine Kirche stehen. Mit den beiden Nachbardörfern, die dazukommen sollen, müßte es genügend Seelen für einen Pfarrer geben. Ihnen, den Siedlern, war ja auch das Recht zugestanden worden, den Pfarrer selbst zu wählen. Dieser müsse aus der Heimat sein.

Und Ordnung wolle er, Hapert, unter den Seinen halten. Jedem solle es gut gehen. Aber alle müßten fleißig arbeiten. Denen, die unverschuldet in Armut fallen, durch Krankheit oder andere Not, Witwen und Waisen, werde man helfen. Er werde sich um die Seinen sorgen wie ein Vater, sagte Hapert selbstbewußt und sah sich in der Runde um. Und zuversichtliche Gesichter nickten ihm zu. Sie werden viel Arbeit und Mühe haben, aber ihren Kindern werde es besser gehen als ihnen. Und das wird der beste Lohn für sie alle sein. Und um Gottes Segen werden sie stets aufrichtig beten.

Es gebe einen Siedlerspruch, sagte Hapert: Den ersten der Tod, den zweiten die Not, den dritten das Brot. Doch in Schlesien werden sie mit Sicherheit nicht so lange aufs eigene Brot warten müssen. Hier fühlt man sich umsorgt. Er habe Pläne zuhauf, fuhr Hapert eifrig fort. Er könnte gar nicht alles erzählen, wie er sich dies und jenes vorstelle, denn das würde bis zum Abend dauern.

Wie herrlich die Siedlung gelegen ist, kann wohl jeder sehen. Am Rande des Dorfes fließt ein Bach, das Wasser

wird sehr wohl ein Mühlenrad bewegen können. Er habe einen Mann dabei, der etwas vom Mühlenbau versteht. Überhaupt habe er darauf geachtet, Handwerker mitzunehmen. Einen tüchtigen Schmied, einen Schreiner und einen Bäcker und vor allem bauerfahrene Männer.
Herzogin Hedwig versprach, zur ersten Kindestaufe ins Dorf zu kommen und verabschiedete sich von den hoffnungsfrohen Leuten.
Auf dem Rückweg summte sie leise Marienlieder vor sich hin. Dieses aufblühende Leben beglückte sie. Sie durfte es behüten. Was konnte es Schöneres geben.
Sie streichelte den Hals der Stute Gunda und spielte mit ihrer Mähne.
Sie durfte die Hoffnung haben, daß hier etwas entstand, das Jahrhunderte überdauern wird: Siedlungen freier Menschen, die nicht gequält und geschunden werden dürfen. Dafür wird sie sorgen mit all ihrer Kraft.
Sie sah das Land vor sich: Schlesien! Wie es aus dem Boden wuchs: Dörfer und Städte, Kirchen und Klöster. Von tüchtigen Menschen errichtet. Sie dachte aber auch an die in den Wäldern vor sich hinlebenden Einheimischen. Auch sie sollen in die Gunst des aufblühenden Lebens kommen. Auch ihnen soll es gut gehen. Sie sollen lernen, so zu leben wie die Neuen. Den Acker bebauen nach deren Art, den Eisenpflug benutzen. Mühlen bauen. Bäckereien, Brauereien.
Oder noch besser: die Einheimischen sollen sich mit den Neuen zusammentun. Mit ihnen zusammenleben, heiraten untereinander. Ja, so soll es sein. So werden die alten und neuen Bewohner zusammenwachsen und glücklich sein, zusammen ein neues Volk sein: Schlesier.
Schlesien... dachte sie. Das Land entsteigt der Dämmerung. Ihre Hand fand die kleine Figur der Gottesmutter, die sie immer an ihrer Brust trug, und sie betete dankbar: Heilige Gottesmutter, helfe mir, diesen Menschen zu helfen.

Von Hapertsdorf aus begab sich Herzogin Hedwig nach Röchlitz, um da nach ihren Kindern zu sehen, mit ihrer alten Freundin Jutta zu sprechen und sich etwas zu erholen, wie in der kleinen Burg üblich.

Abends, nachdem die Kinder zu Bett gebracht worden waren, setzten sich die beiden Frauen mit einigen Vertrauten an das wärmende Feuer in der Halle, um den ausklingenden Tag zu genießen. Da übertönte ein heftiges Klagegeschrei das leise dahinplätschernde Gespräch. Eine alte Weibesstimme verlangte in der Sprache der Einheimischen Zugang zur Herzogin. Man hörte beschwichtigende Stimmen dazu. Es mußte sich wohl um Wichtiges handeln. Die Fürstin bedeutete dem Pagen, den Vorgang zu klären. Der kam bald zurück. Der Sohn der Alten sitzt im Turm, sagte der Knabe. Seit einigen Tagen. Und morgen soll er gehängt werden.
Erhängt werden? Die Herzogin zog die Brauen hoch. Ein Hauptverbrechen also. Und Jutta sagte ihr nichts davon? Frau Jutta errötete, sie war in arger Verlegenheit. Sie wußte, die Herzogin würde sich für den Verurteilten einsetzen und ihr Mann, Radon, dessen Höriger der Gefangene war, werde in arge Bedrängnis kommen. Radon hatte das strenge Urteil gefällt.
Ein Kapitalverbrechen?
Nein. Das war es nicht. Der Junge hat gestohlen. Was? Eine Schweineshälfte. Warum? Er hat sie zu seiner angeblich hungernden Mutter getragen. Er hat das halbe Schwein bei Tage durchs ganze Dorf geschleift. Alle sahen ihn dabei. Denn es war ein Dummer. Ein Gupi Jasch, wie die Hiesigen sagen. Und dazu hat er bei den Siedlern im Nachbarsdorf gestohlen. Deshalb war Radon so streng zu ihm. Und nach polnischem Recht war die Strafe berechtigt.
Die Herzogin hörte aufmerksam zu, nickte mit dem Kopf und bedeutete dem Knappen, das Weib einzulassen.
Ein altes, in Lumpen gehülltes Weib stolperte herein, blieb einen Augenblick mit offenem Munde stehen, geblendet vom vielen Licht, oder weil sie nie im Leben so prächtig gekleidete Menschen gesehen hatte.
Der Page führte sie an die Herzogin heran. Die Klagende warf sich ihr zu Füßen, neigte den Kopf bis zum Boden und versuchte der Herrin die Schuhe zu küssen.
Herzogin Hedwig hob die Alte auf.
Sag uns, was gibt es. Warum weinst du so laut.
Morgen, morgen früh, fing die Alte aufs neue an zu schluchzen, wollen sie meinen Sohn töten, meinen einzi-

gen Sohn. Erhängen wollen sie ihn. An einem Galgen. Oh, Ponbucku. Ponbucku... An einem Galgen!
Und warum? Warum will man deinen Sohn erhängen? Er hat gestohlen. Weil er dumm ist. Die Leute sagen der Dumme zu ihm. Er ist dumm, aber ein guter Junge. Mein einziger Sohn...
Er hat bei den Fremden ein halbes Schwein gestohlen. Bei den Neuen, die so schöne Hütten bauen und alle reich sind. Genug von allem haben. Ein halbes Schwein. Weil ich ihm gesagt habe, ach, hätte ich doch ein Stückchen Fleisch wie die, da wäre ich gesünder. Deshalb ist er hingegangen, und hat gestohlen, das Schwein. Für mich, seine Mutter. Weil wir Hunger hatten. Ein halbes Schwein. Oh, Ponbucku, Ponbucku...
Beruhige dich, sagte die Herzogin. In diesem Lande werden Urteile gerecht gefällt. Ich werde dafür sorgen, daß die Sache deines Sohnes noch einmal geprüft wird. Ich werde morgen dabei sein. Fürchte dich nicht. Geh nach Hause.
Die alte Mutter starrte die Fürstin stumm an.
Pomoga ci, przyjnda, przyjnda. Idz z Bogiem, sagte sie in der Sprache der Einheimischen zu ihr.
Das Weib warf sich noch einmal der Herzogin zu Füßen und wollte ihren Rocksaum küssen. Man mußte sie mit Gewalt aufrichten. Die Herzogin befahl dem Pagen, der Alten in der Küche Essen zu geben und sie durch den Wald nach Hause zu geleiten.
Bedrücktes Schweigen herrschte danach in der Runde. Herzogin Hedwig fragte Jutta, wann Radon zu Hause zu erwarten sei.
Die wußte es nicht. Es könnte auch erst morgen früh sein. Warten wäre also sinnlos. Man ging auseinander. Am Morgen nach dem Gottesdienst und dem Frühstück bat Herzogin Hedwig den Kastellan zu einem Gespräch. Der hatte ein verlegenes Gesicht, wußte er doch bereits von seiner Frau, worum es geht. Nichts Gutes konnte ihn erwarten. Die Herzogin bat ihn zunächst um seine Darstellung der Angelegenheit.
Danach warf sie dem Kastellan übermäßige Strenge vor, ja, unchristliche Grausamkeit. Radon rechtfertigte sich und berief sich auf polnisches Recht, das in den slawischen Dörfern gelte. Für Diebstahl eines Schweines darf

die Todesstrafe verhängt werden. So sei es üblich, meinte Radon. Und dieser dumme Jasch ist ohnehin nur zum Gespött der Dorfbewohner da, ein Nichtsnutz, zu keiner Arbeit zu gebrauchen. Und jetzt noch - ein Dieb! Die Dorfbewohner wollen seinen Tod, sie haben ihn bei ihm, ihrem Herrn, angeklagt, denn er hat über das ganze Dorf Schande gebracht. Sie sagen: Was sollen die Neuen, die Siedler von uns denken?
Hedwig schüttelte mißbilligend den Kopf. Wo kämen wir hin, sagte sie, wenn wir das täten, was die Leute verlangen. Ihr seid der Herr dieses Dorfes, Radon, und Ihr sollt wie ein Vater sein zu diesen armen Menschen. Denkt an Christus und seine Liebe zu den Armen. Ihr dürft sehr wohl ein milderes Recht walten lassen, wenn Ihr wollt. Niemand zwingt Euch so harte Urteile zu fällen. Sie war bemüht, nicht ungeduldig zu werden, und fuhr fort: Um Euer Seele Ruhe bitte ich Euch, Radon von Röchlitz, lasset Milde walten.
Soll ich denn den Kerl laufen lassen, Herrin, fragte Radon unwillig. Damit andere bald ähnliches tun?
Die Herzogin schüttelte lächelnd den Kopf.
Aber nein, ohne Strafe soll der Bursche nicht ausgehen. Hört zu...
Und sie unterbreitete dem Kastellan ihren Plan und bat ihn höflich, dem, was sie nachts ausgedacht hatte, zuzustimmen. Zum Ende ihrer Ausführungen schmunzelte der Kastellan und nickte mit dem Kopf. Die Herzogin hatte ihn überzeugt. Und im Stillen bewunderte Radon wieder einmal die Klugheit dieser Frau, und ihre Gabe, ihren Willen zu haben, ohne zu verletzen.
Danach ritten sie mit zahlreichem Gefolge zur Gerichtsstätte. Und viele Neugierige begaben sich auch dorthin.
Der Verurteilte, mit einem Strick um den Hals, wurde zwischen zwei berittenen Knechten mehr gezogen als geführt.
Der Herzogin tat der Junge leid, aber sie sagte nichts.
Zwischen den armseligen Hütten des Dorfes leuchtete das frische Holz des Galgens. Der Galgen glänzte wie ein Zeichen neuer, besserer Zeiten.
Die Herzogin saß ab und sah sich um.
Aus einer der armseligsten Lehmkate am Rande des Dorfes drang Stimmengewirr, übertönt von lautem Gejammere.

Herzogin Hedwig nahm an, daß man dort die Mutter vom Geschehen fernzuhalten versuchte.
In der Nähe des Galgens stand auf einem Podium aus frischen Brettern eine kleine Bank, auf die Radon Lammfelle legen ließ. Radon führte die Herzogin höfisch zu dem für sie vorbereiteten Sitzplatz. Er stellte sich neben sie. Auf der anderen Seite ein Mönch, der dem Verurteilten zu einem christlichen Tode verhelfen sollte.
Schöffen, wie bei den Deutschen üblich, waren nicht dabei, denn Leibeigene hatten nichts zu sagen. Die Männer des Dorfes standen jedoch unweit zusammen und sahen finster vor sich her. In einer anderen Gruppe die Siedler. Die Geschädigten. Besser gekleidet und zuversichtlich. Sie grüßten die Herzogin laut und einstimmig, wie bei den Deutschen üblich.
Die Leute mußten gehört haben, daß die Herzogin dabei sein werde, denn niemand zeigte Erstaunen über ihre Anwesenheit.
Zwei Knechte führten den armen Sünder herbei. Wie ein Kalb vor der Schlachtbank sieht der aus, dachte die Fürstin. Jämmerlich. Das Haar zerzaust, Hemd und Hose zerrissen. Das Gesicht verquollen vom Heulen und Laufen und aus der Nase tropfte Blut. Schwer atmend hielt der Junge den Kopf gesenkt und schwieg.
Radon erklärte laut und deutlich den Sachverhalt und den Angeklagten des Todes durch den Strang schuldig.
Dann wandte er sich an die Versammelten und fragte, ob jemand etwas dazu sagen möchte. Da trat einer der Siedler hervor und verneigte sich tief vor der Herzogin.
Ich, Kaspar, hob der Mann wie eine gelernte Lektion an, bin ein Bauer aus Kunzendorf und dort einer der Schöffen. Wir haben beschlossen, sagte der Mann bedächtig, für den Verurteilten um Gnade zu bitten. Ich habe in meinem Leben viele Male Gericht erlebt, doch von einem so strengen Urteil noch nie gehört. Der Bengel, dieser Dummkopf, sagte er, mit einer Kopfbewegung in Richtung des Angeklagten, hat Rutenstreiche verdient, zehn, zwanzig, meinetwegen hundert, aber nicht die Todesstrafe. Das ist die Meinung des Dorfes. Das zu sagen, haben sie mir aufgetragen. So wäre es nach deutschem Recht. Da er aber auch für den Geschädigten spreche, der sein Schwager ist, wollte er der

gütigen mildtätigen Herrin, Herzogin von Schlesien, zu Füßen fallen, und um einen Gnadenspruch bitten.
Sein Dorf wolle auch keine Feindschaft mit den Nachbarn eines halben Schweines wegen, fügte der Mann hinzu, der sich seiner Sache anscheinend sicher war.
Herzogin Hedwig verbarg ihre Freude über die Rede des Siedlers, dennoch wollte sie ihren Plan durchführen. Mit streng zusammengezogenen Brauen wandte sie sich an Radon von Röchlitz, den zuständigen Herrn, und bat ihn, seine Entscheidung zu treffen.
Der Kastellan war durch die Rede des Mannes verwirrt worden und sah die Fürstin zunächst ratsuchend an. Dann aber durchschaute er ihre Absicht und sagte streng: Recht ist Recht. Der Mann ist ein Einheimischer und er soll nach dem Recht seines Landes verurteilt werden. Und das ist das polnische Recht. Er hat gestohlen und dafür ist Tod durch Erhängen ein gerechtes Urteil.
Die Herzogin nickte ernsthaft und zuckte bedauernd mit der Schulter.
Die Siedler traten enttäuscht zurück und berieten sich kopfschüttelnd untereinander.
Der Mönch begann seine Gebete über dem knienden Verurteilten zu murmeln und ging voran. Die Knechte zogen den Burschen an den Armen hoch und schleiften ihn zum Galgen. Dort legten sie ihm einen neuen Strick um den Hals. Plötzlich schrie der Verurteilte laut auf, begann grunzend zu schluchzen und hätte sich fast seinen Peinigern entrissen. Er wollte mit aller Kraft zur Herzogin. Er schrie, ja brüllte um Gnade: jasna gospodyni, laska, laska. Er versuchte auf den Knien zu ihr zu rutschen, wobei sich der Strick zusammenzog, daß ihm die Augen herausquollen.
Laska, laska, jasna gospodyni, rief er. Da hob die Herzogin die Hand und gebot Einhalt den Henkern. Sie trat an den Geschundenen heran. Und löste ihm den Strick. Dann überreichte sie diesen dem Kastellan und sagte zu ihm: Im Namen des Herzogs von Schlesien und unseres Herrn Jesu Christi bitte ich Euch, Herr Kastellan, um Gnade und christliche Barmherzigkeit für diesen armen Sünder.
Sie überlegte kurz und fuhr fort: Dieser Bursche und Übeltäter soll bestraft werden. Er soll fortab in strenger

Unfreiheit leben und unter Bewachung am Klosterbau zu Trebnitz Steine hauen und tragen. Er soll hart arbeiten. Denn Strafe muß sein. So ist es gerecht.
Geh, sagte sie zu dem Burschen gewandt, der zu ihren Füßen lag. Geh, bereue deine Sünden und tue nie mehr dergleichen. Idz! Bog z toba.
Der verdutzte Mönch bekreuzigte zuerst sich, dann aber auch den Sünder.
Herzogin Hedwig trat zu dem Siedler, der sich für den Dieb eingesetzt hatte und reichte ihm die Hand. Die Deutschen umgaben sie mit freudigen Gesichtern.
Indes kam auch die Mutter des Geretteten herbeigelaufen und fiel der Herzogin zu Füßen. Sie rief in einem fort ein Wunder sei geschehen: Cuda, cuda... Jasna gospodyni!
Mein Sohn ist von den Toten auferstanden. Wie der Herr Jesu Christ!
Lange danach erzählten sich die Leute Wunder von dieser Begebenheit. Jeder schmückte sie aus, wie er nur konnte. Wie es so ist. Doch Herzogin Hedwig lächelte nur, wenn man sie fragte, wie es denn wirklich gewesen sei. Sie wollte darüber nicht reden. Denn wer weiß schon so recht, was die Wahrheit ist. Oder was eine lehrreiche Geschichte bewirken kann.
Doch bald darauf war es ihr doch wirklich gelungen, das Leben eines Todgeglaubten zu retten.
Es ging wieder um einen zum Strang Verurteilten, um einen Wegelagerer, der einen Kaufmann erschlagen hatte. Der Übeltäter hatte einen Reisenden überfallen, einen Kaufmann aus Frankfurt, ihm Geld und Waren geraubt und ihn, weil er sich zur Wehr gesetzt hatte, erschlagen. Dafür sollte er gehängt werden. Für dieses Verbrechen war die Todesstrafe die einzig gerechtfertigte, das wußte jeder. Und für Herzog Heinrich gab es in dergleichen Angelegenheiten kein Wenn oder Aber. Wie sollte er je Ordnung schaffen in seinem Land, ohne den Menschen abschreckende Beispiele vor Augen zu führen. Für ihn als Fürsten war die Sicherheit der Durchgangsstraßen ein erstrangiges Anliegen. Die Kaufleute zahlten Zölle, und waren somit eine unverzichtbare Einnahmequelle. Sie hatten das Recht auf ungestörte Durchreise.
Der Herzog mußte auf den guten Ruf seines Landes be-

dacht sein, den besonders die Kaufleute überall verbreiteten. Hedwig wußte, Heinrich war fest überzeugt, dieser Verbrecher hatte das strenge Urteil verdient. Zudem zürnte er diesem Mann, Przemko genannt, ganz besonders, denn der hatte zuvor zur Burgmannschaft von Breslau gehört. Es war also ein ehemaliger Ritter, ein Mann des Herzogs, und hatte dessen Recht mit Füßen getreten. Und dazu die ritterliche Ehre verletzt. Die strengste Strafe war ohne Zweifel auch aus diesem Grunde angebracht.
Um einer Einmischung seiner mildtätigen Ehefrau vorzubeugen, die ihm beim Verhängen schwerer Strafen immer wieder in den Arm fiel, hatte der Herzog die Gerichtsverhandlung streng geheimgehalten und beabsichtigte, das Urteil schnellstens vollziehen zu lassen.
Doch eins konnte er nicht verhindern: die Angehörigen des Verurteilten hatten sich zur Herzogin begeben und sie um Fürbitte beim Herzog angefleht. Um Gnade. Przemko habe vier kleine Kinder zu Hause, sagten sie, und diese nichts zu beißen. Der Ritter sei, nachdem er aus der herzoglichen Druzyna ausgeschlossen worden war, ins Elend gefallen. Przemko habe den Kaufmann nicht ermorden wollen, es sei eher Notwehr gewesen, oder ein unglücklicher Zufall. Er wollte nur das Geld und das Tuch, daß der Kaufmann mit sich führte. Er brauchte Geld für Brot für seine Kinder. Doch der Kaufmann und seine Begleiter waren bewaffnet, es war zu einem Gemenge gekommen, und in diesem habe Przemko den Kaufmann erschlagen.
Herzogin Hedwig ließ die Sache untersuchen. Die Leute hatten die Wahrheit gesagt: Przemko war in der Tat nach einem Streit mit seinem Vorgesetzten aus dem herzoglichen Dienst entlassen worden und danach ins Elend geraten, weil er nicht in den Bauernstand zurückkehren wollte, um sich und seine Familie von seiner Hände Arbeit zu ernähren. So hatte er es mit Wegelagerei versucht. Wie viele andere auch.
Die Herzogin ließ sich den Räuber vorführen. Ein junger kräftiger Kerl war es, mit schwarzem krausen Haar und unstetem Blick. Man hatte ihm die Hände auf den Rücken gebunden und um die bloßen Füße Eisenketten gelegt, so daß er sich nur mit ganz kleinen Schritten voranbewegen konnte. Er warf sich vor der Herzogin zu Boden und fleh-

te laut heulend und schniefend um Fürbitte, um Gnade. Der Herzog möge ihn zum Tragen der schwersten Steine in Trebnitz verurteilen, die schwerste Arbeit im Steinbruch, ja, bis zum Ende des Lebens, aber nicht den Tod. Fürwahr, kein ritterlicher Mann, dachte Hedwig.
Sie sagte nichts, wandte den Blick ab, obwohl sie der Kerl mit durchbohrenden Augen anstarrte, in denen sie die Todesangst las.
Sie werde für seine Kinder sorgen, versprach sie ihm. Da ließ er sich stillgeworden abführen.
Doch der Mann tat ihr leid. Sie überlegte, wie könnte sie helfen. Denn er war schuldig. Doch war er nicht Ritter gewesen, also Töten sein erlerntes Handwerk? Woher sollte ein Haudegen plötzlich Achtung vor menschlichem Leben empfinden? Er hatte menschliches Recht mißachtet. Die Gesetze seines Herrn, des Herzogs, übertreten. Er hatte die ritterliche Ehre mit Füßen getreten. Das aber war in ihren Augen zu wenig, um es mit dem Leben zu bezahlen. Das Elend seiner Kinder hatte ihn zum Dieb und dann auch noch - ungewollt - zum Mörder gemacht. Ihrer Meinung nach war er nicht mehr schuldig als viele andere mordtüchtige Ritter. Doch wie sollte sie das Heinrich sagen. Sie wußte, diesmal war kaum Verständnis zu erwarten. So begab sie sich zu ihrem Mann ohne die Kraft der inneren Überzeugung, die sie sonst bewegte und ihre Bitten unwiderstehlich machte. Und sie traf, wie im Stillen erwartet, auf harten Widerstand.
Heinrich erwiderte auf ihre Bitte um Gnade für den Mann, dieser habe die Rechte des Landes verletzt, dem guten Rufe des Landes geschadet und zudem ihn, seinen Herrn, mißachtet, dem er einst gedient hatte.
Dieser Mann muß sterben, sagte Heinrich bitterböse. Wo denkst du hin! Ich sehe nicht den geringsten Grund für Gnade. Nein, in diesem Fall nicht. Ich habe den festen Willen, ein abschreckendes Exempel zu statuieren und werde mich nicht davon abbringen lassen. Der Wegelagerei muß ein Ende gesetzt werden. Je eher, desto besser. Wieviele Kaufleute sollen noch ihr Leben lassen. Und wieviele womöglich nach anderen Wegen als durch Schlesien suchen. Und er verbat sich ziemlich unwirsch weitere Bitten seiner Frau.

Am nächsten Morgen als Hedwig langsam, wie es ihre Gewohnheit war, aus der Kirche kam, begegnete sie im Burghof ihrem Mann, der eben mit zwei Rittern redete. Hedwig trat zu ihnen, zur großen Verlegenheit der Männer, die gerade dabei waren, Bericht über die Erhängung des Przemko abzulegen. Hedwig schossen die Tränen in die Augen, als sie hörte, was geschehen war. Denn zum einen tat ihr der Mann, der aufrichtig Reue gezeigt hatte, wirklich leid, zum anderen aber fühlte sie sich gekränkt, in den Augen der Leute herabgesetzt. Denn durch ihre Anteilnahme hatte sie Hoffnungen geweckt, wenngleich sie Hilfe nicht versprochen hatte. Und sie hatte geglaubt, Heinrich werde doch noch nachgeben, wie immer. Wortlos, mit zusammengepreßten Lippen, um ihre Tränen zu verbergen, wollte sie an ihrem Mann vorbei. Doch Heinrich konnte sie nicht weinen sehen. Er hielt sie auf, nahm sie in die Arme, und versprach ihr, dem Mann das Leben zu schenken, falls er noch zu retten sein sollte. Woran er nicht glaubte.
Hedwig rief sofort Ludolf herbei, und befahl ihm, den Erhängten vom Galgen zu holen. Schnell, schneller. Ludolf riß die Augen auf, widersetzte sich aber nicht, wußte er doch, es hatte keinen Sinn, der Herrin zu widersprechen. Er lief zu den Ställen, schwang sich eiligst auf sein Pferd und galoppierte davon. Im Vorbeigehen befahl er einen Wagen zur Richtstätte fahren zu lassen, für den Leichnam des Mannes, weil er überzeugt war, dieser könnte nicht mehr leben.
Am Galgen angekommen, traf er noch viele an, die sich da versammelt hatten. Zum einen die trauernde und jammernde Familie, zum anderen, wie üblich bei solchen Ereignissen, die Gaffer und Schadenfreudigen, denen der Anblick eines Erhängten ein grausiges Vergnügen bereitete. Ludolf bahnte sich im Namen des Herzogs einen Weg durch die Menge, und befahl dem Mann von der Wache den Strick, an dem der Verbrecher hing, mit dem Schwert zu durchschneiden. Wonach man den Übeltäter vorsichtig unter schweigendem Erstaunen der Umherstehenden auf den Boden legte und von der Schlinge am Hals befreite. Jemand lief um Wasser aus einem nahen Bach und begoß dem Reglosen das Gesicht. Doch als Przemko die Augen

öffnete, sich schüttelnd aufrichtete und bald leicht schwankend auf beiden Füßen stand, glaubten alle ein Wunder zu sehen und begaben sich, Przemko auf dem Wagen, zur Herzogin, um ihr für dieses Wunder der Auferstehung von den Toten zu danken.
Im Burghof fiel der gerettete Übeltäter der wunderwirkenden Frau zu Füßen und dankte ihr laut schluchzend und heulend fürs Leben.
Dieses Ereignis beeindruckte alle sehr. Man hielt es für ein Wunder und ließ Messen lesen, in denen man Gott laut für die erwiesene Gnade dankte. Und man verehrte Hedwig fortab fast wie eine Heilige. Sie selbst dankte auf den Knien für die offensichtliche Hilfe von Oben. Die Engel halfen ihr. Diese Überzeugung stärkte sie.
Heinrich war verlegen und kam aus der Bewunderung für seine beharrliche und - wer weiß - vielleicht wirklich wundertätige Frau nicht heraus.
Vor allem beschloß er, fortab öfter mit den Straffälligen zu reden, sich nach den Umständen ihrer Tat und den Gründen, die womöglich zum Vergehen geführt hatten, zu erkundigen. Und schickte noch öfter als bisher Straffällige nach Trebnitz, wo sich bald so viele einfanden, daß eine Mannschaft zu ihrer Bewachung berufen werden mußte. Denn nicht wenige Verbrecher hatten wirklich eine böswillige Art, vielen schmeckte die harte Arbeit nicht, und sie versuchten, sich dem Zwang durch Flucht zu entziehen.

Auch achtete der Herzog in Zukunft mehr darauf, daß dort, wo die Herzogin vorbeikommen sollte, die Gefängnisse zuvor geprüft wurden. Die Gefangenen mußten gut behandelt werden. Sie mußten genügend zu essen bekommen und durften nicht grundlos geschlagen werden. Mit Todesstrafen ging man bald in Schlesien viel achtsamer um als anderswo.
Das sprach sich herum. Die Leute redeten darüber und auch davon, daß Straffällige neben den Kranken sich in besonderer Obhut der Herzogin befanden.
So war es. Denn Herzogin Hedwig meinte, Straffällige litten an einer kranken Lebenssituation, die es ebenso wie eine Krankheit des Leibes zu heilen galt. Also kaufte sie

Verschuldete aus, beschaffte für die, die im Verließ saßen, warme Kleidung und insbesondere Unterwäsche, damit sie nicht allzusehr vom Ungeziefer belästigt wurden. Sie ließ den Gefangenen Speise und Trank bringen und Licht in die Finsternis des Verließes reichen. Der Herzog hatte zwar strengstens verboten, sie zu den Verbrechern zu lassen, und an dieses Verbot mußte sie sich halten, doch ließ sie sich oft Gefangene von den Wachen vorführen und redete mit ihnen, tröstete sie, und war bestrebt zu helfen, wo sie nur konnte. Besonders aber kümmerte sie sich um die Kinder der Gefangenen.

Für Herzogin Hedwig war jeder vom Tode Gerettete wie ein vom Kreuze genommener Christus. Jeder Notleidende erinnerte sie an Christi Not. Hedwig dachte oft an Christi grausamen Tod. An das Leiden des Gottessohnes auf Erden, der die Liebe zu verkündigen gekommen war und von den Menschen umgebracht wurde. Das Mitleid mit dem Sohn Gottes rührte sie zu Tränen. Sie dachte an die Schuld, die die Menschen mit diesem Tode auf sich geladen hatten. Alle Menschen, die immer noch haßvoll und grausam sind. Auch die, die sich nicht mühen, die sich nicht überwinden, die Unachtsamen und Trägen. Zu denen sie auch sich selbst zählte.

Um sich über die unerträglichen Leiden Christi zu trösten, dachte sie manchmal: Vielleicht wurde auch Christus vom Kreuze genommen, gerettet, dem Tode entrissen und dem Leben zurückgeführt. Vielleicht hat man Christus in ein anderes Land gebracht, wo er ein stilles Leben bis zu seinem natürlichen Tode geführt hat. Doch daraufhin fragte sie sich: Was wäre das Christentum ohne das Wunder der Auferstehung Christi? Für sie selbst würde das nichts am Glauben ändern. Geistige Menschen spüren das Wunderbare ohne besondere Zeichen. Denn das Wichtigste bliebe - die Lehre von der Liebe Gottes zu den Menschen, der Glaube an die trost- und hilfespendenden Engel, an die Fürbitte der heiligen Frauen, die sie besonders gern genoß.

Doch sie wußte: Die meisten Menschen sehnten sich nach sichtbaren Wundern, sie brauchten deutliche Zeichen. Wunder waren nötig, um die kindlichen Menschen von der Nähe Gottes zu überzeugen.

Die Engel

*„Sie hatte eine lebhaftere Sehnsucht nach
der Befriedigung ihres Geistes
als nach der Erquickung ihres Leibes."*
(Legenda maior de beata Hedwigi)

ls Hedwig sich wieder schwanger fühlte, dankte sie der Gottesmutter für das Wunder, das sie mit Gott und der Welt zu versöhnen schien. Diesmal, beschloß sie, sollte ihr nichts wichtiger sein als dieses Kind, das sie als gutes Zeichen empfangen hatte.
Auch Heinrich, der nach dem Tode seiner Söhne vergrämt herumging, lustlos geworden war, niedergeschlagen, richtete sich bei der Verkündigung der frohen Botschaft auf. Er nahm seine Frau in die Arme und küßte sie auf die Stirn. Gott ist uns gnädig, Hedwig, meine Hadi, sagte auch er erleichtert. Und sie beteten wieder nebeneinander dankbar auf den Knien. Hedwig beschloß, sich für die Zeit bis zu ihrer Niederkunft nach Röchlitz zurückzuziehen. Aber weil sie, die stets Tätige, nie Ruhende, sich ein Leben ganz ohne Aufgaben nicht vorstellen konnte, plante sie für die vielen Monate in der Röchlitzer Abgeschiedenheit, ihre Mädchen strenger als bisher in die Schule zu nehmen.
Denn in Röchlitz verweilte nicht nur Gertrud, die, inzwischen acht Jahre alt, vor kurzem mit einem der glänzendsten Herren des Reiches, Otto von Wittelsbach, verlobt worden war, sondern auch Anna von Böhmen, Heinrichs anvertraute Braut, Viola von Röchlitz und dazu Katarina und Ratzlawa, Herzogin Hedwigs Ziehtöchter.
Katarina war ein Prußenmädchen, das Ritter des Deutschen Ordens vor einigen Jahren zu ihr gebracht hatten. Damals ein kleines Ding mit riesengroßen angstvollen Augen, zitternd wie ein aus dem Nest gefallenes Vögelchen. Verdreckt. Die Ritter, Lothar und Werner wohl verlegen, ob

des verwahrlosten Zustandes des Kindes, erzählten, sie hätten es doppelt, ja dreifach vor dem Tode gerettet. Man wüßte ja, daß die wilden Prußen kleine Mädchen töteten, weil diese zum Kriegsgang nicht fähig waren. Dazu habe man dieses bei der Mutter, der erschlagenen Prußenkönigin, gefunden. Es war kaum von ihrem Leichnam zu lösen gewesen. Die Knechte wollten es neben ihrer Mutter töten. Das hatten sie, die Beschützer des Kindes, verhindert. Drei Tage und drei Nächte hatte die kleine Wilde nur geschrien und sie alle ganz heftig genervt, so daß sie ständig in Gefahr war, von den ungeduldigen Mannen doch noch erwürgt zu werden. Sie hätten ihr viel Mohn zu essen gegeben und sie sei davon eingeschlafen. Sie hätten sich deshalb der Kleinen erbarmt, sagten sie, weil sie an ihre mildtätige Herzogin Hedwig gedacht hatten, die wohl aus dem Heidenkind noch etwas Menschliches zu machen wüßte. Und eine Christin dazu.
So wurde Herzogin Hedwig das Kind übergeben. Die Ritter wurden für ihren christlichen Sinn und ihre Tat gelobt und - wie erwartet - reichlich belohnt entlassen.
Die Kleine wurde gebadet, bekam zu essen, dann beruhigte sie sich in Hedwigs Armen.
Zuerst mußte die Namenlose getauft werden. Und sie wurde nach dem Kalender Katarina genannt. Bald sah sie Hedwig vertrauensvoll als ihre neue Mutter an. Und wenngleich sie kein fröhliches Kind geworden war, war sie doch lieb und brav.
Ratzlawa dagegen war die Tochter des Bischofs Ratzlaw, der diese übrigens herzlich geliebte Frucht einer unerlaubten Liebe und zudem Halbwaise, zur Fürstin gebracht hatte, mit der Bitte, sie zur Aufnahme im Kloster vorzubereiten. Ein aufgewecktes, etwas kratzbürstiges Wesen, hübsch, rothaarig und sommersprossig, das von dem sie oft besuchenden Vater über alle Maße verwöhnt wurde.
Die hübscheste der Fünf war Viola, Juttas Tochter, ein munterer dunkelhaariger Lockenkopf mit großen blauen Augen. Woher sie diese Schönheit hat, fragte sich Hedwig. Für ihren Geschmack war die Kleine allerdings etwas zu pummelig, doch das konnte sich auswachsen.
Für diesen Tochtergarten, wie Hedwig das lebendige hüpfende und kichernde Grüppchen nannte, war vor allem

Jutta zuständig, der drei Fräulein zur Seite standen. Jetzt wollte Hedwig etwas für die geistige Bildung der Mädchen tun.
Eigentlich wäre sie am liebsten immer Lehrerin gewesen, sagte sie zu Jutta. Erinnerst du dich, wie ich im ersten Winter in Liegnitz aus meinem Stundenbuch vorgelesen habe, und viele zu meinen Vorlesungen kamen. Wie ich sogar vom alten Fürsten Boleslaw verlangt habe, das Gehörte wiederzugeben. Denn Lesen zählt nur, wenn es Früchte trägt, wenn sich die Zuhörenden merken, was ihnen vorgetragen wurde.
Herzogin Hedwig entwickelte einen Plan, nach dem sie die Mädchen unterrichten wollte, nach altvertrauten Kitzinger Mustern. An erster Stelle sollte über das Leben Christi gelesen und nachgedacht und Geschichten aus dem Leben der Gottesmutter erzählt werden. Und auch andere erbauliche Geschichten aus dem Leben der Heiligen. Lesen und Schreiben sollte geübt werden, und ansonsten wollte Hedwig den Mädchen Handarbeiten aller Art beibringen, vor allem Stickereien, in denen sie selber Meisterin war.
Nicht daß die Mädchen vorher keinen Unterricht gehabt hätten. Vor allem Frau Jutta hatte sie ins höfische Benehmen eingewiesen und gelehrt, was eine junge Frau wissen mußte, die in Zukunft einem vornehmen Haushalt vorstehen sollte. Und Frau Jutta war streng. Für geistige Unterweisungen waren von Zeit zu Zeit verschiedene Nonnen aus Trebnitz als Lehrerinnen nach Röchlitz beordert worden. In der Weihnachts- und Osterzeit sprang auf Hedwigs Anweisungen der Hofkapellan beim Unterricht ein. Doch all dies war recht unregelmäßig gewesen und vieles blieb dabei im Argen. So machte sich Hedwig eifrig daran, die Lücken aufzufüllen und begeisterte die Kleinen. Mit Herzogin Hedwig machte das Lernen Spaß. Darüber waren sich die Fünf bald einig.
Der Unterricht fand im Turmgemach statt, dessen Fenster sich auf den Garten hinaus öffnete.
Doch an diesem strahlend schönen Frühsommertag hatte die Herzogin angeordnet, alles für die Unterrichtsstunden unter dem breitkronigen Birnbaum vorzubereiten. Also war ein Tisch mit Bänken dort aufgestellt worden. Die Mädchen in ihren hübschen hellen Kleidern mit den gleichen weißen

Spitzenkragen sahen wie große Blumen im frischen Grün aus. Eine wahre Augenweide. Wer sie ansah, mußte lächeln. Sie saßen still und neigten ernst und eifrig ihre Köpfe über ihre Stickereien. Es war ihnen aufgetragen worden, während der Arbeit über eine Geschichte nachzudenken, die ihnen die fürstliche Mutter zuvor vorgelesen hatte. Die Geschichte über das von Christus aus tödlicher Krankheit gerettete Mädchen. Nun sollten sie nachdenken darüber: Was machte das Mädchen aus Dankbarkeit für ihr neugeschenktes Leben? Und dann: Bin ich selbst dankbar genug fürs Leben? Wie will ich Gott für mein Leben danken?
Auch die Herzogin stichelte eifrig mit goldenem Faden in weißer weicher Seide. Sie stickte wieder an einer Altardecke. Denn davon gab es nie genug.
Da trat der Page vom Dienst zu ihr heran, verbeugte sich höfisch und meldete die Ankunft eines Gastes: Bischof Ekbert von Bamberg sei soeben eingeritten.
Was soll das bedeuten, dachte Hedwig erstaunt, beunruhigt. Sie stand auf, legte die Handarbeit zusammen. Ohne sich vorher angekündigt zu haben! Wie denn das? Einen Besuch besprach man üblicherweise lange zuvor. Ließ Boten voranreiten...
Sie werde den Herrn Bischof in ihrer Kemenate empfangen, sagte sie zu dem Pagen. Und zu den Mädchen gewandt, ordnete sie an, sie sollen ruhig in ihrer Arbeit fortfahren. Sie oder Frau Jutta kämen bald zu ihnen zurück.
Blaß und müde trat Ekbert ihr im Turmzimmer entgegen. Sein Gesicht war angespannt, der gewohnte Ausdruck einer leicht spöttischen Überlegenheit war aus seinen Zügen gewichen. Die Reisekleider verstaubt. Es war nicht schwer zu erraten, daß ihn ein außerordentliches Geschehen herbeiführte.
Seid gegrüßt, Bruder, in Gottes Namen, was gibt's? fragte Hedwig. Sagt, was führt Euch so unverhofft zu uns. Sie streckte dem Gast beide Hände entgegen. Ekbert, Bruder, was ist mit dir...
Nichts Gutes, antwortete Ekbert.
Sie setzten sich.
Ich bin müde, antwortete er auf ihren fragenden Blick. Er legte seine Hände fest auf seine Schenkel, als müßte er sich festhalten und fuhr fort: Ich bin auf der Flucht...

Auf der Flucht... fragte Hedwig. Es dauerte Augenblicke, ehe das harte Wort Boden in ihr gefunden hatte.
Auf der Flucht?
Ekbert nickte und fuhr dann mühsam fort, als hätte er das Sprechen verlernt: Ich bin auf der Flucht, ich bin in Lebensgefahr... Ich bin ein Geächteter... Wahrscheinlich wurde inzwischen die Acht über mich verhängt. Du weißt, was das bedeutet: Jeder im Reich darf mich totschlagen wie einen Hund... Er sah bedrückt auf seine Hände herab.
Hedwig bekreuzigte sich. Um Gottes Willen, warum? Was ist geschehen? Sprich!
Hör zu, sagte Ekbert: Otto von Wittelsbach hat König Philipp von Schwaben ermordet! In meinem Haus, im bischöflichen Palas zu Bamberg, in meiner Anwesenheit. Königsmord! Königsmord in meinem Haus! Die Herren in Philipps Gefolge erhoben Anklage, ich und Heinrich, unser Bruder, seien mit dem Mörder verbündet gewesen. Mit ihm im Komplott gewesen, weil wir bei der Bluttat anwesend waren, weil wir die Tat nicht verhindert hatten. Königsmord und Beihilfe zum Königsmord werden mit der Acht geahndet, das weißt du wohl.
Hedwig schwieg und Ekbert fuhr fort. Mühsam, langsam, nach Worten ringend. Philipp hielt Hof im bischöflichen Palas. Er war ein fröhlicher, argloser Herr, der gern für den unmündigen Staufer König war. Jung, aber verständig. Ein großzügiger Herr. Viele mochten ihn. Wir waren mit ihm befreundet... Aber er hatte auch viele Feinde.
Doch gerade uns konnte niemand nachsagen, wir hätten je mit dem anderen, mit Otto dem Welfen, geliebäugelt, wie so manche. Denn du wirst es ja auch gehört haben, daß sich der Sohn Heinrichs des Löwen, Otto, unterstützt vom Papst, von deutschen Kirchenfürsten und Richard Löwenherz von England, in Aachen zum deutschen König hatte krönen lassen. Wir hatten also zwei Könige in Deutschland. Jetzt ist der eine tot...
Also... wie du weißt, wurde die Hochzeit unseres Bruders Otto mit Beatrix von Burgund mit großem Pomp bei mir in Bamberg gefeiert. Alles, was Rang und Namen hatte im Reich, war angereist. Übrigens war auch Walther von der Vogelweide dabei. Wie bei deiner Hochzeit. Ein Fest folgte dem anderen. Turniere, Tanz, Saufgelage... Wie üblich, wie

damals. Wir, Heinrich und ich, immer in nähester Nähe des Königs. Man könnte sagen - unzertrennliche Kumpane. Und Otto von Wittelsbach stets mit von der Partie. Wir hatten längst vergessen, daß es alte Rechnungen zwischen Otto und Philipp zu begleichen gab. Du weißt... Philipp hatte ja Otto seine Tochter zur Frau versprochen, dann aber das Mädchen mit einem Verwandten des Papstes, den er für sich und seine Partei gewinnen wollte, verheiratet. Damit hatte er Otto schwer beleidigt. Und wie! Doch ihn mit reichen Geschenken besänftigt, dachten wir. Wir hatten ihm eine neue Verlobte gesucht und gefunden. Deine Gertrud. Ja, und er schien über sein Verlöbnis mit Gertrud hocherfreut. Je jünger die Braut, desto glücklicher der Bräutigam, sagte er dazu. Überall zeigte er stolz Gertruds Konterfei herum, er trug es in einem goldenen Medaillon an der Brust, und lobte die Schönheit, die hohe Abstammung der Braut. So dachten wir: längst vergessen der alte Gram. Doch irgendwie waren sich Philipp und Otto nicht grün. Manchmal spürten wir eine ungute Spannung zwischen ihnen. Vielleicht ging es immer noch um die alte Geschichte, oder es war etwas Neues dazugekommen. Bei irgendeiner Gelegenheit, an denen es allerdings nicht fehlte, konnten wieder böse Wort zwischen ihnen gefallen, die alten Wunden aufgebrochen sein... Vielleicht ging es um die Gunst einer Frau. Wir wußten von nichts. Und wenn auch, es wäre uns harmlos erschienen... Wer hätte so Schreckliches erahnen können... Und erst recht Philipp nicht. Er war vertrauensselig wie selten ein König in seiner Lage. Er gab sich ungeschützt, weil er sich von seiner Umgebung geliebt fühlte. Er war ein glücklicher, liebenswerter Mensch und ein schöner Mann dazu, von den Frauen verwöhnt.
Ja, und dann... Am frühen Vormittag, es wird gegen neun gewesen sein, gingen wir zusammen, fröhlich noch vom vorigen Abend, dabei gut ausgeschlafen, in die Gemächer des Königs, wie zuvor verabredet worden war. Heinrich war dabei, ich, Otto von Wittelsbach und einige andere dazu. Philipp ruhte nach einem morgendlichen Bad auf seinem Bett, nur mit einem Bettlaken um die Hüften, er ließ sich gerade von seinem arabischen Arzt massieren. Als er uns erblickte, schickte er den medizinischen Diener fort, richtete sich auf, wandte sich uns zu, begrüßte uns

freundlich mit einem üblichen: salve amici... Warf sich einen Mantel um die Schultern. Dann aber runzelte er plötzlich die Stirn. Und sagte zu Otto: Du, lieber Freund, lasse bitte das Schwert in der Scheide, dergleichen Spiele sind verboten im königlichen Gemach. Wir alle erstarrten vor Entsetzen, als wir im selben Augenblick Otto auf den König zuspringen sahen... Das ist kein Spiel, schrie er. Stirb! Wir sahen, wie er Philipp mit dem Schwert durchbohrte, das Blut spritzte hoch. Heinrich warf sich auf den Mörder, wollte ihn festhalten, vergeblich. Otto riß das Schwert aus der Brust seines Opfers, erreichte mit dem erhobenen blutigen Schwert in der Hand in wenigen Sprüngen das Fenster, schwang sich auf die Fensterbank und sprang in den darunterliegenden Garten.
Alle schrien durcheinander. Der Arzt war zur Stelle. Doch jede Hilfe kam zu spät. Philipp war tot. Der entstandene Tumult setzte sich bald im ganzen Palas fort. Es war, als sei die ganze Welt in Aufruhr geraten. Ungeheures war geschehen! Vor unseren Augen! Königsmord!
Der Hofmarschall eilte herbei, Philipps Leute... Riefen, rannten, suchten den Mörder. Doch Otto war entkommen, verschwunden. Unter dem Fenster Spuren zweier Pferde.
Da kamen Fragen an uns auf, die wir dabei gewesen waren. Fragen schwirrten umher, böse Fragen, Anklagen wurden laut und immer dringlicher. Warum haben wir dies zugelassen, warum haben wir nicht den Mörder an der blutigen Tat gehindert, warum haben wir den Mörder entkommen lassen, fragten sie. Schimpften. Schrien, überschrien sich. Und dann kam es anklagend: Die Herren seien wohl blind gewesen oder wollten blind sein, oder vielleicht sogar in einem Komplott mit dem Mörder gewesen. Ja, die Sache sei wohl abgekartet gewesen. Wie denn sonst...
Und bald waren sich einige sicher: Ja, diese, der Hausherr und seine Freunde, seien am Mord beteiligt gewesen. Verkappte Anhänger Ottos des Welfen seien sie. Das wäre wohl klar gewesen, daß Otto versuchen werde, seinen Widersacher zu ermorden. Man kenne ja diesen König aus fremder Gnade. Zu allem bereit sei der! Einer schrie: Verräter, Mörder, ins Verlies mit denen! Noch widersprachen andere dem heftig.
Noch waren sie sich nicht einig, noch trauten sie sich

nicht an uns heran, an die höchsten Herren des Reiches. An mich, den Hausherrn, einen Mann der Kirche... Wir kamen nicht zu Worte. Alle waren wie von Sinnen. Wer hätte unseren Beteuerungen geglaubt. Und in dieser Verwirrung... Ehe sich die Sache geklärt hätte, wären wir erschlagen.
Wir warfen uns Blicke zu, Heinrich und ich. Wir wußten, in wenigen Minuten könnte es für uns zu spät sein. Wir machten uns das Chaos zunutze. Ließen eilig die Pferde satteln und ritten mit kleinstem Gefolge davon. Wie durch ein Wunder ist uns die Flucht gelungen.
Das ist das Ende... sagte Ekbert. Er sah zum Fenster hinaus und fügte hinzu: Der Untergang der Andechser. Alles verloren. Andechs... unser Besitz... unsere Titel... Wir haben nichts mehr. Nicht einmal einen ehrbaren Ruf.
Sie schwiegen. Dann sagte Hedwig: Wie gut, daß unser Vater das nicht erlebt hat. Und sie fuhr nach einer Weile gefaßt fort: Jetzt aber, mein Bruder, mußt du ausruhen, essen, ein Bad nehmen, schlafen. Morgen sehen wir weiter.
Ekbert sah sie müde, aber dankbar an. Morgen oder übermorgen will ich weiter. Nach Ungarn, zu unserer Schwester Gertrud. Schlesien ist zu nahe am Reich. Heinrich ist gleich über Prag nach Ungarn geflohen. Dort werden wir sicher sein. Ich wollte dich nur sehen, weil es vielleicht das letzte Mal sein könnte. Wir reiten um das nackte Leben, Schwester. Sie standen sich gegenüber und Hedwig umarmte ihn, küßte ihn auf beide Wangen. Mein Bruder, mein liebster Bruder, es wird schon wieder gut werden. Vertraue Gott! Ihr seid doch ohne Schuld. Sei tapfer. Und: lasse dir nichts anmerken vor unseren Leuten.
Als sie allein zurückblieb, war ihr, als wäre eben ein Sturm durch ihr Leben wie durch einen Wald gerast. Vertraute Bäume lagen gebrochen umher. Wie sollte es weitergehen. Sie hatte all die Jahre ihre mächtige Familie hinter sich gespürt, das hatte ihr Kraft gegeben. Wie war sie stolz gewesen auf ihre Familie... Ihr Bruder Ekbert war ihr fester Schutz gewesen... Und jetzt...
Sie ging in die Kapelle um zu beten.
Abends kam Heinrich von Liegnitz geritten. Wie gut, daß er da war. Sie saß mit ihm allein in ihrer Kemenate vor dem Fenster, durch das die Düfte des Gartens drangen.

Und sie erzählte ihm das unglaubliche Geschehen. Heinrich rieb sich die Stirn. Mitschuldig oder nicht... Er überlegte. Also Otto des Welfen Kampfgänger waren sie nicht. Wozu sollten sie den Fremden unterstützen, den doch keiner mochte, den düsteren Haudegen. Wozu, wenn sie bei Philipp in höchsten Gnaden waren, seine engsten Freunde waren. Ständig reich von ihm beschenkt.
Dennoch: Otto von Wittelsbach hat dem Welfen einen riesigen Dienst erwiesen, er hat seinen Gegner getötet, nun ist der Welfe der alleinige König. Und er wird es denen, die ihm dazu verholfen haben, zu lohnen wissen. Auf keinen Fall wird er sie strafen wollen. Klar vorauszusehen: Bald wird die Gefahr vorbei sein. Doch Ekbert hat Recht: er soll reiten, sich in Ungarn in Sicherheit bringen. Und du, er nahm Hedwigs Hand in die seine, mach dir keine Sorgen, dein Bruder wird bald wiederkommen. Glaube mir.
Und das andere, fragte Hedwig. Mein Gott, denkst du nicht an unser Kind. Gertrud hat sich so auf ihre Hochzeit mit Otto von Wittelsbach gefreut. Ich habe ihr das Leben im Reich in den buntesten Farben geschildert. Die Hochzeit mit einem so großen Herrn. Auch sie hat das Bild ihres Verlobten bei sich getragen. Gott verzeih uns, wir haben unser Kind zur Verlobten eines Mörders gemacht.
Unsinn, sagte Heinrich, so darfst du nicht reden, wie konnten wir ahnen...
Wir konnten, unterbrach ihn Hedwig, Ekbert hat uns vor Ottos hitzigem Charakter gewarnt.
Aber gleichzeitig darüber gescherzt, sagte Heinrich, und ihn über alle Maßen gelobt. Sein goldenes Herz, seine Offenheit. Er kannte ihn nur als lieben Freund. Niemand konnte ein solches Unglück voraussehen... Ja, wie kann so etwas überhaupt geschehen. Unter Freunden... So plötzlich. Und ohne Grund... Vielleicht steckt doch mehr dahinter, als wir wissen... Wir sollten Gott danken, daß er unser Kind vor diesem Manne bewahrt hat.
Gertrud wird ins Kloster gehen, sagte Hedwig. Sie wird ins Kloster gehen müssen.
Draußen begann eine Nachtigall ihren Gesang.
Im Bett suchte Hedwig die Arme ihres Mannes. Sie suchte und fand Geborgenheit bei ihm. Er nahm ihr die

Furcht, das Kind unter ihrem Herzen könnte Schaden nehmen von der Aufregung des Tages.
Tage, Wochen, Monate vergingen. Eine bange Zeit. Doch im Herbst kehrten die Andechser Brüder aus Ungarn zurück und machten beide auf der Durchreise bei ihrer Schwester in Schlesien halt. Sie zogen beruhigt ihrem neuen Schicksal entgegen. Der Verdacht gegen sie war, wie erwartet, ausgeräumt worden und von der Acht keine Rede mehr. Ekbert hatte sein früheres überlegenes Lächeln wiedergewonnen, er durfte sein bischöfliches Amt zu Bamberg weiter versehen.
Das freute Hedwig. Klar, er hatte nichts Böses getan. Doch über Heinrich von Andechs Schicksal war sie empört. War er doch heimatlos geblieben, er sollte den Andechser Familienbesitz nicht zurückbekommen. Warum, fragte Hedwig. Warum ist ausgerechnet er zum Opfer der Ereignisse geworden?
Warum wurde der, der als einziger Philipp von Schwaben beigesprungen war, bestraft? Noch weniger zu verstehen war, daß die Andechser Besitztümer in die Hände der Wittelsbacher Familie kamen. Wie denn das, fragte sie, in die Hände der Familie des Mörders? Das konnte sie nicht begreifen.
Ekbert sagte, na ja, so ist das Leben. Zerbreche dir darüber nicht den Kopf, meine kluge, aber dennoch so weltfremde Schwester. Das ist Politik. Und Politik ist nichts für Frauen. Heinrich ist kein großes Unglück zugestoßen, er wird für sich und seine Nachkommen neuen Familienbesitz erwerben. Der König will ihm dabei helfen, so wurde ihm schriftlich beschieden. Die Burg Andechs ist ohnehin zerstört. Und er, Ekbert, werde dafür sorgen, daß Heinrich guter Besitz zugewiesen werde. In seiner Nähe.
Mach dir keine Sorgen, Schwesterchen, wiederholte Ekbert, die Andechser werden mit Gottes Hilfe einen neuen Aufstieg beginnen. Nur muß sich Heinrich endlich um Nachwuchs kümmern, der alte Knabe muß heiraten, Kinder zeugen. Heinrich und Otto müssen männliche Nachkommen bekommen. Keine Nachkommen zu haben ist schlimmer als Besitz zu verlieren. Es wird schon werden. Kommt Zeit, kommt Rat.
Doch darin irrte sich Ekbert. Sowohl Heinrich wie auch

Otto von Andechs sind nicht alt geworden und haben keine leiblichen Erben hinterlassen. Und das wurde zum Ende der mächtigen Andechser Familie.
Ansonsten habe sich ja alles ganz glücklich gefügt, meinte Ekbert: Otto der Welfe war als König bestätigt worden und sollte nun bald von den kampfmüden Fürsten zum Kaiser gewählt werden. Er hatte die Tochter Philipps von Schwaben zur Braut genomen. Die unerträgliche Situation - zwei Könige im Lande - ist zu Ende.
Hedwig schüttelte den Kopf. Sie verstand anscheinend wirklich zu wenig, und wo sie etwas zu erahnen begann, schreckte sie davor zurück, die Gedanken weiter zu führen. Nein, gerade jetzt wollte sie sich über die Schatten der Welt keine Gedanken machen. Sie wollte ihre Geborgenheit genießen. Den Schutz genießen, der ihr und dem Kind, das sie unter dem Herzen trug, geboten wurde.
So saß man zu der Zeit in Röchlitz meistens in heiterer Stimmung zusammen, in der Halle oder im Garten, oder auch in Hedwigs Kemenate. Ekbert freute sich über Hedwigs sich rundendes Bäuchlein. Er, der geistliche Herr, hatte wohl den stärksten Familiensinn von allen Andechsern.
Und Hedwig ließ sich gern von allen verwöhnen.
Endlose Gespräche wie früher. Jetzt konnte man über die überstandenen Aufregungen lächeln. Es war ja vorbei. Alles ist gut geworden. Ja, ja, es war alles alles gut.
Gertrud von Ungarn hatte ihrer Schwester in Schlesien reiche Gaben zukommen lassen. So war es üblich, und Gertrud war immer besonders freigiebig ihrer Familie gegenüber gewesen. Jedoch die Üppigkeit der Geschenke verursachte bei Hedwig einige Verlegenheit. Sie ließ auf Verschwendungslust oder gar Prahlsucht schließen. Doch mit dergleichen Vermutungen hielt sie sich wohlweislich zurück. Im Gegenteil, sie bewunderte laut das Prachtstück unter den vielen Schätzen, eine wunderschöne goldene Krone, die, obwohl altertümlich und grob gefertigt, jedem der sie sah, Bewunderung entlockte. Eine Krone mit vielen kostbaren Steinen kunstvoll geziert.
Ekbert erklärte dazu verlegen, dies sei die berühmte Krone der Königin der Arpaden. Hunderte Jahre alt. Gertrud verschenkte sie, weil sie sich eine neue nach Burgunder

Art hatte herstellen lassen. Zwar sandte sie dieses altehrwürdige Stück ihrer Schwester in Schlesien für einen gottgefälligen Zweck, sie wünschte sich, daß daraus ein Kelch für die Trebnitzer Kirche gefertigt werde, die sie selbst auch einmal gern besuchen würde. Dennoch...
Ekbert rieb sich die Schläfe: Man sollte wohl mit dergleichen alten Kostbarkeiten achtsamer umgehen... Was sollten sich die Ungarn denken...
Dazu kamen dicke goldene Ketten und Armbänder mit bunten glitzernden Steinen und Perlen, und wunderschöne gestickte Seide mit orientalischen Mustern für zwei prächtige Gewänder in dunkelgrüner und weinroter Farbe. Und Fehfelle für einen bodenlangen Mantel.
Gertrud macht mir Sorgen, fuhr Ekbert fort. Sie schenkt diese ehrwürdige Arpadenkrone weg, weil sie ihr altmodisch scheint. Sie hat keine Achtung vor den Gefühlen ihrer Untertanen, die sie wie wilde Menschen behandelt. Auch die ungarischen Würdenträger und Adeligen. Sie umgibt sich nur mit Deutschen, die sie in allem sichtbar bevorzugt zum offenen Unmut der anderen, der Einheimischen. Gertrud sammelt Gold und Edelsteine und stopft damit Truhen und Kästen voll. Und auch dadurch macht sie sich unbeliebt im Lande. Ich habe böse Blicke gesehen, die ihr galten. Die ungarischen Adeligen sind ihr nicht wohlgesonnen.
Und sie selbst, fragte Hedwig, wie ist sie.
Sie selbst, antwortete Ekbert, ist laut. Sie lacht laut, schimpft laut wie ein Ritter vom Lande und trinkt Wein wie die Männer. Dazu trägt sie aufreizende bunte Kleider, in denen sie manchmal entblößt wirkt, so daß die Herren rote Köpfe bekommen bei ihrem Anblick. Andreas, ihr Mann, liebt sie, er ist verrückt nach ihr, aber er ist zu schwach, das wilde Weib in ihr zu zähmen. Sie kümmert sich auch zu wenig um ihre Kinder, die den Bediensteten überlassen bleiben. Schade um sie. Besonders das kleine Mädchen, Elisabeth, ist schön von Gesicht, anmutig, lieb und scheint klug zu werden. Ich werde mich bald nach einer standesgemäßen Ehe im Reich für sie umsehen. Die Thüringer Landgrafen haben zwei Söhne im passenden Alter.
Nach der Abreise der Brüder trat wieder Stille ein in der Röchlitzer Burg und der Alltag nahm seinen gewöhnlichen Lauf.

Zwei Wochen vor dem Weihnachtsfest begab man sich mit großem Troß nach Glogau. Denn Herzogin Hedwig hatte beschlossen, hier in Glogau das Kind zur Welt zu bringen, das sie mit Freuden unter dem Herzen trug.
Warum in Glogau?
Das wußten nur sie und ihr Mann.
Bald war es vollbracht in der vorweihnachtlichen Zeit: Ein Knabe ward geboren! Gottes Geschenk zum Fest der Geburt Christi für die betrübten Eltern, die unlängst den Verlust zweier Söhne hatten hinnehmen müssen, und zuvor zwei Mädchen verloren hatten. Gott war gütig und gerecht und trocknete die Tränen der Seinen.
Die Freude des Fürstenpaares war groß. Und die Freude der Fürsten war die Freude der Untertanen. Es war, als frohlockte das ganze Land, überall glückstrahlende Gesichter. Nun durften die Kerzen in runden Leuchtern, die von den Decken herabhingen, und die Fackeln an den Wänden heller leuchten als sonst. Die Glogauer Burg strahlte weit hin ins Land mit vielen hellerleuchteten Fenstern. Wie ein himmlisches Schloß. Diese Helligkeit im Dunkel des Winters sollte für alle ein Zeichen der Freude sein.
Heinrich, der wie üblich erst nach der Geburt und den notwendigen Reinigungen zu Mutter und Kind eingelassen wurde, kniete vor dem Bett seiner Frau nieder, wie das erste Mal, als sie ihm Boleslaw, den Ältesten, geboren hatte. Wieder sah er sie, die Mutter, die müde aber glücklich entspannt in reich gestickten weißen Kissen lag, ehrfurchtsvoll an, wie eine Wundertäterin, Lebensgeberin. Wie eine Gottesmutter, dachte er, sieht sie aus, die Mutter seines Kindes. Schön bist du, Hedwig, Hadi, meine Hadi, du siehst aus wie damals, vor vielen Jahren, als du Boleslaw zur Welt gebracht hast. Hedwig, Hadi... alles, alles ist wieder gut. Und er küßte die Hände seiner Frau voller Ergriffenheit und gutem Willen, ihr gemeinsames Leben aufs neue zu gestalten. Er faltete die Hände in Dankbarkeit für Gottes Gnade und legte für einen Augenblick seine Stirn auf die gefalteten Hände.
Dann hob Hedwig das noch zerknautschte rothäutige Gesichtchen in den weißen Spitzenkissen, das sie behutsam im Arm hielt, ein wenig, damit es der Vater betrachten konnte, und beide Eltern sahen auf ihr Kind wie auf das

größte Wunder der Welt, das es auch war. Wie jedes Kind. Hedwig hatte in langen Gebeten beschlossen, sich diesmal mehr um ihr Kind zu kümmern als je zuvor. Sie wollte einige Jahre nur Mutter sein. Und, wenn es ein Knabe sein sollte, sollte er kein Ritter werden, sondern ein Geistlicher. Das hatte sie der Gottesmutter versprochen. Heinrich hatte nichts dagegen. Sie betete um Kraft, denn sie hielt sich für viel zu alt für ein kleines Kind mit ihren über dreißig Jahren.
Nach einigen Tagen erlaubte ihr Petrissa aufzustehen, aber nicht, ihre Kemenate zu verlassen. Der erste Gang der Mutter mit dem Kind nach draußen sollte in die Kirche sein. Zur Taufe. So war es üblich. Und an das Herkömmliche sollte man sich halten.
Die Taufe sollte am ersten Weihnachtstag gefeiert werden. Viele Gäste wurden erwartet.
Es war schwierig, im Winter Feste zu feiern, konnte man doch in der kalten Jahreszeit keine Zelte errichten. Doch in Glogau gab es vor den Toren der Burg neuangelegte Klostergebäude, die schier unerschöpflichen Raum für Gäste und deren Gefolge boten.
So kamen sie angereist, die Verwandten aus Schlesien, aus Masowien und Kujawien, aus Groß- und Kleinpolen. Aus Thüringen und Sachsen. Auf großen Schlitten, in Unmengen von Pelzen vergraben. Die schnaubenden Pferde hinterließen dicke Atemwolken in der frostigen Luft und um ihre runden Knuttel taute der Schnee.
Die Taufe fand in der großen Kirche vor den Toren der Burg statt. Unzählige Menschen erwarteten vor der Kirche das hohe Paar mit dem Kind und die prachtvolle Schar der Gäste. Und auch das Gotteshaus war menschenvoll. Hellerleuchtet. Erfüllt von Gesang der Nonnen und der Mönche. Hedwig trat ein in den Gang zwischen den Menschen, in einen Mantel aus silbernen Füchsen gehüllt, der bis zum Boden reichte. Pelzgefütterte Schuhe. Sie hatte die Kapuze des Mantels zurückgeschlagen und man konnte ihr glückstrahlendes Gesicht bewundern. Über das Haar hatte sie ein weißes Tuch gelegt, von einem glänzenden Stirnreif zusammengehalten. Jetzt fand man sie schöner als je zuvor: In reifem mütterlichen Glanz. Neben ihr Heinrich mit stolz erhobenem Haupte und freudigem Lächeln.

Bewunderndes Gemurmel begleitete das fürstliche Paar. Demundis trug das Kind. Neben ihr schritt der Taufpate: Wladyslaw Odonicz.

Das Kind lag still in seinem Tragekissen aus feinsten Seidenspitzen mit Daunen gefüllt. Hedwig hatte ein Leinenläppchen mit Honig getränkt in das Kissen gesteckt, um es dem Kind zu saugen zu geben, wenn es anfangen sollte zu weinen. Es war nicht nötig. Das Kind lag still mit großgeöffneten Augen.

Bischof Lorenz taufte den fürstlichen Knaben auf Wunsch der Eltern mit dem altehrwürdigen Piasten-Namen Mieszko. Das Kind blieb während der Zeremonie ruhig, auch als einige Tropfen Wasser das winzige Gesichtchen näßten.

Drei Tage lang dauerten die Festlichkeiten. Hedwig war dabei. Sie redete mit den herausgeputzten freundlichen Frauen, sie lächelte den ihr huldigenden Herren zu.

Doch nahm sie das Treiben nur wie am Rande wahr. Wann immer sie konnte, eilte sie zu ihrem Kind, um nach ihm zu sehen, um das Kind zu stillen. Das Kind war diesmal wichtiger für sie als alle wichtigen Gespräche, bei denen sie sonst so gern dabei war.

Heinrich rieb sich die Hände nach der Abreise der Gäste. Er hatte allen Grund zur Zufriedenheit. Er hatte mit seinen Gästen gezecht und nächtelang geredet und sie seinen Absichten gefügig gemacht. Das waren die Siege, für die er immer die Zustimmung seiner Frau erwarten durfte: Siege mit friedlichen Mitteln.

Ja, er durfte zufrieden sein mit diesem Familientreffen, bei dem er einige wichtige Angelegenheiten vor allem in Großpolen geklärt und dort seine Position gefestigt hatte. Durch geschickte Verträge und Schenkungen.

Wladyslaw Laskonogi-Stöckerbein war mit seiner Ehefrau unter den Gästen gewesen und sein quirliger Neffe Wladyslaw Odonicz, der Erzbischof von Gnesen, und die Bischöfe von Posen und Breslau, der Bischof Lorenz von Lebus, Freunde und Gegner, wichtige Figuren in Heinrichs politischem Spiel.

Heinrich hatte Wladislaw Laskonogi und Wladislaw Odonicz, den dieser als seinen Erben einsetzen wollte, vorerst aber gegen dessen Willen sein Erbe einbehalten hatte, versöhnend zusammengeführt, und in familiären Umarmungen versinken lassen. Mit knallenden Backenküssen. Wie bei den Piasten üblich.

Odonicz hatte kurz zuvor, nach harten Kämpfen mit Laskonogi, bei Heinrich Zuflucht gesucht und gefunden und von diesem das Kalischer Land erhalten, das sich Heinrich von Laskonogi verträglich zueignen ließ. Jetzt schenkte Heinrich dem jüngeren Wladyslaw noch einige schlesische Kastellaneien dazu. Dazu bewirkte er auch die Versöhnung zwischen Laskonogi und dem Erzbischof Ketzlitz, der das Gnesener Erzbischofstum nach westlichen Mustern reformieren wollte, woran ihn Wladyslaw Laskonogi bisher gehindert hatte und dafür vom Papst gebannt worden war. Alle waren mit der Friedensmission Heinrichs hochzufrieden, die an alte Muster des Seniorats anknüpfte. Die Fürsten haben seine übergeordnete Autorität anerkannt.

Der reich beschenkte Odonicz ließ daraufhin seinerseits dem Kloster von Trebnitz reiche Schenkungen zukommen. Er wußte, daß er die Großzügigkeit Heinrichs dem Einfluß seiner klugen und immer nach Ausgleichen suchenden Frau und seiner, Odoniczs, aufrichtig verehrten Tante verdankte.

Auch Heinrichs Einflüsse auf das Lebuser Land hatten sich durch Gespräche mit dem anwesenden Bischof Lorenz verstärkt.

Nach der Abreise der Gäste trat wieder Stille in der Glogauer Burg ein. Der herzogliche Troß begann sich zur Rückkehr nach Röchlitz vorzubereiten, wo man den Rest des Winters verbringen wollte. Die Lichter im Glogauer Schloß erloschen allmählich.

Einige Tage lang zog man über das verschneite frostige Land. Eine lange Kolonne bepackter und verpackter Schlitten, jeder von vier Pferden gezogen. Eine beschwerliche Reise, besonders für die um ihr Neugeborenes besorgte Mutter. Und Hedwig war froh, als alles überstanden war und der Alltag in Röchlitz seinen Lauf nahm.

Auch Heinrich war nun öfter im Kreise der Familie als zuvor. Alles drehte sich um das neugeborene Kind.

Nie war um ein Kind so viel Aufwand getrieben worden, wie um dieses, dachte Jutta, aber sie fügte sich gern den Anordnungen der Herrin, die sich glücksvergessen dem neugeborenen Kind hingab. Die strahlend herabsah auf

das Kind, das an ihrer prallen Brust saugte. Du wirst immer schöner Hadi, sagte Heinrich zu ihr und küßte ihr Haar. Abends hielten sie sich zärtlich umschlungen, und waren glücklich wie lange nicht mehr.
Inzwischen war es März geworden, doch immer noch sehr kalt. Das Kind hatte sich erkältet, vielleicht beim Umwindeln verkühlt. Es hatte hohes Fieber und wurde von trockenem Husten gequält. Doch es weinte kaum. Es war ein stilles Kind. Hedwig schlief neben seiner Wiege. Und sie hielt seine Händchen in ihren, bis sie spürte: sie wurden kalt. Totkalt. Sie sah wieder in die erstarrenden Augen ihres Kindes.
Hedwig fiel vor der Wiege auf die Knie. Sie hätte schreien können vor Verzweiflung, blieb aber stumm, sie fühlte sich von Gott verlassen in ihrem Schmerz. Sie hätte sich in einen einzigen Schrei verwandeln und sterben wollen, oder sich auf dem Boden wälzen, oder sich in einen Käfer verwandeln wollen, der in irgendeiner Ritze verschwindet. Doch sie blieb reglos liegen. Sie blieb stumm.
Sie spürte wie sich in ihr etwas Dunkles zusammenzog, wie sich Eisenkrallen ins Lebendige schlugen. In ihr Herz. Sie krümmte sich vor Schmerz und ließ ihren Kopf auf die Knie fallen.
So blieb sie liegen und war nicht zum Aufstehen zu bewegen. Man trug sie zu Bett.
Zunächst blieb Petrissa bei ihr und betete ununterbrochen über ihr. Man zündete Kerzen an, denn man befürchtete das Schlimmste. Der Burgkaplan wartete im Nebenraum, um zur rechten Zeit die letzte Ölung zu erteilen. Heinrich verließ die Kemenate kaum. Er saß am Bett seines Weibes und hielt ihre Hände in den seinen. Auch er fürchtete sie zu verlieren.
Tagelang öffnete Hedwig ihre Augen nicht. Sie weigerte sich, Nahrung zu sich zu nehmen. Gegen ihren Willen flößte ihr Petrissa Kräuterwasser mit Honig ein. Später auch Milch. Ihr Zustand änderte sich kaum.
Die Krankheit schien langwierig zu werden. Petrissa mußte ins Kloster zurück. Pinosa wurde ans Bett der Herzogin beordnet. Und zwei Nonnen dazu.
Auch Heinrich mußte nach Liegnitz, zu seinen Pflichten. Er kam jedoch öfter als früher nach Röchlitz. Dann aber doch seltener.

Der Zustand der Kranken besserte sich kaum. Ein merkwürdiges Nervenfieber, meinten Petrissa und Adalbert von Leubus. Herzogin Hedwig lag darnieder. Halbtot, flüsterte Jutta, zutiefst besorgt. Die Kranke öffnete kaum die Augen. Und wenn sie sie öffnete, schloß sie sie sofort wieder, als wollte sie ihre Umwelt nicht sehen. Sie sprach nicht. Die Nonnen pflegten sie. Sie ließ es mit sich geschehen. Wochen vergingen. Hoffnungslose Zeit.

Vielleicht waren es die Gebete, von denen sie ständig umgeben war, die Gebete der frommen Frauen von Trebnitz, die Gebete in allen Kirchen des Landes für die Gesundheit der Herzogin. Vielleicht war es die Muttergottes, deren Bildnis Herzogin Hedwig auch während ihrer Krankheit fest in der Hand behielt. Oder aber auch ihr starkes Herz, das noch nicht aufhören wollte zu schlagen. Eines Morgens richtete sie sich auf und sah um sich. Sie blickte umher wie von einer langen Reise in ein fremdes Land zurückgekehrt. Und sie betrachtete ihre Umgebung, als wäre sie ihr unbekannt.
Sie ließ sich ankleiden und wollte sich in die Burgkapelle begeben. Doch sie schwankte und mußte sich setzen, man zwang sie zurück aufs Lager. Und es dauerte noch einige Tage, bis sie wieder fest auf den Beinen stand. Ihr erster Gang führte sie in die Kapelle. Dort kniete sie lange vor der aus dunklem Holz geschnitzten Figur der Gottesmutter, die ihren toten Sohn auf dem Schoße hielt. Eine leidende Mutter wie sie selbst. Sie verweilte dort so lange und betete so versunken, daß die begleitenden Frauen sie ermahnen mußten, auf ihre Gesundheit zu achten. Und man führte sie zurück in ihre Kemenate. Und wieder ins Bett.
Für einen der nächsten Tage hatte Hedwig Heinrich zu einem Gespräch gebeten in ihre Kemenate. Zu einem Gespräch zu zweit. Ohne die sie stets umgebenden Leute. Sie saßen sich auf den Bänken des Erkers gegenüber, in der durch das offene Fenster hereinfallenden Sonne, mit dem Ausblick in den Garten, auf die Krone des Birnbaums. Heinrich legte die Hand auf den Arm seiner Frau, zog sie aber zurück, als hätte er etwas Fremdes berührt. Hedwig sah ihn abweisend an, irgendwie durch ihn hindurch, daß ihm kalt wurde. Kalt bis ins Herz.

Hedwig, Hadi, sagte er bedrückt, wie ist es mit dir, sag, wie fühlst du dich.
Ihr Anblick schnitt ihm ins Herz - sie war mager geworden und sah alt aus, als wären zehn Jahre vergangen, nicht wenige Wochen. Ihre Augen waren wie dunkle Steine. Als weilte sie noch bei ihren Toten, dachte er.
Heinrich war entschlossen, alles nach ihrem Willen zu tun, wie konnte er ihr sonst helfen.
Sie aber saß aufrecht vor ihm, die Hände im Schoß gefaltet mit niedergeschlagenen Augen. Sie sah ihn kaum an, während sie zu sprechen begann.
Gott hat mich gestraft, sagte sie mit einer Stimme, die ihm fremd klang und noch tiefer erschreckte. Ihre Lippen zuckten und ihre Stimme schwankte: Gott strafte mich, und ich wußte nicht warum. Was will Gott von mir, habe ich mich unzählige Male gefragt, als ich so dalag und die Augen nicht auftun wollte, weil das Leben mir verleidet war. Womit habe ich Ihn, den Herrn, beleidigt? Alles tat mir weh. Ich verachtete meinen verödeten Leib, der kein gesegneter Mutterleib war. Warum, warum, fragte ich mich. Warum raubt mir der Tod meine Kinder. Eins nach dem anderen. Habe ich nicht gebetet, an Gottes Willen gehangen. Die Gottesmutter täglich angefleht... Und sie gefragt: was will Gott von mir?
Hör auf, Hedwig, unterbrach sie Heinrich, du hast zwei Kinder, du hast mich. Ich liebe dich. Was willst du mehr. Heute bist du bitter, denn du bist nach langem Leiden geschwächt. Mit der Zeit wird dein Schmerz vergehen. Wie jeder Schmerz.
Nein, erwiderte Hedwig schroff. Ich habe viel Zeit gehabt nachzudenken. Es geht nicht mehr um diesen einen Schmerz. Verstehe, da ist etwas anderes dazugekommen, etwas Größeres als mein Schmerz.
Gott hat mir Engel gesandt, Heinrich. Der Engel hat geredet mit mir in meinen Träumen, die halbwach waren. Schön war der Engel. Er war dir ähnlich als du jung warst. Sie streifte ihn mit einem Blick und lächelte traurig. Ein zweiter Engel stand ihm zur Seite. Die Engel lehrten mich mein Leben sehen, in meinem Leben zu lesen wie in einem offenen Buch. Ich habe ein Leben voller Freuden, in Liebe und Geborgenheit geführt. In ange-

nehmer Bequemlichkeit. Ich habe mich verkrochen in diesem Leben, wie unter einem warmen Federbett. Ich war träge und leichtsinnig geworden... dünkelhaft und eigennützig...
Aber Hedwig, unterbrach sie Heinrich, was redest du, du, die Immerrege, Nimmermüde, immer um andere Besorgte... du warst weder träge noch leichtsinnig, weder hochmütig noch dachtest du ausschließlich an dich. Das konnte dein Engel nicht gesagt haben.
Das hat er auch so nicht gesagt, aber ich habe es so verstanden. Aber das ändert nichts.
Jetzt weiß ich mit Sicherheit: Das Leben ist nicht dazu da, sich daran zu erfreuen. Mir hat es Freude gemacht, das Leben, wie ich es lebte. Zu viel Freude. Doch es war kein gutes Leben, weil es ein Leben fürs Leben war. Und meine Gebete betrafen das Leben, ich betete für mein Wohlergehen, für das Wohl meiner Familie, für unser Land, für die Menschen um mich. Das ist zu wenig. Die Stimme Gottes, die tief in uns summt, die manchmal über uns singt, ja, manchmal jubiliert, nahm ich kaum noch wahr. Ich war fröhlich, wie eine glückliche Frau in der Welt so ist, umgeben von glanzvollem Gepränge. Doch meine Seele saß in einer Ecke in mir und weinte.
Jetzt aber will meine Seele aus dem goldenen Käfig hinaus, aus dem sie beengenden prunkvollen Leben, aus dem unerträglichen Leib, der nur eine verderbliche Schale ist, ein unzuverlässiges Gehäuse auf Zeit. Verstehst du? Meine Seele will fliegen... In Gott schweben. In göttlichem Glanz frei sein.
Du bist kein Engel, Hedwig, sagte Heinrich. Du bist ein Mensch und dazu ein Weib. Du bist mein Weib. Was soll ich mit einem Engel. Ich brauche dich, wie du bist, wie du warst... Sei doch vernünftig, Hadi, bat er, Gott hat uns dieses Kind gegeben und genommen. Wie die anderen. So viele verlieren ihre Kinder, ihr Leben. Gott wird uns wieder Kinder schenken.
Und wird sie uns wieder nehmen, geben und nehmen, unterbrach ihn Hedwig. Nein, Heinrich, ich habe den Weg gefunden, den ich gehen will. Helfe mir, wenn du kannst. Oder lasse mich meinen Weg gehen.
Er sah zum Fenster hinaus, die Düfte des Gartens dran-

gen bis zu ihnen hinauf. Jetzt spürte er in sich den Schmerz, von dem seine Frau sprach, von dem sie meinte, sich befreit zu haben. Jetzt kam der Schmerz zu ihm. Der Schmerz, den sie ihm antat, indem er sie verlor. Dieser Schmerz würde wachsen und alles in ihm überwuchern, spürte er. Er schwieg.
Das Leben ist eine Wanderschaft, fuhr Hedwig fort. Es ist uns gegeben, damit wir Gott suchen. Hinwachsen zu ihm. Hinauswachsen aus dem Leben. Dazu brauchen wir den Schmerz. Ich weiß nicht, wie ich es dir sagen soll. Mir fehlen die Worte dafür. Ich spüre etwas in mir, ein Licht, mal heller mal verschwindend im Dunkeln... Etwas wurde mir aufgetragen. Ich muß suchen, nach Gott suchen. Suchen nach meinem Weg im Dunkel. Heinrich, ich glaube, ich habe jetzt eine Spur gefunden. Einen Weg... Einen noch unsicheren Weg. Einen schmalen Pfad nur. Aber da schimmert Licht. Licht im Dunkel. Es ist ein Weg, der mich von dir wegführt, Heinrich. Verzeih mir, wenn du kannst.
Heinrich schwieg und Hedwig fuhr fort: Ich habe mein Leben zu gern gelebt. So wie es war. Mein glanzvolles Leben. Ich wurde behütet als Kind, dann geliebt von einem Mann, den auch ich liebte, geliebt von den Kindern, von den Leuten. Bewundert für meine Klugheit. Von allen. Sogar von den geistlichen Herren.
Dieses große Glück empfand ich als eine Selbstverständlichkeit. Es war so einfach. Es genügte, ein braves Kind, dann ein braves Weib zu sein. So zu sein, wie es der Vater von mir verlangt hatte, dann wie du es wolltest, wie es mir die Beichtväter auftrugen. Ich wurde behütet, verheiratet und ich hatte so zu sein, wie es sich gehörte, vor allem gehorsam und für andere da. Daß dieses Glück nicht das richtige war für mich, das wußte nur Gott.
Vielleicht hätte ich im Kloster bleiben sollen, Heinrich. Vielleicht war dort mein Platz. So denke ich jetzt. Aber ich habe nicht gewagt, mich meinem Vater zu widersetzen. Und du... du hast mir gefallen von Anfang an.
Mein Leben... Es war ein Leben gewesen, das mir zu eigen schien, in das ich hineingeboren war. Das ich nur zu leben hatte in Dankbarkeit.
Doch der Schmerz, die Engel halfen mir, zu erkennen:

Dieses Glück ward mir nur geliehen. Und es ward mir als Versuchung verliehen. Ich schwamm im Glück, während so viele andere unglücklich waren. Unzählige. Arm, krank, hungrig, ungeliebt, vom Leben verstoßen. Die mit Aussatz geschlagene Frau, die vor meinen Augen verendet war... Unter dem Kreuz gestorben. Elendiglich, schmerzhaft wie Christus. Das war ein erstes Zeichen... Das ich mißachtet habe.
Denn ich lebte auf der sonnigen Seite der Welt und habe mich um das Dunkle zu wenig gekümmert. Ich betrachtete das Elend der Menschen von weitem, nicht ohne Mitleid, aber es war mir fremd. Als ich aber selbst vom Unglück geschlagen wurde, ich selbst ins Dunkle fiel, und dann langsam erwachte aus meinen qualvollen Träumen, fragte ich mich: Warum sollte gerade ich glücklich sein, während andere leiden? Mit welchem Recht beanspruche ich Glück für mich? Nur für mich.
Meine Träume... sagte sie und verstummte. Nein, diese Träume wollte sie ihm nicht erzählen.
Entsetzliche Träume, die sie in ihrem Fieberwahn bedroht hatten. Sie saßen fest in ihr, unauslöschbar. Für immer. Scharen elendiger Menschen verfolgten sie in diesen Träumen. Die Elendigen hatten sie töten wollen. Sie haßten sie, die Reiche, die Satte, die mit Gold Geschmückte. Und wollten sie vernichten.
Die Elenden von den Straßen und Wegen... Die sie auf Wegen und Unwegen gesehen hatte. Elendige, denen sie nicht geholfen hatte... Erst tauchten sie vereinzelt auf. Wie aus Nebeln. Geduckte Gestalten, gesichterlos, schmutzige Säcke oder graue Pferdedecken über die Köpfe gezogen. So kamen sie angeschlichen. Gebückt oder auf Krücken und Stöcke gestützt oder gar auf Händen und Füßen gekrochen.
Bald traten sie aus allen Türen, hinter allen Bäumen hervor, krochen aus allen Ritzen, aus Erdfurchen heraus. Wuchsen aus dem Gras. Manchen schienen viele Beine gewachsen zu sein, auf denen sie wie große Käfer krochen. In Scharen. Riesige Käfer. Wimmelnd... Scharen von Krähen darüber. Furchterregendes Krächzen. Krähen fielen von oben herab. Mischten sich mit den Menschen-Käfern. Andere kamen angeflogen. Der Himmel dunkelte von ih-

nen. Schnaufen und Stöhnen, Wimmern und wütendes Grunzen hinter ihr. Ringsumher. Gierig nach Beute schmatzende Meute. Nach ihr.
Und weiter hinter dem scheußlichen Gedränge schwangen schwarze berittene Teufel ihre blanken Schwerter.
Die Verfolger zogen immer engere Kreise um sie herum. Näherten sich allmählich. Bewegten sich schneller, immer schneller... Sie lief vor ihnen her. Mal nach hier, mal nach da. Floh atemlos. Lief um ihr Leben. Nirgendwo Entkommen. Da - ein Turm! Sie verbarg sich darin. Warf die wuchtige Tür ins Schloß. Verriegelte die Tür. Doch die Wütenden brachen die Tür mit Leichtigkeit auf. Sie floh auf schwankender Wendeltreppe immer höher. Die Treppe brach ab. Nun war es nur noch eine Leiter, ungewiß, wieviele Sprossen noch über ihr. Sie zog sich an den Armen höher, ins Ungewisse.
Schon spürte sie den stinkenden Atem der Verfolger im Rücken. Spürte, wie sich schmutzige mordgierige Hände nach ihr ausstreckten. Da erreichte sie die Zinne des Turmes und warf sich in die sich unter ihr ausbreitende Tiefe. Sie fiel weich ins grüne Gras. Gerettet!?
Doch die von oben warfen ihr eine Truhe nach. Eine Truhe nach der anderen. Kleider spreizten sich wie große Vögel in der Luft. Ihr dunkelroter Mantel, der Fehpelz. Bauschig ihr grüngesticktes Kleid und noch eins aus weizengelber Seide. Perlen und Edelsteine prasselten auf sie herab. Eine schwere Truhe schlug neben ihr ein und aus dem schwarzen Loch züngelten Flammen. Jetzt sprangen überall Flammen aus dem Gras. Höllisches Feuer umgab sie. Die Hölle war um sie ausgebrochen.
Sie richtete sich dennoch auf und sah: die Bedränger kamen wieder heran. Wimmelnde Unwesen von allen Seiten. Krochen auf sie zu. Schwarze Ungeheuer darüber in der Luft. Am Horizont die schwarz geharnischten berittenen Teufel.
Keine Rettung. Da erschien am Himmel ein riesiges Weib gar prachtvoll anzuschauen in Purpur und Gold. Lange goldene Haare umwehten seinen blutrot gefärbten verführerischen Mund und die unheimlich strahlenden Augen. Die Brüste des Weibes quollen üppig und frei aus dem glitzernden Kleid und es spreizte die nackten Schenkel. Halbliegend stützte sich die Gestalt auf einen Arm und in

der anderen hielt sie einen goldenen Becher, aus dem sie zischenden stinkenden Wein schüttete, den Unrat der ganzen Welt.
Plötzlich öffnete sich der Uterus des Weibes wie ein riesiges Tor. Ein schwarzer Schlund. Da hinein zogen die nun zotig belustigten, hüpfenden und brünstig krächzenden Gestalten. Eben noch morddurstige Bedränger. Jetzt ihrer Brunst erlegen. Johlend. Sich aneinander drängend. Wimmelnde Scharen. Unendliche Menschenmassen. In der Entfernung Ameisenscharen. So zogen sie ins ewige Verderben.
Sie wußte: Das Weib war das Allesverschlingende und Allesgebärende Tor. Die Ewigkeit. Es war der Tod. Und die Verheißung der ewigen Wiedergeburt des Fleisches. Es fröstelte die Träumende. Leer war es um sie geworden. Grau, verödet, wie verbrannt lag die Landschaft um sie herum.
Da erblickte sie ein nächstes Bild. Ein Leichenzug bewegte sich am Horizont. Schwarz wehende Trauerfahnen wie Wolken. Schwarz behangene Pferde zogen den Wagen, auf dem der Sarg lag. Dumpf dröhnten die Trommeln. Plötzlich vor ihren Augen öffnete sich der Sarg. Und sie sah sich selbst darin - eine halbverweste Leiche.
Sie schrie auf in ihrer Todesangst. Da spürte sie das Figürchen der Gottesmutter in ihrer Hand und rief verzweifelt Ihre Hilfe an.
Und sie erschaute ein neues Bild: die aussätzige Bettlerin, der sie auf ihrer Reise durchs Land begegnet war, hing gekreuzigt wie Christus über ihr. Da, die Elendige nahm eine Hand vom Holz und hielt sie schützend über sie, die qualvoll Träumende. War es nun das armselige Weib, dessen sie sich damals erbarmte oder war es Christus, der für alle Menschen Gekreuzigte? Dann bereitete die Gottesmutter ihren himmlischen Mantel über das Bild. Über sie.
Das alles hatte sie geträumt, ehe die Engel wieder zu ihr kamen...
Sie sah Heinrich an und hob noch einmal an: Meine Träume...
Die beiden Engel kamen zu mir. Der eine Engel nahm mich an die Hand und zeigte mir Menschen auf ihren Wegen. Unendliche Menschenscharen, die vor sich hinzogen. Unendlich vorbeiströmende Gesichter. Gestalten. Sie

zogen über die Erde, durch Täler und über Berge hinweg, durch Wälder und Felder, durch Dörfer und Städte. Durch Burgen. Strömten mit halboffenen Augen und schlaffen Mündern. Immer die gleichen, aber nie dieselben. Strömende Gesichter und Gestalten. Menschenmassen durch Blut und Kot. Die einen fielen und andere standen auf. Und alle strebten vor sich her. Strömten. Ins Ungewisse. Ins Unendliche. Arme und Reiche. Elendig alle. Sterbliche Menschen.
Der Engel sagte: Das ist Gottes Menschengarten, über dem der Herr wie die Sonne steht. Seitdem Gott die Menschen aus dem Paradies verjagt hat, ziehen sie so vor sich hin. Tage und Nächte lang. Jahrelang. Hunderte Jahre. Jahrtausende. Menschen. Armselige Wesen, die nichts über sich wissen. Manchmal rotten sie sich zusammen und schlagen auf sich ein, als könnten sie in den anderen die eigene Erbärmlichkeit totschlagen.
Und der andere Engel sagte zu mir: Das ist Gottes Trog, in dem Er den Menschenteig wächsen läßt. Seine Retorte, in der Menschen zu Engeln werden. Oder zurückfallen in den dunklen Erdenbrei, woraus sie aufs neue wachsen. Gott läßt einige Tropfen von Sehnsucht nach Ewigkeit in diese Masse fallen, und sieht lächelnd zu, wie es wächst. Er schenkt hier und da einige Tropfen Ahnung von Ewigkeit und wartet, daß diese in wenigen aufgeht. Die sind die Erwählten.
Dann wurde es wieder dunkel um mich und ich fror. Doch plötzlich flog ich selbst ins Licht wie ein goldener Vogel. Ich sah mich fliegen. Die Engel haben meinen Käfig, in dem ich ängstlich gesessen hatte, aufgestoßen. Ich durfte hinausfliegen. Zu Gott fliegen. Ich schwebte in Gott. Und ich wußte: Gott hat auch mich erwählt.
Das alles sah und hörte ich im Traum. Und fortab dankte ich auf meinem Krankenlager Gott für den Schmerz, der mich zum Leben berufen hat.
Heinrich, ich bin Gott dankbar für den Schmerz, durch den ich gelernt habe, aus mir hinauszuwachsen.
Was willst du tun, fragte Heinrich, der mit Befremden bemerkte, wie sich das blasse Gesicht seiner Frau rötete und ihre Augen zu glänzen begannen. Er sah: dieser Glanz, der einst ihm gehörte, galt nicht mehr ihm.

Heinrich, verzeih mir, antwortete Hedwig. Jetzt legte sie ihre Hand auf seine. Ich habe beschlossen, mein Leben zu ändern. Zunächst will ich Gott das opfern, was mir am kostbarsten gewesen war: Meine Liebe zu dir. Ich habe dich zu sehr geliebt, Heinrich. Gott duldet keinen anderen neben sich. Ich bitte dich, versuche mich zu verstehen.
Dem Engel habe ich versprochen und somit Gott: Ich werde fortab das Leben einer geistigen Frau führen. Ich will streng sein zu mir und mein Leben Gott weihen. In aller Strenge will ich leben wie im Kloster.
Ich will unserem gemeinsamen Lager fernbleiben, Heinrich. Sage nichts dagegen, ich bitte dich, ich habe lange darüber nachgedacht. So muß es sein. Doch ich werde weiter neben dir leben. Dir wie eine Schwester zur Seite stehen. Als Landesmutter weiterwirken. Dem Volke, wo es nur geht, aus ganzer Kraft dienen und den Menschen in ihrem Elend helfen.
Du willst nicht mehr meine Frau sein, Hedwig, Hadi... Und ich, fragte Heinrich, was soll ich tun. Was ich fühle, kümmert deinen Engel nicht. Und auch dich nicht. Was hab ich dir angetan... Wie soll das werden...
Heinrich, du hast mir mehr Liebes angetan, als ich es verdient habe. Doch die Liebe zu dir, die Lust mit der wir uns in die Arme nahmen, ist gegen das Wachsen im Geiste.
Daher will ich unserer Zweisamkeit entsagen. Zusammen mit dir ein Gelöbnis der ehelichen Enthaltsamkeit ablegen. Im Dom zu Breslau. Vor dem Bischof.
Heinrich schwieg und Hedwig fuhr fort.
Höre: Unsere Kinder brauchen mich nicht mehr wie früher. Bald wirst du Heinrich das Schwert verleihen und ihn fortab neben dir haben, ihn in die Regierungsgeschäfte einführen. Gertrud aber wird demnächst in das Kloster zu Trebnitz eintreten, den Schleier nehmen. Auch sie muß von Petrissa lernen, Äbtissin zu sein. Und wir... Wir beide, wir haben unser Leben gelebt. Wir sind alt, Heinrich. Es ist Zeit an den Tod zu denken und an das ewige Leben.
Du hast an alles gedacht, sagte Heinrich bitter, nur an das eine nicht: mich zu fragen. Wie soll ich leben ohne dich, Hadi?
Ich will dich mitnehmen auf meinen Weg, antwortete sie. Wenn du willst. Wenn du bereit bist. Willst du mit mir ge-

hen? Mein Leben im Geiste mit mir teilen? Heinrich schwieg.
Dann fragte er: Tut es dir nicht leid um unser Glück, das du jetzt von dir weist, weil du meinst, in Gott Besseres gefunden zu haben. Ist denn die Liebe zwischen Mann und Frau nicht von Gott geschenkt. Heißt es nicht: was Gott zusammengefügt hat, sollen die Menschen nicht trennen? Ließen wir unsere Ehe nicht segnen vor drei Altären? Hast du mir nicht Treue geschworen vor Gott bis ans Ende deines Lebens? Du brichst dein vor Gott gegebenes Wort. Du tust mir weh, Hadi... Unsere abendlichen Gespräche, unsere Zärtlichkeiten... Warum soll ich unserem Glück entsagen. Weil du es dir wünschst und dein Engel? Das verstehe ich nicht.
Er legte für einen Augenblick die Hände vors Gesicht, schüttelte dann den Kopf und sah zum Fenster hinaus.
Wir haben unser Glück gehabt, sagte Hedwig. Wir haben es genossen. Wir waren glücklich gewesen, Heinrich. Zu glücklich. Wenige sind so glücklich, wie wir es waren. Unsere gemeinsame glückliche Zeit hat sich erfüllt. Laß uns auch den schmerzhaften Weg gemeinsam gehen. Glaube mir, er führt zu Gott. Wir werden es lernen, nebeneinander zu leben.
Wie viele vor uns haben der Liebe entsagt, haben in keuscher Ehe gelebt. Viele... Erinnerst du dich: Kaiserin Kunigunde, die Kluge und Schöne und ihr Mann, Kaiser Heinrich. An ihrem Grabe haben wir als Brautleute zu Bamberg gebetet. Sie sollen nie in zärtlicher Umarmung gewesen sein, hat uns Ekbert gesagt.
Heinrich blickte in den Garten hinunter. So viel blühendes Grün. Immer wieder aufs neue grünendes Leben. Er hatte Ungutes erwartet. Befürchtet, Hedwig werde ihn verlassen wollen, um in ein Kloster einzutreten. Und jetzt - diese Gratwanderung: Sie wollte bei ihm bleiben, aber sich ihm als Weib entziehen. Sollte er nicht froh sein, sie wenigstens auf diese Weise für sich zu behalten.
Er erhob sich.
Du tust mir weh, Hedwig, mein Weib, sagte er und küßte sie auf die Stirn. Ich muß darüber nachdenken. Er stand auf. Ging. Schloß die Tür hinter sich.
Jetzt blickte Hedwig zum Fenster hinaus. Auf die Blätter

des Birnbaums legten sich Schatten aufziehender Wolken. Etwas in ihr lief Heinrich nach. Hätte ihn gern zurückgerufen. Alles widerrufen. Sich von ihm in die Arme nehmen lassen. Sich in seine Liebe fallen lassen. Warme Geborgenheit genießen. Vielleicht sollte sie ihn doch zum Umkehren bewegen. Ihm noch einmal vertrauen... Doch sie verbot sich streng diese Gedanken. Sie wollte ihn gehen lassen, wie eine Mutter ihr Kind ins Leben entläßt: Wehmütig und voller guter Wünsche. Sie ließ den Rosenkranz zwischen den Fingern gleiten. Ihre Lippen bewegten sich ohne Worte.

Auch das hatte sie ihm nicht erzählt. Als sie vor wenigen Tagen im Walde hin und herging, nachdachte und betete, spürte sie plötzlich wieder die Nähe der Engel. Der Engel sagte in ihr: Du bist für die anderen da, nicht für dich.

Denke daran, wie schwankend das Leben ist. Nur wer in Gott steht, steht fest und kann anderen helfen. Liebe die Menschen wie sie sind. Verachte nie einen Anderen. Und sie spürte Licht und Wärme um sich.

Das war der dritte Traum. Die Lösung der Träume. Die Antwort auf ihre Fragen. Sie hatte das alles auch zuvor gewußt. Doch jetzt wußte sie es besser. Helligkeit war in ihr. Und sie wußte, sie durfte das niemandem sagen, denn Engelworte werden leicht zu Menschenworten und verlieren dadurch ihre Kraft.

Die Entsagende

*„Als sie aber älter wurde und das Gelübde
der Enthaltsamkeit abgelegt hatte, verzichtete sie
auf allen weltlichen Schmuck und verschmähte
alle Weltkleider und bunten Stoffe.
Sie kleidete sich in graues Tuch und an Feiertagen
in einfachen Kamelot."*
(Legenda maior de beata Hedwigi)

Am nächsten Tag ließ Herzogin Hedwig ihre Vertrauten, Demundis und Jutta, zu sich kommen und zwei Dienerinnen. Sie trat mit den Frauen vor ihre Truhen und bat sie, diese auszuräumen. Prachtvolle Gewänder, Kleider und Mäntel häuften sich bald auf den Bänken, fielen zu Boden. Fließende Wogen edler Stoffe in gedämpften Farben mischten sich zu herrlichen Gebilden: dunkelrote, dunkelgrüne Seide, brauner und grauer Samt fügten sich zu künstlichen Landschaften zusammen, die zugleich Landschaften schöner Erinnerungen waren. Hier lugte ein Stückchen Seide des pflaumenblauen Hochzeitskleides hervor, dort der reichbestickte grüne Samt des Gewandes, in dem sich Hedwig zum ersten Mal als junge Fürstin huldigen ließ. Helle leichte Kleider in Farben wie der Sand am Oderstrand oder Schilf oder Moos, die nach Sommerwind rochen und nach Sommerglück. Und wie hübsch diese Kleider gefertigt waren, wahre Schmuckstücke. Modische lange Ärmel baumelten von Bänken herab, geschlitzte Röcke, bestickte oder gesmokte Oberteile. Dazu Kopftücher, Schleier und Stirnbänder, Spitzenkragen. Und noch die seidengehäkelten Strümpfe, Schuhe aus feinstem Kalbsleder, Täschchen und weiße Taschentücher mit Spitzenrändern... Eins zum anderen passend in Farbe und Stoff. Das alles lag jetzt durcheinander, verstreut im durchsonnten Erker.

Ein entzückendes Chaos, dem noch die edlen Düfte anhafteten, die die Herzogin besonders gern gehabt hatte, Veilchen - und Rosenöl, Lavendel...
Diese verwirrende Pracht! Jedes Frauenherz hätte gejauchzt beim Anblick dieser weiblichen Sehnsüchten schmeichelnden Fülle. Demundis und Jutta warfen sich verzückte Blicke zu. Juttas spitze Nase rötete sich, Demundis bekam brennende Ohren. Nicht nur, daß sie wie die meisten Frauen gern in weichem Samt und seidig knisternder Materie wühlten, deren Berührung von den Händen in den Kopf stieg wie süßer Wein, sie glaubten auch in dieser Zuwendung der Herzogin zum Äußerlichen ein Zeichen der Genesung zu sehen. Mit Sicherheit, dachten die Getreuen, wollte die Herrin ihre alten Kleider durchsehen, um wie üblich langweilig gewordene zu verschenken und über neue nachzudenken.
Besonders Jutta nahm es als langerwartetes Zeichen der Rückkehr zum normalen Leben, zu alten Gewohnheiten ihrer geliebten Herrin und Freundin. Zudem meinte sie, die Fürstin habe es bitter nötig, sich um ihr Aussehen zu kümmern, das unter der langen Krankheit sichtbar für alle arg gelitten hatte. Sie wartete brennend darauf, darüber reden zu dürfen, und hielt eine Menge guter Ratschläge bereit. Ein Brei aus Quark und Honig konnte dem Gesicht die frühere Frische zurückgeben. Für die Haare Eigelb mit Apfelessig... Ein Pfefferminztrank regelmäßig dreimal des Tages... Oh ja, Jutta wußte Bescheid. Im Handumdrehen würde sie die Fürstin dazu bringen, ihr Unglück zu vergessen.
Denn es war ihr wohl bekannt, daß es für eine Frau keine bessere Medizin gegen Traurigkeit und Niedergeschlagenheit gab, als neue Kleider, ein neues Aussehen. Frau Jutta dachte daran, wen sie als Eilboten zum Hoflieferanten Ibrahim nach Breslau um Stoffe, Spitzen und Bänder schicken werde, und wen nach Trebnitz um die geschicktesten Schneiderinnen zu holen.
Beide Frauen dachten, was sie denken wollten und bemerkten nicht, daß der Sinn der Fürstin nach ganz anderem stand.
Herzogin Hedwig widerte der Überfluß an. Schweigend überblickte sie das ihr unliebsame Chaos. Dachte nach.

Kramte darin. Suchte sich einige dunkelfarbige Stücke aus, einen schwarzen Samtmantel und einen aus dunkelgrauer Seide, einen Pelzmantel aus dunkelgrauen Füchsen, zwei dunkelgraue Kleider, ein seidenes und eins aus Samt, andere Kleinigkeiten. Das Notwendigste für fürstliche Auftritte.

Dieses ließ sie in eine der Truhen legen. Es war die alte Truhe, die sie noch aus Andechs hatte, auf deren Boden das Stundenbuch lag.

Den Rest der schönen Gewänder schob sie achtlos zur Seite, und sagte mit ihrer neuen fremden Stimme zu den Frauen: Dies hier könnt ihr, wem ihr wollt, verschenken. Ich brauche es nicht mehr. Ich werde es nie mehr brauchen.

Jutta und Demundis erstarrten. Die Augen aufgerissen, hielten sie einen Augenblick den Atem an. Dann sahen sie sich an, wagten aber kein Wort zu sagen.

Die Herzogin setzte sich auf eine der nun so prachtvoll und unordentlich gepolsterten Bänke, bedeutete mit einer Handbewegung den Dienerinnen sich zu entfernen und mit einem angedeuteten Lächeln beiden vertrauten Frauen, sich ihr gegenüber zu setzen.

Sie wandte sich ihnen zu und sagte: meine Freundinnen, ihr sollt wissen, daß ich fortab ein anderes Leben führen werde als bisher. Ich will meinem bisherigen Leben entsagen. Ich will fortab wie eine Nonne leben, doch Herzogin bleiben. Ich hoffe, ihr versteht mich und werdet nicht klagen, sondern mir helfen dabei. Seid ihr dazu bereit?

Frau Jutta und Demundis schüttelten verwirrt und stumm ihre Köpfe. Es hatte ihnen die Sprache verschlagen. Was konnte man auch zu solch einer Neuigkeit sagen, die vorab gar nicht zu verstehen war. Denn wie sollte das gehen? Wie wollte die Herrin Nonne sein und Herzogin zugleich?

Die Herzogin ließ sich ihre Schatulle reichen. Sie öffnete den silber verzierten Ebenholzkasten mit einem kleinen silbernen Schlüssel, den sie immer bei sich trug.

Ihre Blicke schweiften über das funkelnde Gewirr: Edelsteine und Perlen, Gold und Silber. Sie griff hinein in die Kostbarkeiten, nahm dies und das heraus, hob Ketten und Ringe gegen das Licht und ließ die Steine in der Sonne funkeln.

Hedwig dachte an ihre Steinchen, die sie als Kind gesammelt hatte und lächelte.
Die Frauen sahen: die Fürstin nahm Abschied auch von diesen schönen Dingen. Besonders versonnen betrachtete Hedwig den Bernsteinschmuck, ihr Hochzeitsgeschenk. Den beschloß sie zu behalten.
Dann sagte sie, daß sie diese Kleinodien verkaufen werde, um aus dem Erlös ein Hospital für aussätzige Frauen errichten zu lassen. Bei Neumarkt.
Demundis und Jutta bekamen je eine prächtige Perlenkette und mehrere silberne Armreifen mit bunten Edelsteinen. Doch man sah ihnen keine Freude an.
Dann trug Hedwig Demundis auf, einfaches graues Tuch und grauen Kamelot zu besorgen und zwei Näherinnen aus Trebnitz zu holen, damit sie ihr neue schlichte Kleider nähten, ähnliche wie sie die Trebnitzer Nonnen trugen.
Danach entließ sie Frau Jutta und bat Demundis im größten Vertrauen, ihr ein Bußhemd aus Roßhaar zu besorgen und dazu eine Lederpeitsche mit vielen Riemen und Knoten daran, wie sie manche Mönche und besonders Einsiedler benutzten, um sich zu kasteien. Sie befahl ihrer Vertrauten zu schweigen. Demundis konnte ihre Tränen nicht halten. Die Herzogin verbot ihr zu weinen. Sich mit irgendeinem Zeichen oder gar leichtfertigen Bemerkungen zu verraten. Niemand sollte von ihren strengen Absichten erfahren, auch Herzog Heinrich nicht. Ja, vor allem er nicht.
Die Zeremonie der ehelichen Entsagung war schlicht. Das Herzogpaar wollte Aufsehen vermeiden, die Leute nicht beunruhigen, zu Getuschel keinen Anlass geben. Nur das hohe Paar und einige Getreue fanden sich im Breslauer Dom ein. Es schien ein Gottesdienst wie viele andere zu sein. Als wäre der Anlaß kein ganz besonderer. Nach dem Gottesdienst standen Hedwig und Heinrich vor dem Altar, vor Bischof Lorenz im violetten Ornat, und sprachen ihm eine Formel nach, die ihren Beschluß, ihrer Ehe zu entsagen, fortab in Enthaltsamkeit nebeneinander zu leben, bestätigte. Dazu legten beide gleichzeitig ihre Hand auf die Bibel.
Mit gesenkten Köpfen und gefalteten Händen kehrte das Herzogpaar in sein Gestühl neben dem Altar zurück.
Hedwig und Heinrich beteten nebeneinander wie immer. Sie saßen nebeneinander wie bisher und doch war es

ganz anders geworden zwischen ihnen. Sie waren nun zwei Menschen, die sich vor Gott Fremdheit gelobt hatten. Wie sollte es werden? Entbunden, verbunden. Geschieden und doch verheiratet.

Es war kühl in der Kirche und nur wenige Kerzen brannten. Heinrich wußte nicht, wie er sich in dieser ungewöhnlichen Lage verhalten sollte. Er hatte sich dem festen Willen seiner Frau gefügt. Die Fragen: Warum ist es so gekommen, was war seine Schuld daran, hatten sich in seinem Kopf und in seinem Herzen festgehakt wie ein Anker im Odersand. Sie waren ein Teil seines Schmerzes. Und der Schmerz ließ ihn nicht los.

Er hatte nun vor Gott gelobt, auf seine Frau zu verzichten, die er doch liebte. Er hatte auf sie verzichtet, weil er sie nicht verlieren wollte. Er wußte, sie wäre von ihrem Entschluß nicht abzubringen gewesen. Er kannte ihren Ernst, ihre Beharrlichkeit, ihren Dickkopf. Es war das kleinere Übel, das sie gewählt hatte. Eine ungewisse Zukunft starrte ihm dunkel entgegen.

Als sie dann nebeneinander durch den Dom schritten, gefolgt von ihren Getreuen, sah er sie von der Seite an, wie so viele Male. Sie blickte vor sich hin. Abgezehrt und blaß in grauem Mantel, in einem grauen Kleid schritt sie neben ihm. In unfürstlichem Gewande, mehr einer Nonne ähnlich als einer Herzogin. Eine vertraute und doch fremde Frau. Seine gewesene Frau. Sein gestorbenes Glück. Es fröstelte ihn.

Seit ihrer Krankheit hatte er darüber nachgedacht, was er an ihr versäumt haben konnte. Es sollte alles anders werden, wenn sie wieder zu Kräften kommt, das hatte er unzählige Male Gott und der Gottesmutter gelobt. Er spürte seine Schuld. Hatte er nicht ihre Anwesenheit an seiner Seite seit langem für eine Selbstverständlichkeit gehalten, seine Frau als sein Eigentum, ja als einen Teil seiner selbst angesehen. Und ihr längst nicht mehr gezeigt, wie in den ersten Jahren, daß er sie liebte. Aber er liebte sie doch, wenngleich anders als früher. Er hatte sich nie andere Weiber ins Bett geholt, wie es üblich war. Er hatte von Anfang an ihren kindlichen Liebreiz gemocht, ihre freundliche Art. Dann hatte er sich daran gewöhnt, ihr in allem zu vertrauen, ihr ruhiges Wesen und ihre Klugheit

zu schätzen gewußt. Er wollte mit ihr ein Leben lang zusammenbleiben, bis zum Ende. Und jetzt war es ganz anders gekommen. Jetzt sah er ihr strenges Gesicht neben sich, ihren abwesenden Blick.
Alles Nachdenken half nicht. Er blieb allein. Als wenn er nie geheiratet hätte, nie dieser Frau vertraut hätte, nie aufrichtig geschworen hätte, für sie zu sorgen und für ihre gemeinsamen Kinder, immer für sie da zu sein, bis sie Gott trennte.
Sie hatte sich abgewandt von ihm, um Gott auf ihre Weise zu suchen. Gott war stärker als er. Dagegen konnte er nichts tun. Und so blieb er ein einsamer verlassener Mann. Dieser Schmerz, fragte er sich, würde er je vergehen?
Der Gedanke: diese Frau will eine Heilige werden, kam ihm und blieb. Er war kein Trost für ihn, er gehörte fortab zu seinem Schmerz.
Zur Bekräftigung des Ereignisses und um das Wohlgefallen Gottes und der Kirche zu erbitten, hatte das fromme Paar zuvor versprochen und urkundlich verbrieft, ein Hospital für aussätzige Frauen bei Neumarkt zu stiften.
Herzogin Hedwig hatte auf ihrem Krankenbett Zeit genug zum Nachdenken gehabt. Sie hatte endgültig beschlossen auf ihre Privilegien zu verzichten, jedoch ihre Pflichten zu wahren. Sie wollte wie eine arme Büßerin leben, dennoch Herzogin bleiben. Wie sollte das werden? Sie sah die vielen großen und kleinen Widersprüche auf sich zukommen und nahm sie vorab an, als ihre Mühe des Lebens. Gott hatte ihr einen Platz im Leben geschenkt, auf dem wollte sie wachsen. Doch galt es dem schönen Schein zu entsagen, der ja nur ein trügerischer Schein war.
Andererseits war ihr Entschluß vom Zeitgeist geprägt. Man hörte in den Jahren viel von den Armen in Christi, pauperes Christi genannt, den Anhängern des Franz von Assisi, die die äußerste Armut als Voraussetzung fürs ewige Leben hielten, weil sie den Menschen dem leidenden armen Christus gleichstellte. Die Franziskaner, die sich zu der Zeit auch in Schlesien einfanden, lebten streng, viel strenger als andere Ordensleute. Auch der Orden selbst wollte keinen Besitz, keinen festen Sitz haben. Die Mönche erhielten sich vom Betteln. Klein wie die Hündchen Christi wollten die Franziskaner sein.

Und auch die Geschichten über die Beginen gingen der Herzogin immer wieder durch den Kopf. Reisende erzählten neue wundersame Mär. Meistens mit Kopfschütteln. Herzogin Hedwig hörte ihnen begierig zu. Sie bewunderte diese mutigen Frauen, die sich im Reich, besonders im Rheinland, zusammenschlossen, sich selbst um ihren Lebensunterhalt und ein Dach überm Kopf kümmerten, die die Seelsorge für sich selbst zu tragen bestrebt waren, in Armut lebten, in Keuschheit und in Aufopferung für die Armen und Kranken, um nach dem Tode ein ewiges Leben zu genießen. Die meisten Beginengemeinschaften lebten ungeschützt, weil die Kirche die allzu selbständigen Frauen nicht dulden wollte. Die Beginen galten den Kirchenmännern als Ketzerinnen. Hedwig hörte mit Schaudern, daß viele Beginen lieber den Tod auf dem Scheiterhaufen auf sich nahmen, als von ihrem erwählten Weg abzuweichen.

Hedwig bewunderte diese Frauen vor allem darum, weil sie auf eigene, weibliche Art zu denken versuchten, und den Mut hatten, den Unwillen ihrer Umgebung zu ertragen. Sie dachte, sie wäre gern wie diese, mit diesen. Sie fühlte sich ihnen geistesverwandt. Dennoch... Ihr Weg war ein anderer. Sie war allein.

Herzogin Hedwig wollte auf ihre eigene Weise leben. Sie wollte auf ihrem eigenen Weg die Nähe Gottes suchen, und sich das ewige Heil für ihre Seele verdienen. Das hatte sie auf ihrem Krankenbett beschlossen. Sie bezeichnete ihren Weg als Wanderschaft auf den Spuren des Heilands Jesu Christi.

Sie wollte büßen. Für sich und für andere. Für ihre eigenen Sünden. Für ihre Hoffart, derer sie sich anklagte, für ihre Ichsucht und ihre Eitelkeit wollte sie büßen. Für diese ihre Verfehlungen hatte sie die Bestätigung ihres Beichtvaters eingeholt. Zudem fand sie es dringend notwendig, für die Vergehen ihrer Familie zu büßen und für die Sündhaftigkeit aller Menschen. Sie wollte büßen wie Jesus Christus für alles Böse in der Welt.

Und weil sie andererseits Zugeständnisse an das gewohnte, an das gewöhnliche Leben, das sie gern ganz von sich gewiesen hätte, auf sich nehmen wollte, gelobte sie sich umso härter sich selbst gegenüber zu sein.

Hart und streng wollte sie zu sich sein, doch liebevoll für

ihre Mitmenschen sorgen. Also streng sein zu sich, strenger als die Nonnen, strenger als die Mönche, so streng wie man es von manchen Einsiedlern erzählte.
Ihr Leben sollte fortab Beten und Fasten sein und der Dienst an den Armen und Kranken.
Mit der ihr eigenen Entschlossenheit traf die Herzogin die notwendigen Anordnungen. Ihre Schlafkammern sollten überall bescheiden sein. Einfacher als fürs Gefolge. Sie wünschte sich auf dem Boden zu schlafen, auf gewöhnlichen Schafsfellen, auch auf steinernen Fußböden, ohne Kissen unter dem Kopf, nur mit einer dünnen Wolldecke zugedeckt. Ihr Raum sollte auch im Winter nicht beheizt werden. Außer dem Lager sollte sich in ihrer Schlafkammer nur ein Gebetpult befinden, kein Schemel, kein Spiegel, keine Truhe. Bei Tisch sollte ihr nur Wasser und trockenes Brot gereicht werden.
Die dieses vernahmen, waren entsetzt. Doch wer hätte sich getraut, der strengen Herrin zu widersprechen.
Doch unter sich redeten die Leute: Eine Herzogin will leben wie eine Bettlerin... Kann das gut gehen... Die Klatschlustigen hatten viel zu schwatzen.
Zum Glück blieb ihnen anderes verborgen.
Daß sich die Herzogin kasteite, wußte anfangs nur Demundis. Als die treue Dienerin ihrer Herrin die Peitsche mit vielen Riemen und Knoten überreichte, blitzten Hedwigs Augen auf. Sie griff nach dem Schmerzensinstrument wie ein Kind nach einem lang begehrten Spielzeug. Und in der Nacht, als alle schliefen, züchtigte sie sich mit den Riemen, bis sie das Blut den Rücken herunterrinnen spürte.
Auch legte Herzogin Hedwig das Bußhemd aus Roßhaar an, das bei jeder Bewegung ihre Haut verletzte. Die vom Peitschen geschundene Haut umso mehr. Diesen Schmerz nahm sie freudig wahr, er sollte ihren Geist wachsam halten.
Sie wollte den Esel Leib züchtigen, den verhaßten Körper, den Kerker der Seele. Denn ihre Seele sollte durch den Schmerz angespornt werden, zu Gott zu wachsen. Sie betete Tag und Nacht und gönnte sich kaum Schlaf.
So dauerte es nicht lange, bis sie wieder erkrankte. Sie fieberte und ein entsetzlicher Husten schüttelte ihre dürre Gestalt zum Gotterbarmen.

Als sie nicht mehr stehen konnte, wurde eiligst wieder Petrissa herbeigerufen. Sie kam mit Pinosa, denn die Äbtissin mußte zurück ins Kloster, das sie für längere Zeit nicht entbehren durfte. Und niemand konnte wissen, wie lang die neue Krankheit der Herzogin dauern werde.
Heinrich stöhnte auf, als er von der erneuten Erkrankung seiner Frau hörte. Er trat an ihr Bett. Ja, denn sie lag nun wieder in einem schönen bequemen Bett, sie, die fest beschlossen hatte, ihr Leben lang auf dem steinernen Boden zu schlafen.
Petrissa, die Sanfte, hatte dies fast schnaubend vor Wut angeordnet. Daunenkissen unter den Kopf und unter den Rücken der Kranken. Daunendecken zum Zudecken. Aus feinstem reich bestickten Leinen die Bezüge.
Die Kranke war ausgezogen und gebadet worden. Ihre eiternde Haut gereinigt und mit Salbe versorgt. Ein weißes weiches Leinenhemd wurde ihr über den Kopf gezogen. Darüber ein prachtvolles Seidenhemd, das die fürsorgliche Demundis gegen den Willen ihrer Herrin aufbewahrt hatte. Zuerst sollte die Erkältung, eine Lungenentzündung, mit Wärme und Kräutern geheilt werden. Heißer Wein mit Honig wurde der Kranken gereicht.
Die an ihrem Eifer gescheiterte Asketin wurde gefüttert. Zunächst mit Milchspeisen. Für später hatte Petrissa Hühnerbrühe und gekochtes Fleisch verordnet. Leichte Kost, allmählich verabreicht, damit sich der durchs Fasten geschwächte Magen wieder an normale Nahrung gewöhnen konnte.
Heinrich saß an Hedwigs Bett wie früher, suchte aber nicht mehr ihre Hand, um sie zu streicheln. Beide schwiegen. Irgendwann brachte er Gertrud und Heinrich zur Mutter. Die halbwüchsigen Kinder sahen verlegen auf sie herab. Sie blieben eine Weile, dann gingen sie.
Herzogin Hedwig widersetzte sich diesmal den Anordnungen Petrissas nicht. Sie ließ sich von Pinosa und Demundis pflegen und nahm auch die stärkenden Speisen zu sich. Sie aß, wie Petrissa befohlen hatte, langsam, mit kleinen Bissen. Es war allen sichtbar - sie wollte gesund werden. Sie wollte leben. So kam sie bald zu sich.
Als sie wieder sitzen konnte, sagte sie zu ihrer mütterlichen Freundin Petrissa mit schwachem Lächeln, als woll-

te sie sich entschuldigen: Er bockte, der Esel Leib. Diesmal war er stärker... oder schwächer als ich, fügte sie hinzu.
Hoffentlich werdet Ihr fortab weniger töricht sein, meine Tochter, brummte Petrissa unwirsch. Wir haben gebetet für Euch. Vonwegen, der Esel Leib... Denkt daran: Der Leib ist zwar kein guter Herr, aber er ist ein treuer Diener. Und es geziemt sich für einen Diener zu sorgen. Ihr müßt einen mittleren Weg suchen für Euch, meine Tochter. Denn es ist kein christliches Werk, sich durch übermäßige Strenge im Dienste des Herrn den Tod zu holen. Haltet Euch gesund - sauber und satt - wie Ihr es für die Armen wünscht. Christus sagt - liebe den Nächsten wie dich selbst. Das heißt, der Mensch darf auch sich selbst lieben. Den ihm von Gott geschenkten Leib. Wenngleich in Maßen.
Herzogin Hedwig schwieg. Sie gab Petrissa recht.
Nun hatte sie wieder viel Zeit für sich, sie saß in einem Sessel und las in ihrem Stundenbuch.
Irgendwann ließ sie sich eine Wachstafel reichen und einen Stift, und begann zu schreiben: Kein Fleisch! Kein Fett! Sonntag, Dienstag und Donnerstag Fisch und Milchspeisen. Sonnabend und Montag getrocknete Hülsenfrüchte. Mittwoch und Freitag trockenes Weizenbrot und Kräutergetränke. An großen Feiertagen zweimal Fisch- und Milchspeisen und verdünntes und gekochtes Bier. Äpfel, Birnen und Pflaumen... manchmal.
Zu den von der Kirche gebotenen Fastenzeiten wollte sie nur Brot mit Asche zu sich nehmen und abgekochtes Wasser. Aber das schrieb sie nicht auf, dafür war noch Zeit. Demundis brach ohnehin über diesen Speisezettel in Tränen aus. Sie mußte alles dreimal wiederholen und mit der Hand auf dem Stundenbuch versprechen, sich daran zu halten und mit niemandem darüber zu reden. Ja, jedes Gerede abweisen.
Ich bin sicher, Demundis, sagte die Herzogin, um die Getreue zu trösten, daß ich so genährt stark und gesund sein werde. Ein Mensch soll weder zu viel noch zu wenig essen. Die Speisen sind zur Erhaltung des Lebens da, Übermaß beschwert den Körper, besonders fette Speisen. Und das Fleisch toter Tiere belastet den Geist mehr, als es den Körper stärkt.

Vorsichtig, immer nur für kurze Zeit, hatte Hedwig das Bett, später die Schlafkammer verlassen. Als sie sicher war, gesund zu sein, führten sie ihre ersten Schritte wieder in die Kapelle der Burg. Dort dankte sie der Gottesmutter für ihre Genesung, und versprach ihr, fortab in allem vernünftiger zu sein. Sie nahm sich vor, ab jetzt mehr Klugheit walten zu lassen. Sie wollte sorgsamer mit ihrer Gesundheit umgehen, als bisher. Doch sie war fest entschlossen, den einmal gewählten Weg weiterzugehen, denn sie war überzeugt, daß es der richtige Weg war. Wenngleich sie sich gezwungen sah, ihn mit kleineren Schritten zu begehen.

Sie betete zwar wie zuvor oft in der Nacht, gönnte sich jedoch zwischendurch einige Stunden Schlaf. Und zwar auf einem Strohsack, der sie vor übermäßiger Kälte schützte. Wenn es aber sehr kalt war, bedeckte sie sich mit zwei Wolldecken. Sie trug weiter das rauhe Hemd, verzichtete aber darauf, sich zu peitschen. Sie fastete streng, doch nie über ihre Kräfte hinaus.

Sie kleidete sich grau wie eine Nonne. Schmucklos. Ein einfaches Tuch bedeckte ihren Kopf. Und zu allem trug sie meistens keine Schuhe. Sie ging barfuß umher. Auch im strengen Winter. Nur zu festlichen Gelegenheiten zog sie ihre standesgemäße, wenngleich schlichte Kleidung aus der Truhe.

Darüber, warum die Fürstin barfuß einherging, erzählt man sich folgende Geschichte. Das herzogliche Paar verbrachte die Weihnachtszeit alljährlich in Glogau, um sich in Trauer ihres dort geborenen und so bald verstorbenen Kindes zu erinnern. Eines Weihnachtsmorgens, als Herzogin Hedwig allen voraus in die Kirche gegangen war, fand sie die Tür zum Gotteshaus noch verschlossen und vor der Tür eine junge Mutter mit ihrem Kind im Arm sitzen. Die Herzogin sprach sie an, erhielt aber keine Antwort. Sie faßte sie an der Schulter und erschrak zutiefst - sie war kalt und steif. Tot! Tot! Erfroren!

Hedwig begann zu zittern und zu weinen.

So entweihen wir Christen das Fest der Geburt Christi! rief sie dem sich nähernden Gefolge entgegen. Weihnachten - das Fest der Mutter und des Kindes! Das Fest der Hoffnung und Liebe! Und wir lassen Mutter und Kind vor

den Türen des Gotteshauses verkommen! Vor Kälte sterben, weil unsere Herzen eiskalt sind! Sie weinte und kniete vor der Armen nieder und küßte ihre blaugefrorenen schmutzigen Füße.
Tränenüberströmt warf sie sich danach für viele Stunden vor den Altar der Gottesmutter. Als sie aufstand, hatte sie sich gelobt, fortab barfuß zu gehen, wie die ärmsten der Armen. Ohne Schuhe! Auch im Winter.
Wieder gab es Auseinandersetzungen, Streit mit Heinrich, der diese neue Härte nicht dulden wollte. Hedwig versuchte ihn zu überzeugen. Die meisten armen Menschen hätten keine Schuhe für den Winter, sagte sie. Anscheinend gewöhne man sich an die Kälte. Heinrich schimpfte und flehte. Da versprach sie ihm, nie vor ihm ohne Schuhe zu erscheinen. Ansonsten blieb sie bei ihrem Entschluß.
Vielen in ihrer Umgebung gefiel das alles nicht: eine Fürstin, die wie eine Bettlerin aussah! So manche hielten die Merkwürdigkeiten der Fürstin für anstößig. Die Fürstin sei krank im Kopfe, sagten sie. Das sind die Folgen ihrer zahlreichen Erkrankungen. Reich sein, und arm sein wollen, wie denn das? Das kann doch nur Verrücktheit sein.
Heinrich war ratlos. Er wußte weder ein noch aus. Er sah nur das eine: Seine Frau war unbelehrbar geblieben, eines Tages würde sie wieder erkranken und womöglich sterben. Er machte ihr harsche Vorwürfe. Mal zornig mal betrübt, bat er sie Vernunft anzunehmen. Mal beschloß er, zu allem zu schweigen, dann wieder sie zu strafen. Was ihm, dem Ehemann trotz allem, wohl zustand. Denn so war es üblich.
Hedwig sah seine Qual und wollte ihn nicht noch mehr kränken. So hatte sie sich einige Listigkeiten ausgedacht, um ihn und ihre Umgebung zu täuschen. Sie ließ sich bei gemeinsamen Mahlzeiten manchmal auch etwas Fleisch auf den Teller legen. Sie rollte es hin und her auf dem Teller, schob es scheinbar in den Mund, ließ es dann aber heimlich unter den Tisch fallen, wo es die Hunde verschlangen.
Ähnliche Vorsicht ließ sie beim Trinken walten, denn sie hatte fest beschlossen, nur Wasser zu trinken statt Wein. Und das war es wieder, was sich für eine Fürstin nicht schickte. Demundis saß ständig neben ihr zu Tisch und

hatte sie davor zu bewahren, entdeckt zu werden, Anstoß zu erregen.

Leider meinten manche, sich in die Unstimmigkeiten zwischen den Herrschaften einmischen zu dürfen. Böswillige versuchten, Öl ins Feuer zu schütten.

Verleumder und Spitzel, die am bösen Gerede ihren Vorteil rochen, gab es überall und immer zur Genüge.

So hatte ein Peter von Chmielno, den Hedwig seit langem in Verdacht hatte, am Hofe Heinrichs für Konrad von Masowien und andere polnische Herren Spitzeldienste zu leisten, sie bei Heinrich verklagt. Peter, ein unförmiger Kloß auf krummen Beinen, mit unruhigen, in Fettwülsten schwimmenden Äuglein, der weder Ritter noch Kanonikus war, und sich auf undurchschaubare Weise beim Hofe eingeschlichen hatte, meldete dem Herzog, daß die Herzogin, sobald sie mit ihren Frauen allein speiste, nie Fleisch aß, nur Brot mit Asche. Nie Wein trank, immer nur Wasser. Also sichtbar wieder eine Krankheit suchte.

Als Heinrich, aufgebracht durch das Geschwätz des plumpen Mannes, in den Raum trat, wo die Herzogin mit ihren Frauen speiste, hatte Demundis, durch ein Zeichen des dienenden Knappen gewarnt, längst die Teller und Kelche getauscht. Heinrich trank aus Hedwigs Kelch und er trank süßen Wein. Verlegen bat er seine Frau um Entschuldigung.

Doch umso wütender wurde er auf den Verleumder. Er rief die Wache und ließ Peter holen, den schleimigen Gesellen. Auf die Knie, brüllte er ihn an, als der hereintrat, du verderbter Lügner! Für dein giftiges Geschwätz lasse ich dir die Augen ausstechen, die lügnerische Zunge ausreißen, ja, aufhängen lasse ich dich!

Da mußte sich Hedwig doch für den verabscheuungswürdigen Gnom verwenden, und um Gnade für ihn bitten, obwohl auch sie froh war, daß er nun vom Hofe entfernt werden sollte.

Mein Herr und Gemahl, sagte sie zu Heinrich, dieser Mann, der sich nicht nur mit dieser einen Verleumdung schuldig gemacht hat, verdiente es längst bestraft zu werden. Dennoch wäre die Todesstrafe zu streng für ihn. Ich bitte Euch: Lasset ihm die Zunge ausreißen, mit der er so oft gesündigt hat, und zehn Jahre Steine am Bau in

Trebnitz tragen. Und lasset Sorge tragen dafür, daß er nie mehr Zugang zu Hofe erhält. Das aber laßt, so bitte ich Euch, für alle Strafe gelten.
Und in einem Gespräch danach machte sie ihrem Mann Vorwürfe, daß er solch erbärmlichen Leuten Glauben gegen sie schenkte und auf unvernünftige Weise dergleichen Unwesen am Hofe duldete.
Was soll denn Übles daran sein, fragte sie, wenn ich Wasser trinke statt Wein. Übrigens schmackhaften Kräutertrank. Damit schade ich meiner Gesundheit nicht. Vielmehr schaden sich die, die zu sehr dem die Vernunft benebelnden Trank zusprechen.
Damit war Heinrich gemeint, der in der Tat in letzter Zeit dem Wein über das übliche Maß hinaus zusprach.
Heinrich lachte auf, er nahm ihre Hand und küßte sie. Er sagte: Hedwig, du bleibst doch meine Hadi, auch wenn du eine Heilige sein willst. Du wirst immer nur du selbst bleiben und mich armen Sünder belehren wollen. Ich sage dir: ich mag den süßen Wein, denn nur der ist mir von der Süße des Lebens geblieben, seitdem du mich verlassen hast. Er sagte es leichthin und es war das erste Mal seit langer Zeit, daß sie so miteinander sprachen wie früher. Darum bat Hedwig, noch einige Hofleute aus ihrer Umgebung entfernen zu dürfen, die ihr nicht vertrauenswürdig genug waren.
Schmähsüchtige, sagte sie, sind vor Gott hassenswürdig, daher sollte man diese als Hausgenossen nicht dulden. Denn verleumderische Reden, die in gleicher Weise die Seelen der Hörenden wie der Sprechenden verwunden, sollte man meiden wie die Pest und den Biß der Schlangen, weil sie ein Werkzeug des Teufels sind. Und sie fügte hinzu: Die Anwesenheit böswilliger Menschen vergiftet die Luft.
Doch gab es auch Wohlmeinende, die sich einmischten und leider ihre wohlverdiente Abfuhr erhielten. Eines Tages sprach der von allen geschätzte Magister Egidius, ein hoher kirchlicher Würdenträger, die Herzogin vor allen zu Tisch versammelten Gästen an. Er tadelte laut das ständige Fasten der Fürstin, das er übertrieben und ihrer Gesundheit schadend nannte.
Da antwortete ihm Hedwig schlicht und fest: Ehrwürdiger Vater, ich esse, was mir genügt! Das gefiel allen sehr. Be-

sonders aber Heinrich. Magister Egidius aber hatte das Nachsehen und zog ein saures Gesicht.

Auch Abt Günther von Leubus, der Gute, Verehrenswürdige, der meinte, als Beichtvater den größten Einfluß auf die Herzogin zu haben, ließ für sie Schuhe aus erlesenem Leder mit langen Schäften nähen. Er überreichte ihr diese eines Tages mit der Bitte, sie zu tragen, in Gottes Namen, damit sie ihrer Familie und dem Lande in Gesundheit erhalten bleibe.

Herzogin Hedwig bedankte sich, wie es sich gehörte. Ging aber weiter mit bloßen Füßen umher. Später erzählte man sich allenorts, mit welcher frommen Listigkeit die Herzogin die Bitte ihres Beichtvaters umgangen hatte. Sie trug die Schuhe, wie sie versprochen hatte, jedoch über den Arm gelegt.

Doch je strenger die Herzogin zu sich selbst war, umso größer war ihre Sorge um die Armen und Kranken. Diese lenkte die mildtätige Herrin in wohldurchdachte Bahnen. Es war auch dringend notwendig sich um die Menschen zu kümmern, die ohne Hilfe scharenweise elendig umgekommen wären.

Vor jeder Mahlzeit bediente sie bei Tisch dreizehn Arme, die sie an Christi und seine Apostel erinnern sollten. Sie wurden ihr überall mit einem Wagen nachgefahren. Doch dieses bildhafte Tun genügte der Herzogin durchaus nicht. Sie richtete hier und da Armenküchen ein, in denen Bedürftige täglich ihre Suppe bekamen, und ihr Stück Brot. So vor allem in Trebnitz, wo die Armenversorgung Boguslaw, dem tüchtigen Verwalter von Schwoine, oblag. Andere Armenküchen befanden sich in Neumarkt, in Breslau und Liegnitz, in Glogau und Goldberg. Und auf ihre Anregung hin entstanden immer neue.

Auf das Geheiß der Fürstin wurden Herbergen für Obdachlose und Hospitäler für Kranke aller Stände an verschiedenen Orten errichtet. Von Zeit zu Zeit kam die Fürstin selber vorbei, um nach dem Rechten zu sehen.

Und überall, wo sie hinkam, umgaben sie Schwärme von Bettlern.

Demundis trug stets ein Säckchen mit Münzen bei sich, die sie unter den Bettlern verteilte, manchmal sogar händevoll unter die Menge warf. Doch dadurch entstand oft

ein Gedränge, das die Fürstin zu ängstigen schien. Ein Gewimmel, von dem sie sich abwandte.
Schließlich ließ sie es zu, daß Demundis sie vor übermäßiger Belästigung schützte. Listig lockte die treue Dienerin die Bettler woanders hin, ließ sie dort versorgen, damit die Fürstin ungestört blieb. Unbehelligt ihrer Wege ziehen konnte. Damit sie allein sein konnte, um zu beten.
Denn Herzogin Hedwig war nun gern und oft allein. Sie suchte einsame Stätten auf. Nicht nur die Kirche war der Raum, in den sie sich zum Nachdenken zurückzog. Sie verweilte oft und gern im Walde oder wandelte gar in sommerlichen Nächten unter dem Sternenhimmel, den sie als das größte Gotteswunder ansah.
Sie brauchte die Stille und das Gebet, um Kraft zu haben für die Strenge gegen sich selbst, und für ihre unermüdliche Tätigkeit für die anderen.
Aber sie suchte die Abgeschiedenheit auch, weil sie sich noch immer der Angst in sich erwehren mußte. Die Angst, die sie in ihrer Krankheit zu vernichten gedroht hatte, lauerte noch immer in ihr. Die Abgründe von früher taten sich nicht selten wieder auf. In ihren Träumen sah sie sich nicht selten von Unwesen bedroht, von Teufeln, die sie schlagen wollten. Dagegen half nur das Gebet.
Jahre gingen ins Land. Alles war das Gleiche geblieben und war doch nicht das Gleiche. Mit der Zeit gewöhnten sich die Leute an den Anblick der merkwürdigen Herzogin, die grau gekleidet einherkam, den Kopf mit einem einfachen Tuch bedeckt, barfuß. Die inmitten ihrer bunt und prächtig gekleideten Hoffrauen wie ein dunkles Mahnmal aussah, das jedoch wundersam leuchtete und durch Schlichtheit alle höfische Pracht überstrahlte.
Doch gab es immer noch einige, die Anstoß nahmen am unstandesgemäßen Aussehen der Fürstin, das ihres Erachtens dem Ansehen des Landes schadete. Andere bezeichneten die übertriebene Mildtätigkeit der Herzogin als ärgerliche Verschwendungssucht. Doch sie blieben unter sich. Beim Fürsten hatten Ankläger nichts mehr zu suchen, dort trafen sie auf taube Ohren.
Den meisten jedoch galt die Herzogin bereits zu dieser Zeit als eine heilige Frau. Bald nannte man sie im ganzen Lande Mutter der Armen. Das freute sie: Mutter der Armen!

Sie wollte sich diesen Ehrentitel ehrlich verdienen. Die Leute sagten, von der Herzogin gehe eine strahlende Kraft aus wie von einem Himmelsgestirn. Es war vor allem ihr gütiges Lächeln, das irgendwie aus ihr kam und sie wie ein heller Schein umgab. Als wenn ein Engel lächelte. Als wenn der Himmel durch sie hindurch strahlte.

Das Leben der frommen Herzogin verlief nun für alle sichtbar auf zwei Bahnen. Einerseits war sie entrückt, in Stille und Einsamkeit um ihr Seelenheil bemüht, andererseits unter den Menschen, ihnen aufmerksam zugewandt. Anwesend auf eine besondere Art, anwesender als jeder andere Mensch.

Man bemerkte mit Erstaunen, wie diese Frau, die kaum etwas aß und viel weniger schlief als alle anderen Sterblichen, die dürr war und zerbrechlich aussah, mehr Kräfte hatte als so manch starker Mann. Sie lebte nach dem Tagesablauf der Nonnen und zog sich wie diese einige Male am Tage in die Kirche zum Gebet zurück. Nie sah man sie untätig, man erzählte sich Wunder von den vielen großen und kleinen Aufgaben, die sie auf sich genommen hatte.

Die geistlichen Herren sagten, im Leben der Herzogin hielte sich die viva activa und die viva contemplativa im gottgefälligen Gleichgewicht. Sie lobten die Freigiebigkeit der Herrin, die immer wieder der Kirche zugute kam, als besonderes Zeichen ihrer außergewöhnlichen Frömmigkeit. Auch priesen sie die Ehe des Herzogpaares als leuchtendes Beispiel, nicht nur weil in der Kirche die Askese viel galt, sondern auch weil den beiden die Enthaltsamkeit keinen Schaden brachte, im Gegenteil beispielhaft die Verantwortung und das gemeinsame Tun zum Wohle des Landes förderte. Das sahen alle.

Herzog Heinrich, der bei seinen Leuten keinen Widerspruch duldete, und oft laut schimpfte, wurde zahm neben seiner Frau. Er wußte selber nicht, warum er leiser sprach mit ihr und vor ihr den Kopf neigte. Er gab ihr in allem Recht und befolgte ihre Ratschläge vertrauensvoll. Jetzt mehr als zuvor. Denn ihr Rat, der früher klug war, war jetzt weise, und irgendwie noch mehr. Irgendwie... aus der Helligkeit. Von Oben. Und eigenartig wirksam.

Heinrich sah deutlicher als andere Menschen, daß seine Frau auf eine besondere Art zwischen Himmel und Erde

stand. Sie stand in Gott. Manchmal schien sie ihm wie eine leuchtende Säule, die das Dach des Himmels über ihnen allen hielt.
Und: Ihre Kraft gab auch ihm Kraft. Das nahm er dankbar an. Und ließ sich zügeln von ihr. Er, der leicht aufbrauste, hier und da zu unüberlegtem Handeln neigte, zur kriegerischen Grausamkeit, folgte seiner Frau. Seine Frau hielt ihn zur christlichen Gerechtigkeit an und zur Demut. Und wenn ihm auch dadurch manch rascher Vorteil entging, fiel ihm anderes wie durch ein Wunder zu.
Viele erfuhren Gutes von Herzogin Hedwig. Dennoch wurden die Leute seltsam verlegen in ihrer Anwesenheit, denn wenngleich sie sanft und gütig mit ihnen sprach, spürten sie ihre Strenge, die ihnen unheimlich schien. Niemand hätte es gewagt, ihr zu widersprechen. Sich ihr vertraulich zu nähern, verbat sich von selbst. Trotz aller Güte war sie wie hinter einer gläsernen Wand. Nie vergaß sie ein Versprechen. Wenn sie befürchtete, etwas könnte ihr entfallen, schrieb sie es auf ihr Wachstäfelchen, das sie immer bei sich trug.
So sorgte sich die, die selber wie eine Bettlerin gekleidet umherging, um die Kleidung ihrer Dienerinnen. Als diese schliefen, sah sie nach deren Schuhen und Kleidern, und wenn sie Mängel bemerkte, ließ sie diese bald beseitigen.
Aber auch Eigenartiges wurde von ihr erzählt. Chwalislaw, der Kämmerer, berichtete seinem Beichtvater folgendes: Ihm, Chwalislaw, war unter anderem die Obhut über die gläsernen Kelche anvertraut worden, die Herzogin Hedwig aus Andechs nach Schlesien mitgebracht hatte. Kostbare Gläser aus dem Heiligen Land. Chwalislaw hütete sie sorgsam, bis ihn eines Tages eine merkwürdige Versuchung überkam. Er versteckte die Gläser und begab sich zur Herzogin, um laut klagend ihren Verlust zu vermelden. Er warf sich auf die Knie und weinte laut über seine Unachtsamkeit. Als er aufsah, bemerkte er, daß ihn der Blick der Herzogin auf eine ihr eigene Weise durchdrang. Die Hohe Frau sah durch ihn hindurch. Und - sie sah alles. Sie hatte seine Gedanken gelesen. Seinen üblen Plan erraten.
Steh auf Chwalislaw, sagte die Herzogin sanft und fest, wie es ihre Art war. Geh, und suche die Kelche und bringe sie

zurück in die Truhe. Dann komme zu mir. Ich will dir vergeben. Chwalislaw wagte nicht zu antworten, drehte sich um und lief weg. Er brachte die Kelche schnellstens in die Truhe zurück.

Hatte er sie doch versteckt, um sie an wandernde Händler zu verkaufen, die ihm viel Geld dafür versprochen hatten.

Die Erwählte

*"Durch ihre Demut lehrte sie, daß das Glück
niemanden übermütig machen,
durch ihre Sanftmut, daß das Widerwärtige
den Menschen nicht allzusehr niederschmettern solle."*
(Legenda maior de beata Hedwigi)

Wie früher fuhr Herzogin Hedwig einmal in der Woche mit dem Wagen zu ihren Kranken in der Gegend von Liegnitz, wohin es den Trebnitzer Nonnen zu weit war. Dabei ergaben sich manchmal Begegnungen, wie die mit der Hexe aus dem Walde, über die die Leute noch lange viel zu erzählen hatten.

An diesem Tag schien die Sonne, obwohl es weit in den Herbst hineinging, in manchen Bäumen nur noch die schwarzen Krähen hingen und die welken Blätter überall unter den Füßen raschelten. Der Wagen stand wie jeden Freitag im Burghof zu Liegnitz zur Abfahrt bereit. Hubert, der Knecht, ging um den Brunnen herum. Anna und Johanna, die jungen Nonnen aus Trebnitz, die sich Herzogin Hedwig für dieses Jahr zum Krankendienst ausbedungen hatte, saßen auf mit Decken belegtem Stroh, die zwei Kästchen mit Arzneimitteln zwischen ihnen. Auf die hatten sie sorgfältig zu achten.

Neben dem Wagen warteten Kosmas und seine Ritter, ohne die Herzog Heinrich seiner Frau nicht erlaubte, übers Land zu fahren. Denn der Herzog war von der Gutmütigkeit aller seiner Untertanen und ihrer unbedingten Liebe zur mildtätigen Herrin nicht im gleichen Maße überzeugt wie diese. Er meinte, böse Menschen gebe es überall und immer. Und: Den Geschützten schütze der Herrgott.

Die Herzogin näherte sich dem Wagen, ihren alten grauen Wollmantel mit Kapuze über die Schultern gelegt, Demundis folgte ihr mit dem kleinen Reisesack in der Hand.

Hubert verneigte sich tief. Die beiden Mädchen erhoben sich und grüßten die Herrin mit hellen Stimmen.

Herzogin Hedwig grüßte sie zurück in Gottes Namen, stieg übers Treppchen in den Wagen und setzte sich zu den Mädchen. Hubert legte das Treppchen auf den Wagen und schwang sich auf den Kutscherbock. Die Pferde zogen an. Während sie übers morgendliche Land durch die Wälder fuhren, sangen alle zusammen Lieder zu Ehren der Mutter Gottes. So war es üblich. Dann schwiegen sie wieder.

Herzogin Hedwig hing ihren Gedanken nach. Diemal ging es zum alten Simon. Der war ein tüchtiger Mann gewesen, und ein christlicher Mensch, geachtet von allen. Jetzt aber lag er elend zu Bett und litt entsetzliche Schmerzen, wie Jutta von Röchlitz sie durch einen Boten wissen ließ, mit einer kurzen Beschreibung seines Leidens. Sein Ende nahte.

Der alte Simon war Schulze im Dorfe gewesen, das er mit seinen Leuten, die wie er aus Sachsen kamen, errichtet hatte. Sein Sohn Simon hatte das Amt seit einiger Zeit von ihm übernommen. Man nannte das Dorf wie üblich nach dem Schulzen - Simondorf.

Es war ein ansehnliches Dorf. An die zwölf Familien hatten ihre Häuser rund um ein hübsches Kirchlein errichtet. Simon hatte eine Einheimische geheiratet und zehn Kinder mit ihr, die alle lebten. Hedwig seufzte, welch ein glücklicher Mensch!

Vor Simons Haus gab es ein lautes Gemenge. Die Ritter Ruprecht und Andreas, die vorgeritten waren, hielten ein altes hageres Weib zwischen sich an den Händen fest. Simon der Jüngere und sein Weib stritten laut mit ihnen, sie wollten das Weib befreien.

Als sie die Herzogin Hedwig erblickten, ließen sie von ihr ab. Die Herzogin stieg schnell vom Wagen und trat zu der Gruppe. Das Weib rieb sich die Knöchel mit den Fingern und blickte zur Erde.

Wer bist du, fragte die Herzogin. Das Weib richtete sich auf, hob den Blick und sah sie mit dunklen und aufmerksamen Augen an. Die Herzogin erschrak fast vor ihrem kraftvollen Blick.

Mila, heiße ich, Herrin, sagte sie ohne Scheu. Ich bin das Weib aus dem Walde. Die Leute sagen: die Hex. Sie lächel-

te. Simon trat verlegen dazu und sagte erklärend: Wir wußten nicht, Herrin, wann Ihr zu uns kommt, und unser Vater schrie Tag und Nacht vor Schmerz. Die da, die Mila, hat schon vielen geholfen und wir haben sie zu unserem Vater geholt.
Gut hast du getan, Simon, sagte Hedwig zu dem Mann, und dann zu dem Weib gewandt: Mila, du hast einen schönen Namen und kluge Augen, warte auf mich, ich will nach dem Kranken sehen und danach will ich reden mit dir.
Herzogin Hedwig lächelte und Mila lächelte zurück. Irgendwie... merkwürdig... wie eine Freie, wie eine der Herzogin Gleiche.
Simon schlief, als die Herzogin in den Raum trat, in dem ein großer Ofen Wärme ausstrahlte. Man hatte den Kranken aus der Schlafkammer in diesen Raum gebracht, in dem sich das ganze Leben der Familie abspielte, um bei ihm zu sein. Damit er unter den Seinen war.
Der Alte lag abgemagert und mit leidvollem Gesicht in den weißen Kissen seines Bettes in der Ecke der Stube. Aber er atmete ruhig mit geschlossenen Augen: er schlief. Bei dieser Krankheit, die den Betroffenen pausenlos plagte, ein Wunder. Oder Zauberei...
Simons Weib erklärte, der Kranke sei nach Milas Saft eingeschlafen. Es wäre sinnlos gewesen ihn zu wecken.
Herzogin Hedwig verließ den halbdunklen stickigen Raum und bedeutete den Leuten, sie mit Mila allein zu lassen. Sie setzte sich zu ihr auf die Bank in die Sonne. Mila lächelte ihr zu und Herzogin Hedwig bemerkte, daß sie starke weiße Zähne hatte.
Du bist im Walde zu Hause, Mila, fragte sie.
Ja, Herrin, antwortete das Weib.
Erzähle, forderte sie die Herzogin auf, warum lebst du allein im Walde und nicht unter den Menschen.
Auf Milas Stirn zeigte sich eine steile Falte: leicht gesagt, schwer gesagt. Sie wiegte ihren Kopf. Das war vor vielen, vielen Jahren... Ich war schön... sie legte den Kopf zurück und blinzelte in die Sonne. Sie erzählte langsam mit tiefer Stimme in der weichen nuscheligen Sprache der Einheimischen: Alle Männer wollten mich haben, aber heiraten wollte mich keiner. Denn ich war ohne Eltern, und... irgendwie anders als sie alle. Einer der Neuen hatte mir

ein Haus aus Holz im Walde gebaut. Ein festes Haus. Er liebte mich in diesem Haus. Als dann sein Weib starb und seine Kinder und er vor Verzweiflung in die weite Welt zogen, fingen die Leute im Dorfe an, auf mich mit den Fingern zu zeigen. Die neidischen Weiber. Ich hätte einen bösen Zauber geworfen auf den Mann, auf sein Weib und seine Kinder, tuschelten sie. Eine sagte, ich sei eine Hexe. Das glaubten ihr die anderen gern. Da haben sie mich, als ich ins Dorf kam, verjagt. Mit Steinen und Mist beworfen und verjagt. Ich durfte nicht mehr ins Dorf kommen. Das war vor vielen vielen Jahren...

Sie sah vor sich hin und fuhr fort: Jetzt kommen sie zu mir in den Wald und bitten mich um Hilfe. Auch die Neuen. Und ich helfe ihnen gern. Sie lächelte der Sonne zu und schwieg. Herzogin Hedwig sah sie von der Seite an und wartete.

Und Mila sprach nach einer Weile weiter. Wenn man lange im Walde lebt, bekommt man Augen und Ohren des Waldes. Man bekommt einen anderen Verstand und ein anderes Herz. Ich kann vieles heilen. Die Kräuter sagen mir selbst, gegen was sie helfen wollen. Ich kenne sie alle, die Pflänzlein, die guten und die bösen. Auch die bösen sind oft gut, wenn man sie richtig nimmt. Ja, auch die, besonders die sehr giftigen. Ja, die giftigen sind oft die besten, in kleinen Mengen. Sie lächelte und schwieg wieder. Die Herzogin fragte: Bist du getauft, Mila? Die Frau antwortete zögernd: Wohl ja, Herrin, aber ich habe den Gott der Christen längst vergessen. Im Walde leben die Götter des Waldes.

Mila, entgegnete Herzogin Hedwig, so darfst du nicht reden. Kannst du noch das Vaterunser?

Mila schwieg und die Herzogin sagte eindringlich, kannst du dies: Vater unser, der Du bist im Himmel, geheiligt werde Dein Name, zu uns komme Dein Reich, Dein Wille geschehe...

Mila sah sie nicht an und schwieg.

Dann sagte sie leise: Wie kann ich sagen, Vater unser, ich kenne meinen Vater nicht. Warum: Vater unser und nicht Mutter unser. Der Wald ist wie ein Mutterbauch, wie eine dunkle Höhle. Das Leben wächst im Walde und stirbt in ihm. Der Wald ist mir Vater und Mutter. Ich fühle mich im

Walde geborgen. Welches Reich Gottes soll ich mir wünschen, mein Reich ist der Wald. Und der ist hier.
Das verstehst du nicht, sagte die Herzogin streng. Kein Mensch darf leben wie ein Tier im Walde.
Sie stand auf. Auch Mila erhob sich.
Mila, sagte die Herrin, du kommst mit mir in meine Burg und ich werde dich das Vaterunser lehren. Ich werde dir erzählen vom Gott der Christen, der unser Vater ist im Himmel, der uns liebt, und der uns hilft zu leben, hier und jetzt und in aller Ewigkeit. Und von seinem Sohne, der für uns Menschen am Kreuze gestorben ist. Amen.
Doch Mila stand ruhig und heiter vor der Herrin und sagte: Und wenn ich nicht will! Ich habe mein Leben im Walde gern. Wollt Ihr mich zwingen, den Wald zu verlassen, Herrin?
Die Herzogin stand vor dem Weib, das eine Hexe sein sollte, sah in ihr altes schönes Gesicht... Und suchte nach Worten. Sie schüttelte den Kopf. Sie war nicht gewöhnt, daß man ihr widersprach.
Dann sagte sie bittend: Mila... Mila, komm mit mir in meine Burg. Du sollst neben meiner Kammer schlafen. Du wirst mir von den Kräutern des Waldes erzählen. Und ich werde dich das Vaterunser lehren.
Mila, die soeben die bloßen Füße der Herzogin bemerkt hatte, die wie ihre schmutzig unter dem langen Rock hervorsahen, hob den Blick und sagte leise: Nun, so will ich denn mit Euch gehen, Herrin.
Viele Wochen weilte dann das Weib aus dem Walde bei der Herzogin. Es schlief in einer Kammer neben der Kammer der Herrin. Beide redeten oft und lange miteinander.
Die Herzogin schrieb vieles auf, was ihr die Hexe über heilende Kräuter sagte, und die lachte über die Buchstaben auf dem Papier: Die schwarzen Zeichen wimmeln ja wie Mäuse in der Scheune.
Doch das Vaterunser wollte sie nicht erlernen.
Ja, sagte sie, wenn ihr die Herzogin das Gebet des Herrn vorsagte. Ja, ja, so ist es! Aber sie war nicht dazu zu bewegen, die Worte zu wiederholen.
Die Herzogin gab sich alle Mühe, dieses Gebet, das alles enthielt, um den Menschen zu stützen, Mila beizubringen. Sie versuchte es immer wieder. Vergeblich. Mila lächelte.

Und Hedwig durchschaute sie: Sie dachte an ihre heidnischen Götter. Sie wollte ihren Göttern treu bleiben.
Herzogin Hedwig versuchte es auch mit anderen Lehren des christlichen Glaubens. Höre, Mila, sagte sie. Du sollst Gott ehren und die anderen Menschen lieben wie dich selbst.
Das weiß ich, antwortete die Frau.
Ja, sagte die Herrin selbst erstaunt, das tust du, Mila.
Und als ihr die Herzogin vom Tode Christi erzählte, sagte Mila betrübt: Ja, so sind die Menschen. Grausam. Aber die Christen sind keine besseren Menschen geworden durch Christi. Warum?
Auf diese Frage hatte die Herzogin keine Antwort.
Und irgendwann sagte Mila: Euer Gott, Herrin, ist mir zu weit. Weit wie der Himmel mit seinen Sternen. Er kennt mich nicht. Meine Götter sind bei mir, sie streicheln mich: der warme Wind, der Sonnenschein, der Regen. Sie flüstern mir zu in den Quellen und Flüssen. Sie lächeln mich an durch die Gesichter der Blumen. Und ich kann reden mit ihnen. Ich weiß auch, sie strafen mich, wenn ich unachtsam bin, wenn ich ihre Gebote übertrete.
Auch ich entbiete jeden Morgen meinen Göttern meine Ehrfurcht. Auch ich danke der Gott-Mutter für jeden erlebten Tag. Auch ich bitte sie um Obhut.
Eines Tages war Mila verschwunden. Und Herzogin Hedwig ließ sie nicht suchen.
Die besondere Sorge der wohltätigen Herzogin galt den Kindern. Während ihrer Fahrten übers Land sah sie sich allenorts aufmerksam nach verlassenen oder auffallend klugen Kindern um. Elternlose Mädchen nahm sie bei sich auf oder übergab sie den Nonnen in Trebnitz. Die bereiteten sie fürs Leben vor, für den Ehestand, oder führten sie dem Klosterleben zu für immer. Die Trebnitzer Nonnen hatten ständig ein Grüppchen elternloser Mädchen unter ihrer Obhut. Die Waisenkinder lernten wie die anderen Lehrtöchter Frommes und Nützliches zugleich, wie im Kloster üblich. Die frömmsten und klügsten Mädchen durften im Kloster bleiben, ihr Leben Gott weihen, das bedeutete für die meisten eine große Ehre. Gegen alle Bedenken Petrissas ließ Herzogin Hedwig Mädchen jeglichen Standes ins Kloster aufnehmen. Nicht nur Adlige wie üb-

lich, sondern auch Mädchen bürgerlicher und sogar bäuerlicher Herkunft. Auch machte sie keine Unterschiede zwischen deutschen oder einheimischen Mädchen. Obwohl Petrissa meinte, daß sich die deutschen und die slawischen Nonnen nicht allzu gut verstehen.
Mit größter Aufmerksamkeit sah sich die Herzogin nach klugen Bürschlein um, die sie in die Schulen schickte, damit sie zu Dienern der Kirche werden. Denn es gab noch immer zu wenig Geistliche im Lande. Immer mehr Menschen kamen nach Schlesien, die Dörfer und Städte errichteten, und die brauchten geistige Hirten. Man durfte die Gläubigen nicht ohne kirchliche Obhut lassen. So regte die Herzogin das Errichten von Schulen in den größeren Städten an, die sie auch kräftig förderte. In denen wurden begabte Knaben unterrichtet. Solche Schulen gab es bereits in Breslau, in Liegnitz und Glogau, in Neiße, Namslau und Goldberg und in einigen anderen Orten. Die begabtesten Schüler wurden zum Studium an weitgelegene Universitäten geschickt, nach Rom, Padua oder Paris. Das Studium wurde von der Fürstin aus ihrer Schatulle bezahlt.
Manche, die durch die Fürstin aus einfachen Familien, aus strohgedeckten Hütten ans Licht der Wissenschaft geführt worden sind, gelangten später, noch zu ihrer Lebzeit, zu großer Berühmtheit.
Der berühmteste unter ihnen war der in der ganzen Welt bekannte Wit aus Großburg bei Breslau, Vitelo genannt, der ein wichtiges Werk über das Sehen geschrieben hat, für das er weltweit bekannt wurde. Dafür hatte er viele Bücher in lateinischer, griechischer, ja sogar in arabischer Sprache lesen müssen. Nach seiner Rückkehr nach Schlesien diente er einige Jahre der Herzogin als Hofkaplan zu Liegnitz. Er nannte die Fürstin seine Mutter im Geiste. Und erzählte der immer Neugierigen viel von seinen Reisen und Studien.
Diesen Veit oder Wit und später Vitelo hatte die Fürstin wie ein eigenes Kind ins Herz geschlossen. Der Pfarrer von Großburg hatte sie bei einem Besuch im Dorfe auf die ungewöhnliche Begabung des Zehnjährigen aufmerksam gemacht. Der Junge wuchs in ärmlichen Verhältnissen auf. Sein Vater, der Schulze des Dorfes gewesen war, ein Mann

aus Thüringen und tüchtig wie drei, war kurz nach der Geburt des Kleinen von einem gefällten Baum erschlagen worden. Seitdem quälte sich die Mutter redlich aber recht ärmlich als Heilerin und Hebamme durch. Daher kannte sie die Fürstin: eine tüchtige kluge Frau, mit der sie oft sprach und ihr half, wie sie konnte.
Der Pfarrer erzählte, wie er den Jungen, der ihm zur Messe diente, in einer Ecke der Sakristei über dem Messbuch sitzend erwischt hatte, das er aufbewahren sollte.
Was starrst du in das Heilige Buch, schimpfte er ihn an, das du doch nicht lesen kannst. Du wirst es noch schmutzig machen. Ich habe die Hände gewaschen, antwortete der Kleine fast trotzig. Und ich kann manche Zeichen lesen, auch manche Worte, fügte er herausfordernd hinzu. Und auf des Pfarrers Geheiß las er den Anfang des lateinischen Textes aus dem Heiligen Buche.
Wie denn das, fragte sich der Pfarrer. Ist es ein Wunder oder ein Zauberstück? Doch der Kleine erklärte, ihn treuherzig anschauend, er habe ihm, als er die Messe las, aufmerksam zugehört und danach die gehörten Worte mit den geschriebenen verglichen. Von Anfang an, immer mehr, inzwischen habe er sich manche gemerkt. Leider verstehe er nicht, was gemeint sei. Daraufhin habe er, der Pfarrer, ihm den Anfang des Textes übersetzt und der Kerl habe sich ihn, nach einem Mal, gemerkt.
Dieses Kind ist ein Wunder Gottes, sagte der Dorfpfarrer und gehört in Eure Hand, Herrin.
So sah es auch Hedwig. Veit sah sie mit seinen großen Veilchenaugen an und sie strich ihm über die weizenblonden Locken. Und dazu ein so schönes Kind, dachte sie. Sie ließ den Jungen zu den Prämonstratensern nach Breslau bringen, die die beste Schule im Lande hatten. Sie behielt ihn in besonderer Obhut, erkundigte sich oft nach ihm und erfreute sich zwei Jahre seiner Gegenwart als Hofkaplan in ihrem Gefolge, ehe ihn sein Orden zum weiteren Studium nach Italien schickte.
Auch andere Scholaren suchten von Zeit zu Zeit die wohltätige Fürstin auf, hier und da, wo sie gerade weilte, in Liegnitz, Breslau, Röchlitz oder anderswo. Ein zukünftiger Kleriker konnte immer auf reichliche Unterstützung der Herzogin hoffen. Sie teilte Kleidungsstücke und Silber an

die Studenten aus, und ließ sie reichlich mit Lebensmitteln versorgen.
Denn wenngleich die meisten arm wie die Armen waren, galten sie doch unter den Hilfesuchenden als eine besonders begünstigte Gruppe. Die Herzogin achtete in ihnen ihren zukünftigen Stand.
Das sprach sich schnell herum. Und die Studenten ließen sich gern verwöhnen von der hohen Frau. Sie waren ihr dankbar und bewunderten sie, das aber hinderte sie nicht, Spottreime auf ihre Strenge und übermäßige Frömmigkeit in Umlauf zu setzen.
Eines Tages hörte Herzogin Hedwig, wie einer der Scholaren hinter ihrem Rücken auf lateinisch sagte: Gott bewahre uns vor einer Strenge wie sie diese Frau übt. An diesem Hofe geht es ja den Bettlern besser als der Herzogin selbst. Er war überzeugt, die Herzogin verstehe ihn nicht. Sie aber wandte sich um und antwortete: Iniuria non fit volenti! Was soviel bedeutete wie: Wer es so sieht, dem geschieht kein Unrecht.
Die Studenten sahen sich beschämt an, verneigten sich und verschwanden.
Viele behielten die Hilfe der Herzogin in dankbarer Erinnerung, auch als sie schon in Amt und Würden waren. So erzählte Ratzlaw, später Kanonikus in Gnesen, wie er von der Fürstin von Schlesien als armer Scholar versorgt worden war. Er war ein Schüler ohne Geld und Gut, als er in Breslau studierte, berichtete er, und hatte sich einige Male mit seinen Freunden an den Hof der Fürstin in Röchlitz oder Lissa begeben und war jedes Mal mit einer Achtelmark Silber beschenkt worden. Ähnliches berichtete auch ein Wladislaw, ebenfalls ein späterer kirchlicher Würdenträger.
Beide bestätigten, unzählige Bettler und andere Hilfeheischende am Hofe der Herzogin gesehen zu haben, denen allen geholfen wurde. Ein Magister Hermann, Kanonikus zu Glogau und Pfarrer zu Schweidnitz, wußte zu berichten, daß die Fürstin kaum den hundertsten Teil ihrer Einkünfte für sich gebrauchte, alles andere aber zum Wohl der Kirche und der Armen nutzte.
Zu der Zeit förderte das Herzogpaar auch zahlreiche kirchliche und wohltätige Einrichtungen in Schlesien.
Da war vor allem das Aussätzigenhospital bei Neumarkt,

das sich in besonderer Gunst der Herzogin befand. Freilich war das Kirchlein daneben klein, wenngleich der Gottesmutter geweiht, doch das Spital selbst war reich ausgestattet worden mit Einkünften. Zudem sandte die Fürstin persönlich mehrmals in der Woche Geld, Fleisch und Wildbret, ebenso Kleidung und andere zum Leben notwendige Dinge für die kranken Frauen.

Herzog Heinrich schenkte auf Bitten des Abtes Witoslaw vom Breslauer Sandstift dem Augustiner Konvent ein Stück Land in Breslau zwischen den Bächen Ohle und Odricza für einen Hof und einen Garten, damit sie dort eine Kirche zum Heiligen Geist und ein Hospital zur Aufnahme von Armen, Kranken und Fremden mit Gottes und des Herzogs Hilfe errichten könnten. Dazu bekamen die Mönche einige zehntenpflichtige Dörfer.

Weiter verhalf der Herzog der Propstei der Augustiner Chorherren in Naumburg am Bober, die ein armes Kloster waren, durch reiche Schenkungen zu einem besseren Leben. Die Mönche erhielten zinspflichtige Dörfer und 120 Hufen unbebauten Landes, die sie besiedeln sollten. Dazu Einkünfte aus Fischereien und Mühlen in der Umgebung wie auch aus der Bienenzucht.

Auch die Templer-Komende bei Oels, besonders verdient bei der Besiedelung des Landes, ist von dem Fürstenpaar reich beschenkt und ausgestattet worden.

In Breslau errichteten die Ursulinerinnen ein Heim für verwaiste Kinder und eine Schule für begabte Mädchen. Diese Einrichtungen befanden sich unter besonderer Obhut der Herzogin. Und noch vieles andere wäre zu berichten.

Doch nicht nur Erfreuliches. Bekanntlich gibt es dort, wo viel Licht ist, auch Schatten.

Dem Elend im Lande war schwer beizukommen, trotz aller Bemühungen. Im Vorfrühling starben unzählige Alte und Kinder, da in manchen Hütten nichts mehr zu beißen war. Ehe das erste eßbare Grün sprießte, Blätter und Blüten, dann Kohl in den Gärten, Beeren im Walde, starben die Schwächsten.

Doch so eine Hungersnot wie im Jahre 1226 war selten. Die Ernte im Vorjahr war spärlich gewesen und der Frühling ließ außergewöhnlich lange auf sich warten.

Der Hunger packte wie immer die Armen. Die Ritter in

ihren Burgen und die reichen Bürger hatten genug gespeichert, aber nicht das Volk. Auch in den fürstlichen Scheunen und Kammern fand sich Eßbares genug.

Die Herzogin, die das heraufziehende Elend sah, ließ wie üblich zuerst die Vorräte von Schawoine, das ihr Eigengut war, 400 Hufen besten Bodens, ausräumen und verteilen, dann desgleichen in Jauer bei Ohlau, in Domnitz bei Wohlau und in der Kastellanei Lähn, die auch ihr gehörten.

Weil das diesmal aber nicht reichte, bewirkte sie beim Herzog, daß alle Kastellaneien zur Hilfen fürs Volk verpflichtet wurden. Eßbares sollte überall verteilt werden. Hier und da, meistens in Trebnitz am Markte oder auch in Liegnitz war die Fürstin selber dabei, wenn vom Wagen herab Brot und Getreide verteilt wurde, auch Fleisch und Käse, Fett und Salz. Alles was es gab und zum Überleben notwendig war. Doch Achtsamkeit war geboten. Einige, die frech genug waren, standen erneut an, obwohl sie bereits ihren Teil bekommen hatten. Die ließ die Herzogin beiseite nehmen und mit Ruten bestrafen.

Leider waren die Vorräte eher verzehrt, als die Not andauerte. Der Hunger langte nach seiner Beute. Der Tod als Gerippe und Sensenmann schwebte über dem Schlesierland. Die Herzogin, die allen helfen wollte, sah ein, sie hatte nur wenigen helfen können. Das nahm sie mit großer Betrübnis zur Kenntnis.

Doch das Leben im Lande ging trotzdem bald weiter. Die Menschen starben und neue Menschen wurden geboren. Das Leben war eben ein Wunder der ständigen Wiedergeburt. So war es nach Gottes Willen. Amen.

Vor allem aber galt die Aufmerksamkeit der Herzogin dem Klosterbau in Trebnitz, der erstaunlich rasch voranging. Die Mauern standen. Ein Turm mit Glocke war fertiggestellt und wurde von allen bewundert. Doch noch vieles war zu tun. Ein vorläufiges Dach war errichtet worden, um den sorgfältigen Ausbau der Gewölbe zu ermöglichen. Der Bau einer Kirche und dazu einer so prächtigen brauchte seine Zeit. An die künstlerische Ausstattung der Kirche war Jahre zuvor gedacht worden. Auch Ekbert, Bischof von Bamberg, nahm gelegentlich an den Beratungen teil. Er reiste noch immer wie früher gern nach

Schlesien, wenn er meinte gebraucht zu sein. Der Steinmetz, den er nach Trebnitz zu schicken versprach, war derselbe, der sein Bildnis auf einer Relieftafel des Bamberger Doms gestaltet hatte. Da sehe er wie ein Pfefferkuchenmann aus, lachte Ekbert.

Der heute so geschätzte Meister Kunibert, erzählte dazu Ekbert, war anfangs kein überragendes Talent gewesen, aber eifrig und arbeitsam, so daß die Hoffnung bestanden hatte, er könne Fortschritte in seiner Kunst machen. So hatte man ihn für einige Jahre nach Straßburg gesandt, wo zu der Zeit nachahmungswürdige Meister am werken waren, und ihm erlaubt, anschließend durch Frankreich und Burgund zu reisen, um die Bauart dortiger Kathedralen kennenzulernen. Nach seiner Rückkehr war Kunibert noch eine zeitlang in Bamberg unter der Führung eines alten Meisters tätig gewesen und es erwies sich, daß er sehr viel gelernt hatte, so daß ihn Ekbert nach Naumburg schicken konnte, wo Bildhauer für die weitere Gestaltung des Domes dringend benötigt wurden. Auch da war man mit Kunibert höchst zufrieden gewesen. Schließlich hatte er den Künstler beauftragt, das Grabmal der Wettiner Großeltern, Dedo und Mathilde, nach seinen Vorschlägen zu errichten. Und auch diese Aufgabe hatte Kunibert zur großen Zufriedenheit der Familie gelöst. Zur Zeit sei Kunibert ein höchst begehrter Künstler seiner Zunft. An Kunstfertigkeit komme er wahrscheinlich sogar an den unvergessenen buckligen Rudolfino heran, der einst den Bamberger Reiter gestaltet hatte. Und Ekbert fügte hinzu, der Meister solle nach dem Abschluß der Arbeiten in Trebnitz schnellstens nach Naumburg zurückkehren, denn dort werde er dringend gebraucht.

Noch ist er nicht da, bemerkte dazu Herzogin Hedwig spöttisch, und schon wird seine Rückkehr gefordert.

Doch als die Klosterkirche im Rohbau dastand, kam Kunibert, der Bildhauer, rechtzeitig, wie gewünscht, angereist.

Ein etwas merkwürdig aussehender Mensch, gekleidet wie ein Benediktiner, der er auch gewesen war, wie er auf Nachfrage der Herzogin erklärte, und gern weiter wäre, doch habe man ihn seiner künstlerischen Tätigkeiten wegen, die ständige Ortswechsel erforderten, von der Regel entbunden.

Dennoch lebte er wie ein Mönch, wie es sich bald erwies. Hedwig gefiel das durchgeistigte Gesicht des Künstlers. Ein blasses rundlich weiches Antlitz, über das manchmal merkwürdige Zuckungen liefen. Dazu wache, durchdringende Augen. Doch Kunibert stotterte und stöhnte auf merkwürdige Weise, wenn er etwas Wichtiges sagen wollte. Schaum zeigte sich auf seinen Lippen und sein ganzer Körper geriet in eigenartige Bewegungen, wenn er sich aufregte. Dieses Leiden weckte Hedwigs Mitleid und Zuneigung. Der Künstler nahm die freundliche Aufmerksamkeit der Fürstin mit erstaunter Dankbarkeit wahr, und bald erwies er der Herrin eine ungewöhnliche Ergebenheit.
Meister Kunibert hatte eine Menge Zeichnungen mitgebracht, die er zunächst nur vor der Herzogin ausbreiten wollte. Dies habe er so in Reims gesehen, sagte er, und jenes in Heisterbach, und so sollen die Stifterfiguren im Naumburger Dom aussehen. Da er kaum etwas näher erklären konnte, mußten die Zeichnungen für sich sprechen. Vor allem auf die geplanten Naumburger Stifterfiguren versuchte er die Aufmerksamkeit der Herzogin zu lenken. Und dabei wurde er fast gesprächig. Er wolle, sagte er mit Überzeugung, das schlesische Herzogpaar auf ähnliche Weise in Trebnitz darstellen. Diese Figuren wolle er aufs Schönste gestalten. Er würde sich mühen wie um sein Seelenheil, versicherte er. Lebensgroße Figuren sollten es sein an den inneren Pfeilern des Gotteshauses. Seine Augen weiteten sich und leuchteten. Hedwig hob nachdenklich die Brauen, sagte aber nichts.
Wie das Bauwerk, dessen Mauern nun festgefügt standen, künstlerisch ausgestaltet werden sollte, oblag vor allem Herzogin Hedwig. Herzog Heinrich hatte sich längst anderen Aufgaben zugewandt. Und im übrigen das Frauenkloster immer als die Angelegenheit seiner Frau betrachtet. So berief die Herzogin mit unermüdlichem Eifer ihre Berater ein: den Baumeister Jakob, den Abt von Leubus Conradus, und vor allem auch Petrissa und von ihr ausgewählte Nonnen. Manchmal war der Bischof von Breslau dabei und oft wurden die Meister herbeigeholt, damit auch sie wüßten, wie die Arbeiten weitergehen sollten. So saß man viele Male um den Tisch im Wohnraum des kleinen castrums zu Trebnitz, oder im Refektorium des Klosters, um gemeinsam zu beraten.

Die Ankunft des Bildhauers gab den Gesprächen eine neue Richtung und belebten sie auf ungewöhnliche Weise. Kuniberts Zeichnungen weckten Aufmerksamkeit. Man stellte viele Fragen an den so gern schweigenden Künstler. Auch in dieser Runde versuchte Kunibert für die Gestalten der Stifter, der Herzogin Hedwig und des Herzogs Heinrich, an den Pfeilern der inneren Kirche auf seine wortkarge Weise zu werben. Er hatte sich diese Figuren in den Kopf gesetzt, sie waren anscheinend sein Traum, den er im Stillen zu seinem Lebenswerk erklärt hatte...

Doch es kam anders, als es sich Kunibert, der Künstler, erträumte. Während einer der zahlreichen Besprechungen erklärte Herzogin Hedwig plötzlich mit der ihr eigenen liebenswürdigen Entschlossenheit, die keinen Widerspruch duldete: Figuren des Stifterpaares kämen in der Trebnitzer Kirche nicht in Frage. Die Kirche werde zu Ehren Gottes und der Gottesmutter errichtet. Nicht zu Ehren der Stifter. Sie solle der Andacht der Gläubigen dienen und zudem sei sie ja als Klosterkirche den Regeln der Schlichtheit des Ordens verpflichtet. Es gäbe auch andere Gründe. Mit einem Wort: Der Herzog und sie wünschten sich, nicht in der Kirche dargestellt zu werden.

Die Versammelten wußten, daß, wenn die Fürstin in diesem Tone sprach, sie sich lange zuvor überlegt hatte, was sie sagen wollte, und daß es niemandem gelingen werde, sie von ihrem Entschluß abzubringen. Kunibert, der die Fürstin nicht so gut kannte wie die anderen, versuchte etwas zu entgegnen, begann aber fürchterlich zu stottern und war den Tränen nahe. Er war enttäuscht.

Sie, die Herzogin, die sonst immer alles freundlich und wohlwollend unterstützte, was er vorgeschlagen hatte, die bisher alles annahm, was er als neuartig und zeitgemäß, wie in den westlichen Ländern anpries, lehnte diese Figuren ab, die als die allerneueste Errungenschaft der kirchlichen Baukunst galten.

Und die anderen wagten kein Wort für ihn und seine Pläne zu sprechen, obwohl sie ihm in vorangegangenen Gesprächen Unterstützung in dieser Sache zugesagt hatten. Kunibert fühlte sich verletzt, verschmäht und verraten und saß stumm mit gesenktem Kopf da.

Nach der Versammlung trösteten Abt Conrad und der

Bischof von Breslau den tief betrübten Künstler, beide versuchten ihm klar zu machen, daß es keinen Sinn habe, der Herzogin zu widersprechen, wenn sie so entschieden ihre Meinung äußerte. Man hatte nicht nur einmal die Erfahrung gemacht, daß da, wo ihre Art der Frömmigkeit, ihre christliche Demut und ihre besondere menschliche Bescheidenheit zum Ausdruck kamen, sie nichts von ihren eigenwilligen Ansichten abbringen könne.

Meister Kunibert hörte sich das alles schweigend an. Tagelang ging er grübelnd umher. Denn der Meister war auf seine Art eigensinnig und dachte nicht daran aufzugeben, wußte er doch, was in der Welt üblich war, was sich für ein Gotteshaus schickte. Wozu hatte er so viele Gotteshäuser besucht, betrachtet, ihre künstlerische Gestaltung begierig studiert. Er werde es doch noch den hinterwäldlerischen Schlesiern beibringen, was neuzeitliche Kunst bedeutete.

Kunibert wollte nicht nur in Trebnitz sein bestes Können zeigen, sondern er war auch entschlossen, der Herzogin, die er aus ganzem Herzen verehrte, ein Denkmal für alle Zeiten zu setzen. Ihr Abbild gehörte seines Erachtens in die Kirche, die ihr ihre Entstehung verdankte und um die sie sich kümmerte, wie er es bisher nirgendwo gesehen hatte.

Herzogin Hedwigs Abbild mußte in der Kirche zu Trebnitz einen würdigen Platz finden, davon war er zutiefst überzeugt, davon wollte er sich nicht abbringen lassen. Doch wie sollte er dies bewirken... Gegen ihren Willen...

Kunibert war ein frommer Mann und er beschloß, mit Hilfe seiner Schutzpatronin, der Muttergottes, auf frömmste Weise die Herzogin zu überlisten. Jeden Abend flehte er die Gottesmutter eigens in dieser Angelegenheit an und war überzeugt, sie werde ihm helfen.

Die weiteren Beratungen verliefen friedlich und in voller Übereinstimmung der Versammelten. Die Herzogin und Kunibert nahmen an ihnen teil und nichts erinnerte an den unangenehmen Vorfall.

Es war klar, daß das Hauptportal der Kirche zu Ehren der Muttergottes zu gestalten sei, der das Kloster zu Trebnitz geweiht war, wie alle anderen Zisterzienserklöster auch. Dies sollte gleich am Eingang seinen eindeutigen Ausdruck finden.

Die beiden Bilder der Nebenportale sollten die Darstellung des Hauptportals ergänzen. So war es üblich. Schöne Schautafeln sollten es sein, wünschten sich die Anwesenden, zur Erbauung der in die Kirche eintretenden Gläubigen. Doch wie die Verehrung Marias auf den drei Tympanons zu zeigen sei, darüber war man sich noch lange nicht klar. Sogar Herzog Heinrich wurde zur Beratung herangezogen, obwohl er als nicht allzu bibelfest galt. Das Ergebnis der langen Beratungen war der Entschluß, die konkrete Entscheidung dem Meister Kunibert zu überlassen, der seine Ideen zunächst mit Abt Conradus, dem Gelehrtesten in der Runde, besprechen sollte.
Nach nicht langer Zeit unterbreitete Kunibert der Versammlung einige wunderschöne Zeichnungen. Die drei wichtigsten Blätter waren bunt ausgemalt.
Kunibert legte die Pergamentbogen auf dem Tisch und befestigte die Ecken sorgfältig mit Steinen, damit sie nicht zusammenrollten.
Nachdem alle die kunstvollen Skizzen bestaunt hatten, nahm man wieder um den Tisch Platz und Abt Conradus begann sie mit seiner hohen dünnen Stimme feierlich zu erklären.
Also das Tympanon des Hauptportals solle zweifellos die Krönung Marias darstellen, denn: gloriosa virgo Maria typum ecclesiae gerit, quae virgo et mater exstitit. Christus krönt seine Mutter, das soll das Bild darstellen. Daneben kniende Engel. Dieses Bild solle aber auch, fügte Conradus hinzu, die göttliche Vermählung Christi mit der Kirche bildhaft machen. Aber auch, wie man sehe, Maria als regina angelorum.
An den Seitenportalen dagegen sollten Bilder aus dem Alten Testament angebracht werden, die das Gleiche symbolhaft darstellten. Das Portal rechts vom Haupteingang Salomon und die Königin Saba. Saba, die Königin aus fernem Lande, die sich nach der göttlichen Weisheit gesehnt und den weiten Weg zu Salomon nicht gescheut hatte. Conradus erläuterte, als würde er rezitieren, daß die Kirchenväter seit langem der Meinung waren, Königin Saba sei auch als die sponsa Christi, also die Ecclesia, zu verstehen. So bei Paulinus von Nola nachzulesen.
Auch das biblische Paar auf der anderen Seite solle glei-

chermaßen die Trauzeugen der göttlichen Vermählung Christi mit der Kirche andeuten: Betsabe, die dem Harfe spielenden David zuhörte. Und auch Betsabe sei als symbolhaftes Bildnis der Mutter Gottes anzusehen und als Braut Christi.

Um das Gleichnis der dreifachen Darstellung in seiner vielschichtigen Bedeutung zu erhellen, begann Conradus feierlich eine beliebte Geschichte aus den Schriften des heiligen Bernhardus zu lesen, die in der Klosterbibliothek zu Leubus aufbewahrt wurde, und die David und Betsabe betraf.

„Als der Tag der Hochzeit nahte, fragte der Vater den Sohn, wen er heimzuführen gedenke, dieser erwiderte, er habe sich die Ecclesia zur Braut erwählt. Der Vater: Diese sei aber in Ägypten gefangen. Dann wolle er sie aus der Gefangenschaft befreien, antwortete der Sohn. Dem Vater ist es recht. Aber es sei Brauch, die Braut um ihre Zustimmung zu befragen. Der Sohn: Sie solle eingeholt werden. Er habe sich einen Dienstmann, einen Mann nach seinem Herzen, dafür ausgesucht, den will er mit einer Kithara aussenden, damit er ihr Herz überrede, sie besinge und ihrem Sinne schmeichele. Der Sendbote David geht nach Ägypten; er hat sich ein überaus süßes Hochzeitslied vorbereitet, und aus dem Herzensgrunde brechen die Worte hervor: Höre mich, Tochter... Die Braut erhebt sich und sagt zu; sie besteigt ein Reittier und folgt dem Diener des Königs. Bei ihrer Ankunft eilt ihr dieser festlich geschmückt und heiter entgegen, er faßt sie bei der rechten Hand und führt sie in den Palast und in die Kemenate, wo das Lager bereitet ist. Er heißt sie, sich darauf zu setzen, er schmückt sie, er legt die Linke unter ihr Kinn und umschlingt sie mit der Rechten und spricht zu ihr."

Amen, sagten die Versammelten nach der Lesung, der sie mit gefalteten Händen aufmerksam und dankbar zugehört hatten, denn obwohl sie die Geschichte kannten, paßte sie doch sehr gut zu ihren Gesprächen.

Kunibert wurde von den Versammelten beauftragt, zunächst das Modell der ganzen Eingangsfront der Kirche in Lehm zu gestalten, alle drei Portale, und etwas größere Modelle der Reliefs dazu.

Stilles Werken herrschte in Kuniberts Werkstatt. Man hatte für ihn ein Holzhaus gebaut, das aber so große Fensteröffnungen mit Glas hatte, wie es sie sogar im herzoglichen Haus nicht gab, denn ein Bildhauer brauchte Licht für seine Arbeit. Meister Jakob hatte Kunibert zwei künstlerisch begabte Gehilfen zugeordnet, einen jungen Mönch und einen Konversen, die sich beide glücklich schätzten, unter einem so erfahrenen und weitgereisten Meister arbeiten zu dürfen und daher voller Eifer waren. Kunibert mußte die Arbeiten planen und organisieren. Die kunstvollsten Ausarbeitungen wollte er selbst übernehmen. Meister Jakob ging ein und aus, denn er sollte das Material besorgen, Werksteine wie auch Natursteine sollten verwendet werden.

Irgendwann versammelte man sich wieder unter der Leitung der Herzogin in Kuniberts Werkstatt, um den Fortschritt der Arbeiten zu begutachten. Und wieder wurden die Entwürfe von allen betrachtet und für gut befunden.

Einige Wochen später lud der Bildhauer erneut in seine Werkstatt ein: Eines der Tympanons sei fast fertig und zu besichtigen. Sogar Herzog Heinrich war zu dieser Begutachtung gekommen, doch er unterstrich noch einmal, daß seiner Gemahlin die Obhut über das entstehende Gotteshaus oblag, und er sich mit einer beratenden Stimme begnügen wolle. Den versammelten hohen Herrschaften erklärte der Künstler, er habe zunächst das westliche Seitenportal, das Betsabe und David darstelle, in Arbeit genommen. Er bat bescheiden um gnädige Beurteilung des begonnenen Werkes.

Drei Steintafeln, die zu dem Relief zusammengefügt werden sollten, standen an die Wand gelehnt. Die Figuren waren plastisch gestaltet, als sollten sie im Raum stehen, oder vor einer Wand. Noch waren die Teile des Ganzen roh in Stein gestaltet, ohne Farbe. Zum einen König David, der auf einer Kithara spielte. Eher einem Minnesänger ähnlich als dem biblischen König. Daneben Betsabe, wie eine Gottesmutter lächelnd, dem Betrachter zugewandt.

Die Herrschaften blieben eine längere Weile stumm vor Bewunderung. Überwältigend schön war das Kunstwerk anzuschauen: mehr Geist als Stein, flüsterte Conradus. Andererseits war man bestürzt und voller Befürchtungen, denn alle sahen sofort: Betsabe trug deutlich Herzogin Hedwigs Züge, König David war Herzog Heinrich ähnlich. Kunibert hatte sich nicht an die Absprache gehalten, er hatte eigenmächtig seinen Wunsch, das Stifterpaar darzustellen, wahr gemacht, wenngleich auf diese verschleierte Weise.

Da auch die Herzogin schwieg, unterbrach Herzog Heinrich die Stille und sagte fröhlich: gut gemacht, Kunibert, hervorragend! Du bist ein großer Künstler. Na ja, und ich als König David, warum nicht... Man sah, die Darstellung machte ihm Spaß, ja, sie schmeichelte ihm anscheinend. Hervorragende Arbeit, lobte er. Und wie der Kerl die Finger gemacht hat... Wie lebendig. Ja, das ist Kunst! Mach weiter so, Kunibert, sagte der Fürst, und unsere Dankbarkeit wird groß sein wie dein Werk.

Herzogin Hedwig stand neben ihrem Mann mit zusammengezogenen Brauen. Schon begannen die Umherstehenden Schlimmes zu befürchten.

Doch die Herzogin, die Kuniberts gutgemeinte Absicht durchschaute und den Künstler nicht kränken wollte, hielt sich mit scharfer Kritik zurück. Sie sagte nur, sie wünsche sich, daß über der Gestalt der biblischen Königin deutlich geschrieben stehe, wer sie ist, nämlich Betsabe. Und nach einer Weile des Schweigens fügte sie hinzu, sie meine, es wäre besser, wenn Königin Betsabe von der Seite zu betrachten wäre. Kunibert antwortete nicht, in seinem Gesicht zuckte es, doch er neigte zustimmend den Kopf. Denn hatte er auch Lob erhofft, so mußte er auch Vorhaltungen, ja Schelte, befürchtet haben.

Die Herzogin sah, wie er an sich hielt, um nicht in Klagen auszubrechen. Und um ihn zu trösten, sagte sie, er hätte sich doch eine schönere, eine jüngere Betsabe aussuchen sollen, denn eine solche sei in der Bibel gemeint. Daraufhin antwortete der Künstler ohne Stottern, als hätte er zuvor lange darüber nachgedacht und seine Antwort geübt: Ich bitte um Vergebung, Herrin, daß ich Ihnen widersprechen muß: Betsabes Gesicht ist voller Güte und Klugheit. Und geistige Schönheit ist schöner als die schnell verblühende Schönheit der Jugend.

Die Anwesenden wunderten sich mehr über die glatt hervorgebrachten Sätze als über die Aussage selbst. Und auch Herzogin Hedwig zog die Brauen hoch und schwieg erstaunt.

Nach diesem Besuch der Herrschaften wurde das Tympanon endgültig fertiggestellt. Zusammengefügt die Platten. Die von der Fürstin verlangte Inschrift eingemeißelt. Das ganze Bild mit kostbaren Farben bemalt.

Und so prangte das Ganze in herrlich leuchtenden Farben, als die Herrschaften wieder, vom Künstler eingeladen, in die Werkstatt kamen. Rot und Gold die Rosetten und Kronen. Der Hintergrund tiefblau. Davids Mantel kupfergrün, sein Rock mennigrot, der Thron und das Instrument schwarz, der Mantel Betsabes karminrot, deutlich ein anderes Rot als Davids Tunika. Ihr Unterkleid weiß. Als ergänzende dritte Figur hatte der Künstler eine weitere Frauengestalt ins Bild gebracht. Deren Mantel war grünlich-blau wie bei David, ihre Haare waren geflochten und unter dem Kragen des Mantels versteckt wie bei der Königin.

Abt Conradus sagte verständnisvoll lächelnd, er wolle darauf hinweisen, daß diese Gestalt der Dienerin Betsabes eine allegorische Figur des Trebnitzer Klosters sei. Da man ja nun wisse, daß sich Kunibert erlaubt hat, die Stifterin des Klosters in der Gestalt Betsabes darzustellen, dürfe er wohl dies ergänzend hinzufügen.

Diese Dienerin hatte etwas von den Zügen Gertruds, Hedwigs Tochter, die als Nonne im Trebnitzer Kloster lebte, und zur Nachfolge Petrissas ausersehen war. Das sahen alle. Und alle waren über die klugen und versöhnenden Worte des Abtes erfreut. Doch man vermied es, über weitere Ähnlichkeiten der dargestellten Figuren Betrachtungen anzustellen.

Anno domini 1219 wurde das Gotteshaus zu Trebnitz eingeweiht, schrieben die Mönche in ihren Annalen. Zu der Feierlichkeit waren viele hohe Gäste nach Trebnitz gekommen. Allein sechs Bischöfe waren anwesend. Herzogin Hedwig hatte ein großes Werk vollbracht.

Ja, so begann der Herbst des Lebens, doch für Hedwig längst noch nicht die Zeit sich auszuruhen.

So war ihr in den Sinn gekommen, ein Arzneibuch für das Trebnitzer Kloster schreiben zu lassen. Bisher waren alle immer zu ihr um Rat und Hilfe gekommen. Sie war die wandelnde Auskunftsstelle für alle Rat- und Hilfesuchenden gewesen. Hatte sie doch unzählige Krankheiten und die Mittel gegen sie im Kopfe, oder wußte, wo man darüber nachlesen konnte. Doch mit zunehmendem Alter machte sie sich Sorgen darum, wie ihr Wissen, ihre Erfahrungen für andere Heiler aufzubewahren wären.

Das brachte sie auf den Gedanken aufzuschreiben, was man über Heilen und Heilpflanzen wußte. Damit Heiler, die Nonnen und andere Meister der Medizin ein Buch haben, in dem alles, oder besser gesagt: so viel wie man wußte, über Krankheiten des menschlichen Leibes und Möglichkeiten zu helfen, nachzulesen war.

Sie hatte zuvor einige Male mit Bruder Ekbert darüber gesprochen und der hatte ihr bei seinem letzten Aufenthalt in Schlesien ein Arzneibuch mitgebracht, das der bekannte Meister Bartholomäus aus dem Lateinischen ins Deutsche übersetzt hatte. Auf dieses Buch wollte sie sich stützen, es mit ihren Notizen ergänzen und kopieren lassen.

Hedwig hatte zuvor auch einiges aus den Schriften der Hildegard von Bingen zusammenstellen und abschreiben lassen, ihr gefielen die phantasievollen und philosophischen Aufzeichnungen dieser klugen Frau in vielem sehr gut, in manchem allerdings weniger. Doch das schmale Buch des Bartholomäus, das sich auf knappe sachliche Hinweise beschränkte, war praktischer.

Meister Bartholomäus schrieb in überschaubarer Ordnung über die Beschaffenheit des menschlichen Körpers und dessen Erkrankungen, und führte die Heilmittel dagegen auf. Somit war es genau das Buch, das ein Meister der Medizin oder eine heilende Frau brauchten, um helfen zu können.

Es war wie immer früh am Morgen, als Herzogin Hedwig ins Skriptorium eintrat, wo die Schreiberin Renata seit einer Stunde an ihrem Pult saß und die Buchstaben einen nach dem anderen von der Vorlage abmalte.

Renata hatte eine wunderschöne Handschrift, für die sie sogar von den Leubuser Mönchen hochgelobt wurde. Weiche Bögen, Striche, die ihre Enden zart aushauchten... Renatas Buchstaben singen zu Ehren Gottes, meinte die Herzogin.

Die Herrin setzte sich auf den Stuhl neben der Skribentin, der hier immer für sie bereitstand, weil sie sich hier am wohlsten fühlte. Sie ließ sich das Geschriebene vom Vortag vorlesen oder besprach mit Renata kleine Änderungen und Ergänzungen des Textes, oder die Arbeit für den nächsten Tag. Die beiden Frauen, Herzogin Hedwig und Renata, die Skribentin, hatten sich mit den Jahren herzlich befreundet. Renata war die jüngste und schönste unter den frommen Frauen gewesen, die als erste nach Trebnitz gekommen waren. Die ist doch viel zu schön fürs Kloster, hatte Hedwig damals besorgt gedacht. Aber Renata war fromm, sie liebte die Bücher mehr als die Männer. Die aber erröteten, sobald sie die schöne Nonne erblickten. Und so mancher hatte versucht, sie für sich zu gewinnen. Vergeblich. Renatas Liebe galt ihrem Bruder, der als Ritter des Templer-Ordens in Oels diente, und später die dortige Komende leitete. Sie waren sich bis ins späte Alter in zärtlicher geschwisterlicher Liebe zugetan.

Renata, die einst so Schöne, war wie die Herrin in die Jahre gekommen. Sie trug beim Schreiben ein Metallgestell mit zwei geschliffenen Augengläsern auf der Nase, das ihr ständig herabrutschte, obwohl sie es mit Wollfäden an den Ohren befestigte. Und sie litt an häufigen Kopfschmerzen, die ihr manchmal die eine oder die andere Hälfte des Gesichtes verzerrten. Dieses Leiden kannte auch die Herrin zur Genüge.

Herzogin Hedwig hatte zwar dafür gesorgt, daß die Bibliothek eine Bodenheizung bekommen hatte, die besser war als in anderen Räumen, und man mußte hier auch im strengen Winter nicht frieren, doch das ständige Sitzen und der ununterbrochene Aufenthalt im geschlossenen Raum schadeten der Gesundheit. Renata erlaubte sich nur selten halbstündige Rundgänge im Klostergarten, zu denen sie Hedwig immer wieder aufforderte. Ihre Arbeit war ihr wichtiger als alles andere. Doch mit der Zeit merkte sie: Die Nonnen, die im Garten arbeiteten oder als Lehrerinnen oder als Heilerinnen tätig waren und mehr Bewegung hatten, waren gesünder als sie.

Vor einigen Tagen hatten sich beide Frauen über einem Rezept für jugendliche Schönheit lächelnde Blicke zugeworfen. Honig mit Quark und Rosenöl hilft gegen Runzeln, hatte Renata gelesen. Ihnen half auch das längst nicht mehr, und es wuchsen ihnen nicht mehr graue Haare darüber, als sie schon hatten. Sie fanden es wohltuend, alt zu sein, frei von den Versuchungen der Jugend. Solange sie nichts plagte oder ihnen wehtat.

Renata war in ihrer Arbeit nach der Beschreibung des menschlichen Leibes und seiner Krankheiten bei den Heilmitteln angelangt, und zwar bei den lieblichen Pflanzen. Am Tage zuvor hatte sie die Rezepte mit Lilien beendet. Und an diesem Morgen mit dem Satz begonnen: Ein Veilchenkranz um den Kopf lindert die Folgen von Trunkenheit.

Wie schön, sagte Herzogin Hedwig spöttisch, als sie das las, stelle dir einen alten Trunkenbold mit roter Nase mit einem Veilchenkranz auf der Glatze vor. Was steht da noch über Veilchen, wollte sie wissen. Renata lächelte und las weiter: Der Trinker solle auch Veilchen riechen, auch das hilft. Oder ein Veilchenbad nehmen. Dann blätterte sie in dem Buche und las: Veilchen sind kalt und feucht im ersten Grade. Es gibt dreierlei Veilchen, die einen weiß, die anderen dunkel, die dritten bunt. Sie alle haben viel Kraft zu heilen in den Blüten, in den Blättern und in den Wurzeln. Veilchen sind gut gegen Cholera, gegen Leberleiden und gegen Gelbsucht. Man mache Sirup aus Veilchen, das hilft gegen verschiedene Leiden.

Bei Entzündungen binde man Veilchen auf die kranke Stelle. Gekocht und getrunken helfen Veilchen gegen krankes Zahnfleisch. Veilchen mit Myrrhe gekocht, des Nachts auf müde Augen gelegt, tut gut gegen Augenschmerzen.

Veilchenblätter zerrieben und mit Honig gemischt, sind gut gegen schwärende Wunden am Kopf. Die Wurzeln zerstampft mit Essig, helfen bei Schmerzen der Milz und der Leber. Veilchen helfen auch bei Podraga. Veilchenblätter und Wurzeln in Wasser gekocht und getrunken, helfen Kindern bei Husten. Veilchenöl, gemacht wie Rosenöl, ist gut gegen verschiedene Beschwerden. In die Ohren gegossen, heilt es Ohrenschmerzen. Getrunken ist es gut gegen Spulwürmer. Gegen Geschwülste im Gesicht. Auch wer ins Gesicht geschlagen wurde, dem tut Veilchenöl gut.

Wenn du so liest, rieche ich die Veilchen im Walde, sagte die Herzogin. In die Initiale malst du wohl Veilchen hinein?

Ja, Herrin, antwortete die Skribentin, das dachte ich auch. Lies mir noch vor, was Meister Bartholomäus über die Zubereitung von Rosenöl schreibt, bat Herzogin Hedwig, ich will es mit meinem Rezept vergleichen.

Hier steht, sagte Renata, während sie im Buch blätterte, wie es bei einem gewissen Pallidus zu lesen ist, den Meister Bartholomäus unter anderen Großen als einen Meister der Kunst des Heilens lobt: Man nehme ein Pfund Baumöl und dazu ein halbes Pfund Rosenblätter, und tue es in ein Glas, und stelle es für sieben Tage in die heiße Sonne. Danach ist das Öl gut für mannigfaltiges Heilen.

Sehr richtig, sagte die Herzogin, nur frage ich mich, wird das Öl in der Sonne nicht ranzig. Nach meinem Rezept soll das Öl im warmen Schatten stehen und das vierzehn Tage lang. Und was steht da weiter, fragte die Herrin und nahm das Buch vorsichtig selbst in die Hand. Hier, ich sehe: Die Dinge, die einen edlen Geschmack haben, sind: Lilien, Rosen und Veilchen, Myrte, Aloe und Sandelholz. Weiter die heilenden Pflanzen wie Basilikum, Wermut, Minze, Kürbis, Fenchel, Pfeffer, Knoblauch. Der Stein Lasuli...

Die wichtigsten Bestandteile der Heilmittel nach Bartholomäus, nahm Renata auf, sind Wein, Essig, Honig, dazu mischt man die heilenden Kräuter. Für Umschläge rührt man einen Brei aus Weizen oder Roggenmehl an und mischt die heilenden Pflanzen darunter.

Ja, das kennen wir, unterbrach die Herzogin, gekochtes Wasser statt des Weines genügt manchmal auch. Übrigens ist, um den Pflanzen ihre Heilkraft für längere Zeit zu erhalten, gebrannter Wein besser als Wein. Oder das scharfe Wässerchen, das hier die Leute aus gegorenem Korn machen.

Doch im großen und ganzen beschreibt Bartholomäus die Heilkraft der Pflanzen, so wie ich sie kenne, nicht anders. Ja, das Wissen ist von den Alten zu uns gekommen. Ähnliches habe ich als Kind in Kitzingen gelernt und später in verschiedenen Büchern gelesen. Aber auch Mila, das Weib aus dem Walde, hat mir Ähnliches erzählt und noch einiges dazu.

Auch Batholomäus bekennt sich dazu, vorwiegend bei den großen alten Meistern abzuschreiben, sagte Renata. Hier steht, was Pythagoras gesagt hat, von dem Bartholomäus meint: ein Heide aber ein sehr kluger Mann...

Und hier Hippokrates über Knoblauch: Gegen Siechheit im Bauch, Knoblauch mit Salz gekocht, abgestanden trinken und dabei fasten. Herzogin Hedwig rümpfte die Nase: Knoblauch hilft, aber er stinkt.
Hier aber beschreibt Hippokrates eine merkwürdige Sache, die ich gar nicht verstehe, sagte Renata.
Lies, forderte sie die Herzogin auf.
Knoblauch mit Honig auf Hundebisse, nein nicht das, unterbrach sich Renata, hier... sagt mir Herrin, was soll das bedeuten... und sie las:
Hippokrat, ein weiser Meister, sagte, der Knoblauchgeruch vertreibe das Kind, das im Mutterbauch liegt. Die Frau solle man auf einen durchlöcherten Stuhl setzen, unter dem der Dampf von gekochtem Knoblauch schwäre. Darauf genese sie vom Kinde. Hedwig unterbrach die Lesende: Aber Renata, das ist ja entsetzlich, das ist eine große Sünde, von der dieser Heide schrieb. Er schreibt, wie eine Frau ihr Kind im Leibe töten kann. Es gibt kein schlimmeres Verbrechen als dieses. Das darfst du nicht abschreiben, Renata, das nicht. Sie schüttelte den Kopf. Das kommt davon, wenn man die alten Heiden zu hoch hält und sie gedankenlos kopiert. Entsetzlich... Andere Frauen weinen um ihre Kinder. Das Morden ungeborener Kinder ist schlimmer als das Morden der Männer im Krieg. Wo soll ein Kind Zuflucht haben und sich geborgen fühlen, wenn nicht im Bauche der Mutter. Das eigene Kind zu morden, ist die unchristlichste aller Sünden. Sünde, eine große Sünde wäre es, das abzuschreiben und so vielleicht jemanden zur Sünde anzustiften. Die Herzogin stand auf und ging zum Fenster und Renata sah, wie sie betete, um sich zu beruhigen.
Renata widersprach der Herrin nicht, obwohl sie wußte, in welche Bedrängnisse manche Frauen oder Mädchen kamen, die leichtsinnig den Versprechungen der Männer vertraut hatten. Sie hatte von mehr als einer gehört, die ins Wasser gesprungen war aus Verzweiflung. Die Fürstin wußte das ohnehin genauso gut wie sie. Und sie hätte sie nur noch mehr verärgert.
Dann kam Herzogin Hedwig zurück, setzte sich wieder auf ihren Stuhl und bat: lies mir etwas Angenehmeres vor.
Und Renata blätterte im Buch und las weiter: Gallenus,

der als erster den Wein gemacht hat, spricht: Der Wein macht den zornigen Mann wohlgemut, den traurigen froh, den gierigen milde. Dieser weise Mann sprach, daß der Wein den Leib und die Seele bessere...

Ach, sagte Herzogin Hedwig unwillig, was hast du nur heute mit den Trinkern und dem Weine. Ein Lob der Trunkenheit! Das ist weder klug noch nützlich. Ein wenig Wein tut gut, aber zu viel Wein ist schädlich. Dieser Gallenus war wohl selbst ein Trinker.

Aber weiter schreibt Batholomäus doch Übles über die übermäßige Trunkenheit, versuchte Renata ihren Fehler gutzumachen: Trunkenheit wird zum schrecklichen Dunst, der das Gehirn umgibt, wie der Nebel die Sonne. Die Trunkenheit verrenkt die Seele und den Leib, sie raubt dem Menschen den Verstand. Dem Trunkenen salbe man den Kopf mit Rosen oder Veilchenöl und gebe ihm Kürbissaft zu trinken. Gegen Versuchungen der Trunkenheit gebe man Wermut.

Herzogin Hedwig lächelte, winkte aber ab. Sie machte einen müden Eindruck.

Renata bemerkte das, blätterte eifrig weiter und sagte: Das hier ist recht hübsch: Eine andere Krankheit ist die Liebe, die ist schwerer als andere Krankheiten. Wer daran erkranket, der schließt die Augen nimmer, sein Sinn ist unstet geworden. Seine Gesichtsfarbe ist bleich und er ist schwermütig. Zu der Krankheit kommt es, wenn man sich vergeblich sehnt nach Liebe. Gegen die Krankheit trinke man wohlgemachten Wein und höre Saitenspiel gegen die Traurigkeit. Der Kranke soll auch reden mit denen, die ihm lieb sind.

Aber auch das fand nicht so recht den Gefallen der Herrin. Sie nahm das Buch wieder an sich, blätterte selbst darin und las.

Aderlassen bei Krankheiten, die im Blute sind. Krankheiten aus dem Harn lesen, das können wir auch. Sie legte das Buch zurück auf das Schreibpult. Aber ich könnte es immer wieder lesen, wie man das macht. Am liebsten lese ich das, was ich gut kenne. Wie ich mein Stundenbuch immer wieder lese, und oft ist es mir wie neu...

Doch für heute genug. Sie rieb sich die Stirn. Wie es morgen weitergeht, weißt du ja. Ich habe noch einiges zu tun.

Dieses Arzneibuch müßte einige Male abgeschrieben werden, fügte sie hinzu. Ein Buch ist zu wenig. Am liebsten würde ich dieses Exemplar für mich behalten.
Mal nur die Initiale schön aus und denke über die erste Seite nach. Ein Bild mit einer Heilblume, oder ein blühender Kräutergarten... Laß dir etwas Schönes einfallen für den Anfang.
Sie erhob sich, setzte sich aber gleich wieder. Aber, aber, fiel ihr ein, lies mir noch einmal über Nierensteine vor, an denen Herzog Heinrich so schmerzlich leidet. Lies, vielleicht weiß ich etwas nicht, was ihm helfen könnte.
Lies über die schmerzhaften Steine.
Nicht vom Entstehen der Krankheit, sondern wie man Steine heilen kann.
Wer da Steine in den Lenden hat... oder in der Blase...
Ja, das lies...
Der Kranke soll sich hüten vor dem Weibe...
Allerdings, unterbrach sie die Herzogin, das habe ich ihm auch geraten. Aber der Herr ist alt und trotzdem durchaus nicht weise. Er will den Jüngling spielen.
Ja, so sind die Männer.
Lies weiter, Renata.
Der Kranke soll wenig essen. Er soll sich niemals satt essen. Besonders abends nicht. Er soll guten Wein trinken und Eselmilch. Er soll Zickleinfleisch essen, aber wenig.
Man soll den Kranken für zwei, drei Stunden in ein Wasserbad setzen und ihm zu trinken geben „Pulver von dem Steine, der da ist in dem pade swammen". Man soll ihm auch geben all die Dinge, die den Harn treiben, das ist spica, ladanus, aromaticus eppesame, petirsilge samen, cassio fistula, balsamen rinde, und die Frucht die da wächst auf dem Zypressenbaume. Und dazu Fenchelsaft und Apfelsaft und Hagebuttensaft. Ein Zwiebelbad tut gut. Und viel warmes Wasser mit Kamille gekocht ebenso. Und wenn der Kranke den Stein hat in der Blase, so soll er in einem Bad von filipendula sitzen und Wasser trinken, in dem die Wurzel von filipendula gekocht wurde.
Vor dem Schlafe soll man dem Kranken den Leib mit Wermutsaft reinigen und Wermutsaft zu trinken geben. Ein Hundefell um die Lenden tut gut. Wenn alles nicht hilft, muß der Sieche geschnitten werden.

Das genügt, Renata, unterbrach sie die Herzogin, und legte der Nonne kurz ihre Hand auf den Arm. Da habe ich ja noch einiges mehr oder etwas anderes, zum Beispiel Basilikum auf die Blase legen... Zäpfchen aus Kräutern...
Aber gegen Ärger und Sorgen ist kein Kraut gewachsen. Nur Beten hilft. Und unser Herzog hat Sorgen zuhauf. Und mit dem Beten nimmt er es nicht mehr so genau.
Ja, ja, die Männer, fuhr sie fort. Wir Frauen müssen mehr ertragen als die Männer, doch wir sind geduldiger im Leiden und beharrlicher im Gebet. Sie erhob sich seufzend: Hab Dank, Renata, sagte sie. Ich wünsche Dir Gottes Segen für den ganzen Tag.
Deo gratias, Domina, antwortete Renata. Sie stand auf, und setzte sich erst, als sich die Tür hinter der Herrin geschlossen hatte. Dann beugte sie sich wieder über ihre Arbeit.

Von Jerusalem an die Weichsel

*„In Zeiten großer Betrübnis hatte sie
einen männlich starken und ausdauernden Mut
und zeigte ein freundliches Antlitz,
so bewies sie durch die Tat,
daß jede Beschwerde durch Geduld zu besiegen ist."*

(Legenda maior de beata Hedwigi)

Herzog Heinrich von Schlesien konnte zufrieden sein mit seinem Lebenswerk, er hatte, von allen bewundert und hoch gelobt, von Anfang seiner Herrschaft an jahrzehntelang mit viel Klugheit und Ausdauer zunächst sein Reich nach westlichen Mustern geordnet, nach wohldurchdachten Plänen die alten Kastellaneien neu organisiert, die Ansiedlungen nach deutschem Recht in Städten und Dörfern in geregelte Bahnen geleitet, die Landwirtschaft, das Handwerk und den Handel gefördert und das Gerichtswesen gründlich umgestaltet. Die Bevölkerung ist während seiner Regierungszeit um ein Mehrfaches gewachsen. Abt Peter von Heinrichau errechnete, daß nunmehr auf einen Einheimischen sieben Neusiedler kamen. Der Herzog ließ Straßen instandsetzen und neue bauen und diese vor Raubrittern schützen. Doch vor allem ließ er es an Zuwendungen für Kirchen und Klöster nicht fehlen. So hatte er sich die Gewogenheit der geistlichen Herren, den Respekt seines Gefolges, den Gehorsam seiner Ritterschaft und die Dankbarkeit und Anhänglichkeit seiner Untertanen wohl verdient.

Daß er sich gleichzeitig und besonders, als er wußte, seine Getreuen und Untertanen fest hinter sich stehen zu haben, nach der Erweiterung seines Territoriums umsah und sich in zahlreiche Streitigkeiten mit seinen Nachbarn

verwickelte, gefiel Herzogin Hedwig gar nicht, aber mit der Zeit hörte sie auf ihn zu ermahnen. Früher hatte sie ihm Vorhaltungen gemacht. Sie sagte zu ihm: Du hast ein schönes und reiches Land, mach dieses glücklich und laß anderes sein. Er aber hatte dazu immer den Kopf geschüttelt und geantwortet, daß sein Anspruch auf ganz Polen nach seinem Großvater Wladyslaw, der den Titel des Herzogs von Polen und Schlesien trug, berechtigt sei, und er, Heinrich, genau das richtige tue, wenn er Polen zu einigen versuche. Er sei überzeugt, daß es den polnischen Brüdern wohl tun werde, ihr Land unter seiner Hand aufblühen zu sehen, ähnlich wie Schlesien. Die Zeit ist danach, sagte er. Auch die Polen rufen Siedler aus dem Westen ins Land. Auch sie wollen ein besseres Leben.
Was sollte sie dagegen einwenden. Also schwieg sie, sie wußte: so war die Welt. So waren die Männer und ihr großes Spiel, die Politik. Und sie war klug genug zu wissen, daß man Unabänderbares nicht zu ändern versuchen sollte.
Doch Heinrich war von sich selbst aus mehr Schachspieler als Krieger. Er verstand es, geschickt zu taktieren und besänftigend auf seine schwierigen polnischen Verwandten einzuwirken. Auch ihnen gegenüber ließ er es an Großzügigkeit und zur gegebenen Zeit an Geld und Gaben nicht fehlen. Zudem war ihnen Schlesien ein Beispiel des Wohlstandes, so daß er ihr Vertrauen hatte und oft um Rat gebeten wurde oder um Streitereien zu schlichten. Die Rolle des Seniors unter den polnischen Fürsten fiel ihm also von selbst zu, wenngleich es diesen Titel rechtmäßig nicht mehr gab.
Dennoch - es war ein schwerer Stand. Zunächst hatte Herzog Heinrich lange Zeit zwischen Wladyslaw Laskonogi-Stöckerbein und Wladyslaw Odonicz, dem Odosohn zu vermitteln, die beide windig und unzuverlässig waren und jahrzehntelang im Streit um Teile Großpolens lagen, später aber wurde er sogar in harte Kämpfe mit Konrad von Masowien verwickelt, obwohl er zuvor mit diesem seinem Vetter Fässer besten burgundischen Weines ausgetrocknet hatte und sie sich nicht einmal in weinseliger Stimmung umarmt und brüderliche Treue für ewige Zeiten geschworen hatten. Sie hatten zusammengehalten und zu-

sammen gekämpft und so manche wichtige Sache gemeinsam erledigt. Und dann sind sie doch aneinandergeraten.
Doch zunächst wurden die Kämpfe mit Wladyslaw Odonicz, den Heinrich zuvor väterlich in Schutz genommen und bei sich in Schlesien Aufenthalt geboten hatte, härter als erwartet. Wladyslaw Laskonogi hatte zunächst Odonicz, seinen Neffen, für den er die Vormundschaft ausgeübt hatte und den er als seinen Erben ansah, nach einem Streit vertrieben, doch nach einer Schlichtung durch Heinrich ihm einen Teil seines Besitzes - Kalisch - zugestanden. Das aber genügte dem streitsüchtigen Jüngling nicht. Er verbündete sich mit dem slawischen Herzog Schwentopelk von Pommern und Danzig, wobei er dessen Schwester Helinga heiratete. Mit Schwentopelk eroberte er die Grenzburg Usch und später Posen und das ganze Kalischer Gebiet. Das war dann doch Laskonogi zu viel. Er beschloß, seinen ärgerlichen Neffen zu enterben. Diesen gerechten Entschluß unterstützten Heinrich und Leszek der Weiße von Krakau und Kleinpolen. Wladyslaw Odonicz drohte mit Krieg. Da riefen die Fürsten und Oheime Odonicz zu einem Gespräch nach Gonsawa, um zu versuchen, den Streit gütlich und ohne Blutvergießen beizulegen. So verlangte es Heinrich. Odonicz versprach zu kommen. Dann aber schlug er, zusammen mit Schwentopelk, hinterlistig auf die Versammelten ein. Leszek der Weiße wurde erschlagen. Heinrich entkam schwer verwundet wie durch ein Wunder, von seinem Getreuen Ritter Peregrin von Wiesenburg in Sicherheit gebracht.
Hedwig war fassungslos, als sie das von ihrem Mann, dessen Wunden sie pflegte, hörte. Wie, Wladyslaw Odonicz, fragte sie, das kann doch nicht sein... Dieses bescheidene stille Kind... Hatte er nicht noch vor kurzem die Laute schlagend zu ihren Füßen gesessen und leise mit sanfter Stimme gesungen. Schön wie ein Minnesänger. Sie schüttelte den Kopf.
Doch es kam noch ärger. Die Ereignisse überschlugen sich.
Der Krakauer Thron verblieb nun so gut wie herrenlos, denn Leszek der Weiße hatte einen unmündigen Sohn hinterlassen, für den die Mutter, Grzymislawa, mehr

schlecht als recht regierte und selbst nicht wußte, was sie wollte. Den setzte nun Laskonogi zu seinem Erben ein und übernahm für ihn die Vormundschaft. Das unterstützte gerechterweise Heinrich, ohne dabei eigene Vorteile aus dem Auge zu verlieren.

Doch da trat Konrad von Masowien auf den Plan. Auch er fühlte sich befugt, die Vormundschaft über den unmündigen Boleslaw in Krakau zu übernehmen. Auch für ihn war die alte Königsstadt Krakau und dazu Kleinpolen ein Leckerbissen, denn auch er dachte inzwischen daran, Polen unter seiner Herrschaft zu vereinigen.

Nun wurde es hart und härter.

Laskonogi, der sich von Odonicz und Konrad bedroht sah, war bald außerstande die Regentschaft in Krakau auszuüben. Heinrich, mit ihm verbündet und gut befreundet mit dem Krakauer Wojewoden Grzyfita, sprang ein, wo er nur konnte und schlug sich tapfer. In zwei Treffen besiegte er Konrad im Felde. Wonach dieser ihn hinterrücks während einer Kirchenfeier in Spytkowice überfiel und den Verwundeten gefangennahm. Nun war Heinrich Gefangener Konrads in Plock. Und dazu verwundet!

Und das wollen christliche Ritter sein! sagte Hedwig bitter, als sie die böse Nachricht hörte. Heinrich, ihr Sohn und die stets neben ihm kämpfenden böhmischen Vettern Boleslaw, Sobieslaw und Burzywoj rasselten mit den Schwertern. Sie waren von Spytkowice weit weg gewesen und jetzt voller Wut. Wie junge Jagdhunde lechzten sie nach Blut. Hedwig aber sagte entschieden: Nein, zu Heinrichs des Jüngeren Plänen, sofort nach Plock aufzubrechen und seinen Vater mit Gewalt zu befreien. Dieser Kampf zwischen christlichen Fürsten muß verhindert werden. Sie selbst wollte nach Plock fahren, um Heinrich freizubitten, erklärte sie den verblüfften jungen Löwen. Sie kannte Konrad und seine aufbrausende Art, seine Härte, die bald in Milde und Großzügigkeit umschlagen konnte, wenn man ihn geschickt ansprach. Sie wußte auch, daß sie immer einen guten Einfluß auf Konrad gehabt hatte und sein Ansehen und sein Vertrauen genoß. Sie fand den Streit zwischen so nahen Verwandten, Verbündeten und Freunden widersinnig. Und dann: was wäre, wenn sich dieser Streit zu einem großen Krieg ausweiten sollte...

Darüber machten sich die jungen Herzöge keine Sorgen. Sie liebten den Kampf, nicht aber das Nachdenken. Herzogin Hedwig unterbreitete ihnen ihren friedlichen Plan. Heinrich, seine Getreuen und ihre Ritterschaft sollten sie zwar nach Plock begleiten, sich aber friedlich verhalten. In gemäßer Entfernung vor Konrads Burg ihre Zelte aufschlagen. Ein stattliches Lager sollte es sein dürfen. Für jeden Fall. Man sollte nicht ärmlich auftreten, Stärke zu zeigen war angebracht, und schließlich wäre es dumm, auch einen üblen Ausgang der Bemühungen auszuschließen. Hedwig beabsichtigte nicht in eine Falle zu tapsen. Soviel verstand sie vom Leben und vom Krieg.
Die jungen Herren willigten ein. Die Vorbereitungen zur Reise wurden angeordnet.
Es war Frühling, wunderbare Zeit übers Land zu reiten. Und Herzogin Hedwig saß auf, obwohl man eine Kutsche für sie, oder vielleicht für den verwundeten Herzog, mitführte. Aber sie, die diese Ritte durch Wald und Feld immer so sehr gemocht hatte, sah sich kaum um, sang nicht wie früher, sie hing ihren trüben Gedanken nach.
Die Herzogin befürchtete vor allem, die Prußenmission des Deutschen Ritterordens könnte durch diesen unseligen Streit gefährdet sein. Sie erinnerte sich, wie zum Fest der Einweihung der Trebnitzer Kirche Heinrich und Konrad mit Bischof Christian von Preußen und Hermann von Balk zusammensaßen und andere polnische Herren wie Leszek der Weiße von Krakau, die Kastellane Sobieslaw von Breslau und Stephan von Bunzlau, die Bischöfe von Breslau, Lebus, Posen, Kujawien und Halberstadt dazu, um darüber zu beraten, wie dem Übel der heidnischen Prußen Einhalt zu bieten wäre.
Die Prußen wollten sich dem Kreuz nicht beugen, ständig überfielen sie nachbarliche Landschaften, brandschatzten, mordeten und plünderten, so daß sich ganze Landstriche entvölkerten, denn die Überlebenden zogen es vor, sich woanders anzusiedeln. Davon, dort neue Siedlungen zu gründen, konnte keine Rede sein, die Gegend hatte ihren üblen Ruf. Das beklagte vor allem Konrad bitter, denn Masowien fiel am häufigsten den Heiden zum Opfer. Die Herren beschlossen, Gespräche mit Kaiser und Papst aufzunehmen, um sie der Ansiedlung des Deutschen

Ritterordens an der Weichsel geneigt zu machen. Hermann von Balk hatte die Zusagen des Hochmeisters Hermann von Salza mit sich gebracht, der einen neuen Sitz des Deutschen Ordens an der Weichsel in Erwägung zu ziehen bereit war.
Außerdem sollte zu Kreuzzügen gegen die Prussen in ganz Europa aufgerufen werden.
Diesen Heiden, den Prussen, war wohl nicht anders als durch Krieg beizukommen, das mußte auch Herzogin Hedwig zugeben. Zudem unterstützte ja die Kirche den Kampf mit den Heiden. Sie spendete ihren Segen dafür, diese mit Feuer und Schwert dem wahren Glauben zuzuführen. Es war klare christliche Pflicht, gegen die Heiden zu kämpfen. Dennoch bat sie, die Frau, die auch in diesem erlauchten Kreis Gehör fand, inständig, doch vor allem das Bekehren, nicht das wütende Töten im Sinne zu haben. Das versprachen die Herren bereitwillig.
Im Stillen hatte Hedwig ihre Bedenken nie ganz überwinden können. Denn wenn es auch einerseits eine gute Tat war, Heiden dem Christentum zuzuführen, war Töten gegen die obersten Gebote Gottes. Drohte nicht Christus selbst den Gewalttätigen, sagte er nicht: Wer mit dem Schwert kämpft, wird durch das Schwert umkommen. Andererseits war es Bernhard von Clairvaux gewesen, der im Rufe der Heiligkeit stand, der zu den Kreuzzügen gegen die Wenden aufgerufen hatte, die Ritterorden gutgeheißen und unterstützt hatte. Mönch und Ritter zugleich, das sollte die löbliche Synthese des Christen sein, meinte nicht nur Bernhard, sondern auch andere kirchliche Würdenträger. Fromm sein und für Christus mit dem Schwert streiten! Auch gegen die Prussen! Das sollte nicht weniger verdienstvoll sein, als gegen die Sarazenen zur Verteidigung des Grabes Christi zu kämpfen.
Das Kreuz in der einen und das Schwert in der anderen Hand, dieser Widerspruch war unlösbar für Hedwig. Doch beschloß sie wieder einmal, sich auf ihre weibliche Bescheidenheit zurückzuziehen: Sie war eine Frau und mußte sich in diesen Dingen kein Urteil anmaßen. So war die Ordnung der Welt. Und sie konnte so vieles nicht durchschauen. Vielleicht werden die Menschen in Zukunft, irgendwann, friedlicher sein, hoffte sie.

Danach zogen bunte Scharen kampflustiger Ritter dreimal aus aller Herren Länder auch durch Schlesien, um gegen die heidnischen Prussen zu kämpfen. Heinrich, der alte Fürst, Heinrich, sein Sohn, und die böhmischen Vettern waren mit dabei. So hatten Schlesier, Polen und Deutsche, Ritter von überall, im Kampf gegen die Heiden ihren Anteil gehabt. In gehobener Stimmung waren die Krieger von den Treibjagden gegen die Wilden zurückgekehrt. Mit glänzenden Augen erzählten sie vom großen Morden und schlugen sich stolz in die Brust. Sie hatten nicht nur mit den Prussen aufgeräumt, sondern auch gegen Jadwinger und Litauer gekämpft, die wie diese Heiden waren und somit Satans Kinder, ließen sie verlauten. Doch Hedwig, die ihren prahlerischen Reden aufmerksam zuhörte, bekam auch die Besorgnis mit, die in ihren Reden schwang: Sie hatten auch diesmal nichts bewirkt. Unzählige der Heiden waren getötet worden, doch nur wenige bekehrt und die Überlebenden hatten sich in den Wäldern versteckt und waren nun erst recht wie verwundete Wölfe gefährlich.
Da half nur stetes Vorgehen, wie es einzig der Deutsche Ritterorden zusichern konnte. Die Ansiedlung der Ritter vom Kreuz mußte gefördert und beschleunigt werden. Der Orden sollte sich so schnell wie möglich an der Grenze zum Prussenland ansiedeln, um die Prussen zu befrieden und zu bekehren. Dieser Meinung waren die wieder und wieder beratenden Herren.
Dem Orden kam die dringliche Einladung entgegen. Er war seit längerer Zeit bestrebt, von Akkon aus in einem christlichen Lande Fuß zu fassen. Die Niederlassung in Ungarn, wohin König Andreas eingeladen hatte, zur Abwehr der heidnischen Kumanen, war gescheitert. Und Konrad von Masowien versprach, den Orden reich mit Land und Privilegien auszustatten, ihm das Kulmer Land zu übereignen und ihm alle weiteren Eroberungen im Prussenland zum Besitz zu überlassen.
Hermann von Salza, belehrt durch die Unstimmigkeiten in Ungarn, hatte sich vom Kaiser und vom Papst Unabhängigkeit von den polnischen Fürsten bestätigen lassen. Der Orden sollte ein selbständiger Staat sein, nur dem Papst und dem Kaiser untertan.
Hermann von Balk sollte Ordenmeister in der neuen öst-

lichen Ballei sein, das stand bereits in Trebnitz fest. Er war ein christlicher Herr und hatte schon damals versprochen, den prußischen Adligen, nach ihrer Unterwerfung, Besitz und Privilegien zu belassen. Ja, Willige in den Deutschen Orden aufzunehmen. Auch hatte er klare Vorstellungen von der Besiedlung des Landes. Nach der Inbesitznahme des Prußenlandes werde man vor allem Geistliche aus dem Reich holen und Kirchen errichten, hieß es, um das Land gründlich dem Christentum zuzuführen. Gleichzeitig werde man deutsche Siedler anwerben, die das Volk lehren sollen, den Boden fruchtbar zu machen nach westlicher Art, Handwerker und Kaufleute in neu errichteten Städten ansiedeln. Das Ordensland sollte ein Musterland ohnegleichen werden. Beispielhaft für die ganze Christenheit: Ein Land des Friedens, der Ordnung und des Fortschrittes. Davon verstand Hermann von Balk zu überzeugen.

Von Jerusalem an die Weichsel! Welch ein herrlicher Bogen der Geschichte!

Hedwig fand es wunderbar, daß dieser Deutsche Orden, der unter besonderer Obhut der Gottesmutter stand, und der während der Kreuzzüge ins Heilige Land zunächst zur Betreuung der Verwundeten und Seuchenkranken entstanden war, dann neben den Templern und Johannitern als dritter christlicher Ritterorden seinen guten Ruf zu festigen wußte, sich nun in den östlichen Regionen des Reiches ansiedeln sollte, zur Kräftigung des Christentums. In Schlesiens Nachbarschaft. Also auch zur Stärkung ihres Landes.

Hand in Hand hatten Heinrich von Schlesien und Konrad von Masowien an diesem Vorhaben gewirkt zum gemeinsamen Wohl und zum Wohle der Christenheit. Und nun dieser Streit zwischen ihnen, den christlichen Herren, um ein Land, um Kleinpolen mit Krakau, das weder dem einen noch dem anderen gehörte.

Ein Streit um eine unsinnige Angelegenheit bedrohte die groß angelegten Pläne.

Bevor sich die Fürstin von Schlesien selbst auf den Weg zu Konrad von Masowien begab, hatte sie die delikate Lage erkunden und vorbereiten lassen, wie üblich im diplomatischen Wandel.

Sie hatte sich sorgsam nach einem entsprechenden Gesandten umgesehen, und ihre Wahl war auf Bischof Lorenz von Breslau gefallen. Der Bischof, obwohl ein älterer Mann, war daraufhin mit einem Eiltroß nach Plock gereist und hatte das Begehren der Fürstin, durch persönliches Erscheinen Frieden zu stiften, Herzog Konrad vorgebracht.

Konrad von Masowien hatte sich zunächst unversöhnlich gezeigt, Anklage erhoben gegen seinen Vetter Heinrich, der ihm stets Gefährte und Freund gewesen war und ihn dennoch verraten habe. Ja, böswillig verraten habe. Wollte er doch den Vorwand der Vormundschaft für den unmündigen Boleslaw benutzen, um Krakau zu besetzen, um sich dann zum Ersten unter Gleichen ausrufen zu lassen, zum Senior der polnischen Fürsten. Mit Sicherheit, um sich zum Schluß die Krone Polens aufzusetzen! Das bedeutete: Sich ihnen allen vor die Nase zu setzen. Nein, so war Freundschaft seinerseits nicht gemeint gewesen. Darum werde er diesen Griff nach einem Übermaß an Macht des lieben Vetters nicht dulden.

Er fauchte wie ein wütender Kater. Seine dünnen schwarz-silbernen Haare hoben sich von seinem Kopfe, was der Bischof mit einigem Erstaunen bemerkte.

Bischof Lorenz redete daraufhin eifrig auf Herzog Konrad ein, bis er rot im Gesicht wurde und ihm kleine Schweißperlen von der Stirn die Nase entlang liefen. Er gab Konrad vor allem zu bedenken, daß auch die Kirche zu seiner nicht nur unritterlichen, sondern auch freventlichen Tat - der Überfall hat in einem Gott geweihten Ort stattgefunden - Stellung zu nehmen sich gezwungen sehe. Er habe Herzog Heinrich hinterlistig überfallen und den Wehrlosen gefangengenommen. Man werde ihn, den Frevler, wenn er nicht nachgebe, mit Verlaub, mit dem kirchlichen Bann belegen müssen. Denn, wo käme man hin, wenn man alle Willkür unter christlichen Herren dulden wollte.

Zudem habe er, Herzog Konrad, seines Erachtens wahrscheinlich genau das Gegenteil des Beabsichtigten erreicht, jedenfalls habe er keine Freunde durch sein Verhalten gewonnen, sondern seinem Ansehen geschadet. Sein Ruf unter den anderen polnischen Fürsten sei durch sein rabiates Verhalten gewaltig angekratzt. Heinrich von

Schlesien dagegen sei in ihren Augen zum Märtyrer und Helden geworden.

Und was er sich denn überhaupt von einem Krieg mit dem schlesischen Fürsten verspreche, der auf ihn zukommen würde, fragte der Bischof. Er müßte doch bestens wissen, daß Heinrich der Jüngere und seine böhmischen Vettern, junge Kerle, nur auf den Krieg warteten, um ihre ritterlichen Tugenden glänzen zu lassen. Er wisse doch Bescheid, wie es mit diesen jungen Löwen sei, habe er doch selbst Söhne.

Doch vor allem, mahnte Bischof Lorenz den masowischen Fürsten, solle er sich Gedanken machen, wie sich die Zukunft gestalten könnte, käme es zu einem Krieg zwischen Schlesien und seinem Land. So hatte es ihm die Herzogin von Schlesien in ihrer frommen Ernsthaftigkeit aufgetragen: Nur schwarze Wolken! Die Folgen eines Krieges, den man sehr wohl als Bruderkrieg bezeichnen könne, seien leicht abzusehen, er solle sich doch nur das Scheitern der Prußenmission ausmalen. Denn wenn sich die christlichen Vetter untereinander schlagen, wie können sie Vertrauen wecken bei den Herren vom Deutschen Orden. Die Heiden sind der eigentliche Feind! Daran solle er denken. Das dürfe ein christlicher Fürst überhaupt, und er als nächster Nachbar der gefährlichen Prußen insbesondere, nicht aus dem Auge verlieren. Wie wolle er denn seinen Masowiern ein friedliches Leben gewähren, wenn sie von den Prußen, den Jadwingern und den Litauern ständig gebissen werden. Wie soll sich das ändern, wenn er sich noch von der anderen Seite Feinde schaffte, wo er zuvor die besten Freunde hatte. Er solle sich doch bitteschön erinnern, mahnte der weißhaarige Bischof, wie oft ihm Heinrich von Schlesien in seiner Not gegen die Heiden geholfen, in seiner Sache Waffen getragen hatte. Herzog Heinrich hat mit dem Deutschen Orden, mit Papst und Kaiser durch seine deutschen Verwandten Verhandlungen geführt, um den Deutschen Ritterorden an die Weichsel zu rufen. In Konrads Land, zu Masowiens Schutz.

Und dafür jetzt diese unchristliche Undankbarkeit.

Der Bischof hielt inne, denn er sah, wie sich Konrads Züge erweichten, wie er sich mit den Fingern die Stirn rieb, und fragte, um ihm Zeit zum Überlegen lassen, nach dem

Befinden des Herzogs, der ja nun, weiß Gott, kein Jüngling mehr war und dazu, wie man hörte, verwundet. Wie schwer sind seine Wunden? Herzogin Hedwig macht sich tiefe Sorgen um ihren Gemahl.
Um ihren Gemahl... spottete Konrad.
Vor Gott und der Welt sind die beiden ein engelgleiches Ehepaar, antwortete der Bischof entschieden. Und die große Sorge der Fürstin um ihren Ehemann, ihre aufopfernde Hilfsbereitschaft seien wohl der beste Beweis für ihre eheliche Liebe.
Konrad schwieg daraufhin.
Konrad von Masowien, fuhr der Bischof fort, Herzogin Hedwig, die von Eurer christlichen und fürstlichen Gesinnung hoher Meinung ist, will den Weg nach Plock nicht scheuen, die Mühen der weiten Reise trotz ihres hohen Alters und zarter Gesundheit auf sich nehmen. Sie will wie Kaiser Heinrich vor Canossa Buße für ihren Ehemann tun. Euch, Konrad von Masowien, um Pardon für ihren fürstlichen Gemahl bitten. Und um Frieden. Den beide Länder - Schlesien und Masowien - bitter nötig haben. Das hat mir unsere Herzogin, die, wie Ihr wißt, in besonderer Gunst der Heiligen Jungfrau steht, aufgetragen Euch auszurichten, Herr.
Konrad blickte verlegen und Stille trat zwischen den beiden Herren ein. Dann nahm Konrad von Masowien den Faden auf.
Heinrich von Schlesien... Ihr sagtet es - ich habe bisher nur Gutes von ihm erfahren, ja, wir haben uns geliebt wie Brüder... Und wie wir gesoffen haben zusammen. Verzeiht, Ehrwürden! Wie sollte es Heinrich bei mir ergehen. Es geht ihm gut. Den Verhältnissen gemäß.
Und seine Wunden? warf der geistliche Gesandte schnell ein.
Seine Wunden sind versorgt und heilen. Und wenn er etwas magerer und bescheidener geworden ist, so soll er doch Gott danken dafür. Die Herzogin braucht sich keine Sorgen zu machen um ihren Gemahl.
Doch wird es mir eine große Ehre sein, die Herzogin von Schlesien über meine bescheidene Schwelle treten zu sehen. Die hohe Frau soll mir willkommen sein! Und wie! Ich werde glücklich sein, sie als meinen Gast zu ehren, wie es ihr gebührt. Ich kenne keine Frau, die ich höher schätzen

und bewundern würde, als sie, als Hedwig von Schlesien. Welch eine kluge und dabei herzliche Frau. Wie könnte ich mich nicht glücklich fühlen über diesen Besuch. Doch sagt, Ehrwürden, dürfen wir ihr die Mühen der Reise zumuten? Bei Frauen spricht man ja bekanntlich nicht übers Alter. Aber jung ist die Fürstin schon lange nicht mehr. Und wie ich höre, schwächt sie sich noch immer mit Fasten und Beten.

Fasten und Beten stärkt die Fürstin, entgegnete der geistliche Herr. Sie ist gesund und stark im Geiste. Ich sage Euch, Konrad von Masowien, um diese Frau ist eine besondere Kraft, ein Glanz. Man spürt die Engel in ihrer Nähe.

Konrad von Masowien unterdrückte eine spöttische Bemerkung und sagte: An sicherem Geleit durch mein Land soll es nicht fehlen. Auch die Quartiere unterwegs werde ich bestens vorbereiten lassen.

Aus dem weiteren Gespräch ging klar hervor, Konrad hatte eingesehen, daß sich ihm eine Möglichkeit bot, auf höchst vorteilhafte und ehrenvolle Weise aus einer unguten Situation herauszukommen. Er hatte begriffen, daß der Überfall auf Heinrich, und dazu in einer Kirche - von anderen gesehen - ein leichtsinniger Bubenstreich gewesen war, unwürdig eines seriösen Fürsten und reifen Mannes. Und daß das feindselige Beharren auf Krieg ihm nichts Gutes bringen konnte, nur neue Bedrohungen für die Zukunft auftürmte.

Der Bischof rieb sich beim Weine die Hände. Sein Auftrag war bestens erfüllt. Er durfte sich auf den Rückweg begeben. Zuvor sandte er einen Eilboten zur Fürstin.

So war der Weg für Fürstin Hedwig von Schlesien nach Plock geebnet worden.

Nun war sie da. Bewegte sich langsam mit ihrem zahlreichen Gefolge auf Konrads Burg zu, ein farbig prächtiger Zug, glanzvolles Gepränge ihrem fürstlichen Stande und ihrer Mission gemäß. Die Plocker Burg sah nicht anders aus, als die Liegnitzer zu der Zeit, als Hedwig nach Schlesien kam. Vor fast einem halben Jahrhundert. Ein hoher Palisadenzaun und halbverfallenes Gemäuer.

Die Trompeten vom Turm schallten hell zur Begrüßung, wie es sich für willkommene und hohe Gäste gebührte.

So antworteten auch die schlesischen Musikanten laut,

ihre Trompeten und Trommeln vermehrten den festlichen Lärm. Ein schrecklicher Lärm für Hedwigs Ohren.
Der Fürst von Masowien kam der Fürstin von Schlesien bis weit vor die Zugbrücke entgegen.
Hedwig hatte zuvor ihre Ankunft wohl überdacht. Sie war mit ihrem Gefolge vor der Burg von den Pferden gestiegen. Der Zug hatte sich geordnet. Allen voran unbewaffnete Knappen, die Banner mit dem schlesisch-piastischen schwarzen Adler auf blauer Seide trugen. Hinter ihnen die Kapelle. Danach kamen acht reizend bunt gekleidete Pagen, die zwei große silbern beschlagene Truhen aus dunklem Holz mit kostbaren Geschenken trugen. Darinnen Felle grauer Eichhörnchen und herrlich getriebenes Tafelsilber. Und einige verzierte Gläser, die seit kurzem in Schlesien hergestellt wurden.
Vor der Herzogin schritten sieben wunderhübsche Edelfräulein einher, die wie Frühlingsblumen aussahen.
Ihnen folgte die Herzogin selbst, ihr zu Rechten Anna, ihre freundliche Schwiegertochter, links die schweigsame Katarina, die Pruße, Hedwigs Ziehtochter. Beide jungen Frauen waren herrlich anzusehen. Anna trug ein purpurrotes Kleid und einen pflaumenblauen Mantel darüber, mit goldenen und silbernen Vögeln und Blumen über und über bestickt. Ihre Stirn zierte ein von Edelsteinen funkelndes Band. Katarina hatte ein blaßgrünes Kleid an, darüber einen honiggelben Mantel und ein silbernes Stirnband mit Perlen. Hedwig, etwas größer als beide und schlanker, war in einem schlichten schwarzen Kleid aus feiner Wolle, darüber trug sie einen grauen Samtmantel mit schwarzem Fehpelz besetzt. Ihren Kopf bedeckte ein weißes Tuch, von einem schmalen schmucklosen goldenen Reifen gehalten, auf der Brust ein goldenes Kreuz. Die strenge Schönheit der Fürstin fiel durch die Schlichtheit ihres Gewandes ins Auge. Auch das war wohlbedacht. Sie glänzte wie ein schwarzer Edelstein, wie ein Onyx in einem Blumengesteck.
Hedwig von Schlesien folgten Adelheid von Böhmen, Heinrichs Schwester, neben ihr Demundis, die getreueste Getreue. Hinter den Frauen schritten bedächtig einige geistliche Herren einher, denen folgten Hofleute mit ernsthaften Mienen. Weder Schwerter noch Schilder waren zu sehen.

Konrad ließ die Spitze des Zuges an sich vorbeiziehen, nahm lächelnd die zahlreichen Verbeugungen entgegen, trat auf Herzogin Hedwig zu, nahm deren beide Hände in seine und küßte sie inbrünstig. Er war noch immer ein schöner Mann, hochgewachsen und schlank, wenngleich ergraut und leicht gebückt. Mit dunklen wachsamen Augen im blaßgelblichen Gesicht, die manchmal lauernd wirkten.

Höfisch, ja, mit übertriebener Höflichkeit, mit tiefen Verbeugungen, bot der Fürst von Masowien der schlesischen Fürstin seinen Arm an und geleitete sie über die hölzerne Brücke und den nicht großen Hof bis in die Halle der Burg, unentwegt auf sie einredend, der in schöner Rede Gewandte.

Dort erwartete Herzogin Hedwig die erhoffte Überraschung. Sie atmete auf, als sie Heinrich erblickte, der vor dem Kamin stand und über dem Feuer seine rechte Hand wärmte, die linke war verbunden und hing in einer Schlinge. Und auch um seine Stirn lag ein weißer Verband. Sein Anblick war für sie nicht nur beruhigend, sondern auch das Zeichen der Versöhnung.

Ehe sie ihren Mann begrüßte, ergriff sie dankbar Konrads Hand, dann nahm sie Heinrichs Rechte und legte die Hände beider Männer ineinander. Haltet Frieden, bat sie, in Gottes Namen!

Dann erst wandte sie sich Heinrich zu und erkundigte sich eingehend nach seinem Befinden. Die größte Sorge machten ihr seine Nierenschmerzen, die sich im kalten Kerker verschlimmert hatten.

Konrad und seine älteste Tochter, die die Hausfrau vertrat, überboten sich in Gastfreundlichkeiten. Das, was als eher peinliche Mission begonnen hatte, wurde zu einem wahren Familienfest. Die Zusicherungen gegenseitiger Freundschaft nahmen kein Ende. Um die einmal gestörte Verbundenheit zu festigen, verlobte Hedwig zwei ihrer Enkelinnen mit Söhnen Konrads. Darüber freute sie sich aufrichtig. Ehen sind beiweitem das beste Mittel der Politik, der Meinung war sie immer, sie stärken die Verbundenheit und verhindern den Haß. Bald aber drängte sie auf die Heimkehr. Heinrich hatte Ruhe und Pflege nötig nach all seinen Erlebnissen. Peregrin von Wiesenstein

hatte im Kampf sein Leben gelassen. Der Tod dieses Getreuen schmerzte den Fürsten besonders. Die Demütigungen der wochenlangen Gefangenschaft wirkten nach. Heinrich wirkte bedrückt und schien um Jahre gealtert.
Man begab sich von Plock aus nach Röchlitz, in das altvertraute Familiennest.
Des Fürsten Gesundheit war allgemein angeschlagen nach den Turbulenzen der vergangenen Zeit. Nicht nur die Wunden waren zu heilen, das innere Leiden, die schmerzenden Nieren waren schwieriger zu kurieren. Das machte Sorgen. Hedwig mußte wie bei einem Kinde mit dem Herausschneiden der Steine drohen, um ihn zum Trinken des Kräutersudes zu bewegen.
Das alte Ehepaar, Hedwig und Heinrich, war nun wochenlang zusammen wie selten in den letzten Jahren, ja, Jahrzehnten und die Gelegenheiten zu Gesprächen waren ihnen beiden willkommen. Wenngleich sie sich zunächst befangen gegenüber saßen.
Eines Nachmittags, als beide in der Kemenate der Fürstin saßen, von wo aus sich der beliebte Ausblick auf den Garten ergab und die Düfte des Gartens wieder durch das offene Fenster strömten, schickte sich Heinrich zu einer wichtigen Erklärung an. Sie sah es und lächelte. Was konnte er ihr mitteilen, wovon sie nicht wüßte. Er wäre beinahe niedergekniet vor ihr. Doch sie hielt ihn ab.
Er sagte verlegen: Ich bin glücklich, Hedwig, meine Hadi, daß du da bist. Ich bin Gott dankbar für dich. Du sollst es wissen, ich liebe dich auch heute noch. Verzeih mir den Schmerz, den ich dir zugefügt habe.
Gott wird uns unsere Sünden verzeihen, Heinrich. Bald werden wir vor ihm stehen. Und Gott sieht vieles anders als wir.
Ich bin stolz auf dich, Hadi, fuhr Heinrich fort. Es war herrlich, wie du mich aus der Höhle des Bären, dieses Konrads, herausgeholt hast. Da zeigtest du dich wieder als starkes Weib.
Ich muß dir bekennen, fuhr er in großer Verlegenheit fort. Ich fühle mich schuldig vor dir... Ich habe dich gekränkt... Du bist meine angetraute Frau... Und ich...
Sie hielt ihn mit ihrem Blick und einer kurzen Handbewegung zurück.

Ich weiß, was du mir sagen willst, Heinrich, sagte sie, wie sollte mir dies verborgen geblieben sein. Jetzt, wo deine Kinder, die du mit der anderen Frau hast, fast erwachsen sind, möchte ich nichts mehr darüber hören. Deine Erklärungen, Rechtfertigungen... Sie wären heute sinnlos für uns beide. Was kann man daran ändern. Du hast dir vor Jahren eine andere Frau ins Bett genommen, weil du dich einsam fühltest. Es war dein gutes Recht. Und wie du bist, hast du sie lieb gewonnen. Du liebst sie und ihre Kinder. Was ist da noch zu sagen.
Ich habe dir weh getan... fuhr Heinrich verunsichert fort. Du hast recht, es ist nichts zu ändern daran. Doch möchte ich, daß du weißt: es tut mir leid. Deinetwegen.
Hedwig wehrte schroff wie selten ab: Nein, nein, sagte sie. Ich hatte dich zuvor allein gelassen. Du tatest recht daran, dir eine andere Frau zu nehmen. Und ich... Ich habe es verwunden, weil ich mich schuldig fühlte. Ich wußte - ich war auf dem rechten Weg.
Es tat damals weh, sicher. Es wäre schöner gewesen, dich neben mir auf meinem schweren Weg zu haben. Aber Gott wollte es anders. Ich habe gebetet für dich, Heinrich, für dein Glück. Ich hoffe, du warst glücklich.
Ich bin kein Heiliger, Hedwig. Das wollte ich dir zu meiner Rechtfertigung sagen. Ich bin ein Mensch, ein Mann, also kein Engel wie du.
Auch ich bin kein Engel, antwortete Hedwig, die wie immer aufgerichtet dasaß, die gefalteten Hände im Schoß. Gut, daß du es so sagst: Du bist ein Mensch. Du bist ein sehr menschlicher Mensch... Ein Mann. Mit allen menschlichen Schwächen, aber auch mit schönen menschlichen Eigenschaften.
Aber auch ich bin nicht stärker als andere, fügte sie nach einem längeren Atemzug hinzu, daran solltest du denken. Es wurde mir auferlegt. Ich mußte mir mehr Mühe geben als andere, gerade zu stehen, auch für die anderen. Ich weiß nicht warum. Es war oft schwer für mich, sehr schwer...
Sie ist immer noch schön, dachte Heinrich. Wie eine sorgsam getrocknete Rose sieht sie aus. Vielleicht... sogar auf eine besondere Weise schöner als früher. Sie strahlt von innen. Um sie ist Licht.

Sie schwiegen. Dann sagte Hedwig: Heinrich, ich war und bin stark durch dich. Du schützt mich. Du hast mich immer geschützt, all die Jahre. Das danke ich dir. Nach kurzem Zögern fuhr sie fort. Du hättest ja wie viele andere meine Frömmigkeit verlachen, den Eifer der Gottessucherin zur unerwünschten Laune erklären können. Mir meine Frömmigkeit als unstandesgemäß verbieten können, als nicht schicklich für eine Fürstin, störend für dich und deine Sache. Du hattest sogar das Recht, mich zu strafen dafür, daß ich nicht so bin, wie eine Fürstin zu sein hat. Wie es üblich ist. Aber du hast immer zu mir gestanden, Heinrich. Du hast mich immer in allem, was ich tat, gestützt. Für dich war und bin ich deine Frau. Trotz allem: deine Frau. Dieses Gefühl hast du mir immer gegeben. Die Geborgenheit. Dafür bin ich dir dankbar und Gott dankbar, daß er mir dich gab.
Denn sieh, ich weiß sehr wohl, es könnte auch anders sein, fuhr sie fort. In diesen Tagen habe ich einen Brief von Ekbert bekommen, in dem er über Elisabeth von Thüringen berichtet. Auch sie, die junge Witwe, versucht, seit längerer Zeit wie eine religiöse Frau zu leben. Doch Ekbert befürchtet: sie wird scheitern daran. Weil sie ungeschützt lebt. Seitdem ihr Mann sein Leben im Heiligen Lande verloren hat, fühlt sie sich von allen verlassen, ja, bedroht. Ekbert sorgt sich um sie und um ihre Kinder.
Auch ihre Schwiegermutter scheint ihr nicht gut gesonnen. Ekbert schreibt, man nehme ihr übel, daß sie einen Teil ihres Wittums leichtsinnig an Arme verschenkt habe, für den anderen Teil ein Beginenkloster errichten will, mit strenger Regel.
Du weißt, daß die Beginen von der Kirche nicht geduldet werden. Also fanden sich wieder Gegner zuhauf. Elisabeth befindet sich in den Fängen ihres Beichtvaters Konrad von Marburg, der als hart und grausam gilt, ja, der von den Adligen des Landes als unerbittlicher Ketzerverfolger tödlich gehaßt wird. Ein Eiferer. Ekbert versucht Elisabeth vor diesem Mann zu schützen, der sie quält, der sie züchtigt. Züchtigt, stelle dir das vor! Geb Gott, daß es Ekbert gelingt, Elisabeth zu schützen. Sie soll krank sein, man soll ihr die Kinder genommen haben, seitdem sie für die Armen, ja, mit den Armen lebt. Manche nennen sie eine

Heilige. Für mich ist sie traurig, diese Art der Heiligkeit, mit der sich ein junges Weib zu Tode schindet. Elisabeths Schicksal legt tiefe Schatten auf meine Seele. So jung, so schön, und so allein gelassen... Wie waren sich beide, Elisabeth und ihr junger Gatte, so zärtlich zugetan. Kannst du dich erinnern an sie. Damals, als sie hier bei uns waren, auf der Durchreise nach Ungarn? Welch ein glückliches Paar! Und wie schön besang Walther von der Vogelweide ihre Liebe.
Hedwig blickte Heinrich ins Gesicht - was sie bewegte, war ihm nicht so wichtig. Sie wußte, sie wird ihn nicht halten können, weder in der kleinen Burg im Walde noch irgendwie anders für sich. In ihrer Nähe. Er gehörte seit langem zu einem anderen Leben. Sie mußte vernünftig sein. Sie stand auf und reichte ihm lächelnd die Hände. Schön, daß du da warst, sagte sie. Schade, daß du nicht länger bleiben kannst. Du solltest mehr auf deine Gesundheit achten, Heinrich, du bist kein junger Mann mehr. Lasse dich ausheilen, ehe du wieder reitest. Lasse dir den Kräutertrank gegen deine Nierenschmerzen reichen. Und denke daran: Kranke Nieren brauchen viel Wärme. Vergiß nicht das Hasenfell zu tragen.
Hab Dank, Hedwig.
Behüt dich Gott, Heinrich.
Leb wohl...

Neun Jahre später starb Heinrich von Schlesien in Krossen. Die Mönche schrieben seinen Tod unter dem Datum 19. März 1238 in ihre Annalen ein.
Wieder läuteten die Glocken im ganzen Land. Sie läuteten den Tod eines großen Piastenfürsten ein, eines von seinen Untertanen geehrten und gewürdigten Herrschers.
Heinrich von Schlesien, den man den Bärtigen nannte, weil er nach deutscher Mode einen wohlgeformten Bart getragen hatte, war ein erfolgreicher Herrscher gewesen. Er hatte von seinem Vater Boleslaw Schlesien übernommen, ein Land der Mitte zwischen dem deutschen Reich und Polen und die weitsichtigen Gedanken seines Vaters, des Heimkehrers, verwirklicht. Heinrich hat Schlesien zur Blüte gebracht, von innen durch tiefgreifende Erneuerungen gestärkt und viele Städte und unzählige Dörfer ange-

legt. Durch besonnene Politik aber auch durch erfolgreiche Kriegszüge sein Territorium vergrößert.

Das Land, das Heinrich seinem Sohne Heinrich dem Jüngeren, den die Geschichtsschreibung später den Frommen nannte, überließ, hatte alle Chancen, in Zukunft eine eigenständige Rolle in Europa zu spielen. Es umfaßte nicht nur die festgefügten schlesischen Teile, Heinrich hatte auch vormundschaftlich und in bestem Einvernehmen im selbständigen Oberschlesien regiert, wo die verwitwete Fürstin Viola von Oppeln und Ratibor für ihre unmündigen Söhne Regentin war. Zudem reichten Heinrichs Einflüsse im Nordwesten bis an die Spree und im Südosten über die Karpaten hinweg bis nach Ungarn. Heinrich der Bärtige hatte nach langen Bemühungen und Kämpfen Großpolen unter seine Obhut genommen und später auch in Krakau und Kleinpolen regiert. Nichts stand den schlesischen Piasten im Wege, sich bald die Seniorratswürde von Polen verleihen zu lassen. Und danach die Krone Polens.

Diese Größe und Macht verdankte der Fürst seiner Klugheit und Tüchtigkeit sowie dem Beistand seiner in den letzten Jahren allgemein als heilig verehrten Frau. Doch auch der Bevölkerung Schlesiens, deren Zahl zu seiner Zeit fast ums zehnfache gestiegen war. Die Siedler, die sich friedlich mit den slawischen Einheimischen gemischt haben, waren der Nährboden des herzoglichen Erfolges. Die Erträge der deutschen Bauern, Handwerker und Kaufleute haben des Herzogs Schatullen gefüllt und ihm erlaubt, wirken zu können.

Ja, Heinrich der Bärtige hat ein großartiges Werk hinterlassen und war doch in Unfrieden aus dem Leben geschieden.

Die Glocken läuteten allenorts, wo der feierliche Totenzug von Krossen nach Trebnitz vorbeizog. Wehende schwarze Trauerfahnen, die sich mit den Fahnen des schlesischen Fürstentums mischten, den schwarzen Adlern im blauen Feld. Wolken schwarzwehender Fahnen umgaben den schwarzbehängten Wagen, auf dem der Sarg des großen Fürsten lag, den sechs schwarz gezäumte Pferde zogen. Posaunen und Pauken mischten sich mit dem Gesang der Mönche und Nonnen.

Heinrich der Jüngere folgte als erster dem Sarg. Neben

ihm Anna und die Kinder des Herzogpaares. Nach ihnen schritten die Würdenträger und das Gefolge, Ritter und Vertreter aller Stände. Unzählige Menschen folgten dem Zug. Ein schaurig schönes Schaugepränge, das auch die am Rande des Weges Stehenden gebührend genossen.
Hedwig von Schlesien erwartete ihren Gemahl vor dem Portal der Trebnitzer Kirche. Hier nahm sie ihr Sohn am Arm und geleitete sie vor dem Sarg bis zum Altar.
Die feierliche Totenmesse für den großen Fürsten hielt Abt Conrad von Leubus. Bischof Thomas von Breslau war nicht gekommen zur letzten Ehrung des Landesherrn, der mit der Kirche im Streit gelegen hatte. Und auch die kirchlichen Würdenträger aus Gnesen und von anderswo waren ferngeblieben. Heinrich von Schlesien war unter dem Bann der Kirche verschieden, dem er sich nicht hatte beugen wollen.
Herzogin Hedwig nahm das alles mit Schmerzen wahr. Fast hätte die Kirche dem von allen geliebten und geachteten Fürsten, dem sie so unendlich viel verdankte, ein Begräbnis in geweihter Erde verweigert. Diese allzu menschliche Unnachgiebigkeit der Kirche in weltlichen Dingen brachte auch ihren frommen Gleichmut ins Wanken.
Der Papst hatte auf Drängen des Gnesener Erzbischofs und des Bischofs von Breslau, Heinrich von Schlesien mit dem Bann belegt, obwohl alle wußten, daß es dabei um Machtspiele ging, die es eigentlich gar nicht geben dürfte. Es war vor allem der Streit um den Zehnten von den deutschen Siedlern, den die Kirche nach polnischer Üblichkeit forderte, wogegen sich der Fürst verwehrte und sich vor die Siedler stellte, denen er zuvor versprochen hatte, sie sollen von jeglichem polnischen Recht und auch von dieser Forderung frei sein. Wie könnte er sein Wort brechen, ohne an seinem Ruf Schaden zu nehmen, ohne das Siedlungswerk zum Erlahmen zu bringen. Heinrich stellte sich mit gutem Recht vor seine Leute, die ihm vertraut hatten. Jahrzehntelang ging dieser Streit hin und her.
Doch dem Gnesener Bischof und seinem kirchlichen Gefolge ging es zunehmend um mehr: Man befürchtete den wachsenden Einfluß der Deutschen in Schlesien und Polen. Die kirchlichen Würdenträger in Großpolen sahen in dem deutschgesinnten schlesischen Fürsten, der ein pol-

nisches Land nach dem anderen unter seinen Einfluß brachte, eine Gefahr auch für ihre Einkünfte, die leichter von den gefügigen Polen einzubringen waren, als von den selbstbewußten Deutschen.
Denn es war klar, daß Heinrich von Schlesien, wenn er Polen vereinte, es eng an das Kaiserreich anbinden würde, wie man es bei den Böhmen sah. Davor wollte die Kirche Polen bewahren.
Auf Heinrich den Jüngeren kamen Probleme zu. Bischof Thomas von Breslau drohte in seinem Brief auch dem Sohn und Nachfolger mit Exkommunikation und dazu mit der Exhumierung des Leichnams seines Vaters, wenn dieser in den strittigen Angelegenheiten nicht bald im Sinne der Kirche nachgeben sollte.
Heinrich hatte seiner Mutter das Schreiben vorgelesen. Und sogar sie, die Fromme und in Sachen der Kirche Nachsichtige, war verwundert und ungehalten darüber. Sie hatte mit der kirchlichen Obrigkeit Gespräche geführt. Und dennoch... Sie wird es noch einmal versuchen müssen zu schlichten.
Sie wußte sehr wohl, es ging um einen Machtkampf, den die Kirche überall hart und unerbittlich focht. Und zudem - welch eine Undankbarkeit! Waren es doch - und das nicht nur in Schlesien - die Fürsten und Könige, die durch ihre Freigiebigkeit der Kirche zu ihrer Stärke verholfen hatten. Jetzt wuchs sie den weltlichen Herren über den Kopf - in weltlichen Belangen. Das zunehmend weltliche Gehabe der Kirche war Hedwigs frommem Sinn seit langem zuleide. Die Kirche, wie sie war, weckte zwiespältige Gefühle in ihr. Zum einen war sie eine bekennende Tochter dieser, zum anderen nicht zur Gedankenlosigkeit geneigt. Sie sah eine große Schlucht klaffen zwischen dem christlichen Auftrag der Kirche, die Lehre von der Liebe Gottes zum Menschen zu bewahren und zu verbreiten, die sie für lebensnotwendig hielt, und andererseits dem Prunkgehabe der Würdenträger, die den weltlichen Fürsten im Streben nach Macht und Geld nicht nachstanden.

Sie war für prächtige Gotteshäuser, in denen der schwache menschliche Geist geweckt und zu höheren Dingen geführt wurde, doch die Diener der Kirche sollten ihres Er-

achtens wirklich Diener Gottes bleiben und nicht selbstherrliche Würdenträger sein.
Sie verglich: die Kirche auf der einen und die Orden auf der anderen Seite. Die Mönche und Nonnen, das waren die wahren geistigen Säulen des Christentums. Die Ordensleute, die demütig jedem Eigennutz absagten und durch den Dienst am leidenden Nächsten nach ihrer menschlichen Erfüllung strebten. Die waren es, die das geistige Dach der Menschheit trugen.
Ihr Mann Heinrich hatte die Kirchen und Klöster gestützt und gefördert wie selten ein Fürst. Und nun dieser Undank. Das schmerzte die fromme Fürstin.
Wie eine Taubenfeder in der Luft ist das Leben, dachte Hedwig jetzt vor seinem Sarg. Und sie erinnerte sich an ihren Traum der letzten Nacht, in dem ihr Heinrich entgegengetreten war. Er hatte ihr zugelächelt. Er hat ihr verziehen. Nun war er über allem Streit.
Die Ereignisse vor seinem Tode hatten sie schwer bedrückt. Zudem hatte Heinrich vor seinem Tode gebeten, sie möge zu ihm kommen. Nach Krossen kommen! Einige Male hatte er Eilboten gesandt um sie. Er wollte sie in seinen letzten Stunden bei sich haben. Sie aber hatte sich gesträubt. Sie war nicht hingefahren. Warum sollte sie auch? Hatte sie sich nicht längst verabschiedet von ihm. Sie haben sich friedlich getrennt. So sollte es bleiben. Heinrich hatte vor langer Zeit ein anderes Leben gewählt, dann sein Leben mit einer anderen Frau geteilt. Warum sollte sie ihn jetzt dieser Frau und ihren Kindern streitig machen. Sie war seine Frau im Geiste. Und vor Gott. Das genügte ihr.
Und es war gut so. Sie spürte, wie sie ermüdend vom Kerzenschimmer, dem feierlichen Gesang der Nonnen und Mönche und dem Wohlgeruch des Weihrauchs in ihren Traum zurückglitt. Sie gab sich den Bildern hin.
Heinrich hatte ihr zugelächelt. Wie damals... wie in Andechs, als sie ihn das erste Mal gesehen hatte, wie in Röchlitz in der Zeit, als sie ihm Kinder gebar. Dann, als sie ihm als seine consors regni zur Seite stand. Sie sah alle seine Gestalten, die sie kannte, an sich vorbeiziehen. Sah ihn als Krieger und Herrscher und müde an ihrer Seite ruhen. Ihn als alten Mann, mit furchigem leidenden

Gesicht. Heinrich. Er war der Mann ihres Lebens gewesen. Geliebt, geachtet, dann gemieden und doch geachtet und doch geliebt. Sie war immer mit ihm verbunden gewesen, wenngleich stets auf andere Weise. Auch in der Entfernung.
Wie ein Engel Gottes sah Heinrich sie an in ihrem Traum. Und sie wußte, er wartete auf sie.
Er hat ihr verziehen. Gott hat ihm verziehen. Andere Gestalten mischten sich ins Bild. Sie sah ihre Schwestern Gertrud und Agnes. Ihre Nichte Elisabeth. Ihre Eltern. Den alten Fürsten Boleslaw und Adelheid. Ihre verstorbenen Kinder. Ein sanftes Drängen und Schweben der Toten. Wogen von Menschen wie Wolken. Zartfarbige Blumenmenschen. Wunderbare Flügel. Helle und Leichtigkeit. Der Himmel.
Bald würde sich auch ihr das Tor öffnen. Sie sah sich am Ende ihres diesseitigen Weges. Warum sollte sie weinen?
Nach dem Zeremoniell umringten die Trebnitzer Nonnen die alte Fürstin, um ihre Mutter im Geiste zu trösten. Enttäuscht sahen sie ihr ruhiges Gesicht. Vorwurfsvoll zeigten sie ihre Tränen.
Und sie verstanden es nicht, als sie zu ihnen sagte: Weinet nicht, meine Lieben, es schickt sich nicht zu weinen, wenn Gott waltet. Gott hat die Menschen als sterbliche Wesen geschaffen. Das ist sein Gesetz: Der Mensch ist zum Tode geboren. Doch glaubet: Auch zum ewigen Leben. Vita mutatur, non tollitur.
Die Nonnen schluchzten weiter. Denn so war es üblich. Auch Gertrud, die Äbtissin, sah ihre Mutter vorwurfsvoll an. Ja, besonders diese. Ihre Tochter.
Hedwig wußte - Gertrud wird erneut und mit Nachdruck fordern, sie solle ins Kloster eintreten. Den Profeß ablegen. Dem Kloster den Glanz ihres Rufes verleihen. Und nicht zuletzt - ihm ihre Güter verschreiben. Das verlangte Gertrud seit langem. Doch Hedwig widerstrebte dieser Gedanke.
Sie hatte einige Gründe, sich nicht unter Gertruds Regiment beugen zu wollen.
Zum einen war ihr Verhältnis zu ihrer Tochter seit je gespannt. Gertrud hat ihre frühe Enttäuschung, ihre durch so grausame Umstände gelöste Verlobung mit Otto von

Wittelsbach nie verwunden. Obwohl sie damals gerade acht Jahre alt gewesen war, warf der Königsmörder dichte Schatten auf ihr weiteres Leben. Von einer anderen Verlobung durfte nicht die Rede sein. Das Klosterleben wurde ihr aufgedrängt. Das lastete sie der Mutter an. Der ehrwürdigen Petrissa war es zwar gelungen, die Fürstentochter in Demut Gott zuzuführen, das Klosterleben geduldig anzunehmen, doch nicht ihre Einstellung zur Mutter zu ändern. Gertrud begehrte ständig gegen ihre von allen anderen verehrte Mutter auf. Sie neidete ihr ihre Stärke und den Ruf der Heiligkeit. Dem war nicht abzuhelfen, Gertrud lehnte klärende Gespräche ab.
Allein die Art des Drängens ihrer Tochter rief Widerwillen in Hedwig hervor.
Zudem - sie wußte sehr wohl, wie sehr sie ans Herrschen gewöhnt war, nicht ans Dienen. Auf ihre Selbständigkeit zu verzichten, fiel ihr nicht ein. Sie war gewohnt zu befehlen, widersprechen durfte man ihr nicht. Das war zur Genüge bekannt. Sie würde das Konventleben empfindlich stören durch ihre übergroße Anwesenheit. Sie wird Gertrud und dem Kloster das Gut Schawoine verschreiben. Nach ihrem Tode soll der Tochter ihr Gut zukommen. Und bis dahin wird sie in der Nähe des Klosters leben.
Ja, es war an der Zeit, gefaßt dem Ende entgegenzusehen. Den zurückgelegten Weg zu überblicken. Ließ sie ihr Feld gut bestellt zurück?
Trost bot ihr - der von der herben Tochter zurückgewiesenen Mutter - ihre Schwiegertochter Anna von Böhmen, Heinrich des Jüngeren Frau.
Wie liebte sie die beiden und ihre Kinder. Heinrich und Anna waren sich ähnlich wie ein Geschwisterpaar. Waren sie doch zusammen aufgewachsen, vertraut im Bewußtsein der Zugehörigkeit.
Beide waren mit der Zeit rundlich geworden und ihre runden braunen Augen blickten zufrieden. Doch bei Heinrich, dem braven Sohn, der jahrzehntelang die Geschäfte neben seinem kraftvollen Vater führte, hatte sich mit der Zeit ein mürrischer Zug um den Mund gelegt. Die Mutter sah es mit Besorgnis. Lange, zu lange mußte Heinrich darauf warten, die Herrschaft im Lande zu übernehmen. Er war inzwischen weiß Gott kein Jüngling

mehr. Ja, schnell läuft die Zeit. Für sie blieb er immer ein junger Mann.

Mit Anna verband sie vor allem die Liebe zu den Kindern, die ihr den Herbst des Lebens wahrhaftig vergoldeten. Die beiden Frauen liebten sich außergewöhnlich, das nahm man auch in der Umgebung wahr. Anna war eine gute Mutter und eine gehorsame Schwiegertochter. Hedwig fühlte sich beglückt durch sie und ihre Kinder. Sie zeigte ihrer stillen Tochter ihre Dankbarkeit. Sie verbrachte mit ihren Enkelkindern mehr Zeit, als sie mit ihren eigenen verbracht hatte. Sie spielte mit ihnen und beaufsichtigte, wie sie zu Bett gebracht wurden. Ja, man erzählte sich, wie sie die ganze Schar mit sich führte und sie nacheinander im heilsamen Wasser der Trebnitzer Kirche wusch. Doch war sie zu nachsichtig mit ihnen. Das nahm ihr sogar die sanfte Schwiegertochter übel. Hedwig liebte die vier Mädchen, die als erste zur Welt gekommen waren, doch über alles Bolko, den ältesten unter den Knaben, der zur Nachfolge vorgesehen war. Ein reizendes lockenhaariges Kind. Bolko genoß es seit je, verwöhnt zu werden. Er hatte eine besondere Gabe, die Aufmerksamkeit aller auf sich zu lenken. So ahmte er das Verhalten dieser oder jener Person so geschickt nach, daß man meinte, diese vor sich zu sehen. Leider verhöhnte er auch allzu gerne die Schwächen oder gar Gebrechen so mancher. Vor allem aber konnte er die Art zu reden eines jeden nachahmen. Und da sich am Hofe verschiedene Sprachen mischten - das Schlesische, das Deutsche und das Polnische oft komisch gemischt herumschwirrte, erhielt er besonders dafür Beifall wie ein fahrender Sänger. Man sollte es ihm verbieten, ärgerte sich der Vater. Es wird ihm von selber vergehen, schlichtete die Großmutter.

Doch Hedwig durfte sich auch über ihre Pflegetöchter freuen. Sie hat sie gut versorgt. Ratzlawa war nach dem Wunsch ihres Vaters, gleichzeitig mit Gertrud, dem Konvent beigetreten. Katarina, die eine begabte Stickerin geworden war, hatte sich in den stattlichen Boguslaw von Schawoine verliebt und ihn geheiratet.

Doch am erstaunlichsten war es Viola ergangen, Frau Juttas einziger Tochter. Sie hatte Kasimir von Oppeln und Ratibor geehelicht und war zur Herzogin eines stattlichen

Landes geworden. Viola war zu einer üppigen schwarzhaarigen Schönheit herangewachsen, Kasimir war alt und kränklich, aber ein Fürst. Viola hatte nichts gegen die Ehe. Und ihre Mutter war überglücklich darüber, daß ihre Tochter Fürstin war. Kurz nachdem Viola zwei Söhne geboren hatte, starb Kasimir und die junge Mutter übernahm die Vormundschaft für ihre Söhne und regierte überaus gescheit in ihrem Lande. Heinrich stand ihr in allem hilfreich zur Seite.

Hedwig lächelte - ja, so war alles gekommen. Wer hätte es gedacht. Aber hat sich nicht alles bestens gefügt? Sie durfte dankbar sein für ihr Leben. Sie war es. Sie dankte der Gottesmutter für ihre Obhut.

Die Mongolenschlacht bei Liegnitz

„Sie war ein starkes Weib."
(Heiligsprechungsurkunde des Papstes Klemens IV.)

emo ante mortem beatus esse potest, pflegte Abt Conrad von Leubus mit dünner Stimme und erhobenem Zeigefinger zu wiederholen. In der Sprache des Volkes hieße dies - man soll den Tag nicht vor dem Abend loben.

Herzogin Hedwig durfte einen friedlichen Lebensabend erwarten, doch unvorhersehbare Wolken zogen gegen Schlesien auf, gegen Polen und Böhmen, vor allem aber gegen Ungarn. Am Rande des Abendlandes drohte Gefahr aus dem Osten.

Ein Reitervolk aus Asien, Mongolen genannt, oder anders Tataren, hatten die mächtigen Städte der Rus zerstört und das Land unterworfen. Rjasan, Novogorod und Kiev, die goldreichen Städte fielen den Tataren zur Beute. In der Schlacht bei Kalka wurden die russischen und kumanischen Fürsten vernichtend geschlagen. Flüchtlinge brachten die Kunde bis nach Schlesien.

Das war vor zwanzig Jahren. Längst vergessen. Jetzt schwärmten die Mongolen wieder aus. König Bela von Ungarn fühlte sich tödlich bedroht. Wer waren diese Mongolen, fragte Herzogin Hedwig Abt Conradus, der alles wußte. Warum ziehen sie gen Westen? Was treibt sie? Damals und jetzt wieder.

Die Mönche von Novogorod schrieben, antwortete Abt Conradus mit zitternder Stimme - um der Christen Sünden willen, kamen unbekannte Völker, von denen niemand weiß, wer sie sind und woher sie kommen, was ihre Sprache ist und zu welchem Glauben sie sich bekennen... Gott allein weiß, wer sie sind und woher sie kommen.

Mit der Zeit verdichteten sich die Gerüchte und das Bild der Eroberer trat deutlicher hervor.

Die Mongolen waren ein Reitervolk, das sich den Krieg als Lebensziel erkoren hatte. Ihr großer Fürst, Dschingis Khan hatte eine Heeresmacht errichtet, die riesengroß und unschlagbar war. Seine Söhne und Enkel führten seine Eroberungen weiter. Die Reiterscharen der Mongolen waren hervorragend im kriegerischen Handwerk geübt, in Zehntnerschaften gegliedert und streng gehalten. Das kleinste Vergehen wurde mit dem Tode bestraft. Im Kampf gingen sie wie bei einer Treibjagd vor. Die bei den Christen üblichen Regeln des Kampfes galten bei ihnen nichts. Die Heiden schreckten vor Tücke und hinterlistigem Überfall nicht zurück.

Wie sehen sie aus? Kleinwüchsige Menschen sind es, gelbgesichtige Menschen mit geschlitzten Augen, sagten die neuen Flüchtlinge. Nur mit Fellen bekleidet, auf struppigen Pferdchen, mit denen sie verwachsen scheinen.

Sie führten Filzzelte mit sich und unüberschaubare Herden von Pferden. Sie kämpften mit Pfeil und Bogen und krummen Säbeln. Ja, sogar mit Lassos, als wären ihre Gegner nicht Ritter, sondern wilde Tiere.

Genügsam seien die Tataren sagten die Leute. Sie nährten sich von rohem Pferdefleisch, das sie unter dem Sattel weichschlugen. Ansonsten nagten sie Wurzeln und kauten sogar Baumrinde.

Schnell waren die Tataren und grausam. Niemanden schonten sie. Mordend und brennend zogen sie durch die Lande.

Die heidnischen Reiter mordeten nicht nur Ritter im Kampf, sondern auch Weiber, Kinder und Greise. Schlimm erging es denen, die lebend in ihre Hände fielen, die quälten sie oft grausam zu Tode. Den Besiegten schnitten sie die Ohren ab, um sie zu zählen. Noch schlimmer waren diejenigen dran, die lebend von den Heiden mitgeschleppt wurden. Denn die wurden zu Sklaven erniedrigt und gezwungen, den heidnischen Götzen zu huldigen. Das war der Tod ihrer Seelen. Und der war ein größeres Unglück als der leibliche Tod.

Die Kunde, die man in Schlesien von den Tataren erhielt, ließ die Menschen vor Angst erstarren.

Denn es waren Heiden, keine Christen, die Tataren. Für sie gab es nur einen Gott im Himmel und auf Erden, den Khan. Der dünkte sich der wichtigste Herr auf Erden als Fürst der mächtigen goldenen Orda.
Es wurde bekannt, daß der Khan Schreiben an die westlichen Fürsten gesandt hatte, in denen er ihnen die freiwillige Unterwerfung und Ämter an seinem Hofe anbot. Sogar Kaiser Friedrich der Zweite wurde mit dergleichem Angebot beehrt. Er solle nach Karakorum kommen, um dem Khan zu huldigen, dafür dürfe er an seinem Hofe ein Amt übernehmen, ließ ihn der Khan wissen. Launig antwortete der Herr der Christenheit, er verstehe sich gut auf das Abrichten von Raubvögeln und wäre daher wohl am besten zum Falkenier des Khans geeignet.
Doch die heraufziehende Gefahr nahm der Kaiser nicht wahr. Er war in seinen Streit mit dem Papst bis über beide Ohren verwickelt.
Wie sollte es weitergehen, fragte man sich zunehmend besorgt in Schlesien.
Hedwig erwachte aus erschreckenden Träumen. Blut und Flammen hatte sie geträumt. Krieg. Krieg in ihrem friedlichen Lande. Schrecklicher, ungewöhnlicher Krieg. Sie sah sich über Bergen von Toten schweben, über nie gesehene Schlachtfelder schreiten. Ströme voller Blut. Flammen. In einem ihrer Träume sah sie ihren Sohn Heinrich, das Haupt blutüberströmt. Den Kopf getrennt vom Leibe.
Die getreue Demundis erwachte vom Schrei ihrer Herrin und eilte an ihr Lager. Die sonst gleichmütige Fürstin erzählte erschüttert ihren Traum. Ich spürte den Tod meines Sohnes wie einen Stich in meinem Herzen, klagte sie. Sie haben ihn getötet... Die Heiden. Wie ein Vögelchen ist mein Sohn von mir geflogen.
Demundis beruhigte die alte Herzogin. Herrin, sagte sie, noch ist Frieden im Lande. Die Gefahr ist fern. Gott wird uns vor dem Schlimmsten bewahren. Ihr solltet nicht allen Träumen vertrauen. Manche Träume sind vom Teufel gesandt zur Beunruhigung frommer Menschen. Das wißt Ihr, Herrin, besser als ich. Herzogin Hedwig schüttelte betrübt den Kopf und bat ihre Dienerin, niemandem von ihrem Traum zu erzählen, ganz besonders ihrer Tochter Anna nicht.
Die alte Herzogin sorgte sich.

Kaum hatte ihr Sohn Heinrich die Führung des Landes übernommen, sah er sich von einer unfaßbaren Katastrophe bedroht. War er dieser Bedrohung gewachsen, fragte sie sich. Was sollte er tun? Sie wußte keinen Rat. Auch der erfahrene alte Fürst wäre im Anblick dieser Gefahr ratlos gewesen.

Heinrich tat, was er konnte. Er schickte Boten ins Reich, mit Schreiben über die drohende Gefahr und Bitten um Hilfe. Zu den Fürsten. Zum Kaiser. Zum Papst. Alle, denen die schlesischen Botschafter an den Höfen von den Mongolen berichteten, waren entsetzt, doch zur Hilfe bereit waren nur wenige. Waren sie denn alle mit Blindheit geschlagen, fragte man sich am Liegnitzer Hofe.

Der Kaiser vertröstete die östlichen Fürsten auf später. Er war mit der Belagerung Faenzas beschäftigt, einer kleinen Festung bei Bologna, die von Leuten des Papstes gehalten wurde. Fremd und gleichgültig waren ihm die östlichen Regionen der Christenheit. Fern, sehr fern schien ihm die mongolische Gefahr. Eine von vielen in der Welt.

Der Papst ging auf seine Art auf die Bedrohung der Christenheit ein. Er ließ in allen Kirchen bis weit in England und in Italien, in Frankreich und auch in Spanien ein Schreiben verlesen, in dem er verkündete, daß er voller Schrecken sei und voller Angst, daß durch dieses Volk der Christenname vertilgt werden könnte. Betet, lautete seine Botschaft. Ergreifende Worte. Doch nicht nur Worte, Taten wären vonnöten gewesen. Ein Aufruf zum Kreuzzug gegen die Tataren. Das hätte Hilfe versprochen.

Nur vereinzelt zogen ruhmsuchende Ritter mit ihrem Gefolge heran.

Wer denn, um Gottes Willen, fragte sich Hedwig, soll die riesigen Horden der Heiden aufhalten. Nur sie allein, die zunächst Bedrohten, die Ungarn, Böhmen und Polen? Die Schlesier? Nur sie! War nicht die ganze Christenheit in Gefahr? Sah man das nicht? Hedwig bangte - nicht nur sie werden den Heiden zum Opfer fallen. Die Tataren werden weiter ziehen. Thüringen, Sachsen, Bayern und Franken erobern. Ja, gen Burgund und Frankreich ziehen. Rom, die ehrwürdige Heilige Stadt erobern und vernichten. Zerschlagen das Reich Christi auf Erden! Sie sah das Ende der Welt kommen.

Konnte es Schlesiens Auftrag sein, zu fallen, damit die Christenheit steht?
Die Angst wuchs in Schlesien.
Heinrich ging blaß und grübelnd umher, schloß zu Beratungen hinter sich die Türen. Die Herren aus Böhmen und Polen und die Ritter des Deutschen Ordens aus dem Kulmer Land gingen ein und aus. Stundenlang berieten die Herren. Bis tief in die Nacht sah Hedwig die Kerze in Heinrichs Kammer brennen. Oft sah sie ihn auf den Knien in der Kapelle. Drückende Verantwortung lag auf ihm. Eine Last, wie sie sein Vater nicht gekannt hatte. Die alte Fürstin sorgte sich um ihren Sohn und mußte schweigen. Gegen das aufziehende Unheil war keine Rettung in Sicht. Und Heinrich verbat sich den Rat seiner Mutter und seiner Frau, denen er sonst immer gern Gehör verliehen hatte. Er sprach nicht mit ihnen über den bevorstehenden Kampf und auch nicht über seine Pläne. Krieg war Sache der Männer, sagte er wie einst sein Vater. Schweigen und beten. Das blieb den Frauen im Krieg. Doch denken konnte man Hedwig nicht verbieten.
Sie hörte sich aufmerksam um und machte sich ihr Bild. Mit wessen Beistand konnte Heinrich zählen? Das war die Frage. Die polnischen Herren waren noch schwankend. Die Großpolen wollten sich gemeinsam mit dem schlesischen Fürsten verteidigen. In Krakau wollte man versuchen, aus eigener Kraft zu bestehen. Mit Wenzel von Böhmen hatte Heinrich einen Vertrag geschlossen, in dem sie sich gegenseitig Hilfe versprachen. Böhmen schien nach Ungarn am ehesten bedroht.
Doch sicher waren nur die eigenen Leute und deren waren nicht viele. Der Hochmeister des Deutschen Ordens, Poppo von Osterna, die Vetter Boleslaw von Mähren und Mieszko von Ratibor sollten die Anführer der Kampfhaufen sein. Als feste Stützen galten die in Schlesien lebenden Ordensritter - Templer, Johanniter und Ritter des Deutschen Ordens, die den Krieg gegen die Heiden gelobt hatten. Doch vor allem die treuen schlesischen Ritter - die Rothkirchs, Vater und drei Söhne, die von Falkenberg, Thilo von Strachwitz, Dietrich von Zedlitz mit Söhnen, die von Borschnitz und von Wilczek, Timo und Gebhart von Wiesenburg, Stephan von Würben, Petrus von Kutza, Tho-

mas Peters, Klemens von Glogau und so viele andere. In den Kampf ziehen sollte auch das Volk. Die Knappen von Goldberg... Bürger und Bauern...
Hedwig und Anna redeten nicht viel miteinander. Sie sahen sich an, berührten beruhigend ihre Hände. Sie verstanden sich seit je ohne Worte. Sie beteten Tag und Nacht, flehten die Gottesmutter an, das Land vor dem drohenden Verderben zu schützen. Was konnten sie sonst tun? Hedwig wußte. Liegnitz war eine starke Burg wie sonst keine. Unlängst zur Festung ausgebaut, mit festen Mauern aus Stein. Ein sicherer Schutz. Zwei hohe Türme, ein tiefer Graben. Die Vorburg befestigt. Vorräte reichlich vorhanden. Haufen von Steinen zur Abwehr.
Die Mongolen stürmten feste Burgen nicht, hatte die alte Fürstin gehört.
Mit seinen Getreuen hätte sich Heinrich in der Burg einschließen können, aber nicht mit all denen, die ihm zugeströmt waren und noch kommen sollten. Für so viele Ritter und ihre Pferde war kein Platz in der Burg.
Und - wäre es christlich, den Heiden den Durchzug freizugeben? Das Land preiszugeben? Den Weg ins Reich zu öffnen?
Nein! Es war Heinrichs wichtigste christliche Pflicht, die Heiden aufzuhalten. Das brauchte sie ihm nicht zu sagen. Er war ihr Sohn. Sie verstanden sich auch ohne Worte.
Heinrich muß dem Feind entgegentreten. Der Meinung war die alte Fürstin. Doch sie sorgte sich - wie wird die Notgemeinschaft im Felde standhalten? Diese zusammengewürfelten Kampfhaufen? So viele Ritter verschiedener Sprache. Werden sie einem Feldherrn gehorchen? Zusammenhalten? Kämpfen und siegen?
Fragen über Fragen.
Asia ante portas, sagte Abt Conradus mit seiner dünnen Stimme, der schlohweiße Greis. Das ist das Ende der Welt! Und er bekreuzigte sich viele Male. Gott sei uns gnädig! Conradus, der alt war und gottergeben, sorgte sich nicht um sich, er betete für das Land und die Menschen. Auch er fürchtete um das Schicksal der Christenheit. Gnade uns Gott. Amen...
Der Feind soll über zehnmal mehr Reiter verfügen, als sie Herzog Heinrich hat, sagte Conradus. Die Mongolen seien

die bestens geübte kriegerische Macht in der Welt... Ein riesiges Kampftier... Unbesiegbar bisher. Nirgendwo hielten ihnen die schwergepanzerten christlichen Ritter stand.

Die Gefahr näherte sich. Entscheidungen mußten getroffen werden.
Heinrich ordnete an: Die beiden herzoglichen Frauen und die Kinder sollen die Liegnitzer Burg verlassen. Mit den Trebnitzer Nonnen nach Krossen gehen, in die weitest im Westen gelegene schlesische Burg, von da aus könnten sie im schlimmsten Fall weiter ins Reich fliehen.
Hedwig und Anna warfen sich kurze Blicke zu und antworteten: Nein! Wenn sie nicht in Liegnitz bleiben dürfen, der Kinder wegen können sie das verstehen, wollten sie nach Röchlitz gehen, in die kleine vertraute Burg im Walde. Röchlitz wäre noch sicherer als Liegnitz, sagte Hedwig, doppelt und dreifach geschützt. Auch mit einer neuen Mauer umgeben. Dazu die dichten Verhaue ringsumher, die kein Mongole zu durchbrechen vermochte. Die Mongolen wagten sich überhaupt nicht in die Wälder, die ihnen, die in weiten Steppen lebten, unheimlich scheinen. Das haben die Flüchtlinge immer wieder erzählt: im Walde war man am besten geschützt vor den Heiden.
Heinrich hörte sie an und stimmte ihr zögernd zu.
Die Mönche von Leubus und Heinrichau dagegen sollten in die Liegnitzer Burg kommen, um während der Schlacht zu beten, in äußerster Gefahr die Burg verteidigen zu helfen und nach der Schlacht die Verwundeten zu versorgen.
Hedwig sah in den Augen ihres Sohnes den Glanz, den sie so oft in den Augen der Männer gesehen hatte, die in den Kampf zogen.
Schlag auf Schlag trafen beängstigende Nachrichten ein. Die Mongolen in Polen eingefallen. Chmielnik fiel. Krakau erobert und verbrannt. Der geschlagene und verwundete Verteidiger der Stadt Sulcwoj, mit seinen Rittern auf dem Wege nach Liegnitz. Ratibor vergeblich belagert.
Heinrich sandte Boten zu Wenzel. Wartete auf Boten von ihm. Er wollte sich zusammen mit Wenzel den Heiden stellen, wie vereinbart. Doch er wartete vergeblich auf ihn.

Die Herzoginnen waren zur Abfahrt nach Röchlitz bereit. Bolko und Mieszko durften in Liegnitz bleiben, das hatten sie von ihrem Vater erbeten, von dem sie nicht lassen wollten. Der Feind werde diese Festung nicht einnehmen können, daran glaubten alle fest.
Als dann aber die Knaben auch darum baten, den Vater in den Kampf im Felde begleiten zu dürfen, hörten sie ein entschiedenes: Nein! Darüber ließ Heinrich nicht reden mit sich. Bolko war ein zwölfjähriger Knabe, dem erst in zwei Jahren das Schwert verliehen werden sollte, und viel zu schwach, um vom Roß aus das Kampfschwert zu schwingen. Mieszko, der Jüngere, gab bald nach, aber Bolko, der immer seinen Willen zu bekommen wußte, murrte weiter. Als wenn ich ein kleines Kind wäre, sagte er, unwillig den Kopf schüttelnd. Soll ich nicht bald zum Ritter geschlagen werden? Soll ich nicht bald kämpfen dürfen? Habe ich das Hauen und Stechen nicht zur Genüge gelernt? Wozu das alles, wenn ich mich jetzt, wo es echten Kampf gibt, nicht bewähren darf?
Dieses Kind... Die Großmutter seufzte.
Beide Knaben liefen hinter dem Vater her wie die Hündchen. Und Bolko jammerte: Wenn ich schon auf das Schwert verzichten soll, wenn mir das Schwert nicht zusteht, laßt mich doch wenigstens das Banner der Piasten tragen oder das Schlachthorn blasen. Das kann ich doch, oder?
Wurde ich nicht oft gelobt dafür? Und dafür werden immer Knappen in meinem Alter genommen.
Aber nicht Fürstensöhne, antwortete der Vater barsch. Und er blieb bei seinem Nein.
Am Abend vor der Abfahrt saß die Piastenfamilie nach dem Essen am Kamin zusammen. Bedrückung lag auf der sonst so fröhlichen Runde. Die Kleinen waren weinerlich. Und auch die Mädchen hatten gerötete Augen.
Anna legte Heinrich das prächtige Schwertgehänge auf die Knie, das sie zusammen mit Hedwig gestickt hatte. Auf blauer Seide rote Rosen mit silbernen Blättern und im Blättergeranke der schlesische schwarze Adler. Mit Gottes Segen und allen unseren guten Gedanken, sagte sie leise. Heinrich küßte seiner Frau die Hand, strich zerstreut über die Rosen und Blätter der Schärpe, dann legte er sie

über die Stuhllehne hinter sich und wandte sich Bolko zu.
Hör zu mein Sohn, sagte er ernst, höre aufmerksam zu
Bolko, was dir dein Vater zu sagen hat. Er zögerte einen
Augenblick, ehe er weiterfuhr: Uns steht ein schwerer
Kampf bevor. Ein starker Feind bedroht unser aller Leben.
Wenn ich fallen sollte, mein Sohn, wirst du, der Älteste,
Herzog von Schlesien sein statt meiner. Du wirst die Geschicke des Landes lenken müssen und die Sorge für die
Leute tragen.
Du wirst die Mutter und die Großmutter beschützen und
trösten und dich um die Geschwister kümmern müssen.
Groß ist die Last und deine Schultern sind die eines Knaben. Du wirst stark sein müssen, mein Sohn, sagte Heinrich. Stärker als du bist. Trage, was immer Gott dir auferlegen mag, wie ein ritterlicher Christ. Wie es sich für einen
Piasten gebührt.
Gott behüte uns, entfuhr es Anna und sie bekreuzigte
sich. Und auch Hedwig bekreuzigte sich erschrocken.
Heinrich erhob sich und Bolko trat vor ihn, um den Segen
des Vaters entgegenzunehmen. Kaum zur Schulter reichte dem Vater der Knabe. Heinrich küßte Bolko auf die
Stirn und segnete ihn mit dem Zeichen des Kreuzes. Dann
begaben sie sich zu dritt mit Mieszko in die Kapelle, um
zu beten.
Die Frauen blieben mit den Kindern vor dem Feuer sitzen.
Hedwig und Anna sahen sich schweigend an, sie dachten
das Gleiche: Wie könnte Bolko, das verspielte Kind, die
Nachfolge des Vaters antreten? Wie könnten sie Heinrichs
Tod ertragen?
Am nächsten Morgen brach der Troß der Herzoginnen
nach Röchlitz auf. Klemens von Glogau führte ihn an.
Schwer geharnischt und bewaffnet die Ritter in ihren neuen grauen Mänteln. Eine so kriegerische Begleitschaft hatten die Frauen noch nie.
Herzog Heinrich trat zu seiner abreisenden Familie. Er
sah übernächtigt aus. Die Augen gerötet und die Lider geschwollen. Ein Zucken lag um seinen Mund.
Heinrich küßte Anna, die ihre Tränen nur mit Mühe
zurückhielt, obwohl er dies sonst in Anwesenheit der Leute nie tat, weil es sich nicht schickte. Er küßte seiner Mutter die Hand und umarmte sie herzlich. Dann half er den

Frauen in den Wagen, hob die Kinder eins nach dem anderen hinein, liebkoste die Kleinen. Bolko und Mieszko standen neben dem Vater mit ernsten Gesichtern.
Es war eng in einem Wagen mit den Kindern, aber die Frauen wollten alle zusammen haben. Sie versuchten zum Abschied zu lächeln. Hedwig segnete ihren Sohn mit dem Zeichen des Kreuzes.
Die Pferde zogen an, die Kutsche rollte laut rumpelnd über die Steine des Hofes, über die hölzerne Zugbrücke. Die Kinder freuten sich über den Anblick, der sich ihnen in der Vorburg bot. Hier standen Buden, in denen man alles kaufen konnte: Brot, Wurst und Bier, und auch Schuhe, Kleidung und Rüstungen, Waffen.
Vor der Burg, auf dem weiten Platz, standen Zelte in allen Farben, wie eine Stadt geordnet.
Die farbigen Wimpel auf den Zelten, die vor ihnen aufgepflanzten prächtigen Banner flatterten im frischen Frühlingswinde. Und was es darauf alles für Wappen gab! Hier rote Türme über einer Mauer auf weißem Feld, da ein gekrönter Adlerkopf auf rotweißem Hintergrund, daneben ein schwarzer Hirschkopf auf rotem Feld, ein schwarzer Hirsch mit rotem Geweih auf goldenem Hintergrund, oder ein weißes Horn und rotes Geweih auf blauem Feld. Hier ein Eberkopf, dort drei Fische, da zwei Löwen. Elchgeweihe und sogar ein Schachbrett waren dabei. Die Kleinen freuten sich über die bunten prächtigen Bilder. Die Älteren lasen aus ihnen die Geschichten der Familien ab wie aus einem Buche.
Auf dem Platz kampierten Ritter, Knappen und Knechte. Aber auch Bürger und Bauern hatten sich hier eingefunden. Sie alle waren zur Rettung des Landes unter die Fahnen des Herzogs geeilt. Weit sichtbar die weißen Mäntel mit schwarzem Kreuz der Ritter des Deutschen Ordens. Weiße mit roten Kreuzen der Templer, schwarze mit weißen Kreuzen der Johanniter. Dazwischen die farbigen, reichverzierten Umhänge der polnischen Herren, die aufwendige Kleidung und bunte Federn auf den Helmen, wie sonst kaum jemand, liebten. Auch aus Kiew geflohene Ritter waren darunter in ihrer fremdländischen Tracht. Ein buntes Gewimmel.
Hier und da putzten Knechte die Rüstungen der Herren.

Ritter und Knechte tummelten die Pferde. Andere übten Stiche und Hiebe mit Schwertern und Lanzen.

Daneben probten die Truppen der Bauern und Bürger die Kampfordnungen unter der Obhut erfahrener Kriegsleute aus dem Reich. Diese armen Menschen, unerfahren im kriegerischen Tun, nur mit Streitäxten bewaffnet, nur mit eisernen Kappen auf den Köpfen, sollten den Rittern vorangeschickt werden. Das hieß: In den sicheren Tod! Die taten Hedwig besonders leid. Denn kaum einer von ihnen durfte die Hoffnung haben, seine Lieben zu Hause wiederzusehen.

Morgendlicher Lärm schallte vom Lager herüber, in der frischen Luft das Klirren der Schwerter und Schilder, Lachen und Rufen, Kommandostimmen, das Wiehern der Pferde, jemand blies die Trompete, einige probten ein Kampflied.

Da trat Mieszko von Ratibor und Oppeln an den Wagen der Herzoginnen heran. Er sei mit seinen Rittern erst in den frühen Morgenstunden angekommen, sagte er, und man sah ihm den langen Ritt an. Mieszkos breites und sonst so fröhliches Gesicht sah bekümmert aus. Sulewoj sei von Krakau mit ihm gekommen und viele kleinpolnische Ritter, die dem Kampf um Krakau entkommen waren. Wlodimir, Sulewojs Bruder sei auch gefallen. Krakau verbrannt. Die hatten nur hölzerne Mauern. Er freue sich, sagte Mieszko, den Fürstinnen Grüße von seiner Mutter Viola überbringen zu können. Ehe es in den Kampf geht. Viola hat sich mit ihren Rittern in Ratibor eingeschlossen. Eben hatte man dort einen Mogolensturm abgewehrt. Doch die wilden Reiter sind abgezogen.

Die Tataren vor Ratibor... Die Frauen sahen sich an.

Ja, plötzlich waren sie da, kaum konnte man in der Eile die Tore schließen. Doch blitzschnell wie gekommen, waren sie wieder weg. Die Hauptmacht wird wohl nicht mehr weit sein, sagte Mieszko besorgt.

Aber wer weiß, fügte er hinzu, als er das Erschrecken der Frauen bemerkte. Vielleicht kommen sie gar nicht... Unberechenbar wie die sind.

Wichtig sind feste Mauern, fuhr Mieszko fort. In Ratibor wurden sie eben erst gerichtet. Die alten Holzbohlen waren morsch. Jetzt kann man wohl sagen - Gottseidank! Die jetzige Befestigung ist rundum aus Stein. Davor tiefe

Gräben. Die Festung Ratibor ist so stark wie die Liegnitzer. In Liegnitz und in Ratibor kann niemandem etwas passieren. Dennoch habe er seine Mutter nach Liegnitz mitnehmen wollen, doch sie weigerte sich.
Viola ist in Ratibor geblieben... sagte Herzogin Hedwig.
Mutig, mutig. Das gefällt mir.
Mieszkos Gesicht verfinsterte sich. Seine Mutter war nicht davon abzubringen gewesen, in der Festung zu bleiben, antwortete er. Sie war, wie alle wissen, gewöhnt zu regieren, um nicht zu sagen: starrsinnig. Viola wollte ihre Getreuen in der Not nicht verlassen. Und die Belegschaft ist glücklich über die Anwesenheit ihrer geliebten Herzogin, sagte Mieszko. Die würden sich lieber in Stücke zerhauen lassen, als daß ihrer Fürstin ein Haar gekrümmt würde.
Hedwig sah, er hatte Angst um seine Mutter, es war aber auch etwas Neid in seinen Worten. Viola war überaus beliebt unter den Leuten. Sie liebten sie abgöttisch.
Mieszko schnaubte durch die Nase und fuhr fort: Die Oppelner haben ihre Burg und die Stadt verlassen. Die Befestigungen sind alt. Eine halbe Mauer. Der Rest ist nicht fertig geworden. Die Leute sind in die Wälder gezogen. Da sitzen sie wie die Hasen hinter den Verhauen. Aber die Mongolen meiden ja den Wald. Mir tut die Stadt von Herzen leid. Wenn wir - so Gott will - das Unheil überstehen, will ich zuerst feste Mauern um Oppeln bauen.
Die Breslauer haben, wie er hörte, ihre Stadt selbst verbrannt, um sie nicht in die Hände der Heiden fallen zu lassen. Ein Jammer dieser Krieg.
Herzogin Hedwig reichte Mieszko die Hand und wünschte ihm Gottes Segen. Anna verabschiedete den Sohn ihrer Freundin überaus herzlich. Wer weiß, ob nicht zum letzten Mal. Mieszko wünschte eine gute Fahrt und verschwand in der bunten Menge.
Die Kinder waren inzwischen kaum zu halten gewesen und auch die Pferde sind unruhig geworden. Klemens von Glogau ritt vor und machte den Weg durch die Menge frei. Hedwig blickte aus dem Fenster der Kutsche zurück: eine angeregte Stimmung, ja, beinahe eine fröhliche Erregung lag über dem Lager. Eher, als erwartete man ein Fest, nicht den sicheren Tod so vieler Männer.

Beide Frauen wußten sehr wohl, daß Eile geboten war. Der wohlbekannte Weg wurde diesmal zur quälenden Ewigkeit. Durch den Wald ging es zu Pferd. Die Kinder saßen bei den Rittern auf. Einige Male durchs Dickicht hindurch, auf dem Pfad, der hinter ihnen wieder versperrt wurde.

Warten und Beten. So verging die Zeit in der kleinen Burg. Lange Tage. Jeder Bote aus Liegnitz wurde von Hedwig und Anna mit Zittern empfangen.
Wann wird der Kampf beginnen?
Bange Gespräche.
Ohne Wenzels Hilfe sind wir verloren, sorgte sich Anna.
Wenzel von Böhmen hat eine starke Armee.
Wenzel verfügt über fünfzigtausend Ritter, Heinrich nur über zweitausend, zählte Hedwig. Die Mongolen unter Kaidu nähern sich uns mit einer Zehntausendschaft. Wenzel fürchtete um seine Grenze zu Ungarn. Nun haben sich die Heiden gen Norden gewandt. Warum? Die versteht doch keiner. Eher hatte Heinrich gedacht, mit den Seinen nach Böhmen zu ziehen, Wenzel zu Hilfe. Jetzt muß sich Heinrich auf Wenzels Hilfe verlassen. Wenn Wenzel nicht kommt, könnte es Heinrich übel ergehen.
Aber war auf Wenzel Verlaß?
Wenzel wird kommen. Wann? Zur rechten Zeit, hieß es immer wieder.
Dann kam die langerbangte Nachricht: Die Mongolen waren da!
Vor den Liegnitzer Toren waren Gesandte erschienen mit einer Herausforderung zum Kampf. Mit Drohungen: Falls sich die Christen im Felde nicht stellen sollten, werde es ihnen übel ergehen, hieß es darin.
Herzog Heinrich will ihnen entgegentreten.
Wann?
Am nächsten Tag. Auf der Anhöhe die man bisher das Gute Feld genannt hatte. Der 9. April Anno Domini 1241.
Das war die letzte Nachricht, die die Frauen von Heinrich erhalten hatten.
Wird Wenzel rechtzeitig kommen?
Die beiden Fürstinnen verbrachten angstvolle Stunden in der Röchlitzer Kapelle. Auf den Knien.

Spät in der Nacht traf Klemens von Glogau mit einer Handvoll von Rittern vom Schlachtfeld in der kleinen Burg ein. Hedwig und Anna liefen ihm bei Fackelschein entgegen. Klemens schwankte vor Schwäche und weinte. Herzog Heinrich ist tot, stieß er heiser hervor, ehe er den Herzoginnen zu Füßen sank.
Beide Frauen beugten sich über ihn. Herzogin Hedwig rief nach den heilkundigen Mönchen und nach Verbänden. Die Mönche trugen den Verwundeten in die Halle und legten ihn auf eine Bank.
Klemens blutete am Kopf und sein linker Arm hing schlaff herab. Die Mönche versorgten ihn und Herzogin Hedwig flößte ihm eigenhändig gebrannten Wein ein. Sie wollte mehr hören.
Der Unheilsbote schlug noch einmal die Augen auf und flüsterte: Alle tot... die Schlacht verloren.
Er lallte nur noch, ehe er zurück in Ohnmacht fiel: Fürst Heinrich tot, alle tot... Den Fürsten gesucht, nicht gefunden... Die Mongolen weg... Hierher gekommen... So wollte es der Herr...
Mehr erfuhren die Frauen an diesem Abend nicht von ihm. Doch es war genug. Die Mönche trugen Klemens in eine Schlafkammer.
Die Frauen sahen sich an. Die Mongolen sind weg... Fast wären sie sofort auf das Schlachtfeld geeilt, um Heinrichs Leichnam zu suchen. Doch sie kehrten in die Kapelle zurück, um zu beten. Bis zum Morgengrauen galt es zu warten. Weinen und Beten. Nur das blieb.
In der Morgendämmerung standen die Herzoginnen mit übernächtigten Gesichtern auf dem Hof und fragten nach Klemens. Man holte ihn. Klemens sah elend aus, hielt sich aber auf den Beinen. Er blickte umher. Es schien, er kehre mit Mühe in die Wirklichkeit zurück.
Die Frauen nötigten ihn, sich auf die Bank zu setzen und setzten sich neben ihn: Erzähle, Klemens!
Und Klemens berichtete:
Am Morgen vor der Schlacht nahm Herzog Heinrich in der Liebfrauenkirche zu Liegnitz am Gottesdienst teil, den Bischof Thomas von Breslau zelebrierte. Den Fürsten begleiteten seine nächsten Getreuen und soviele Herren, wie das Gotteshaus faßte. Vor der Kirche wurden für die Scharen

der Ritter und Mannen an zwei Altären Messen gelesen. Als Herzog Heinrich aus dem Kirchenportal trat, herrlich anzuschauen in glänzender Rüstung, über die er einen prächtigen Mantel trug, den federgeschmückten Helm in der Hand, jubelten ihm, dem Feldherrn, die versammelten Herren, Ritter und Mannen zu. Herzog Heinrich schien siegesgewiß.
Der Tag war kühl. Der Wind fegte Wolken über den blauen Himmel und löste einen Ziegel vom Kirchendach. Der fiel herunter und streifte des Fürsten entblößten Kopf und zerbarst vor seinen Füßen. Die, die das sahen, hielten den Atem an. Ein übles Zeichen! Still ward es auf dem Platz vor der Kirche. Doch der Herzog ließ sich seinen Schreck nicht anmerken und wandte das Zeichen klug zu seinen Gunsten um. Er wischte mit der Hand die Blutspuren weg, zertrat den Ziegel so, daß das Knirschen weit in den Reihen der Streiter zu hören war, und sagte laut: So werden wir die zertreten, die da kommen und uns Böses antun wollen. Gott wird uns schützen, wie Er mich eben geschützt hat. Gott ist mit uns in diesem Kampf. Sprachs und die Menge jubelte ihm erneut zu.
Herzog Heinrichs Scharen brachen laut singend auf. Mit Trommeln und Trompeten. Mit wehenden Fahnen. Dem Feinde entgegen. Kaum hatte sich das christliche Heer in Kampfhaufen geordnet, wie zuvor besprochen, waren die Heiden da. Mit lauten Hohoho-Schreien kamen sie an. Pfeile, dicht wie eine schwarze Wolke, jagten ihnen voraus. Die mähten einen Teil des Fußvolkes nieder, das den Rittern voranschritt.
Darüber hinweg ritten die Heiden. Hauend und stechend im Ritt auf die, die sich noch regten. Auch Boleslaus von Mähren, der den Haufen anführte, wurde erschlagen. Doch der sie überragende Wall der geharnischten Ritter auf hohen gepanzerten Rossen hielt die Heiden auf. Blankes Eisen starrte ihnen entgegen. Spitze Lanzen, scharfe Schwerter sausten auf ihre Köpfe nieder. Ein heftiger Kampf entbrannte. Die Tataren scheuten den Tod nicht. Unzählige fielen.
Der Kampf ging hin und her. Doch da... Die Heiden ergriffen die Flucht! Ein so rasches Ende des Kampfes hatten die Christen nicht erwartet. Mirakel, riefen die einen. Ein Wun-

der! Cud! schrien die anderen. Denn sie glaubten, ihren Sieg zu sehen.
Die Kampfordnung löste sich auf. Einige stürzten den Feinden nach. Andere sahen sich erstaunt und erleichtert um, manche öffneten sogar das Visier.
Herzog Heinrich versuchte, die Ordnung zu halten, er ließ die Trompete zum Sammeln blasen, er rief verzweifelt: Stehen bleiben! Stojcie! Zurück! Denn der Fürst durchschaute die List der Heiden, von der er gehört hatte, nicht aber die Ritter. Doch des Herzogs Befehle gingen im Getümmel unter.
Die Heiden waren hinter den Hügeln verschwunden. Wie von der Hölle verschlungen.
Doch da bemerkten die christlichen Kämpfer entsetzt: die Tataren kamen zurück! Blitzschnell brausten sie heran. Nicht nur von daher, wohin sie verschwunden waren, sondern auch von der anderen Seite. Ja, von überall. Drangen mühelos in die aufgelockerten Reihen ein.
Ein schwerer Kampf begann. Ein ungleiches Ringen. Auf jeden Christen mochten es wohl zehn Heiden sein. Jetzt behinderte die schwere Rüstung die Beweglichkeit der Ritter, sie konnten sich kaum der wendigen Feinde erwehren. Und nicht Mann gegen Mann verlief der Kampf, wie gewohnt, jeder Ritter sah sich von Gegnern bedroht, die auf unübliche Weise kämpften, denen die bekannten ritterlichen Regeln nichts galten. So mancher wurde hinterrücks mit Schlingen oder Hakenlanzen vom Pferd gerissen und auf der Erde erstochen.
Keine Bitte um Gnade wurde erhört.
Bald sah man nur noch vereinzelte christliche Ritter in den Wogen der kleinwüchsigen Reiter ragen und mit letzter Kraft kämpfen. Nur die Getreuen um den Fürsten hielten stand. Die scharten sich wie ein Igel um den Herrn. Blanke Schwerter ringsumher. Manche, die das sahen, rafften sich auf, faßten wieder Mut. Hier und da fanden sich einige zusammen. Der Kampf ging weiter.
Da erhob sich über den Kämpfenden ein abscheulicher Kopf auf einer hohen Stange, der Feuer und Rauch spie. Ein Drache! Ein Teufelswerk! Beißender Rauch umhüllte Ritter und Pferde. Den Rittern wurde übel vom giftigen Rauch, sie husteten und glaubten zu ersticken hinter den

geschlossenen Visieren, viele ließen Schild und Schwert fallen. Manche sanken benommen vom Pferde. Ja, sogar Pferde gingen in die Knie.
Fürst Heinrich rief laut auf schlesisch: Gorko nam se stalo! Heiß ist uns geworden! Doch er kämpfte weiter und mit ihm seine getreue Schar. Das Häufchen Getreuer sah sich wieder und wieder von dichtem Gewimmel der Heiden umgeben. Soviel sie erschlugen, es kamen immer neue. Bald war die treue Schar aufgerieben.
Der Fürst fiel.
Einige sagten, Fürst Heinrich sei mit einem Schwertstreich getötet worden, andere schwörten gesehen zu haben, daß man den Herzog vor dem Tode verhöhnt und ihn zur Huldigung eines gefallenen Tatarenhäuptlings gezwungen hatte. Alle waren sich einig, daß Herzog Heinrich enthauptet wurde.
Der Tod des Fürsten bedeutete das Ende der Schlacht.
Das Schwert entfiel den Letzten, die es noch zu halten vermocht hatten.
Triumphierendes Johlen bestätigte den Sieg der Tataren.
Danach begannen die Heiden, alle zu morden, die sich noch regten. Sie beraubten die reichen Herren ihrer Schwerter und Kleider. Furchtbares Gemetzel!
Doch dann riefen schrille Pfiffe die Tataren zusammen.
Sie verschwanden wie ein Spuk vom Felde des Todes.
Mir ist es gelungen, zu entkommen. Hierher zu kommen.
Wie es mir der Herr vor seinem Tode aufgetragen hatte.
Gott schenke seiner Seele das ewige Leben. Amen.
Sie bekreuzigten sich.
Und Wenzel von Böhmen, fragte ihn Herzogin Anna. Was ist mit meinem Bruder geschehen?
Bis zum Ende der Schlacht hat niemand den böhmischen Fürsten gesehen, antwortete Klemens.
Als Klemens von der Absicht der Herrinnen hörte, auf der Wahlstatt den Leichnam des gefallenen Herrn zu suchen, rief er laut: Nein! Dann beherrschte er sich und bat mit zusammengezogenen Brauen, Vernunft zu wahren. Ein Schlachtfeld sei kein Anblick für Frauen. Und ehe sich die Lage nicht geklärt habe, dürfe er nicht zulassen, daß sich die Herzoginnen aus der kleinen Burg herauswagen. Er sei zum Schutz der Herrinnen da. Und er müsse sie auch

vor ihnen selbst schützen. Er werde, versprach er mit Tränen in den Augen und beschwörend erhobenen Händen, alles tun, um den Leichnam des Fürsten zu finden, ihn zu bergen und ihn in die Liegnitzer Burg zu bringen. Ehe man nicht wüßte, ob der Weg nach Liegnitz frei sei, dürfe man einen Ausritt nicht wagen. Er werde sofort einige Ritter auf Kundschaft ausschicken.
Da er Widerspruch in den Augen der hohen Frauen sah, ihr Kopfschütteln zur Kenntnis nahm, fuhr er in strengerem Ton und mit fester Stimme fort.
Ich bitte um Vergebung, meine Herrinnen - ich bin Euer ergebenster Diener - doch jetzt werdet Ihr Euch meinen Befehlen fügen müssen. Mein gefallener Herzog, Gott sei seiner Seele gnädig, er bekreuzigte sich wieder, hat seine Gemahlin und seine Mutter in meine Obhut befohlen. Diesen Auftrag werde ich erfüllen, so gut ich kann, mit allen meinen Kräften, bis zu meinem Tode. Es ist Krieg. Und Krieg ist Sache der Männer. Während des Krieges müssen sich auch die hohen Frauen den Rittern fügen. Ich, Klemens, übernehme das Kommando über Röchlitz und Eure herzoglichen Hoheiten haben sich meinen Anordnungen zu fügen. Zunächst senden wir einen Spähtrupp aus. Dann werden wir weitersehen.
Die Frauen sahen sich an. Sie verstanden sich wortlos wie immer. Sie nahmen zur Kenntnis - sie mußten sich den Anordnungen des Getreuen beugen, jeder Widerspruch war vergeblich. Zudem sahen sie ein: Klemens' Starrsinn war vernünftig. Er hatte recht.
Doch von ihrer Absicht abzubringen, vermochte sie nichts und niemand. Beide wollten auf die Wahlstatt. Sie fürchteten nicht den eigenen Tod. Sie setzten sich auf eine Bank im Hofe. Was blieb ihnen übrig. Warten. Wieder warten.
Sie froren und mit ihnen ihre Begleiterinnen. Herzogin Hedwig konnte weder sich noch ihnen helfen. Das Unglück hat ihre geistige Kraft gelähmt. Die Frauen bewegten die Perlen des Rosenkranzes zwischen den Fingern.
Liegnitz... unterbrach die alte Fürstin das Schweigen. Wir wissen ja nicht einmal, ob Liegnitz steht. Vielleicht ist auch die Festung gefallen, und wir sind die einzigen Überlebenden im Lande. Ich sehe nicht ein, warum wir uns schonen sollten.

Indes spähte Klemens umher. Wen konnte er auf Kundschaft schicken? Wieviele Ritter waren fähig aufzusitzen und das Schwert zu halten. Die, die sich im Hof eingefunden hatten, sahen allesamt elend aus. Sie hielten sich kaum auf den Beinen. Kaum einer, der nicht einen Verband an sich trug. Ein Anblick des Jammers. Die Mönche hatten die ganze Nacht die Hände voll zu tun gehabt. Sie hatten die, die irgendwo liegengeblieben waren, in das Waschhaus gebracht, ihre Wunden gereinigt und verbunden, ihnen Kräutertränke gegen das Gift eingeflößt und allmählich alle Verwundeten in der Halle auf Stroh zur Ruhe gebettet. Andere zur ewigen Ruhe. Die lagen in einer Reihe unter der Mauer.
Was konnte er mit den Übriggebliebenen anfangen. Einer hatte anscheinend den Verstand verloren, er schritt hin und her und fuchtelte mit den Armen, als kämpfte er weiter, ein anderer sprach wirr vor sich hin. Einige knieten in sich versunken und beteten. Manche hockten und starrten stumm mit gläsernen Augen vor sich hin. Andere erbrachen sich noch immer in den Ecken des Hofes.
Klemens sah keine fünf Mann, denen er eine Aufgabe anvertrauen, die er ausschicken könnte. Es war zum Verzweifeln. Blieben die, die noch schliefen. Er wandte sich um, und wollte sich in die Halle begeben.
Da kam unerwartet und hochwillkommen Hilfe herbei. Ein kleiner Troß ritt in die Burg ein. Konrad von Röchlitz sprang vom Pferd. Des Fürsten Notar, der nie Krieger sein wollte. Mieszko von Oppeln und Ratibor, der das Kommando in der Liegnitzer Burg übernommen hatte, meldete er, sandte zwanzig Ritter in die kleine Burg, um den Fürstinnen Geleit nach Liegnitz zu gewähren.
Konrad von Röchlitz, Frau Juttas Sohn, verneigte sich tief vor den hohen Frauen und konnte seine Tränen nicht verbergen. Auch ihn hat des Herrn Tod und der Ausgang der mörderischen Schlacht zutiefst getroffen. Das sah man ihm an. Und Konrad erzählte mit brüchiger Stimme: Dic Mongolen sind abgezogen. Die Umgebung von Feinden frei, der Weg nach Liegnitz sicher. Wenzels Leute schützen den Weg.
Wenzels Leute? fragten die Fürstinnen gleichzeitig. Also ist Wenzel da. Wann ist er gekommen?

Konrad zuckte mit den Schultern - morgens in der Früh. Einige Stunden nach der mörderischen Schlacht.
Zu spät!
Warum so spät?
Böswillige meinen, sagte Konrad, Wenzel habe vor Angst den Ausgang des Kampfes in den naheliegenden Wäldern abgewartet. Aber man sollte dem keinen Glauben schenken, durch den Mund der Leute spricht Verzweiflung.
Anna preßte die Lippen zusammen.
Also ist wenigstens in Liegnitz noch Leben, warf Herzogin Hedwig ein. Und die Knaben? Was ist mit Mieszko und Bolko?
Konrad antwortete verlegen: Man hat Bolko in Gewahrsam nehmen müssen, zuerst wollte er unbedingt in den Kampf. Fast hätte er sich von der Mauer gestürzt. Dann versuchte er sich ein Schwert in die Brust zu bohren. Mit Mühe wurde es ihm entrissen. Mit gefesselten Händen hat man ihn in eine Kammer eingeschlossen und mit Kräutertränken zum Schlafen gebracht. Zwei Mönche bewachen ihn. Auch Mieszko liegt zu Bett. Den hat man wimmernd im Keller gefunden. Mieszko ist krank. Er redet wirr im Fieber.
Hedwig schüttelte bekümmert den Kopf, was haben die Kinder vom Kampf gesehen?
Dann fragte sie nach Herzog Heinrichs Leichnam. Ob er inzwischen gefunden sei.
Konrad antwortete mit gesenktem Blick, der Leib des Herrn sei noch nicht gefunden worden.
Hedwig sah ihn aufmerksam an. Konrad verbarg etwas. Sie sagte aber nichts. Sie erklärte Konrad ihre und Annas Absicht, den Leichnam des Fürsten auf der Wahlstatt zu suchen. Konrad bekreuzigte sich. Warf Klemens einen Blick zu. Doch er wußte sehr wohl - der Herzogin durfte man nicht widersprechen.
Doch Klemens hatte jetzt nichts mehr gegen das Verlassen der Burg einzuwenden.
Man brach sofort auf. Klemens und Konrad voran. Auch die Hoffrauen wollten sich nach Liegnitz begeben. Man konnte sie dort zur Pflege der Verwundeten gebrauchen. Langsam, zu langsam ging es durch den unwegsamen Wald. Dann trieben die Reiterinnen die Pferde an, wie es nur ging.

Sie ritten an der Liegnitzer Burg vorbei. Ritten an stöhnenden Verwundeten vorbei. Die sich des Weges schleppten und um Hilfe riefen. Vergeblich. Die sonst so mildtätigen Frauen nahmen die Unglücklichen kaum wahr. Endlich erreichten sie das Feld des Todes. Die Wahlstatt. Das Feld, auf dem die Ernte des Todes lag. Ein Leichenfeld. Auf der dunklen zerstampften Erde lagen die Toten, wie sie gefallen waren. Manche fest ineinander verkrallt. Andere in sich verkrümmt. Auf dem Rücken in den Himmel starrend mit gebrochenen Augen oder mit dem Gesicht zur Erde. Leiber mit blutenden Wunden. Köpfe vom Leibe getrennt. Glieder... Arme und Beine... leblose Körper... Berge von Toten. Christen und Heiden zusammen in ihrem Blut. Unzählige junge Männer lagen da, tot, verstümmelt, mit verzerrten Gesichtern. Hier und da regte sich einer, versuchte sich aufzurichten. Andere krochen wie Tiere auf allen Vieren. Rufe um Hilfe, Stöhnen und Schreien... Überall Blut...

Wehklagende Menschenstimmen mischten sich mit dem schaurigen Wiehern verendender Pferde. In den kahlen Bäumen das Krächzen der Krähen, die sich fraßgierig sammelten.

Und darüber ein kühler Aprilhimmel. Weiße Wolken im strahlenden Blau.

Gebückte Gestalten huschten über das Feld. Mönche, die sich zwischen den Liegenden bewegten, sich über noch Lebende und Tote beugten, die, die noch gehen konnten, stützten und wegführten, Schwerverwundete auf Bahren wegtrugen, Tote auf Wagen luden. Auf knarrende Leiterwagen, die mit Ochsen bespannt langsam übers Feld zogen. Am Rande des Feldes schaufelten Männer die Gruben.

Ein Priester ging mit dem Kelch des Allerheiligsten umher, um die Sterbenden auf ihrem Weg in die Ewigkeit zu stärken und die Toten zu segnen. Ein Knabe trug vor ihm das Kreuz, ein anderer schwang das leise bimmelnde Glöckchen.

Stumm vor Entsetzen beugten sich auch beide Herzoginnen nieder, um den geliebten Toten zu suchen. Auch sie neigten sich über Tote und stöhnende Verwundete. Sahen Toten in verzerrte Gesichter, wendeten verstümmelte Leiber, er-

wehrten sich immer wieder der hilfeheischenden Lebenden, rissen sich ankrallende Hände von ihren Kleidern. Sie wiesen die Leidenden ab. Ihre Hände waren bald voller Blut, die Kleider zerfetzt und blutverschmiert.
Hedwig und Anna nahmen blutdurchtränkte Gewänder in die Hände, wendeten Schilder, betrachteten Schwerter und Helme... Hier und da erkannten sie etwas, was dem oder jenem, den sie kannten, gehört hatte. Sie suchten weiter. Suchten Spuren, die auf den einen Toten hinweisen konnten. Sie suchten auf Stoffetzen bekannte Stickereien, auf blutigen Hemden. Den Wappen an Mänteln, an Schildern und Schwertern und Helmen. Viele der prächtigen Schwerter, Schilder und Mäntel hatten die Heiden mit sich genommen. So war die Hoffnung gering, Heinrichs Mantel zu finden, sein Schwert, sein Schild oder vielleicht das prächtig gestickte Schwertgehänge, das beide am kleinsten Fetzen erkannt hätten.
Hedwig sah: zwischen den christlichen Rittern lagen die anderen: die Heiden. Auch in ihren gelben kindlich kleinen Gesichtern und geöffneten geschlitzten Augen malte sich der Todesschmerz, auch ihren Händen war das mörderische Eisen entfallen. Gleich waren sich Christen und Heiden im Tode.
Alles Menschen zum Gotterbarmen.
Es war wie in ihrem dunklen Traum, dem sie vor Jahren entkommen war. Und wieder schrie es in ihr: Herr, Gott, warum hast Du uns verlassen!
Und die Frühlingssonne schien unberührt darüber, als höhnte sie dem menschlichen Jammer.
Und Gott war weit weg.
Warum hast Du uns verlassen, Herr!
Wo warst Du, Gott, als dieses geschah?
Herr, Gott, wenn Du die Menschen liebst, wie wir glauben, wie konntest Du den Tod zulassen so vieler dir ergebener Männer, unserer Söhne und Gatten und Väter, die in Deinem Namen den Heiden entgegengetreten waren, um den Glauben an Dich zu verteidigen? Warum hast Du sie nicht beschützt, diese Getreuen, die Dir dienten? Die sich den Heiden entgegenstellten, um Dein Reich auf Erden zu verteidigen. Du aber hast sie verlassen. Du hast uns verlassen.

Und diese Heiden... Diese kleinen gelben Menschen, sind das nicht auch Gottes Kinder...
Weinen nicht auch Mütter um sie?
Da lagen sie zuhauf, die sich gegenseitig abgeschlachtet hatten. Söhne verzweifelter Mütter, Gatten trauernder Witwen, Väter kleiner Kinder... Tot. Tot. Alle tot!
Feind und Freund zusammen in ihrem Blut.
Menschenkinder waren es, die da lagen.
Und sie sah, wie sich im Traum Scharen weinender Mütter über das Feld des Todes neigten.
Gott hat uns Mütter verlassen, empörte sich Hedwig. Er nimmt den Müttern die Kinder, die sie in sich getragen, in Schmerzen geboren, die sie gehegt und geliebt haben.
So viele Mütter und Frauen weinen über diesem Feld.
Endlich fanden die Suchenden Herzog Heinrichs Pferd. Sie erkannten es an seinem herrlichen hellgrau schimmernden Fell, das Gezäume war geraubt. Offen des Tieres gebrochene Augen, eine klaffende Wunde in seiner Brust.
Doch sie wußten, Heinrich hatte auf Klemens Pferd weiter gekämpft. Da fand Klemens sein Pferd, auf dem Herzog Heinrich seinen Tod gefunden hatte.
Und in der Nähe entdeckte Anna Heinrichs Leib. Der Kleidung beraubt. Nackt.
Nackt lag der Körper des Fürsten auf der schwarzen blutgetränkten Erde, ein Leib ohne Kopf, merkwürdig weiß die Haut.
War es sein Leib? Wo war der Kopf?
Doch Anna erkannte den Körper ihres Mannes an untrüglichen Zeichen. Hier habe ich ihn zum Abschied geküßt, rief sie und kniete nieder, beugte sich über seine Brust.
Hedwig nahm ihren Mantel von der Schulter und warf ihn über den Leichnam ihres Sohnes. Die Leute sollten den Herrn in seiner Blöße nicht sehen. Nur die nackten Füße blieben sichtbar. Am linken Fuß hatte Heinrich sechs Zehen. Daran erkannte Hedwig untrüglich ihren Sohn.
Doch wo ist Heinrichs Kopf, die Frauen sahen sich unter Tränen an. Wo...
Sie blickten umher, bereit weiter zu suchen.
Da trat ein Ritter an sie heran, beugte das Knie und begann mit zitternder Stimme und niedergeschlagenen Augen: Herrinnen, wir haben gesehen, wie die Heiden ein bluten-

des Haupt auf einer Lanze gespießt mit sich führten mit grausigem Geschrei. Alle sagten, es wäre der Kopf des Fürsten gewesen. Gott sei uns gnädig. Der Ritter bekreuzigte sich.

Ein zweiter fiel auf die Knie neben ihm und bestätigte die grausige Kunde: Die Tataren hatten, bevor sie abgezogen waren, des Fürsten blutigen Kopf unter fürchterlichem Gejohle vor den Mauern der Liegnitzer Burg geschwungen. Zum Entsetzen aller, die das sahen. Und auch er bekreuzigte sich.

Die hohen Frauen sahen sich an und senkten die Köpfe. Was war zu tun...
Sie standen vor dem Leib ihres geliebten Toten. Was war mit Heinrichs Haupt geschehen.
Herr, Gott, warum hast Du uns verlassen?
Hedwig spürte Entsetzen und Schmerz. Nur das: Entsetzen und Schmerz. Ihre alten Wunden öffneten sich in ihr. Die vergessene Krankheit, die Dunkelheit drohte sie wieder zu verschlingen. Sie fürchtete, wieder in Abgründe zu stürzen. Nur Schmerz und Entsetzen. Sie glaubte, in Ohnmacht zu fallen oder zu sterben.
Herr, Gott, schrie es in ihr, warum hast Du uns verlassen...
Warum läßt Du, Allmächtiger, diese Grausamkeit zu?
Gleichgültiger Gott!
Oder ist das Böse stärker als Du?
Treuloser Gott!
Du hast nicht nur uns verlassen, sondern auch Christi Mutter, die voller Schmerz, damals unter dem Kreuz ihres Sohnes gestanden hat. Du sahst von oben herab, als man Ihn kreuzigte. Er nannte Dich Vater. Und Du halfst ihm nicht! Konntest Du nicht Deine Engel zu Hilfe schicken? Damals und heute?
Achtloser Gott! Warum trittst Du blühendes Leben mit den Füßen. Hattest Du es nicht selbst gesät?
Sie sah Bilder ihres Lebens an sich vorbeiziehen, in denen sie Tote beweinte. So viele Male: der Tod.
Nur Tod und Verderben dieses Leben!
Da fand ihre Hand zu dem kleinen Figürchen der Gottesmutter, das sie stets an sich trug, und sie spürte plötzlich, wie sie ein Lichtstrahl durchdrang, der sie mit Erde und Himmel verband. Sie spürte sich der Erde zugehörig und

dem Schmerz und zugleich dem Himmel zuwachsend. Sie konnte wieder beten.
Heilige Mutter Gottes, betete sie, Du hast den Tod Deines Sohnes, Jesu Christi, erlitten, hilf mir den Tod meines Sohnes ertragen. Und sie spürte: Die Gottesmutter umgab sie mit tröstender Liebe, nahm sie in die Arme wie eine Mutter ihr Kind. Hedwig sah, wie die Hohe Frau über der grauenhaften Wahlstatt schwebte und weit ihren himmlischen Mantel ausbreitete. Sie selbst fühlte sich entrückt und spürte, wie sie den Boden unter den Füßen verlor. Sie schwebte.
Sie sahen sich in die Augen, die schmerzvollen Mütter.
Hedwig blickte herab auf das Todesfeld wie die Gottesmutter.
Wir müssen annehmen, was uns auferlegt wird von Gott dem Herrn, dessen Absichten wir nicht durchschauen.
Menschen haben Menschen dieses angetan. Menschen haben Christus gekreuzigt und Menschen haben Heinrich, ihren Sohn, erschlagen. Menschen töten sich wie wilde Tiere. So sind wir Menschen.
Und sie betete:
Herr, Gott! Du wirfst uns in eine grausame Welt, die wir nicht verstehen, in der wir schuldig werden und leiden. Und uns nichts bleibt, als die Hände auszustrecken zu Dir und Dich anzuflehen: Herr, Gott! Erbarme Dich unserer Seelen, die Dich ahnen, die sich sehnen nach dem Licht. Amen!
Und dann in Demut:
Vater unser...
Du, der Du bist...
Dein Wille geschehe...
Herr! Erbarme Dich unser. Erlöse uns Herr!
Dann blickte sie in das schmerzvolle Gesicht Annas und sagte zu ihr:
Gott ist größer als unser Schmerz, meine Tochter. Amen.
Amen, antwortete Anna erstaunt, doch durch Hedwigs Worte merkwürdig getröstet.
Und zu den Leuten gewandt, sprach Herzogin Hedwig laut und fest: Ich danke Gott, daß Er mir einen solchen Sohn gegeben hat, der mich allezeit liebte und seine Familie in Ehren hielt, der jetzt für die ganze Christenheit sein Leben

opferte, Gott zu Ehren. Er ist mit Gott unserem Herrn vereint. Amen!

Amen! antworteten die Leute, von denen einige geräuschvoll weinten und sich der Tränen nicht schämten.

Dann hoben die Getreuen den Leichnam auf eine Bahre und legten ihn auf einen Wagen, auf den sie zuvor ihre Mäntel geworfen hatten.

Beide Herzoginnen folgten mit gesenkten Köpfen, den Rosenkranz zwischen den Fingern bewegend.

Die letzten Gespräche

„Daher erhob sie oft ihre Augen zum Firmament, damit sie durch den Anblick der Sternenpracht um so lebhaftere Sehnsucht nach der Heimat des Himmels in ihrem Geiste entflammte."
(Legenda maior de beata Hedwigi)

chlesien lag darnieder. Das Reich der schlesischen Piasten hatte ein jähes Ende gefunden. Alles Mühen um ein starkes Schlesien war vergeblich gewesen. Die Mongolen hatten weite Teile des Landes verwüstet hinterlassen. Zerstörung und Tod. Allenorts hörte man Klagen, es gab kaum jemanden, der nicht Tote, Verschleppte, Verstümmelte zu beweinen hatte.
Noch schlimmer für das Geschick des Landes war der Tod des Fürsten, der keinen regierungsfähigen Nachfolger hinterlassen hatte. Die Eroberungen der schlesischen Piasten in Polen waren nicht zu halten. In Schlesien selbst strebte, wer konnte, nach Unabhängigkeit, der man jedoch bald überdrüssig werden sollte.
Wohin die alte Fürstin ihren Blick wandte - weinende Menschen. Und es blieb nicht aus, daß sie vorwurfsvolle Blicke trafen. Wären wir doch im Reich geblieben, sagten so manche.
Ihr Lebenswerk schien vernichtet. Alles, woran sie mit ihrem Mann so freudig gewirkt hatte, hatte sich in Nichts aufgelöst. Sie hatte geglaubt, an einem gottgefälligen Werk teilzuhaben. Doch Gott hatte diesem Werk die schützende Hand versagt.
Dennoch - der siegreiche Feind war bald abgezogen. Das Land hatte unsäglich gelitten, doch es war frei. Das Schlimmste war den Menschen erspart geblieben - ein fremdes Joch. Und bald stand es für alle fest: Das war ein Wunder, das Herzogin Hedwig durch ihre Gebete bewirkt hatte. Hedwig lächelte traurig dazu.

Dieses Leben, wie es war, war nicht mehr ihr Leben. Ihre Seele war lebensmüde geworden und strebte zum Himmel. Dort hoffte sie Antworten auf ihre Fragen zu finden. Hedwig haderte nicht mehr mit Gott. Seine Absichten waren ihr unbegreifbar, aber sie war in Demut geübt. Sie glaubte an Gottes unbegreifbare Güte.

Das Trebnitzer Kloster war vom Krieg verschont geblieben, die Nonnen waren bald aus Krossen zurückgekehrt und hatten dies dankbar zur Kenntnis genommen. Sie hatten vom Kriege nur gehört. Der Wohnturm dagegen, Herzogin Hedwigs Domizil, war zerstört. Hedwig ließ sich ein kleines Häuschen im Klosterhof errichten. Ihre Klause, wie sie sagte. Dort lebte sie das Leben der Nonnen, doch gleichzeitig auch ihr eigenes Leben.

Oft ließ sich die alte Fürstin nach Liegnitz fahren, wo Herzogin Anna versuchte, die Schäden in Grenzen zu halten. Wie doch die Leute frech werden, in Anbetracht ihrer Schwäche, wunderten sich beide.

Herzogin Anna ernannte neue Ratgeber. Außer Konrad von Röchlitz waren alle erfahrenen Herren tot. Zwei Jahre sollte Herzogin Anna für ihren Sohn Bolko regieren, bis zu dessen Volljährigkeit. Sie brauchte den Rat ihrer Mutter und die versagte ihr ihn nicht. Aber auch ihr Rat war ein ratloser Rat. Die Zerstörungen waren nicht von heut auf morgen zu beseitigen. Die fürstliche Schatulle war leer. Ein starker Mann wäre vonnöten gewesen.

Wenzel von Böhmen blieb lange und kam wieder. Er bot sich als Vormund für Bolko an. Als Annas engster Berater. Doch Anna konnte ihm nicht verzeihen. Ihr Bruder hatte ihren Mann schmählich im Unglück allein gelassen. Er war mit schuld an Heinrichs Tod. Alles in ihr wandte sich ab von ihrem Bruder.

Beide Frauen sahen, der Fürst von Böhmen rieb sich die Hände. Jetzt hatte er alle guten Karten im Spiel. Und er durfte sicher sein, Schlesien werde ihm bald zufallen. Er mischte, wie er nur konnte, im Lande mit, kaufte sich die Gewogenheit der kopflosen Herren. Und die wollten den Böhmen gern huldigen. Da herrschte Ordnung. Denn Böhmen gehörte zum Kaiserreich.

Es dauerte nur einige Jahrzehnte und ein kleiner Fürst nach dem anderen hatte sich in böhmische Obhut bege-

ben. Und im nächsten Jahrhundert vereinigten böhmische Könige Schlesien unter ihrer Krone.
Wenzel hatte zur Wiederbelebung des Landes nur einen Rat: Neue Siedler müssen her! Er versprach Anna, er werde die Ansiedlung neuer Bauern und Handwerker mit allen seinen Kräften und Mitteln unterstützen. Das Land wieder zu beleben, das sei das wichtigste, sagte er, und das könne man nur mit Siedlern aus dem Reich. Wenzel war nicht daran interessiert, ein darniederliegendes Land in Besitz zu nehmen. Was hätte er davon.
Doch gegen eine Neubesiedlung Schlesiens war nichts einzuwenden. Im Gegenteil. Das war auch Hedwigs Überzeugung - nur die Deutschen können das Land retten. Ohne die Deutschen ist Schlesien verloren.
Und es war wie ein Wunder: Bald kamen sie wieder, die Siedler aus allen Landen des Reiches! Aus Bayern und Thüringen, aus Sachsen und sogar vom Rhein. In ihren festen Wagen, auf die sie Pflugscharen geladen hatten und alles andere notwendige Hab und Gut. Sie hatten den Mut, in Schlesien noch einmal anzufangen, obwohl niemand wußte, ob dort eine sichere Zukunft zu finden war.
Bolko war nach dem Tod seines Vaters verstört. Er hatte gesehen, wie die Heiden des Vaters blutenden Kopf auf einer Lanze vor den Liegnitzer Mauern geschwungen hatten. Das konnte er nicht verwinden. Sein Bruder Mieszko war an diesem Erleben zugrunde gegangen, obwohl die Mönche sagten, er habe sich an einem vergifteten Pfeil geritzt.
Von Bolko, dem verwöhnten und verspielten zwölfjährigen Knaben wurde plötzlich Ernsthaftigkeit wie von einem reifen Mann verlangt. Doch Bolko spielte den Fürsten und dann war er wieder ein Kind. Er tobte, wenn er etwas haben wollte, er schrie. Die Frauen waren ratlos ihm gegenüber.
Von den Siedlern jedoch war auch Bolko begeistert. Die können was! Er war in Breslau dabei gewesen, als ein Treck angekommen war. Tüchtig, diese Leute, schwärmte er vor seiner Mutter und Großmutter. Die kamen, sagte er, schauten sich um. Schüttelten kurz die Köpfe über die Verwüstungen. Ihre Frauen weinten. Dann setzten sie sich zusammen, berieten, zeigten mal dahin, mal dorthin.

Zeichenkundige Mönche waren zur Stelle. Und bald wurde Holz angefahren, Steine gebrannt, Mörtel gemischt. Bei denen gibt es, wenn sie arbeiten, keine Herren und Knechte. Alle packen an. Und wie!
Die Deutschen, ja, die will er in seinem Land haben, wenn er der Fürst sein wird. Mit denen wird alles gut werden. Mit denen wird er sich gut stellen. Das könne er versprechen. Hedwig spürte, das durfte sie ihm glauben. Und sie war froh darüber, denn nur so würden die Wunden heilen, die der unselige Krieg geschlagen hatte.
Ja, irgendwann wird es wieder aufwärts gehen. Anders als zuvor. Aber das Leben wird doch weitergehen. Der Gedanke an das sich ewig erneuernde Leben tröstete sie. Sie würde nicht mehr dabei sein. Na und... Ihre Zeit war vorbei.
Sie sagte zu Anna: Es wird schon werden. Du wirst weiter leben, meine Tochter. Wenn auch für immer im Schatten des Todes. Du bist für das Land da und für deine Kinder. Kümmere dich um andere, dann vergißt du deinen Schmerz. Ich aber bin müde geworden und werde bald sterben.
Anna schüttelte den Kopf und ihre dunklen Augen füllten sich wieder mit Tränen. Sie weinte jetzt so oft. Mutter, sagte sie vorwurfsvoll, nun wollt auch Ihr mich verlassen. Bin ich nicht alleingelassen genug und ratlos in allem. Wie soll ich allein mit den vielen Sorgen fertigwerden?
Verzeih mir, meine Tochter, entgegnete Hedwig. Ein Sturm, wie wir ihn erlebt haben, fegt vor allem die Alten hinweg. Ich spüre, das Leben entfernt sich zunehmend von mir. Ich spüre die zunehmende Schwäche des Körpers und die wachsende Sehnsucht der Seele nach ewiger Ruhe. Ach, Anna... Gott wird dir helfen. Bete.
Bald fuhr sie nicht mehr nach Liegnitz. Doch Anna kam umso öfter zu ihr.
Das kleine Häuschen im Klosterhof, die Bank davor wurden wieder für viele ein leuchtender Hort der Hoffnung und der Zuversicht. Trauernde, Kranke und im Krieg Verkrüppelte kamen zur Herzogin Hedwig um Rat und um Trost. Und sie verweigerte sich niemandem. Sie wollte helfen mit ganzer Kraft, die ihr noch geblieben war. Und es gelang ihr zumeist. Man vertraute ihrem Rat, denn sie stand nun bei allen im Rufe der Heiligkeit.

Irgendwann war Engelbert nach Schlesien zurückgekehrt, um bei der Wiedererrichtung der zerstörten Bibliotheken mitzuwirken. Auch er lenkte zuerst seine Schritte zu seiner alten Freundin im Geiste.
Im Klosterhof traten sie sich gegenüber. Und Hedwig wunderte sich: war das Engelbert, der Schöne, der Kluge, der zurückgekehrt war, der, dem sie vor so vielen Jahren in Röchlitz still nachgeweint hatte... Ein grauhaariger gebückter Mönch mit müden geröteten Augen trat ihr entgegen, so daß sie fast erschrak. Aber auch in seinem Blick sah sie ein leises Erschrecken, als sie ihm ihre Hand zur Begrüßung reichte. Und plötzlich wurde ihr bewußt, daß inzwischen ein ganzes Leben verflossen war, daß sie eine magere Greisin war, ohne Zähne, mit runzligem Gesicht, die in einem alten schäbigen Kleid vor ihm stand. Vor ihm, der sie in prächtigen Gewändern gekannt hatte, als sie noch jung und schön gewesen war. Damals in Röchlitz. Damals... Nun wußte sie: Nichts an ihr erinnerte an die Herrin aus der damaligen Zeit. Doch von der Berührung seiner weichen trockenen Hand wurde ihr warm ums Herz. Und er behielt ihre Hand einen Augenblick in der seinen. Sie blickten sich in die Augen und nahmen einander wahr, so wie sie waren, nach all dem Leben. Jetzt durften sie sich zulächeln, ohne eine Versuchung zu fürchten.
Schön, daß Ihr da seid, Bruder Engelbert, sagte Herzogin Hedwig. Seid willkommen in Gottes Namen.
Und er antwortete: Gott segne Euch Fürstin, und gebe diesem geschundenen Land das Leben wieder. Ihr habt Euch kaum verändert, Eure Augen leuchten wie früher.
Ich danke Euch, Bruder Engelbert, auch Ihr seht rüstig aus für Euer Alter.
Die beiden setzten sich auf eine hölzerne Bank im Klosterhof, die die Fürstin so hatte hinstellen lassen, daß sie die Nachmittagssonne genießen konnte.
Auch an diesem Tag wärmte die Sonne mild. Goldene Blätter schwebten langsam von den Bäumen. Engelgleich klangen die Stimmen der Nonnen aus der Kirche herüber.
Erzählt, Bruder Engelbert, wie ist es Euch ergangen, fragte Hedwig.
Und Engelbert antwortete: Es war ein ruhiges Leben, Her-

rin. Ein Tag verging wie der andere. Wie es so ist im Kloster. Fünf Stunden im Skriptorium beim Schreiben, den Rest des Tages beim Gebet. Ich habe unzählige Bücher kopiert und mit Freuden die Initiale gemalt. Dazu habe ich zwei Bücher geschrieben. Nichts besonderes: Kompilationen der alten griechischen Meister des Denkens.
Merkwürdig. Ich finde es schön in Schlesien, fügte er nach einem Atemholen hinzu. Es ist trotz allem wie eine Heimkehr für mich.
In Schlesien ist so viel zu tun nach dem verheerenden Krieg, fuhr der Mönch fort. In allen drei Klöstern der Zisterzienser werden junge Skriptoren angeleitet und hier und da lege ich selber Hand an. Obwohl die schon zittrig ist. Nur Renata in Trebnitz braucht meine Hilfe nicht. Die schreibt schöner, als ich es je konnte, lächelte Engelbert.
Die Glocke der Klosterkirche läutete und Engelbert freute sich über ihren tiefen Klang. Der Glockenklang heilt die Seele und - meinen Kopfschmerz, sagte er, nachdem sie verstummt waren. Om, Om, Om, dieser Klang tut den Nerven wohl. Aufmerksam zuhören genügt. Die beste Medizin. Den Klang in sich einlassen. In dem Glockenklang schwingen. Das ist ein wunderbares Gebet. Angenehm wie die Sonne im Herbst.
In den von den Heiden verwüsteten Klöstern gab es so gut wie keine Bücher mehr, nahm Engelbert den Faden wieder auf. Die übriggebliebenen sind beschädigt, oft ekelhaft beschmiert, zerrissen und ihre Instandsetzung erfordert meistens mehr Mühe als das Abschreiben neuer. Die Mönche haben ihm Schlimmes erzählt. Es muß schrecklich gewesen sein. Dieser Krieg... er seufzte fragend.
Hedwig schwieg.
In aller Achtung vor Eurem Schmerz, Herrin, möchte ich dennoch an der Wunde rühren. Ich sehe mich gedrängt hinzuzufügen: Ich glaube fest, die ganze Christenheit ist gerettet worden, durch das blutige Opfer auf der Wahlstatt. Die Heiden sind aufgehalten worden, ehe sie sich über die gesamte Christenheit stürzten. Nicht auszudenken, wie es sonst gekommen wäre!
Alle Christen sollten den Schlesiern für ihr Blutopfer danken.
Dafür habt Ihr, verzeiht Herrin, daß ich das so anspreche,

denn ich weiß, wie Euch das schmerzt, ähnlich wie die Gottesmutter das größte Opfer gebracht: Euer Sohn hat sein Leben geopfert. Ein wahrhaft ritterliches, ja, ein christusähnliches Opfer. Das wollte ich Euch sagen. Gott der Herr wird es ihm vergelten. Amen.
Ein schlesisches Termopile war das, fügte der Mönch nachdenklich hinzu. Eine blutige Schlacht. Eine der blutigsten, die die Geschichte kennt. Fürst Heinrich starb wie Leonidas, der griechische Held.
Diese Tataren! Und keiner weiß, was wollten die hier. Darüber wunderte man sich sogar am Rhein.
Hedwig antwortete: Schlesien ist eine Wunde.
Mehr wollte sie nicht sagen. Sie wollte nicht rühren an dem Schmerz, der tief in ihr saß, denn sie wußte, das war ihr tödlicher Schmerz.
Engelbert wartete einen Augenblick ab. Dann sprach er mit leiser Stimme weiter. Herrin, ich habe mir erlaubt, Euch ein kleines Geschenk mitzubringen. Das Euer würdig scheint. Ein Buch mit Gedanken einer großen Frau für eine große Frau. Er legte der Herzogin ein kleines Büchlein in dunkelrotes Leder gebunden auf die Knie. Golden die Aufschrift.
Ich habe es an Euch denkend zusammengestellt und geschrieben.
Herzogin Hedwig nahm es in die Hände und sagte: Ein wunderschönes Buch! Sie las die Überschrift: Aus der Gottesschau der heiligen Hildegard von Bingen.
Habt Dank, Bruder Engelbert, Gott vergelt Euch dieses schöne Geschenk, sagte sie. Ich werde das Buch aufmerksam lesen.
Und als sie es aufschlug, las sie: Zum Wesen der Liebe gehört auch, daß man sie sich ohne Flügel gar nicht denken kann. Sie mußte die Schrift weit von den Augen halten, um sie lesen zu können.
Ich werde mir doch wohl Gläser vor die Augen hängen müssen, wie sie Renata trägt, um lesen zu können, fügte sie leicht spöttisch hinzu. Auch die Augen lassen nach. Wie das Gehör. So entfernt sich einem alten Menschen allmählich die Welt.
Ja, ja, pflichtete Engelbert bei, auch mir ist nicht mehr viel Zeit übriggeblieben. Daher müssen wir sie achtsam nutzen.

Es wäre vieles zu tun, aber eins ist mir das wichtigste. Das wichtigste Buch meines Lebens... Das muß ich jetzt schreiben... So Gott mir die Kraft dazu schenkt. Er seufzte wieder bedeutsam. Doch Herzogin Hedwig fragte nicht weiter. Engelbert verabschiedete sich. Doch kam er bald wieder. Der alte Mönch ließ sich jetzt in einem kleinen Wagen fahren, den ein Konverse lenkte. Eine milchweiße Stute zog das Gefährt. Die ist langsam wie eine Kuh, sagte der Mönch. Die beiden Alten saßen nebeneinander und redeten leise oder schwiegen.

Doch es gab keine aufregenden Gespräche mehr zwischen ihnen. Beide wußten genug über die Beschaffenheit der Welt, die sie nun wie von weitem betrachteten. Sie wußten auch beide, wie unwichtig alles Wissen ist, in Anbetracht dessen, daß ihr Leben allmählich zu seinem Ursprung zurückkehrte: Zu Gott.

Beide wußten genug über die Menschen, die kaum belehrbar waren, weit entfernt von Christi Lehre. Und auch, daß sie noch lange so bleiben werden, wie sie sind.

Dennoch, sagte Herzogin Hedwig, müssen wir sie lieben, die Menschen. Jeder Mensch braucht mehr Liebe als er verdient. Und Liebe zu schenken, dazu sind wir da.

Es war schön für beide, in der späten Sonne nebeneinander zu sitzen und zu schweigen. Sie wärmten ihre alten Glieder in der milden Sonne.

Irgendwann streckte Hedwig ihre bloßen Füße von sich. Und lachte auf, als sie Engelberts erschrockenen Blick bemerkte: Fürwahr kein feiner Anblick, die schmutzigen Füße der Herzogin. Sie sagte erklärend dazu: Barfuß bin ich unserer Mutter Erde näher. Ich gewöhne mich an sie.

Er schüttelte den Kopf. Und dann fragte er zaghaft: Ich habe gehört, daß Ihr auch im Winter... Er wagte nicht zu enden.

Sie nickte. Ja, früher ging ich auch im Winter barfuß. Jetzt nicht mehr. Man gewöhnt sich daran. Mir hat es nicht geschadet. In späteren Jahren war ich gesünder als je zuvor. Jetzt nicht mehr. Jetzt werde ich schwach, der Esel Leib, den ich seit langem wie einen Bruder halte, will nicht mehr so recht. Ich weiß, ich werde bald sterben.

Engelbert nickte, ja, ja, unsere Zeit ist reif...

Eines Tages sagte Engelbert, was Hedwig längst für sich

wußte, er habe beschlossen, so Gott ihm erlaube, und ihm noch genügend Kraft schenken wolle, ihr Leben, das Leben der Herzogin von Schlesien, aufzuschreiben, der Frau, die er sein Leben lang bewundert und verehrt hatte, und die nun alle als Heilige preisen.
Euer Leben, wie es war, will ich beschreiben, Herrin. Zur Erbauung der Menschen. Denn ich wußte seit langem, was jetzt alle wissen und sagen: Ihr seid eine Erwählte! Eine heilige Frau. Jetzt sind, mit wem ich auch spreche, alle voll des Lobes über Euch. Die Herren preisen Eure Klugheit und Euren Sinn für Gerechtigkeit, die Mönche loben Eure ungewöhnliche Frömmigkeit. Doch vor allem das Volk rühmt Eure Güte. Mutter der Armen nennen Euch die Leute. Er nickte bewundernd: Mutter der Armen! Das ist mir fürwahr ein christlicher Ehrentitel. Und die Leute wissen über Wunder zu berichten.
Er habe bereits einiges erfragt, sagte Engelbert, und so manches aufgeschrieben.
Von zahlreichen wunderbaren Heilungen habe er gehört.
Ja, daß sie sogar Tote dem Leben wieder zugeführt habe. Wie unser Herr, Jesu Christ. Er bekreuzigte sich.
Und daß sie die Gedanken der Menschen erraten und zukünftige Ereignisse voraussehen konnte.
Von dem wunderbaren Glanz habe er gehört, der sie manchmal umgebe. Das sei zweifellos ein Zeichen der Heiligkeit. Er habe über Ähnliches bei verschiedenen Autoren gelesen. Auch Hildegard von Bingen soll man von einer Lichtaura umgeben gesehen haben.
Und daß sie manchmal beim Gebet über dem Boden schwebe. Das sei ein besonderes Wunder. Auch darüber gebe es Berichte aus dem Leben verschiedener Heiliger. Und auch bei den alten heidnischen Autoren könne man darüber nachlesen.
Auch er neige sich der Meinung derer zu, die glauben, die Mongolen seien abgezogen durch der Fürstin Gebet. Und durch ihr Opfer. Die Gottesmutter habe auf Bitte der schlesischen Herzogin den himmlischen Mantel über das Land gebreitet und die Heiden zum Rückzug bewegt, erzählen die Leute.
Denn wie könnte man das Geschehen anders verstehen? Die Mongolen hatten klar gesiegt und waren dennoch ab-

gezogen. So etwas hat es noch nie gegeben. Auch die Ältesten haben nie von dergleichen gehört. Auch die Weitgereisten nicht. Also klar ein Wunder!
Und jetzt habe er, Engelbert, den Mut, sie, die Fürstin selbst, mit Fragen zu bedrängen. Ob sie bereit wäre, ihm zu helfen bei seinem Werk, das sie und ihre Verdienste für alle Zeiten aufbewahren soll, fragte der alte Mönch mit sanfter Stimme. Seid Ihr bereit, Herrin, auszusagen über Euch, damit ich es wahrheitsgemäß niederschreibe, fragte er eindringlich. Um Gott zu ehren und den Menschen ein belehrendes Beispiel vor Augen zu stellen.
Herzogin Hedwig schwieg.
Da fuhr Engelbert fort: Herrin, ich erlaube mir zu bemerken, daß ich Euch auch im Auftrag meines Abtes und des Bischofs von Breslau um Eure Aussagen bedränge. Die hohen geistlichen Herren sind der Meinung, daß Ihr, Herzogin, wohl bald nach Eurem Tode zur Heiligen erklärt werdet. Und dazu braucht man Unterlagen, Zeugnisse, Beweise für ein heiliges Leben, um sie dem Papst vorzulegen. Auch Herzogin Anna unterstützt aus ganzer Kraft unser Gespräch, denn ihr ist alles lieb, was zur Erhebung ihrer verehrten Mutter beitragen kann. Ähnlicher Meinung ist Eure Tochter Gertrud, die sich durch Eure Heiligsprechung größeren Splendor fürs Trebnitzer Kloster verspricht, obwohl sie ihre Enttäuschung nicht verbirgt, daß Ihr dem Konvent nicht beigetreten seid.
So will ich denn Eure Fragen aufrichtig beantworten, Bruder Engelbert, sagte Herzogin Hedwig noch immer ein wenig zögernd. Obwohl ich keinen Ruhm brauche für mich, denn ich werde bald vor Gott stehen, der alle Dinge anders sieht als wir. Doch ich sage Euch, es gibt nicht wenige, deren Verdienste nicht geringer sind als meine, die aber unbekannt blieben, während mein Tun weithin sichtbar war. Ich denke vor allen an die frommen Frauen vom Trebnitzer Kloster und besonders an Petrissa, meine Mutter im Geiste, die mich solang sie lebte, in allem geführt hat.
Bedenkt aber auch das, Bruder Engelbert: Ich war nicht besser als andere, wir alle sind aus dem gleichen erbärmlichen Stoff. Doch ich habe mich mehr gemüht. Ich mußte mich mehr mühen. Ich weiß nicht warum. Etwas war in mir... Vielleicht war es die Angst vor dem Bösen in mir...

Oder die Sehnsucht nach dem Guten. Vielleicht hat mich vor allem meine strenge Kindheit im Kloster von Kitzingen geprägt.
Doch schreibt Bruder, schreibt über mich für die Menschen. Malt ihnen ein Bild von mir, wie sie es brauchen. Denn ohne Vorbilder verliert sich der Mensch.
Aber Ihr sollt wissen, Bruder Engelbert: Ich war kein starkes Weib. Es wurde mir auferlegt, so zu sein, wie ich war. Ich habe gelebt und gelitten. Und das Leben ersparte mir keinen Schmerz.
Gott prügelte mich und ich fragte mich lange vergeblich: Warum?
Es dauerte lange, sehr lange, bis ich begriffen habe: Der geistige Mensch wächst aus dem Schmerz. Wir erlangen durch den Schmerz das geistige Leben, das man das ewige Leben nennt. Durch die Bezwingung unseres sterblichen Leibes wachsen wir im Geiste.
Spät, sehr spät habe ich begriffen: Gott hat mich geführt. Erst jetzt erahne ich etwas von dem Muster, das meinem Leben zugrunde lag. Ich war ein gutwilliges Weib, ich habe geduldig getragen, was mir auferlegt wurde von Gott. Doch das war längst nicht genug.
Erst allmählich sah ich ein, daß es nicht genügte, fromm zu sein, die Gebote zu befolgen, aufrecht in der Ordnung zu stehen. Gott wollte mehr von mir: Ich mußte mich klein und kleiner machen, arm und ärmer, elendiger als die Elendigen, um das ganze Leid und den ganzen Schmerz, der den Menschen zuteil ist, an mir selbst zu erfahren.
Eins ist wahr: Ich habe nicht nur an mich gedacht. Zunächst kümmerte ich mich aufrichtig um dieses Land, in dem mir zu leben beschieden war. Ich fühlte mich verantwortlich für dieses Land. Für Schlesien. Ich stand meinem Mann Heinrich aus bestem Willen hilfreich zur Seite. Später wollte ich den hilfebedürftigen Menschen dienen aus ganzer Kraft, mit allen Mitteln, die mir als Herzogin zur Verfügung standen. Aus ganzem Herzen. Das nahm ich als meine wichtigste Aufgabe an.
Gott hat mich erwählt, den Armen zu helfen in ihrem Elend und Leid. Gott wollte ihnen helfen durch mich. Denn Gott kann für die Menschen nur durch die Menschen wirken. Ich hoffe, ich war seine gehorsame Dienerin.

Ich habe mich gemüht. Ich habe mich stets aufrichtig gemüht. Aber so oft wurde zunichte, was ich glaubte, bewirkt zu haben.

Ihr aber, Bruder Engelbert, solltet wissen, was niemand weiß, wieviel mich das manchmal Mühe gekostet hat, wieviel Überwindung. Auch Ihr ahnt nicht, wie hochmütig ich war und wie oft ich versucht war, die Menschen zu verachten. Sie schienen mir manchmal wie Tiere. Dumm, frech und nur aufs eigene Wohl bedacht. Warum machten sie sich gegenseitig das Leben zur Hölle, fragte ich mich unzählige Male. Warum morden sie sich in Kriegen?
Und diese Armen und Kranken... Sie stanken und ich ekelte mich vor ihnen. Vor ihrem Aussehen, vor ihren Gebrechen.
Das überwunden zu haben, auch die Erbärmlichsten, die Elendigen und Schmutzigen zu lieben, das halte ich für mein Verdienst. Und Gott vergalt mir meine Mühe tausendfach. Die Sorge um andere half mir, mein eigenes Leid zu ertragen, meinen eigenen Körper, der verfiel, nicht zu beachten, meine Angst vor Einsamkeit und Tod zu überwinden.
Entsagung und Demut, daraus war der eine Flügel, der andere aus dem Ringen um Gottes Nähe in Stille und Einsamkeit. Ich betete. Das half.
Auf diesen Flügeln lernte ich zu fliegen.
Ihr sagt, Bruder, ich habe Wunder bewirkt. Nicht alles, was sich die Leute erzählen, waren Wunder.
Man erzählt sich, daß ich zukünftige Ereignisse voraus zusehen wußte... Nun ja, daß ich manchmal die Gedanken meiner Getreuen und der Leute erraten habe oder früher als andere wußte, was kommen wird, das hatte ich meiner von Gott geschenkten Klugheit zu verdanken.
Aber ich sah auch Bilder... Ich hatte Träume... und manchmal...
Ihr sagt: wunderbare Heilungen! Ich habe lange Jahre als Heilerin gewirkt und gelernt, wie man die richtigen Kräuter für diese oder jene Krankheit nutzt. Was man tun kann gegen dieses oder jenes Übel. Das habe ich gründlich gelernt. Die Heilkraft der Kräuter... Und anderes, wie sich ein Mensch gesundhalten kann. Ja, das habe ich gelernt, aus klugen Büchern, von Petrissa. Und auch von einem

Weibe aus dem Walde, das die Leute eine Hexe nannten, obwohl sie ihnen oft und gern geholfen hatte. Es war ein weises, gütiges Weib, wenngleich eine Heidin. Ich denke oft an sie.

Doch die Leute erzählen so manches... Gewiß war es kein Wunder, wenn ich meiner Tochter Ratzlawa, die eine Fischgräte verschluckt hatte, auf den Nacken schlug, so daß sie zu husten begann und die Gräte ausspuckte. Und auch die Gehängten, die ich vom Strick schneiden ließ, waren junge Männer, die noch lebten, wenngleich sie sich in tiefer Ohnmacht befanden. Einmal genügte ein Eimer kalten Wassers, um den vermeintlich Toten wiederzubeleben. Anderes wiederum... Anderes war mir selbst ein unbegreifliches Geschenk.

Manchmal erschrak ich selbst, wenn mich jemand um Heilung anflehte, ich keinen Rat wußte, betete, die Hände auf den Kopf des eifrig Bittenden legte und dann plötzlich spürte, wie mich eine Kraft durchdrang, eine Wärme durchflutete und durch meine Hände den Kranken erreichte, und der, von seinem Gebrechen geheilt, zu danken begann.

Das bestürzte mich und ich bat die Leute, darüber zu schweigen. Vergeblich. Ich sagte ihnen: Das habe nicht ich bewirkt. Gott hat dich geheilt durch deinen Glauben. Gott gebührt die Ehre, nicht mir. Aber sie priesen mich, nicht Gott. Vielleicht sind darum auch manche Heilungen nur vorübergehend wirksam gewesen.

In späteren Jahren, nach langem Beten und Fasten, widerfuhr mir oft Wundersames. Ich konnte in mir Wärme bewirken, von der der Schnee schmolz. Zum ehrfürchtigen Erstaunen meiner Hofdamen, die warm angezogen froren, wogegen ich barfuß und im dünnen Kleide stundenlang im Walde stand und es mich wärmte. Von innen. Oder als wenn mich Engel wärmend umgaben.

Manchmal spürte ich Wärme und Licht zugleich. Das Licht entstand im Kopfe und ich sah, entrückt jeglichem Zeit- und Raumgefühl, in der Finsternis Bilder. Ich sah entlegene und zukünftige Ereignisse durchstrahlt von diesem Licht. Sie tauchten auf und versanken wieder.

Manche liefen erschrocken vor mir weg, wenn sie mich so entrückt erblickten. Boguslaw von Schawoine ließ eines

Tages einen Topf heißen Wassers auf seine Füße fallen vor Schreck. Sie lächelte. Und so mußte ich - hinaus aus dem Gebet - seine schmutzigen verbrannten Füße versorgen.
Ja, es gab eine Zeit, da schwebte ich in Gott, Bruder Engelbert. Ich flog aus mir heraus und empfand mich wie eine weiße Feder in der Luft. Ich schwamm in Gott! Welch ein unsägliches Glück!
Meistens geriet ich so außer mir im Walde. Der Wald war mir ein vom Schöpfer geschenktes Gotteshaus, in dem ich oft andächtig den Boden unter den Füßen verlor und in anderen Regionen schwebte.
Besonders abends beim Anblick des von Sternen glänzenden Himmels... Sagt Bruder, wie kann ein Mensch beim Anblick des gestirnten Himmels nicht in Verzückung geraten. Diese unfaßbare Pracht! Wie klein sind wir Menschen im Anbetracht der Sterne, und wie groß zugleich. Welch eine Gnade, daß wir sie sehen.
Ich glaube, wer die Sterne wahrnimmt, erahnt auch das Geheimnis der Seele.
Ja, oft war ich so versunken in die Betrachtung der himmlischen Unendlichkeit, daß ich glaubte, ein Stern unter den Sternen zu sein. Ich schwebte unter den Sternen: ein Gestirn wie sie. Mehr noch, ich spürte: Ich Mensch habe Einfluß auf das Geschick der Sterne. Ich spielte auf ihnen wie auf einer Harfe. Und die Sterne gaben wunderbare Klänge von sich.
Nach einem Atemholen fügte sie hinzu:
Wie schön wäre es, immer in diesem Zustand zu sein. Diese unendliche Freude zu spüren.
Durch diese Erlebnisse fiel es mir leichter, das Leben zu ertragen. Die Menschen mitleidend zu lieben.
Doch dieses Erleben, wie es wirklich war, in Worten auszudrücken, ist kaum möglich, fuhr sie nach einer Weile fort. Was immer man sagt, klingt plump. Das Göttliche entzieht sich den Worten. Die menschliche Sprache schläft noch halb in Gott. Wie auch das menschliche Empfinden.
Nach einer Weile des Schweigens sagte der Mönch:
Herrin, das sind Erfahrungen Erwählter, vor denen es normalen Sterblichen geziemt, in frommem Erstaunen zu versinken. Sagt, was soll ich den Menschen weitergeben

von Euch? Was ist Eure Botschaft für sie? Wie sollen sie leben? Und wie sterben?

Man sollte den Menschen ein Leben gewähren, das ihnen erlaubt, Gott zu suchen und zu finden, antwortete die Herzogin. Ein Leben ohne Hunger und Angst. Das ist Voraussetzung. Doch jeder muß Gott suchen für sich selbst. Das ist die Mühe des Lebens. Allzuoft müssen wir uns bescheiden und warten. Auf wichtige Zeichen warten. Und das müssen wir erkennen: Alles ist im Widerspruch. Wie sagtet Ihr doch vor Jahren: Sic et non! Damals in Röchlitz. Ja und Nein. Darin hattet Ihr Recht. Ich habe oft daran gedacht.

Engelbert wehrte ab: Das ist der Satz des Meisters Abelard aus Paris, nicht meiner. Aber er ist wahr. So sehe ich es auch bis heute: Ja und Nein zugleich. Das ist der Schlüssel zum Verständnis der Welt. Doch wisset, Abelards Lehre wurde von der Kirche verworfen.

Die Herzogin fuhr fort: Darüber weiß ich nichts. Die Erfahrung lehrt: Nur wer den Schatten annimmt wie das Licht, läßt Gott walten. Denn so ist die Welt. Dunkel und hell zugleich. Gutes und Böses eng verschlungen. Wir denken und streben und alles wendet sich. Wir freuen uns über unser Glück und es zerfällt in Nichts. Wir verzweifeln, und siehe, Gott greift hilfreich ein. Neues Leben wächst, wo wir eben nur Schutt und Asche sahen. Aber auch: Jedes Blatt hat seine vorgegebene Form, so auch das Leben eines jeden Menschen.

Das Leben scheint den Menschen grausam, weil es Leid zufügt, durch die Erbärmlichkeit der vergänglichen Natur. Doch es gibt noch das andere: die Sehnsucht nach einem besseren Menschen, nach Gott. Der Mensch ist ein Tier und ein Engel zugleich. Das ist sein innerer Widerspruch. Das tierische Erbe, die Grausamkeit zu überwinden, das ist Aufgabe des geistigen Menschen.

Das wichtigste Gebot ist das Gebot der Liebe. Denn so steht es in der Heiligen Schrift: Liebe den Anderen wie dich selbst! Der Mensch soll Gott lieben und seinen Nächsten.

Und einfach gesagt, wie Ihr es verlangt, Bruder, wie Ihr es den Menschen sagen könnt, damit sie es verstehen: Der

Mensch soll das Böse meiden, das Gute tun und die Seele zu Gott wachsen lassen.
Das habt Ihr vortrefflich ausgedrückt! sagte der Mönch erfreut. Deo gratias, Domina! Er bekreuzigte sich: Amen. Und er verneigte sich zum Abschied, denn er sah, daß sich die alte Fürstin erschöpft von dem langen Gespräch müde zurücklehnte.
Irgendwann brachte Bruder Engelbert der Herzogin die ersten Seiten des Buches, das er zu schreiben begonnen hatte. Im Skriptorium legte er es vorsichtig auf ein Pult. Stolz zeigte er der Herzogin die schön gemalte Titelseite.
Sie las: Vita Hedwigis quondam ducisse Slesie.
Sie sagte zu ihm: Dei gracia! Gottes Segen für dein Werk, mein Bruder.

Wenige Wochen später ließ Herzogin Hedwig ihren Beichtvater rufen, den Zisterzienser Matthäus und bat ihn um die Vorbereitung zum Tode. Sie wollte die letzte Ölung empfangen. Sie fühle sich schwach und immer schwächer und wollte sich vorbereiten lassen für ihr Ende.
Als die Nonnen davon hörten, kamen sie aufgeregt angetrippelt und versuchten, ihre mütterliche Freundin zu beschwichtigen, sie abzubringen von den dunklen Gedanken. Meine Zeit ist da, meine Lieben, antwortete ihnen die Herzogin fest. Ich werde bald sterben. Ich weiß es. Und daher möchte ich mich rechtzeitig auf den Weg vorbereiten, ehe mein Geist außerstande sein sollte, wichtige Vorgänge so wahrzunehmen, wie es sich gebührt.
Da kam auch Gertrud und fing ein Gespräch mit ihrer Mutter an, zurückhaltend wie immer. Sie fragte: Ehrwürdige Mutter, wo möchtet Ihr begraben werden?
Das ist mir gleich, meine Tochter, antwortete die Fürstin. Am liebsten auf dem Friedhof unter den armen Leuten.
Ihr wißt, Mutter, daß sich das nicht schickt.
So, sagte diese, wenn du es so gut weißt, dann möchte ich neben den Nonnen liegen.
Gertrud schüttelte den Kopf. Nein, Mutter, sagte sie, das ist nicht möglich. Ihr wolltet nicht dem Konvent angehören. Wir werden Euch neben Eurem Gemahl vor dem großen Altar der Kirche bestatten.
Das wünsche ich mir nicht, antwortete Hedwig harsch, wie

soll ich den ewigen Frieden neben dem suchen, dessen Lager ich die längste Zeit meines Lebens ferngeblieben bin? Und - vor dem großen Altar... auf keinen Fall! Denn die Menschen, die da kommen werden zu meinem Grab, werden euch in der Andacht stören. Laßt mich vor dem St. Johannes-Altar ruhen, neben meinen Enkelkindern. Das versprach ihr Gertrud, die Äbtissin von Trebnitz.

Herzogin Hedwig ließ sich ihr letztes Lager richten in ihrem Häuschen neben dem Kloster, in dem vertrauten kleinen Raum mit weißgetünchten Wänden. Es war Herbst und draußen kühl. Ein kleiner Ofen strömte in der Kammer wohlige Wärme aus. Die Abschiednehmende hatte das Bett so stellen lassen, daß sie zum Fenster hinausblicken konnte. Sie wünschte sich Ruhe und Stille.

Katarina, ihre Ziehtochter, Witwe des Boguslaw von Schawoine, war ständig bei ihr in den letzten Tagen.

Sie sei schwach und glücklich, sagte Herzogin Hedwig zu ihr, wie eine Kuh, die den ganzen Winter im Stall gestanden hat und nun im Frühling auf die Wiese geführt werden soll. Voller Erwartung der Sonne.

Sie lag schweigsam in der hellen Stille und bewegte den Rosenkranz zwischen den Fingern. Sie ließ die Bilder ihres Lebens an sich vorbeiziehen, manches hob sie wie einen sorgsam aufbewahrten Schatz aus der Truhe des Gedächtnisses. Anderes zerfiel beim Hinsehen wie vermoderte Seide. Sie betete zur Gottesmutter. Und rief ihre Engel herbei. Die Nonnen kamen, blieben auf der Schwelle stehen und wisperten. Sie brachten Herbstblumen, goldfarbige Astern und herbstliche Zweige und stellten sie in Krügen auf den Boden neben dem Fenster, damit sie die ruhende Fürstin betrachten möge.

Hinter der geschlossenen Türe wunderten sich die frommen Frauen. Die Sterbende jammerte nicht. Hatte sie denn keine Schmerzen? Zudem wußte sie alles, was hinter ihrem Rücken geschah.

So hatte sie zum Beispiel Ratzlawa gerügt, als diese mit ihrem Igel im Ärmel, der sie, wie sie glaubte, von Rheuma heilen sollte, auf der Schwelle stand. Ratzlawa, sagte die Fürstin, die zum Fenster hinausblickte, warum läßt du diesen Unfug nicht. Geh und entledige dich dieses unsinnigen Tierchens, das du bei dir trägst.

Wie war das zu verstehen? Die Fürstin wußte alles. So wird es wohl auch weiter sein. So wird es nach ihrem Ableben bleiben. Die heilige Frau wird immer bei ihnen sein. Daran glaubten sie fest.

Doch nur Katarina war bei ihr, als Hedwigs letzte Stunde gekommen war. Die Nonnen weilten zum Gebet der Vespern in der Kirche.

Katarina erzählte ihnen, als sie herbeigeströmt waren und den kleinen Raum füllten, so daß sich die Tür nicht schließen ließ, wie die scheidende Herrin mit anderen heiligen Frauen geflüstert und sie um gnädiges Geleit gebeten habe. Sie habe deutlich gehört, wie die Sterbende die Heiligen gegrüßt und beim Namen genannt habe, die heilige Elisabeth, ihre frühverstorbene Nichte, deren Schleier sie um den Kopf gewunden hatte, die heilige Kunegunde, die sie zeitlebens als ihre Lehrmeisterin verehrt hatte, die heilige Ursula und die heilige Katarina. Und noch andere Heilige, die sie sich nicht gemerkt habe.

Mit einem erleichterten Seufzer habe die Herrin aufgehört zu atmen.

Die Nonnen sahen mit frommer Verwunderung in das verklärte Gesicht der heiligen Frau. Das Antlitz der Verstorbenen leuchtete. Glanz war wieder um sie. Die frommen Frauen meinten, himmlischen Duft im Raum zu spüren.

In der Hand hielt Herzogin Hedwig das elfenbeinerne Figürchen der Gottesmutter, das sie immer bei sich getragen hatte.

Es war der 15. Oktober 1243.

Bald begannen die Glocken im ganzen Land zu läuten. Herzogin Hedwig von Schlesien war tot.

Überlieferte Daten

zum Leben der Hedwig von Schlesien

1174 - 1178 wird Hedwig von Andechs geboren. Ein genaueres Datum ist nicht überliefert.

1186 - 1190 ebenso das Datum der Heirat mit Heinrich von Schlesien, einem Piasten.

1200 das Geburtsjahr des sechsten Kindes der Herzogin von Schlesien. Es ist ihre Tochter Gertrud.

1201 übernimmt Heinrich nach seinem Vater Boleslaw die Regentschaft in Schlesien. Der Hauptsitz des Fürstenpaares ist Liegnitz. Herzogin Hedwig nimmt am politischen Leben teil.

1201 erste Urkunden für die Errichtung des Klosters von Trebnitz, als dessen Initiatorin die Fürstin gilt.

1208 gebiert Hedwig von Schlesien noch einen Sohn, der bald nach der Taufe in Glogau stirbt.

1209 legt das Herzogspaar vor dem Breslauer Bischof ein Gelöbnis der ehelichen Enthaltsamkeit ab. Die Herzogin nimmt das Leben einer Religiosa auf.

1219 Einweihung des Klosters und der Kirche von Trebnitz.

1229 nimmt Konrad von Masowien seinen Cousin Heinrich von Schlesien gefangen. Herzogin Hedwig begibt sich nach Plock, und bittet ihn frei.

1241 Der Mongoleneinfall zerstört große Teile Schlesiens und macht seine politische Bedeutung zunichte. Heinrich, Hedwigs Sohn, verliert das Leben.

15. Oktober 1243 stirbt Hedwig von Schlesien im Rufe der Heiligkeit.

1267 Herzogin Hedwig von Schlesien wird von Papst Klemens IV. zur Heiligen erklärt.